es 1636
edition suhrkamp
Neue Folge Band 636

Die in diesem Band versammelten Beiträge versuchen, das allgemeine Muster und die gesellschaftsspezifische Verlaufsform der demokratischen Revolutionen in Osteuropa zu rekonstruieren – in der DDR und Ungarn, in der Tschechoslowakei und in Polen. Die Autoren, durchweg politisch aktive Sozialwissenschaftler, aber auch prominente Journalisten und Politiker, sind selbst Bürger der Länder, die sie analysieren. Allen zu länderspezifischen Gruppen zusammengefaßten Beiträgen liegt eine ähnliche Aufmerksamkeitsstruktur zugrunde: Die zeitgeschichtliche Konstellation, in der sich der Umbruch vollzog, steht am jeweiligen Ausgangspunkt der Überlegungen; die Rolle der Intelligenz wird für die einzelnen Länder in Augenschein genommen; die ökonomischen Bedingungsfaktoren sowie die Folgen des Umbruchs stehen schließlich im Mittelpunkt der Beiträge.

Die Herausgeber sind am Institut für Sozialforschung in Frankfurt am Main tätig.

Demokratischer Umbruch in Osteuropa

*Herausgegeben von
Rainer Deppe, Helmut Dubiel
und Ulrich Rödel*

Suhrkamp

edition suhrkamp 1636
Neue Folge Band 636
Erste Auflage 1991
© Suhrkamp Verlag Frankfurt am Main 1991
Erstausgabe
Alle Rechte vorbehalten, insbesondere das der Übersetzung,
des öffentlichen Vortrags
sowie der Übertragung durch Rundfunk und Fernsehen,
auch einzelner Teile.
Satz: Hümmer, Waldbüttelbrunn
Druck: Nomos Verlagsgesellschaft, Baden-Baden
Umschlagentwurf: Willy Fleckhaus
Printed in Germany

1 2 3 4 5 6 – 96 95 94 93 92 91

Inhalt

Rainer Deppe/Helmut Dubiel/Ulrich Rödel
Einleitung 7

Sigrid Meuschel
Wandel durch Auflehnung
Thesen zum Verfall bürokratischer Herrschaft in der DDR 26

Wolfgang Engler
Stellungen, Stellungnahmen, Legenden
Ein ostdeutscher Erinnerungsversuch 48

Hans-Peter Krüger
Strategien radikaler Demokratisierung
Ein normativer Entwurf 76

Lutz Marz
Der prämoderne Übergangsmanager
Die Ohnmacht des »real sozialistischen« Wirtschaftskaders 104

Rainer Deppe
Bilanz der verlorenen Zeit
Industriearbeit, Leistung und Herrschaft in der DDR und
Ungarn 126

József Bayer
Vom latenten Pluralismus zur Demokratie 151

László Varga
Geschichte in der Gegenwart – Das Ende der kollektiven
Verdrängung und der demokratische Umbruch in Ungarn 167

György Dalos
Über die Verwirklichung der Träume 182

Máté Szabó
Soziale Bewegungen, Mobilisierung und Demokratisierung
in Ungarn 206

Krisztina Mänicke-Gyöngyösi
Bürgerbewegungen, Parteien und »zivile« Gesellschaft
in Ungarn 221

Melanie Tatur
Zur Dialektik der »civil society« in Polen 234

Helmut Fehr
Solidarność und die Bürgerkomitees im neuen politischen
Kräftefeld Polens 256

Vladimír Horský
Die samtene Revolution in der Tschechoslowakei 281

Jiří Kosta
Ökonomische Aspekte des Systemwandels in der
Tschechoslowakei 301

Jadwiga Staniszkis
Dilemmata der Demokratie in Osteuropa 326

Adam Michnik
Zwei Visionen eines posttotalitären Europas 348

Über die Autoren 351

Drucknachweise 352

Einleitung

»Am Grunde der Moldau wandern die Steine / Es liegen drei Kaiser begraben zu Prag / Das Große bleibt groß nicht und klein nicht das Kleine / die Nacht hat zwölf Stunden / dann kommt schon der Tag.«

Die Semantik dieser bewegenden, auf die unstillbare Dialektik von Herrschaft und Befreiung bezogenen Verse von Bertolt Brecht verschiebt sich, je nachdem, ob man sie auf 1945, auf 1968 oder auf 1989 bezieht. Im heißen Winter 1989/90 bewegten sich die Steine auf dem Grunde der Moldau freilich in einer Heftigkeit, daß sie jeden Versuch einer vorläufig bilanzierenden Einschätzung unter sich begruben. Was gestern noch gesicherte Erkenntnis schien, war heute schon nicht mehr wahr. Die Dynamik der Ereignisse in Osteuropa vollzog sich in einer historischen Logik exponentieller Beschleunigung: hat es in Polen, alle Rückschläge eingerechnet, noch zehn Jahre gedauert, bis der »real existierende Sozialismus« abdankte, brauchten die Ungarn nur noch zehn Monate, die DDR nur noch zehn Wochen und die ČSSR nur noch zehn Tage; das Regime von Ceaucescu fiel in nur wenigen Stunden. Inzwischen freilich, ein halbes Jahr danach, hat sich die Dynamik verlangsamt und werden erste Kristallisationen deutlich. Eine Rückkehr zum Status quo ante scheint völlig unwahrscheinlich, was immer auch in der Sowjetunion geschehen mag. Der früher sogenannte »Ostblock« mit der ihn kennzeichnenden Hegemonialmacht der Sowjetunion, der beschränkten Souveränität ihrer Bündnispartner, dem Machtmonopol der Kommunistischen Partei, der Ideokratie über die öffentliche Sphäre und der bürokratischen Planwirtschaft hat die Bühne der Geschichte offenbar endgültig verlassen. In allen Ländern Osteuropas haben inzwischen freie Wahlen stattgefunden. Der Übergang der Macht an nichtkommunistische Kräfte ist – mit Ausnahme Rumäniens und dem Zwischenzustand Bulgariens – vollzogen. In der DDR, in Polen, in Ungarn und in der ČSFR sind bürgerlich konservative Regierungen gewählt worden, die marktwirtschaftliche Reformen in Gang gebracht haben. Es ist diese historische Zwischenlage, diese Situation eines – um mit Cornelius Castoriadis zu sprechen – noch kaum abgekühlten Magmas, das die Machart der die hier über diese vier Länder zusammengestellten Beiträge eint. Weil es für eine abschließende empirisch und theoretisch validierte wissenschaftliche Gesamteinschätzung noch zu früh ist, schwanken sie zwischen einer phänomenologischen Vergewisserung und ersten tastenden Versuchen, die Geschehnisse analytisch einzuordnen. Den Charakter teilnehmender Betroffenheit können sie schon deshalb nicht verleugnen, weil sich viele ihrer Autoren nicht auf die Rolle des Beobachters beschränkt, sondern als handelnde Personen selbst in die Umbruchsprozesse eingegriffen haben, die sie hier beschreiben.

Hervorgegangen ist die folgende Sammlung von Aufsätzen aus einer Vortragsreihe, die das Institut für Sozialforschung im ersten Halbjahr 1990 über den Umbruch in Osteuropa veranstaltet hat. Freilich hat dieser mehr Dimensionen und Aspekte, als wir Vorträge halten konnten. Deshalb sahen sich die Herausgeber veranlaßt, in die vorliegende Sammlung auch andere Texte zu integrieren.

So unterschiedliche Beobachter wie Joachim Fest oder Jürgen Habermas haben die Ereignisse in den Metropolen Osteuropas und auf dem Tienamen in China auf den Begriff einer »rückspulenden« und einer »nachholenden« Revolution gebracht. Fasziniert von der vermeintlichen Abwesenheit jeglicher utopischer Perspektive in diesem Befreiungsprozeß sowie von dem Umstand, daß die demokratischen Bewegungen auf Rhetorik und Symbolik des 18. und 19. Jahrhunderts zurückgriffen, meinten sie, diesen Umbruch auf das Schema einer noch einmal neu ansetzenden bürgerlichen Revolution bringen zu können. Das ist gewiß nicht falsch, verfehlt aber die besonderen »posttotalitären« Bedingungen dieses Umbruchs. Timothy Garton Ash hat in seinem Artikel *Eastern Europe: The Year of Truth* fünf Aspekte unterschieden, die die Umbruchsprozesse – mit der signifikanten Ausnahme Rumäniens – untereinander gemeinsam haben: erstens den Aspekt der Moral, zweitens den der Gewaltlosigkeit, drittens den der Abwesenheit konterrevolutionärer Gegenwehr, viertens das Aufkommen neuer Nationalismen und fünftens das Legitimationskonzept der »civil society«.[1]

Das das System des »real existierenden« Sozialismus kennzeichnende Merkmal der ideokratischen Besetzung der öffentlichen Sphäre, hatte den ihm Unterworfenen eine geradezu schizoide Trennung von Öffentlichkeit und Privatheit zugemutet. Alle Bürger waren auf Dauer genötigt, das, was sie im Privaten für richtig und gut hielten, systematisch von dem zu unterscheiden, was öffentlich zu sagen zulässig gewesen wäre. Deshalb war der Umbruch zunächst und vor allem ein Zusammenbruch dieser schizophrenen politischen Moral. Diese ist mit unterschiedlicher Akzentuierung von dem Dramatiker Vacláv Havel und seinem journalistischen Kollegen Milan Šimečka als »Leben in der Lüge« bzw. als »große Staatslüge« charakterisiert worden. Während für Havel die Konfliktlinien nicht allein *zwischen* dem posttotalitären Staat und den Menschen verliefen, sondern auch *in* diesen selbst, geht Šimečka von einer komplementären Entmoralisierung im Verhältnis von Staat und Bürger aus. Auf die Omnipräsenz der Staatslüge reagieren die entmündigten Bürger dadurch, daß sie alle staatlichen Institutionen zu jeder Zeit belügen.[2] So erklärt sich die für zynisch gewordene westliche Gemüter kaum verstehbare dialektische Besetzung moralischer Werte wie Wahrhaftigkeit und Aufrichtigkeit sowie der überragende Stellenwert der die Öffentlichkeit konstituierenden Medien der Zeitungen und des Fernsehens.

Ein weiteres Merkmal, das die revolutionären Ereignisse in Osteuropa eint, ist der erstaunliche Grad an Gewaltlosigkeit. Sicher ergab sich dieses Konzept radikaler Gewaltlosigkeit auch aus dem strategischen Kalkül auf seiten der demokratischen Bewegungen, daß sie in einer bürgerkriegsförmigen Auseinandersetzung nur die Verlierer hätten sein können. Aber Adam Michniks Wort, daß diejenigen, die Bastillen stürmen, schließlich ihre eigenen errichten, signalisiert auch die moralische Hoffnung, daß die Dialektik von Gewalt und Gegengewalt zum Ende kommen möge. Nicht zuletzt aktualisierten die demokratischen Bewegungen mit dem Prinzip der Gewaltlosigkeit auch ihre eigene jüngere geschichtliche Praxis. Unvergessen sind die Kraft und die Vielfalt des zivilen Ungehorsams, den die tschechoslowakische Bevölkerung nach dem 21. August 1968 den Interventionstruppen entgegensetzte.[3] Und es war mehr als ein Jahrzehnt später Solidarność, die nach vorangegangenen gewaltsamen Aufständen den Gewaltverzicht – im Zeichen der »sich selbstbeschränkenden Revolution« – zum normativen Prinzip wie zum strategischen Kalkül machte.

In der Tat bemerkenswert ist die (wiederum mit der Ausnahme Rumäniens) Abwesenheit konterrevolutionärer Gegenwehr seitens der früheren Machtinhaber. Die massiven Polizeieinsätze in Leipzig und Prag in den ersten Tagen des Aufstandes waren zwar furchteinflößende Demonstrationen staatlicher Gewalt, beschleunigten aber nur den vollständigen Verlust ihrer Legitimation. Daß die da oben nicht mehr konnten, als die da unten nicht mehr wollten, läßt sich aus einer Kritik der Waffen nicht erklären. Ursächlich war zunächst der Umstand, daß Gorbatschow einerseits den früheren Verbündeten die militärische Unterstützung der Sowjetunion für die Unterdrückung der Aufstände entzog. Andererseits versperrten Perestrojka und Glasnost ihnen den effektiven und kalkulierbaren Rückgriff auf die eigenen Machtapparate. Außerdem hatten sich die alten Eliten durch ihre Unterzeichnung der Helsinki-Schlußakte in einer, durch den Westen und einheimische Dissidenten einklagbaren Weise, normativ selbst gebunden. Gleichzeitig waren offenbar die moralischen Stützen der Selbstlegitimation des alten Systems in einem Grade ausgehöhlt und angenagt, daß es nur eines kleinen Anstoßes zu ihrem Einsturz bedurfte. Schließlich war die ökonomische Lage im Gegensatz zu der nach früheren gewaltsamen Interventionen überall aussichtslos. Jaruzelskis Polen hatte die Unmöglichkeit eines gewaltsamen Auswegs aus der Wirtschaftskrise überzeugend demonstriert.

Ein anderes gemeinsames Kennzeichen ist die Wiederkehr neuer Nationalismen auf ost- und mitteleuropäischem Boden. Der Nationalismus der DDR-Deutschen, der Polen, Ungarn, der Tschechen und Slowaken war in den letzten vier Jahrzehnten durch die ihnen nur beschränkt zugestandene nationalstaatliche Souveränität und den Pseudo-Internationalismus in die Latenz gedrängt worden. Er erscheint im übrigen weniger extrem, wenn man ihn mit der wahrhaften Explosion nationalistischer Strömungen in der Sowjetunion, Rumänien und Jugoslawien vergleicht. Bei der Sowjetunion handelt es sich bekanntlich um ein zerfallendes Imperium, dessen okkupierte oder in ihrer Autonomie völlig beschnittene Republiken und Völker jetzt ihre staatliche und wirtschaftlich-kulturelle Selbständigkeit reklamieren. Gerade diese Vielfalt und regionale Spezifität des Nationalismus in Osteuropa erlauben gegenwärtig keine abschließende Einschätzung darüber, ob er jenes gefährliche und chauvinistische Potential der Vorkriegszeit beinhaltet und somit auch in diesem Sinne eine »rückspulende« Entwicklung repräsentiert.

Und schließlich können wir in vielen dieser Gesellschaften, und hier besonders in Polen, in der ČSSR und Ungarn die Karriere eines sehr alten, aber durch die totalitären Bedingungen, welche es zur Präzisierung nötigten, auch wiederum verjüngten Legitimationskonzepts beobachten, nämlich das der »civil society«. Dieses Legitimationskonzept fordert in seinem normativen Kern, daß die klassischen bürgerlichen Freiheitsrechte und die eher modernen Rechte politischer Kommunikation die Artikulation der realen und konflikthaften Vielfalt von regionalen, lokalen, professionellen und autonomen Meinungen und Interessen möglich machen. Dieses Konzept reagiert auf die totalitäre Tendenz, alle zwischen dem autoritären Staat und dem Individuum liegenden Formen sozialer Assoziationen zu zerstören. In seinem utopischen Impetus ist es auf eine Gestalt politischer Assoziation bezogen, in der »die Gesellschaft« sich nicht mehr als eine fest gegliederte und historisch abgeschlossene, quasi körperhafte Einheit erfährt, sondern als »politisches Projekt«, in dem alles zur demokratischen Disposition steht.

Aus den geschilderten übergreifenden Merkmalen des Umbruchs haben wir drei Aspekte ausgewählt, die den länderspezifisch gehaltenen Beiträgen jeweils vorgegeben waren. Eine Gruppe von Aufsätzen sollte die demokratische Transformation des politischen Systems diskutieren, eine andere die ökonomischen Dimensionen des Umbruchs, eine dritte die besondere Rolle der Intelligenz.

Die politische Transformation

»Civil Society« ist in doppelter Hinsicht ein Schlüsselbegriff zur Analyse des Demokratisierungsprozesses in Osteuropa. Er wird sowohl bezogen auf die Vorgeschichte des Umbruchs, nämlich auf den Prozeß der Herausbildung freiwilliger, auf demokratische Prinzipien verpflichteter, autonomer Assoziationen, die mit gewaltlosen Mitteln dem Staat eine politische Gegenöffentlichkeit abtrotzten. Und er wird – nach dem Umbruch – bezogen auf die politisch-kulturellen, ökonomischen und sozialstrukturellen Potentiale, die einem nur formell etablierten demokratischen System überhaupt erst das es stabilisierende, moralische und legitimatorische Fundament geben könnten. Der Begriff der »civil society« hat zwar eine ehrwürdige ideengeschichtliche Tradition. Gleichwohl erschöpft er sich nicht in seiner akademischen Begriffsverwendung. Die polnischen und ungarischen Intellektuellen, die in den siebziger Jahren diese Begriffstradition für ihre politische Praxis und ihre utopischen Imaginationen neu entdeckten, verknüpften damit andere Konnotationen als die, die wir in der deutschen Tradition mit dem Begriff der »bürgerlichen Gesellschaft« verbinden. Nicht die besitzindividualistische Vision einer atomisierten Marktgesellschaft verbirgt sich hinter dem Konzept der Zivilgesellschaft, sondern die Vision eines durch politische Kommunikationsrechte gesicherten öffentlichen Raums, in dem sich die konflikthafte Vielfalt gesellschaftlicher Interessen und Orientierungen frei entfalten kann. Seit dem ordnungspolitischen Umbruch zur Marktwirtschaft freilich wird – in neueren Arbeiten – der Begriff der »civil society« auch um besitzindividualistische Aspekte angereichert, so daß er sich dem traditionellen Begriff der »bürgerlichen Gesellschaft« wieder annähert. Folgende Momente sind es, die sich in den vielfältig schillernden Verwendungsweisen dieses Begriffs bisher durchgehalten haben: Das utopische Konzept einer staatlichen Organisation, die auf subsidiäre Funktionen gesellschaftlicher Selbstorganisation zurechtgestutzt ist, die Vorstellung eines Netzwerks staatsunabhängiger Bürgerassoziationen, das Einklagen formaler Freiheits- und Kommunikationsrechte und schließlich das normative Gebot einer unaufhebbaren Pluralität der Gesellschaft.

Die Aufsätze, die in diesem Band mit dem Konzept der Zivilgesellschaft arbeiten, machen deutlich, daß die realen Aussichten der Demokratisierung in Osteuropa trotz des emphatisch normativen Beiklangs, den dieses Konzept haben mag, differenziert beurteilt werden müssen. Auf einer abstrakten Ebene läßt sich festhalten, daß die Chancen der Demokratie abhängen von dem Grad der Herausbildung »zivilgesellschaftlicher« Strukturen *vor* dem Umbruch.

Folgt man Adam Przeworskys allgemeiner Einschätzung, dann verdient der antikommunistische Aufbruch in Osteuropa noch nicht den Namen einer demokratischen Revolution. Institutionen demokratischer Kontrolle und Partizipation sind oft noch nicht einmal in schwacher Form vorhanden. Gesellschaftliche Interessenlagen, die politisch repräsentiert werden könnten, haben sich noch kaum kristallisiert. Die staatlichen Verwaltungen sind schwach und die Ökonomien übermonopolisiert. Die Landwirtschaften sind ineffizient und die politischen Parteien schwach. Die Legitimitätslücke, die der Fall der kommunistischen Parteien gerissen hat, wird vielfach aufgefüllt mit nationalistischen, populistischen und fundamentalistischen Ideologien.[4]

Die polnische Politologin Jadwiga Staniszkis beschreibt in ihrem hier abgedruckten Aufsatz *Dilemmata der Demokratie in Osteuropa* in einer sehr ernüchternden Weise jene Schwierigkeiten des Demokratisierungsprozesses, die sich gerade aus der posttotalitären Situation der osteuropäischen Gesellschaften ergeben. So macht sie zum Beispiel plausibel, daß nationalistische oder fundamentalistische Strategien der politischen Mobilisierung für die Schubkraft des Transformationsprozesses zwangsläufig erforderlich sind, solange die sich herausbildende Zivilgesellschaft noch kein sozialstrukturelles Rückgrat hat. Und sie zeigt auf, daß das die alten Verhältnisse kennzeichnende Merkmal einer autoritären Organisierung des sozialen Wandels unter den neuen Bedingungen in modifizierter Form fortdauert. Auch die programmatische Vision einer reprivatisierten Ökonomie kann nicht für sich reklamieren, die Interessen konkreter gesellschaftlicher Gruppen zu repräsentieren. – Die Bremer Osteuropa-Forscherin Melanie Tatur rekonstruiert die Dialektik, die das Konzept der zivilen Gesellschaft in den verschiedenen Etappen der polnischen Entwicklung im letzten Jahrzehnt erfahren hat. Zunächst wird deutlich, daß die Entwicklung von Solidarność in den siebziger Jahren nur zureichend verstanden werden kann als Politisierung eines auf Familie, Freunde und Kollegen bezogenen Lebensstils, der Kriterien moralischer Integrität im Widerstand gegen eine staatsoffizielle Ideologie festhält. Unter den Bedingungen des Kriegsrechts konnte dieses politisch-moralische Ferment freilich nur im Rahmen kirchlicher Organisationen und religiös patriotischer Symbole stabilisiert werden. Eben dieser spezifisch polnische Entstehungskontext einer Zivilgesellschaft wird jetzt nach dem Umbruch zur Basis einer neuen politischen Polarisierung, – das heißt der Polarisierung eines tendenziell autoritären, antidemokratischen Populismus zum einen, und eines radikalen Liberalismus zum anderen, der Anschluß sucht an westliche politische Traditionen. In Adam Michniks *Zwei Visionen eines posttotalitären Europas*, die diesen Band beschließen, befürchtet er, daß diese neue politische Konfliktlinie über Polen hinaus Bedeutung haben wird. – Die Skepsis von Jadwiga Staniszkis und Melanie Tatur steht in einer gewissen Spannung zu dem Beitrag des Erlanger Politikwissenschaftlers Helmut Fehr. Auch er zögert zwar, der polnischen Gewerkschaftsbewegung die Eigenschaften zuzuschreiben, die man im Begriff der »civil society« zusammenfaßt. Schließlich war die Solidarność durch die Bedingungen des Kampfes gegen ein monozentrisches System tendenziell gezwungen, sich in ihrer inneren Struktur diesem System anzugleichen. Aber Fehr sieht in der konfliktreichen Differenzierung zwischen Solidarność und lokalen Bürgerkomitees die Herausbildung eines Potentials, das sich zum Träger einer genuinen Demokratisierung entwickeln könnte. – Die Berliner Osteuropaforscherin Krisztina Mänicke-Gyöngyösi reflektiert die ungarische Diskussion über die »civil society«, in der deren doppelte Konstitution über den Markt und die politische Interessensphäre betont wird. Davon ausgehend schlägt sie den Bogen zum Strategiewechsel der demokratischen Opposition unter Kádár, dem heutigen Bund der Freien Demokraten (SZDSZ). Daß die »zweite Wirtschaft« subsidiär blieb und keine demokratischen Handlungspotentiale hervorbrachte, beeinflußte die Strategie dieser intellektuellen städtischen Opposition. Noch bis kurz vor dem fundamentalen Machtwechsel wollte sie ihr überlegenes kulturelles Kapital für eine Art »Gesellschaftsvertrag« nutzen, der auf eine Machtteilung zwischen ihr und den alten Eliten hinausgelaufen wäre. Nach dem Sieg der Konservativen in den ersten freien Wahlen scheint sich das strategische Kalkül des SZDSZ nunmehr darauf zu richten, einen Populismus zu zügeln, der die traditionelle kulturelle Trennungslinie zwischen Stadt und Land reaktiviert. – Der Budapester Politologe Máté Szabó beschreibt in seinem Beitrag das Ensemble sozialer Bewegungen, das in Ungarn vor dem Umbruch existierte. Die ökologische Protestbewegung gegen das Donaustaudamm-Projekt, die Friedens- und Studentenbewegung waren Formen einer rudimentären politischen Gegenöffentlichkeit, die das politische System als Ganzes nicht in Frage stellten. Im Zuge der parteipolitischen Formierung *nach* dem Umbruch verliert dieses demokratische Potential – wie in anderen osteuropäischen Gesellschaften auch – rasch an Bedeutung. – Der Budapester Philosoph und Sozialwissenschaftler József Bayer kritisiert in seinem Beitrag die Kategorie des »Totalitarismus«. Mit Blick auf die ungarische Entwicklung vertritt er die pointierte These, daß die Perestrojka nur zum Auslöser einer Spannung wurde, die sich durch die Aufhäufung latenter pluralistischer Elemente längst aufgebaut hatte. Diese Elemente eines latenten politischen Pluralismus sondiert er nicht nur in dem

Spielraum, der intellektuellen Dissidenten eingeräumt wurde, sondern vor allem in einer ökonomischen Praxis, in der einflußreiche Interessengruppen mit den staatlichen Planungsinstanzen quasi korporatistische Abmachungen aushandelten und die »zweite« Wirtschaft blühte. So kommt er, für Ungarn, zu der bildhaft zugespitzten These, daß »die Festung nicht so sehr von außen geschleift, als von innen zerlegt wurde«. – In diesem Aspekt der Implementierung des Umbruchs »von innen« ist Ungarn sicher ein Extremfall. Ihm steht der Fall der DDR gegenüber. Ihre Führung konnte nur durch massenhafte Auflehnung zum Wandel genötigt werden, deren Kontrolle ihr dann rasch entglitt. Diesen Fall der DDR nimmt der Ostberliner Philosoph Hans-Peter Krüger zum Anlaß, eine anspruchsvolle Theorie radikaler Demokratisierung auf evolutionstheoretischer Grundlage zu formulieren. In dieser theoretischen Optik wird ihm der real existierende Sozialismus zu einem Phänomen politischer, ökonomischer und kultureller Monopolbildung, das die Entwicklung des in der Moderne angelegten zivilisatorischen Potentials blockierte. Auf der Basis dieser Diagnose formuliert Krüger ein normativ gerichtetes, begrifflich hochdifferenziertes Modell. Sein leitender Gedanke ist der eines Ensembles von politischen, ökonomischen und kulturellen Rationalitätskomplexen, die sowohl miteinander als auch untereinander gewaltenteilig und wettbewerbsförmig organisiert sind.

Der ökonomische Umbruch

Die Formel vom »Umbruch in Osteuropa« bezieht sich nicht nur auf die Transformation des politischen Systems. Sie markiert zugleich – sowohl im Bewußtsein der Eliten wie in dem der Bevölkerung – den radikalen ordnungspolitischen Bruch mit dem überkommenen ökonomischen System. Was jetzt auf dem Müllhaufen der Geschichte landet, ist freilich nicht nur das Konzept der bürokratischen Planwirtschaft, sondern sind auch die zahlreichen Versuche seiner immanenten Reform. Nachdem in der DDR alle Bemühungen gescheitert waren, die Dauerkrise der achtziger Jahre durch eine Perfektionierung des Plansystems, durch die weitere Zentralisierung der Ressourcenverteilung und durch »außerplanmäßige« Interventionen von seiten der Nomenklatura zu beheben, nachdem in der ČSSR das sozialtechnologische Nachholprogramm des Husák-Regimes wirkungslos blieb, gab es für systemimmanente Reformen oder für Versuche eines »dritten Weges« keine Handlungsgrundlage mehr. Selbst in Ungarn, dem einzigen Land Osteuropas, in dem es eine etablierte Tradition ökonomischer Reform gab, setzte sich Ende der achtziger Jahre die Einsicht durch, daß von einer wechselseitig sich befruchtenden Koexistenz von Plan und Markt nicht die Rede sein konnte. In der Realität überlagerte die »bürokratische Koordination« die »Marktkoordination«[5], da die Eckpfeiler des Systems zentraler Redistribution unangetastet geblieben waren: die Dominanz des Staatseigentums und das Monopol der Partei. Auch das von Solidarność in Polen vor einem Jahrzehnt noch favorisierte Selbstverwaltungsprojekt einer Wirtschaftsreform »von unten« verlor nach Jaruzelskis Machtübernahme durch seine konservative Umfunktionalisierung und vor dem Hintergrund der ökonomischen Dauermisere die Unterstützung seiner einstigen Verfechter.

Es war die von den Herrschenden wie von den Beherrschten gleichermaßen empfundene Auswegslosigkeit der ökonomischen Lage, die das endgültige Scheitern der starren wie der beweglichen Varianten bürokratischer Planwirtschaft begründeten. Deren dramatisch nachlassende Leistungs- und Innovationsfähigkeit im Kontext der »dritten industriellen Revolution« führte zu kumulativen Modernisierungsrückständen und entwertete die materielle Substanz jener neostalinistischen Friedensformel, die nach Budapest 1956, Prag 1968 und Polen 1970 einen pragmatischen Kompromiß zwischen der Staatsmacht und ihren Untertanen hatte stiften sollen. Die langsame, aber stetige Steigerung des Konsumniveaus sollte zum Unterpfand der politischen Konformität werden, zum Trostpreis für die Akzeptanz einer politischen Diktatur, die ihre utopische Selbstlegitimation längst aufgegeben hatte. Der Rückgang des Konsumniveaus in Polen und Ungarn bis hin zur Verarmung breiter Bevölkerungskreise, seine Stagnation in der DDR und der ČSSR führten – im Verein mit den sinkenden Akkumulations- und Produktivitätsraten – in eine wirtschaftspolitische Sackgasse. Weder standen externe Wachstumspotentiale länger zur Verfügung, noch konnten oder wollten diese Länder jene erbarmungslose Austeritätspolitik wagen, wie sie von Ceaucescu in Rumänien praktiziert worden war. Die Versuche der Staatsmacht, aus dieser Sackgasse durch weitere westliche Auslandsanleihen einerseits und durch die geduldete Ausdehnung der »zweiten Ökonomie« andererseits herauszukommen, scheiterten. Sie verstärkten letztlich nur das ökonomische und legitimatorische Dilemma. Die wachsende Auslandsverschuldung engte die wirtschaftspolitischen Spielräume schließlich weiter ein. Die stillschweigend tolerierte oder gar offiziell geförderte Expansion der Schattenwirtschaft kam dem Eingeständnis gleich, daß die offizielle Ökonomie nicht nur differenzierten Verbraucherwünschen nicht entsprechen konnte, sondern nicht einmal mehr imstande war, ein ausreichendes Niveau in der Versorgung mit Gütern des täglichen Bedarfs sicherzustellen.

Der früher an der Frankfurter Universität lehrende Ökonom Jiří Kosta analysiert in seinem Beitrag die Unterschiede zwischen den wirtschaftspolitischen Reformstrategien im Prager Frühling 1968 und der Tschechoslowakei der Gegenwart. Er zeigt, daß die von einer Massenbewegung und von nichtkommunistischen Intellektuellen durchgesetzte politische Demokratisierung die Bahn gebrochen hat für ein Reformkonzept, das 1968 noch unmöglich gewesen wäre –: die Einführung der Marktwirtschaft. Deren Eckpfeiler sind die Reprivatisierung der verstaatlichten Wirtschaft, die »Deregulierung« des einstigen Interventionspotentials sowie stabilitäts- und strukturpolitische Imperative, die freilich auch zu Knotenpunkten zukünftiger sozialer Konflikte werden könnten. – Aus der »insider«-Perspektive eines ehemaligen Betriebsdirektors beschreibt der Ost-Berliner Ökonom Lutz Marz die Desillusionierung über die Chance eines »dritten Weges« in der DDR. Eindringlich schildert er die rasanten und akrobatischen Metamorphosen der »Wirtschaftskader der Partei« kurz nach der Öffnung der Mauer. Dem Zwangsgehäuse der »administrativen Kommandowirtschaft« äußerlich entronnen, aber innerlich verhaftet, avanciert der »Erdarbeiter« unter den Intellektuellen für kurze Zeit zum Umbruchsexperten, bevor er zwischen der von Westen anrollenden Marktwirtschaft und dem politischen Gewissen des von der Partei Berufenen erdrückt wird. –

Der Frankfurter Sozialwissenschaftler Rainer Deppe analysiert in seinem – die DDR und Ungarn – vergleichenden Beitrag die wachsende Ineffizienz der jeweiligen Produktionsregime unter veränderten ökonomisch-technischen Bedingungen. Beide Länder lavierten hoffnungslos zwischen dem bedrohlich fortschreitenden Produktivitätsverfall einerseits und dem Interesse der

Staatspartei am politischen Machterhalt andererseits, den eine auf unterschiedliche Weise befriedete Industriearbeiterschaft mit garantieren sollte. Ungarn unter Kádár unternahm eine Reihe betriebspolitisch relevanter Ausbruchsversuche aus der Klemme, die indes das Regime von innen aushöhlten, ohne seine wirtschaftliche Leistungsfähigkeit wirksam zu verbessern. Demgegenüber klammerte sich die DDR unter Honecker rigide an verkrustete Strukturen, ohne dadurch deren massive soziale Aufweichung und den abrupten Regimesturz verhindern zu können.

Die dramatischen Ausgangsbedingungen der ökonomischen Transformation – insbesondere die akute Wirtschaftskrise, die nur allmählich reduzierbaren Comecon-Verpflichtungen, die hohen Auslandsschulden und die extreme Kapitalarmut – bergen schwere Risiken für den gerade erst begonnenen Prozeß der Demokratisierung. Zu der äußeren Gefahr einer Peripherisierung einzelner Länder oder gar der gesamten Region tritt die innere Gefahr langfristiger sozialer Verwerfungen. Es ist keineswegs entschieden, ob – wie die neuen Eliten hoffen – bald der Anschluß an die hochentwickelten kapitalistischen Gesellschaften gefunden wird, oder man zu deren Peripherie absinkt; womöglich zu der des vereinten Deutschlands, wenn dies die ökonomischen Kosten der Einheit verkraftet hat. Die Privatisierung der Ökonomie ohne ausreichend vorhandenes Kapital und die Deregulierung ohne ausreichende soziale Sicherungen können zu der Konsequenz führen, daß der formell etablierten Demokratie das ökonomische und das politisch-kulturelle Rückgrat fehlen. Die komplementäre Seite des Dilemmas besteht darin, daß der immense Legitimationsbedarf der neuen demokratischen Eliten die notwendige ökonomische Umstrukturierung behindert.

Dissidenz und Intellektuelle

Mit KOR in Polen, mit der demokratischen Opposition in Ungarn und der Charta 77 in der ČSSR entsteht in der zweiten Hälfte der siebziger Jahre in Osteuropa eine sich wechselseitig stimulierende, weitgehend von Intellektuellen getragene Dissidentenbewegung. Diese Dissidentenbewegung ist im negativen Sinne geeint durch den Abschied von allen reformkommunistischen Hoffnungen. Positiv definiert sich die Dissidenz als demokratische Opposition, die gegenüber der Diktatur die Gewährleistung der Menschenrechte in ihrer doppelten Funktion als individuelle Freiheits- und Abwehrrechte wie auch als Kommunikations- und Handlungsrechte zwischen den Gesellschaftsmitgliedern einfordert. Auf der Basis dieser programmatischen Orientierung praktiziert sie die Aufdeckung individueller Menschenrechtsverletzungen und schafft die rudimentären Formen einer »zweiten« Öffentlichkeit, die sich neben dem Samistad in vielen anderen Medien manifestiert. Abgesehen von Polen beschränkt sich die osteuropäische Dissidenz auf kleine Zirkel von einigen Hundert Intellektuellen, die von den jeweiligen Regimen jeweils sehr unterschiedlich behandelt werden –: in Kádárs Ungarn zum Beispiel erheblich zivilisierter als in Husáks ČSSR oder in Jaruzelskis Polen. Um so erstaunlicher ist die einheitliche Rolle, die der intellektuellen Dissidenz bei der gänzlich unerwarteten »Verwirklichung der Träume« (Dalos) zufiel. In Polen wird die politisch intellektuelle Fraktion von Solidarność zum strategischen Kopf der Umwälzung. In Ungarn wird die demokratische Samistad-Opposition ein Jahr nach Kádárs Abgang zu einem entscheidenden Träger des Umbruchs und nach den Wahlen zur zweitstärksten Partei. In der ČSSR wird die Charta 77 zum Brückenkopf für die Bildung des Bürgerforums, das schließlich zum großen Wahlsieger wird. All dies hat dazu geführt, daß der demokratische Umbruch in Osteuropa als »Revolution der Intellektuellen« bezeichnet wurde. Es ist beinahe so, als hätte die Geschichte in ironischer Verkehrung des Gemeinten die Prophezeiung der Ungarn György Konrád und Iván Szelényi wahr gemacht, derzufolge sich »die Intelligenz auf dem Weg zur Klassenmacht«[6] befände – allerdings im alten System. Die DDR bildet hiervon freilich eine deutliche Ausnahme. Zwar erscheint 1977 Bahros *Alternative*. Aber in ihrer sehr deutschen, elitär romantischen und noch reformkommunistisch befangenen Art weicht Bahro erheblich von der radikaldemokratischen Stoßrichtung der intellektuellen Dissidenz in anderen osteuropäischen Ländern ab. Erst in den achtziger Jahren formiert sich – außerhalb der etablierten literarischen und wissenschaftlichen Intelligenz und unter dem Schutzschild der evangelischen Kirche – in der DDR eine Widerstandsbewegung, die über das »Neue Forum« und ähnliche Gruppierungen eine wichtige Rolle beim Umbruch spielen sollte.

Am Fall der DDR erklärungsbedürftig ist nicht nur ihr rascher

Zerfall, sondern mindestens ebenso sehr die lange Phase ihrer inneren Stabilität. Diesem scheinbar widersprüchlichen Phänomen nähert sich die Berliner Sozialwissenschaftlerin Sigrid Meuschel durch eine Analyse des Wandels der Konzepte, mit denen der Machtapparat seine Legitimität sicherte. Vom »antifaschistischen Stalinismus« der frühen DDR, über die Phase der technokratischen Reform in den sechziger Jahren hin zum eher resignativen Konzept des »real existierenden Sozialismus« rekonstruiert sie den Bogen einer Entwicklung, an dessen Ende eine nur noch durch Ideologie und Repression gestützte Politik des puren Machterhalts stand, welche dann durch das Phänomen einer offenen und massenhaften Auflehnung extrem verletzlich war. In ihrem Beitrag wird auch die Konstante dieser Legitimationspolitik sichtbar –: ein auf Kapitalismuskritik verkürzter Antifaschismus im Verein mit einer genuin deutschen Ablehnung »westlicher« radikalliberaler und demokratischer Einstellungen. Dieses eigentümliche Amalgam, das die wissenschaftliche und die künstlerische Intelligenz in die kritische Solidarität mit den Herrschenden der DDR trieb, analysiert im Detail der Beitrag des Ostberliner Philosophen Wolfgang Engler. Mit der Methodik eines empirischen Wissenssoziologen sucht er eine Antwort auf die Frage, warum es in der DDR – anders als in vergleichbaren ost- und mitteleuropäischen Gesellschaften – nicht zu einem radikaldemokratischen Bündnis von Intellektuellen und anderen Bürgern gekommen ist. Auf der Grundlage eines reichen Zitatenmaterials kann er zeigen, daß nicht nur diese allgemeine ideengeschichtliche Konstellation einem solchen Bündnis entgegenstand, sondern auch der Umstand, daß die »Kopplung von Wissen und Macht« in der DDR besonders eng war. Die zum Umsturz treibende Kraft intellektueller Dissidenz war in der DDR gleich doppelt paralysiert, nämlich zum einen durch einen besonders penetranten Führungsanspruch der Partei und zum anderen durch die Einbindung der Intellektuellen ins staatliche Privilegiensystem. – Ungarn repräsentiert den entgegengesetzten Extremfall, in dem der Umbruch nahezu innerhalb der Intelligenz selbst abgewickelt wurde. Daß der ungarische Volksaufstand von 1956 eine »Konterrevolution« gewesen sei, gehörte für drei Jahrzehnte zur Standardrechtfertigung des Kádár-Regimes. Der Budapester Historiker László Varga beschreibt in seinem Beitrag den lange Zeit schleichenden, nach Kádárs Ablösung dann lawinenartigen Zerfall dieser Legitimationsgrundlage. Neben der Opposition und dem »Komitee für historische Gerchtigkeit« sind daran schließlich auch die Reformer in der Staatspartei beteiligt. Die öffentliche Dokumentierung der Umstände der Hinrichtung von Imre Nagy wird als Tabubruch zu einem Katalysator des Umbruchs. Seine ehrenvolle Umbestattung zusammen mit einigen seiner Kampfgefährten, 31 Jahre später, wird zu einer öffentlichen Demonstration, auf der sich Intellektuelle, Opposition und Massen zu einem Kraftakt gegen das zerbröckelnde Regime vereinen. – Der Beitrag des tschechischen Osteuropaforschers Vladimír Horský ist eine phänomenologisch gehaltene Skizze der »samtenen Revolution« im Spätherbst 1989. Eindringlich beschreibt er die oppositionellen Vorboten der Wende und die Rolle der studentischen Intelligenz insbesondere bei der Mobilisierung der Arbeiterschaft. Horský illustriert die berühmte These von Václav Havel, daß es alltägliche Maßstäbe moralischer Integrität waren, die in der ČSSR eine klassenübergreifende Widerstandsbewegung gegen den alten Machtapparat zustande brachten.

Der ungarische Schriftsteller György Dalos schildert in seinem Vortrag die Desorientierungen und Identitätsschwierigkeiten einer dissidenten Intelligenz, deren Träume jahrelang bescheiden waren, bis sie durch die Geschwindigkeit und die Tiefe des Umbruchs sozusagen übererfüllt worden sind. Sowohl sein Vortrag wie auch seine Stellungnahmen in der darauf bezogenen Diskussion fügen sich zu dem Versuch, die Funktion kritischer Intelligenz *nach* dem Umbruch neu zu definieren. Angesichts der Formierung neuer politischer Parteien auf der Basis alter und neuer gesellschaftlicher Konfliktlinien in Ungarn, angesichts der bereits vorher vorhandenen Verarmungstendenzen, die im Zuge einer marktwirtschaftlichen Reorganisation der Ökonomie noch verstärkt werden könnten und angesichts einer befreiten, aber jetzt den Zwängen des kapitalistischen Marktes unterworfenen Kultur, plädiert er für das Programm einer »Fortsetzung der Dissidenz mit anderen Mitteln«.

Sozialismus, Kapitalismus und Demokratie

Die in diesem Band gesammelten Beiträge sind keine zeitenthobenen Dokumente einer akademischen Osteuropa-Kunde. Die dramatische historische Zäsur, die sich in vielen Schattierungen in ihnen reflektiert, läßt sich auch nicht auf die Weltregion beschränken, die sie unmittelbar beschreiben. Nicht nur die geopolitischen Kontexte der Nachkriegszeit haben sich verändert. Die Auswirkungen des zusammenbrechenden »real existierenden Sozialismus« reichen hinab bis zu den Wurzeln jener Topographie, mittels derer wir auch im Westen das überkommene Feld politischer Orientierungen vermessen.

Bei vielen Konservativen und Liberalen sprießen jetzt Diagnosen, welche in den gegenwärtigen politischen und ökonomischen Institutionen der westlichen Welt die letzte Wahrheit der Geschichte sehen – zu der nach langen Jahrzehnten des Irrwegs jetzt auch die osteuropäischen Gesellschaften zurückkehren. Mit dem suggestiven Begriff des »Endes der Geschichte« wird ein Deutungsmuster beschworen, in dem die kapitalistische und formaldemokratische Verfassung der westlichen Welt zu der real existierenden Utopie stilisiert wird, die in den demokratischen Revolutionen der Moderne eingefordert wurde. Komplementär zu diesem konservativ-liberalen Deutungsmuster finden wir bei vielen intellektuellen Linken die Überzeugung, daß jetzt nach dem Schwinden des alten Sozialismus die innere und äußere Durchkapitalisierung der Welt ohne jeden Widerstand vorangehen könnten. Beide Perzeptionen kommen in der Annahme überein, daß der Kapitalismus eine unverwandelbare, immer mit sich identische Ordnung sei. Die Möglichkeit, daß soziale Bewegungen und demokratische Institutionen den Imperativen der kapitalistischen Entwicklungen ihre eigene »politische« Logik entgegensetzen könnten, wird von beiden Positionen schon in ihrem jeweiligen Ansatz ausgeschlossen.

Denn der Kapitalismus, dem jetzt die Welt zu Füßen zu liegen scheint, ist eben keine mit sich identische Ordnung. Definiert werden kann sie nur durch ihre einzigartige historische Wandlungsfähigkeit, durch ihre von Marx im Manifest gefeierte Fähigkeit, die Bedingungen ihrer eigenen Existenz unablässig zu revolutionieren. Orthodoxe politische Ökonomen, seien sie nun marxistischer oder liberaler Provenienz, beschwören gern einen logischen Kernbereich dieser historisch prozessierenden kapitalistischen Produktionsweise. Darin lokalisieren sie in jeweils verschiedenen Gewichtungen das Eigentumsrecht, die Lohnarbeit, die marktvermittelte Produktion oder die Trennung der Produzenten von ihren Produktionsmitteln. Freilich ist der wirtschaftspolitische, der klassensoziologische und der legitimatorische Kontext, in den diese in der Tat konstitutiven Merkmale des Kapitalismus eingebettet sind, so radikal verschieden von ihren historischen Entstehungszusammenhängen, daß von einem invarianten Kernstück der kapitalistischen Ordnung, das sich von der historischen Dimension seiner Entwicklung eindeutig isolieren ließe, kaum noch die Rede sein kann. Wer dogmatisch davon ausgeht, daß der Kapitalismus als System immer über die Bedingungen seiner Veränderungen souverän verfügen kann, verkennt gerade das Ausmaß, in dem er im Laufe seiner Entwicklung genötigt wurde, die Aspekte einer sozialistischen Kritik an ihm sich selbst einzuverleiben. In kapitalistischen Gesellschaften, in denen die Hälfte aller erwirtschafteten Leistungen staatlich vermittelt sind, in dem sich ein Großteil der Eliten in den öffentlichen und privaten Sektoren an den Imperativen einer funktionalen Rationalität orientiert und in denen der Legitimationsaspekt des Eigentums zugunsten demokratischer Kontrolle abgeschwächt wurde, kann ein strukturprägender »ökonomischer« Kern immer weniger von einem politischen »Rand« abgehoben werden. Und entsprechend verbietet sich auch ein »chirurgisches« Revolutionsverständnis, das immer schon weiß, welch ein ökonomischer Schlüsselmechanismus herausgelöst werden muß, um den politischen Körper grundlegend neu einzurichten. So unterschiedliche marxistische Theoretiker wie Otto Bauer, Antonio Gramsci und Franz Neumann haben schon vor mehr als einem halben Jahrhundert vorgeschlagen, den staatlich vermittelten Kapitalismus nicht als ein homogenes, feindlich besetztes Territorium zu konzipieren, sondern als bewegtes Kompromißfeld verschiedener Klassen und Gruppen, die unter Rekurs auf die Normen des bürgerlichen Verfassungsstaates um ihre Vorherrschaft streiten. Antonio Gramsci hat diese Deutung zur Grundlage einer sozialistischen Strategie gemacht, welche die klassische Unterscheidung von Reform und Revolution unterläuft. Er macht deutlich, daß in einer entwickelten, politisch mediatisierten kapitalistischen Gesellschaft das revolutionäre Ziel nicht mehr in der Eroberung der staatlichen Kommandohöhen bestehen kann. Mit der mißverständlichen militärischen Metapher des »Stellungskrieges« bezeichnet er das kulturrevolutionäre Projekt einer Bündelung und Stärkung jener emanzipatorischen Potentiale der Gesellschaft, die vom kapitalistischen Geist noch nicht erfaßt sind. Die »zivile Gesellschaft«

war für ihn der Inbegriff jenes Ensembles moralischer, kultureller und institutioneller Potenzen, welche es vermöchten, der destruktiven Dynamik des Kapitalismus zu wehren. Eine solche Strategie wird nicht mehr entworfen von dem geschichtsphilosophisch projizierten Ende einer mit sich identischen kapitalistischen Ordnung. Sie orientiert sich vielmehr auf die in ihr enthaltenen demokratischen, sozialstaatlichen und ökologischen Widerlager.

Anmerkungen

1 In: The New York Review of Books, 15. 2. 1990.
2 Vgl. Václav Havel, Versuch, in der Wahrheit zu leben, Hamburg 1989 und Milan Šimečka, The Restauration of Order. The Normalization of Czechoslowakia 1969–1979, London 1984.
3 Vgl. Vladimír Horský, Prag 1968 – Systemveränderung und Systemverteidigung, Stuttgart/München 1975.
4 In: Games of Transition, bislang unveröffentlichtes Vortragsmanuskript; erscheint in Heft 1 der Zeitschrift Transit 1990, herausgegeben vom »Institut für die Wissenschaften vom Menschen« im Verlag Neue Kritik, Frankfurt am Main.
5 János Kornai, Bureaucratic and Market Coordination, in: Osteuropa-Wirtschaft, 4/1984.
6 György Konrád/ Iván Szelényi, Die Intelligenz auf dem Weg zur Klassenmacht, Frankfurt am Main 1978.

Zu danken haben wir zunächst unseren Autoren und Autorinnen, die meist unter großem Zeitdruck ihre Vorträge und Textentwürfe zu druckfertigen Manuskripten umgearbeitet haben. Zu danken haben wir Klaus Nellen vom »Institut für die Wissenschaften vom Menschen« in Wien. Er hat uns in großzügiger Weise Einblick verschafft in den Bestand unveröffentlichter Literatur über den Umbruch in Osteuropa, den er im Rahmen des Zeitschriften-Projekts *Transit* zusammengetragen hat. Frau Elisabeth Matthias haben wir zu danken für Mitarbeit und technische Regie bei der Erstellung dieser Edition.

Frankfurt, den 1. August 1990 *Rainer Deppe*
Helmut Dubiel
Ulrich Rödel

Sigrid Meuschel
Wandel durch Auflehnung[1]
Thesen zum Verfall bürokratischer Herrschaft in der DDR

1. Allgemeine Vorbemerkungen

1. Nicht der Wandel durch Auflehnung wird im Zentrum der folgenden Überlegungen stehen, sondern seine Vorgeschichte: die Geschichte eines langsamen und eher unauffälligen Verfalls des Legitimitätsglaubens und der Loyalität, die man in der DDR dem politischen System ungewöhnlich lange entgegengebracht hat.

2. Das politische System ist mit dem Begriff bürokratische Herrschaft nur unzureichend bezeichnet. Denn es handelt sich um eine spezifische Bürokratie: eine Partei, deren führende Rolle in Staat und Gesellschaft zwar verfassungsrechtlich festgeschrieben war, die sich selbst aber im vorrechtlichen Raum konstituiert und bewegt hat. Sie begründete ihren Herrschaftsanspruch in wiederum spezifischer Weise, nämlich unter Verweis auf eine (reichlich banalisierte) Geschichtsphilosophie und auf die Behauptung, über privilegiertes Wissen um Ziel und Weg des historischen Prozesses zu verfügen.

Die durch Wissen begründete Führungsrolle, die die Partei für sich reklamierte, erstreckte sich auf die gesellschaftliche Entwicklung in allen ihren Aspekten: von der Planung und Leitung der Ökonomie – Kern der gesellschaftlichen Entwicklung – bis zur Erziehung der »Hirne und Herzen« der Menschen. Angesichts der Vormachtstellung einer Partei, die sich ein solches Programm durchzusetzen zutraute, konnten sich die anderen Bürokratien (des Staates, der Ökonomie usf.) nicht als Bürokratien im Weberschen Sinne ausbilden. Parteipolitische Willkür überlagerte das Anwenden von Regeln oder die Durchsetzung ressortspezifischer Rationalität (Berechenbarkeit, Effizienz); organisierte Verantwortungslosigkeit war daher eines der typischen Merkmale bürokratischen Handelns. Die Bürokraten in der DDR waren keine »roten Preußen«.

3. Die Parteiherrschaft und ihre Begründung bargen einen fundamentalen Widerspruch: den Widerspruch zwischen der kom-

munistischen Zielvorstellung, eine Gesellschaft der Gleichen und Freien zu schaffen, und dem Weg dorthin, der nicht durch die Chance selbstbestimmten Handelns, sondern durch die Heteronomie des Handelns der Mehrzahl der politischen Akteure gekennzeichnet war. Aus der Perspektive einer normativen politischen Theorie oder Philosophie ist eine solche Parteiherrschaft nicht legitim zu nennen. Hält man sich jedoch für einen Moment die Auseinandersetzungen in der Geschichte der Arbeiterbewegung vor Augen, etwa den Streit Luxemburg–Bernstein oder Luxemburg–Lenin, dann wird deutlich, daß die Weg-Ziel-Relation und die Zweck-Mittel-Frage höchst kontrovers beantwortet wurden. Ich erwähne das nur, um deutlich zu machen, daß Parteiherrschaft und Diktatur des Proletariats durchaus auf Legitimitätsglauben stoßen konnten.

4. Der Begriff *Legitimitätsglaube* bezieht das politisch-kulturelle Unterfutter einer Gesellschaft mit ein. Er berücksichtigt insbesondere Wertorientierungen, die in der Gesellschaft vorherrschen und die Formen und/oder Zwecke der Herrschaft als richtig erscheinen lassen. Beim Legitimitätsglauben handelt es sich mithin – sehr verkürzt ausgedrückt – um eine zumindest partielle Normenkongruenz. Die Partei begründet ihre Herrschaft unter Rekurs auf einen systemspezifischen Wertekatalog (Gleichheit, Solidarität, Gemeinschaft, technologische Moderne etc.), der in der Gesellschaft dominante Wertorientierungen in einer Weise umstrukturiert und bündelt, die auf Zustimmung stößt. *Loyalität* hingegen nenne ich einen Zustand, in dem Herrschaft hingenommen wird, weil sie privaten Interessenverfolg nicht hindert, u. U. sogar fördert, oder weil das politische System die Orientierung an systemunspezifischen Werten, wie zum Beispiel religiöse oder privatistische Werthaltungen, toleriert.[2]

2. Vorbemerkungen zu einigen Spezifika der DDR

1. Die sozialistische Idee wirkte in der DDR-Gesellschaft – bis hin zur oder gerade in der Intelligenz – weitaus länger legitimitätsstiftend als beispielsweise in den Gesellschaften Ungarns, Polens oder der ČSSR. Die Teilung Deutschlands und sodann die Zweistaatlichkeit erleichterten Flucht und Emigration Unzufriedener, später die Ausbürgerung Oppositioneller. Soziale Vernetzungen

von Samizdat und Dissidenz bildeten sich erst sehr spät aus; dabei war die jüngere Generation, die die Legitimitätsansprüche des Regimes zu hinterfragen begann, von großer Bedeutung.

2. Aufgrund der prekären nationalstaatlichen Basis der Parteiherrschaft orientierte sich die SED an zwei Handlungsmaximen: Konformität und Eigenständigkeit. Die Konformität mit den Normen und Strukturen, die im sowjetischen Hegemonialbereich jeweils vorherrschten, sicherte die distinktiv sozialistische Identität der gesellschaftlichen Verfaßtheit, derer die DDR bedurfte, wollte sie die staatliche Eigenständigkeit gegenüber der Bundesrepublik sichern.[3] Auf Basis der Konformität wahrte sie zugleich ihre Eigenständigkeit im Block, indem sie die konsentierten Normen besonders energisch und situationsbezogen umsetzte. Auch diese Konstellation trug dazu bei, daß Orientierungen am Sozialismus so lange vorherrschend blieben.

3. Dem kamen auch – insbesondere in den Anfangsjahren der Entwicklung der SBZ/DDR – Versatzstücke der deutschen politischen Kultur entgegen. Gerade in der unmittelbaren Nachkriegszeit war eine traditionell antiwestliche Einstellung virulent. Damit meine ich die Züge der deutschen politischen Kultur, die dem Nationalsozialismus bereits vorgelagert waren: die politische Kultur einer sich unpolitisch verstehenden Gesellschaft, die sich historisch-kulturell, gemeinschaftlich und anti-individualistisch definierte und das öffentliche Austragen interessegeleiteter Konflikte als Fehlentwicklung der westlichen Kultur begriff. Dieser Gesellschaftsauffassung zufolge standen sich deutsche »Kultur« und bürgerlich-kapitalistische »Zivilisation« feindlich gegenüber.[4] Sozialistische und antifaschistische Zielvorstellungen tradierten Teile dieses anti-westlichen Syndroms. Der Antifaschismus, ein anderes Spezifikum der DDR-Entwicklung, prägte sie weit über die Anfangsphase hinaus.

Ich teile im folgenden die Geschichte der DDR – den Verlauf des Stiftens und des Verfalls von Legitimitätsglauben und Loyalität – in drei Phasen ein: die Phase des antifaschistischen Stalinismus; die Phase der technokratischen Reform, einer Reformpolitik, die beanspruchte, die Utopie zu realisieren; schließlich die Ära Honekker, die Zeit des real-existierenden Sozialismus, die – wie die Selbstbezeichnung schon ausdrückt – vom Utopieverlust gekennzeichnet war und daher im Zeichen einer (wenn auch latenten) Legitimitätskrise stand.

3. Die erste Phase: Antifaschistischer Stalinismus
(1945 bis Mitte der fünfziger Jahre)

1. Obwohl dies eine Phase des äußerst gewaltsamen Umbruchs, einer »Revolution von oben« war, ist es der SED gelungen, den Stalinismus aus der Erinnerung – aus der öffentlichen Diskussion ohnehin – auszugrenzen und den Aspekt des Antifaschismus hervorzuheben. Der Antifaschismus hat über lange Zeit Legitimitätsglauben gestiftet und gefestigt.

Das liegt m. E. nicht nur daran, daß die Gegner der Politik – sofern sie nicht in den Zuchthäusern saßen – zu Hunderttausenden das Land verließen, die Rechtfertigungsrituale der Partei also nicht beeinträchtigen konnten. Vielmehr war die unmittelbare Nachkriegszeit entscheidend, eine Zeit einerseits des Verdrängens und Vergessenwollens, andererseits des Rufes nach Umkehr, nach politisch-moralischer Erneuerung. In allen Zonen Deutschlands herrschte die Meinung vor, das Volk müsse umerzogen werden. Es gab eine starke anti-kapitalistische Strömung – vom christlichen über den demokratischen bis hin zum stalinistischen Sozialismus –, und nicht zuletzt war die bereits erwähnte anti-westliche Einstellung virulent.

Der Antifaschismus knüpfte – teils bewußt und intentional – an diese Strömungen an. Insbesondere war er durch ein verkürztes Verständnis des Nationalsozialismus geprägt. Dieser erschien zuallererst als Konsequenz kapitalistischer Entwicklung, auch der »formalen« bürgerlichen Demokratie; kulturelle Aspekte seines Entstehens standen eher im Hintergrund.[5]

2. Die personelle und strukturelle Entnazifizierung – die Entfernung der Nazis aus einflußreichen Positionen quer durch alle Institutionen einerseits, die Enteignungen und Strukturreformen andererseits – gilt noch heute als Basis des »besseren Deutschland«. Eine solche Interpretation übersieht die Ambivalenz der antifaschistischen Politik. Diese eröffnete zwar die Chance der vertikalen Mobilität, des Status- und Positionserwerbs für Mitglieder der Klassen und Schichten, die zuvor benachteiligt gewesen waren. Die Kehrseite ihres Aufstiegs allerdings lag in der Subalternität, in die sich die Mitglieder und Kader der Partei sowie der anderen Organisationen und Bürokratien von Anbeginn zu fügen hatten.[6] Überdies entmachteten die Enteignungen nicht nur die alten Eliten, die in der Tat den Nationalsozialismus getragen

hatten; sie schufen zugleich die Basis für die Macht der Partei: die Verfügungsgewalt über ökonomische und politische Ressourcen.

3. Demokratie galt entweder als diskreditiert, als bloß »bürgerliche, formale« Demokratie, oder sie wurde in bestimmter Weise qualifiziert – vornehmlich durch die Idee der Einheit.[7] Wenn die KPD/SED sagte, es gelte die »Fehler von 1918« zu vermeiden, so plädierte sie insbesondere für die Einheit der Arbeiterklasse und des Volkes. Dem Argument, Weimar sei an der Zersplitterung der politisch progressiven Kräfte gescheitert, konnten sich viele Akteure der Nachkriegszeit nicht entziehen. In der Idee der Einheit aber schien auch schon die marxistisch-leninistische Auffassung von gesellschaftlicher Totalität, ihrer Entwicklungsdynamik und ihres historischen Telos durch. Zwar stützte sich der Antifaschismus weniger auf eine sozialistische Zukunftsorientierung als vielmehr auf den Anspruch, die Vergangenheit zu überwinden und »Lehren aus der Geschichte« zu ziehen. Die SED meldete aber bereits den Führungsanspruch für die Arbeiterklasse an, die das »wahre« Gesamtinteresse vertrete. Und die Praxis schuf mit der Fusion von SPD und KPD und mit dem Block der antifaschistisch-demokratischen Parteien die Grundlagen des stalinistischen politischen Systems.

4. Einheit und Umerziehung verlangten nach einem Bündnis nicht nur der politischen Parteien, sondern auch der kulturellen Erneuerung. Alle, die sich dem Nationalsozialismus (wenn auch erfolglos) widersetzt hatten, sollten es tragen: Christen, bürgerliche Humanisten, Sozialisten und Kommunisten. Die Idee der Umerziehung[8] stand vor dem Dilemma, einerseits eine totale Kritik zu fordern, da die nazistische Katastrophe alle Tradition hatte fragwürdig werden lassen. Der Humanismus schützte, wie Alfred Andersch so polemisch wie zutreffend formulierte, vor gar nichts. Da man für Demokratie (im herkömmlichen Sinne) nicht plädieren mochte, galt es andererseits, Traditionen zu benennen, die einen Ausweg weisen konnten. Das Bündnis der kulturellen Erneuerung fand das »Fortschrittliche, Edle und Große« in der deutschen Klassik. Das war übrigens auch in den Westzonen der Fall; in der SBZ/DDR spielten neben den bürgerlichen auch die Traditionen der Arbeiterbildungsvereine eine bedeutende Rolle. Doch der Versuch, das Dilemma durch klassisch-humanistische Bildungsideale zu lösen, verlängerte die apolitischen Traditionsbe-

stände der deutschen politischen Kultur; er isolierte Kultur und Politik, als ob sie nicht auch in der Vergangenheit schon in einem wechselseitigen Bedingungsverhältnis gestanden hätten.

5. Daß man Demokratie nicht als Ausweg verstand, hing mit der ökonomischen Faschismus-Definition ebenso zusammen wie mit dem Mißtrauen gegenüber dem Volk, das dem Nationalsozialismus gefolgt war. Dieses Mißtrauen sah sich durch die »Misere«-Konzeption, die in der DDR anfangs vorherrschte[9], gestützt. Es war dies eine eher dualistische als dialektische Interpretation deutscher Geschichte und Kultur, die dazu neigte, progressive Traditionslinien (Klassik, Arbeiterbewegung, nationale Befreiungskriege) zu isolieren und hervorzuheben. Deren nationalistische Affirmation setzte dem Antifaschismus – strenggenommen – ein Ende; anders gesagt: er hatte der stalinistischen Wende in der Kulturpolitik nichts entgegenzusetzen.[10]

6. Schließlich ließ auch die Ambivalenz der Demokratieauffassung Affinitäten zwischen Antifaschismus und Stalinismus zu. Die Idee der Volkssouveränität wurde nicht prinzipiell in Frage gestellt. Ihrer Verwirklichung stand allerdings der antifaschistische Vorbehalt entgegen, das Volk müsse zur Selbstherrschaft erst erzogen werden. Dieser substantielle, anti-»formalistische« Vorbehalt ließ sich freilich stalinistisch wenden; er stand dann für Abwehr »falschen Bewußtseins« im Sinne der Erziehung zur marxistisch-leninistischen »Bewußtheit«. Beide Erziehungsvorstellungen gingen von objektiver Interessenidentität in einer gesellschaftlichen Totalität aus. Die stalinistische Variante der Harmonie implizierte den Herrschaftsanspruch der Avantgardepartei in allen Lebensbereichen.[11]

7. Die Affinität zwischen Antifaschismus und Stalinismus verdankte sich den Ambivalenzen beider. Die gewaltsamen Züge der praktischen Politik der SED – ich erinnere nur an die Stalinisierung der Partei, die Anfänge der Planwirtschaft sowjetischen Typs, den Terror der politischen Justiz, die Mittelstandspolitik, die Säuberungen der Partei, die Vorbereitung von Schauprozessen – mußten keineswegs auf antifaschistisch motivierte Zustimmung stoßen. Dennoch stellte sich die Intelligenz am 17. Juni nicht auf die Seite der Aufständischen. Mit wenigen Ausnahmen – wie z. B. Erich Loest und in gewisser Hinsicht auch Brecht[12] – akzeptierten die Künstler und Schriftsteller, sofern sie sich sogleich oder später zum Aufstand äußerten, die parteioffizielle

Interpretation: es habe sich um eine »faschistische Provokation« gehandelt.

Wie läßt sich diese Haltung der Intelligenz erklären? Zum einen hatte sie Angst. Zum anderen mißtraute sie dem Volk, das sich nicht gegen den Nazismus erhoben hatte, nun aber gegen die Herrschaft der SED rebellierte. Sie nutzte die politische Krise, um eine Änderung der Kulturpolitik zu erreichen, was vorübergehend gelang.[13] Sie versuchte also, sich selbst vom ärgsten Druck zu entlasten, damit zugleich aber auch die Voraussetzungen für die politisch-moralische Erziehung des Volkes zu verbessern. Ihre antifaschistische Solidarität jedoch galt den Herrschenden. Die Intelligenz glaubte an das (trotz allem) bessere Deutschland, das in der DDR vermeintlich entstand. Mit hinein spielte auch die Sorge um die Eigenständigkeit des Staates, der allein das Experiment des Sozialismus garantieren konnte – freilich nur, wenn die Parteiherrschaft aufrechterhalten blieb.

8. Natürlich könnte man einwenden, für die Solidarität mit den Streikenden sei keine Zeit gewesen, weil der Aufstand sofort niedergeschlagen wurde. Doch auch nach dem XX. Parteitag, als das sowjetische Tauwetter die Chance zur Entstalinisierung bot, kam es in der DDR – im Gegensatz zu Ungarn oder Polen – zu keinem Bündnis zwischen kritischer Intelligenz, innerparteilicher Opposition und unzufriedenen Teilen der Bevölkerung. Die innerparteiliche Opposition kämpfte – 1953 wie 1956/7 – hinter verschlossenen Türen; sie setzte auf den Ausgang der Machtauseinandersetzungen in der KPdSU eher als auf die eigene Kraft. Sie wurde aber auch von der kritischen Intelligenz nicht unter Druck gesetzt. Die wissenschaftliche Intelligenz – etwa Robert Havemann oder Jürgen Kuczynski – engagierte sich im wissenschaftlichen Meinungsstreit, zu dem die SED aufrief, und ihre Forderungen blieben auf das Wissenschaftssystem bezogen. Revisionisten – im ungarischen oder polnischen Verständnis – gab es am ehesten unter Ökonomen wie Behrens und Benary. Insgesamt war die Faszinationskraft gerade des polnischen Oktober zwar durchaus stark[14], aber sie setzte sich nicht in gesellschaftliches Handeln um.

Das lag nicht allein an dem beklagenswerten Mangel an Zivilcourage selbst derer, denen mit großer Wahrscheinlichkeit nichts geschehen wäre.[15] Vielmehr wirkte die antifaschistische Legitimation des Regimes. So schreibt Stefan Heym in seinem »Nachruf«, er habe – wie viele mit ihm – gefürchtet, die offene Kritik des

Stalinismus werde zur Relativierung des Nationalsozialismus führen; Bloch wollte durch Stalinismus-Kritik nicht die bürgerlich-demokratischen Freiheiten – die »atlantische Unfreiheit«, wie er sich ausdrückte – aufwerten oder gar »Renegaten« rehabilitieren müssen. So stellte er sich »auf den Boden der DDR« – so wie sie war.[16] Peter Ch. Ludz[17] wußte sich angesichts dieser typischen Verhaltensweisen nicht anders zu helfen, als auf den »esoterischen Charakter« der deutschen Intelligenz zu verweisen, um sich ihre politische Abstinenz zu erklären. Das greift jedoch zu kurz: Die Intelligenz der DDR verstand sich politisch, aber sie partizipierte am Erziehungsauftrag der Partei gegenüber einer Gesellschaft, der sie die Reife zur Selbsttätigkeit absprach.

4. Die zweite Phase: Technokratische Reform und Utopie (Mitte der fünfziger bis Ende der sechziger Jahre)

1. Der Aufstand des 17. Juni machte – wie auch der Revisionismus bis hin zur ungarischen Revolution – auf drastische Weise deutlich, daß der Stalinismus gescheitert war. Unter dem Eindruck der Politik Chruschtschows begann ein Novum in der marxistisch-leninistischen Theorie, Praxis und Legitimationsstrategie: eine Reformphase.[18] Sie ging insofern mit einer begrenzten Entstalinisierung einher, als sie die ökonomische Politik von Staat und Partei versachlichte. Das hieß vor allem: Befreiung der Natur- und technischen Wissenschaften vom stalinistischen Dogmatismus. Reform mußte daher das Parteiwissen selbst tangieren: der Marxismus-Leninismus wurde flexibler, weil er den Eigensinn der anderen Disziplinen auf Dauer nicht negieren konnte.

2. In der Phase der technokratischen Reform bildete sich ein Zweckbündnis zwischen Ideologen und Technokraten heraus.[19] Beider Herrschaftsanspruch beruhte auf der Behauptung, über privilegiertes Wissen zu verfügen und keine partikularen Interessen, sondern das Allgemeininteresse zu vertreten. Wissenschaft und Technik als Ideologie bedrohten die Führungsrolle der Partei grundsätzlich nicht; man könnte eher sagen, daß die technokratische Ideologie den undemokratischen Charakter der Parteiherrschaft sowohl potenzierte als auch argumentativ abstützte.

Ihrer Divergenzen ungeachtet, ließen sich die marxistisch-leninistische und die technokratische Ideologie miteinander verzahnen. Technokraten und Marxisten-Leninisten traten gemeinsam an, die Vorzüge des Sozialismus auf der Ebene der Produktivkraftentfaltung unter Beweis zu stellen: Mit der Entfesselung der wissenschaftlich-technischen Revolution meinten sie – und glaubten es wohl auch – die kommunistische Utopie in kürzester Zeit zu erreichen. Die Synthese von technischer Revolution und Utopie drückte die Technikfaszination wie die Harmoniebedürfnisse jener Zeit aus. Neue Energiequellen, Technologien, Produktionsstoffe und -verfahren versprachen das nahe Ende schwerer körperlicher und stupider geistiger Arbeit. Die Marxisten-Leninisten erwarteten, den Unterschied zwischen geistiger und körperlicher Arbeit überhaupt aufheben zu können, wie auch jenen zwischen Stadt und Land. Sie sahen sich an der Schwelle zu einer gerechten Gesellschaft der Gleichen, in der das Ziel – Jedem nach seinen Bedürfnissen – sich realisieren ließe und der Staat absterben könne.[20]

3. Der Optimismus stützte sich auf die Annahme, nun, da die sozialistischen Eigentumsverhältnisse gesiegt hatten, könnten sich die ökonomischen Gesetze des Sozialismus voll entfalten. Im übrigen glaubte man noch, die allgemeine Krise des Kapitalismus stehe kurz bevor. Der Sozialismus, so nahm man an, hatte dann seine Chance, wenn er sein System der Planung und Leitung rationalisierte.

Im Neuen Ökonomischen System lösten materielle Anreizsysteme die administrativen Methoden der Planung und Leitung ab. Individuelle und betriebliche Interessen sollten über ökonomische Hebel mit dem gesamtgesellschaftlichen Interesse (Produktivkraftsteigerung als Voraussetzung der kommunistischen Gesellschaft) verbunden werden. Neues Ökonomisches System hieß zweierlei: zum einen bezog es sich auf ein »System« ökonomischer Wirkungszusammenhänge, welches sachverständig zu steuern die Funktionäre des Staats- und Wirtschaftsapparats lernen mußten. Zum anderen stand »System« für eine nach wie vor politisch – wenn auch fachgerecht – beherrschte gesellschaftliche Totalität. Die gesellschaftliche Entwicklung, die die Partei weiterhin zu steuern beanspruchte, stellte man sich als Wechselwirkung ökonomischen Eigensinns und übergreifender Planung vor.

4. Den Ideologen der Reform fiel die Aufgabe zu, den politisch-ideologischen Zusammenhang der gesellschaftlichen Subsysteme zu wahren und die Reform gegenüber den Dogmatikern abzusi-

chern, die um den Primat der Politik und um die Unverwechselbarkeit des sozialistischen Projekts besorgt waren. Theorien der Konvergenz und der Industriegesellschaft wurden in der DDR aufmerksam verfolgt. Im übrigen war – als Fluchtpunkt der Reformen – eine Ausdifferenzierung von Partei, Staat und ökonomischem System denkbar, in deren Folge die SED die Eigenlogik von Rechtsstaatlichkeit und ökonomischer Rationalität hätte anerkennen und sich selbst auf die kulturelle Hegemonie beschränken müssen.[21] Überdies wurde nach kurzer Zeit deutlich, daß die Zeitvorstellung – wie schnell die Modernisierung zur Utopie führen könne – unrealistisch war: man mußte dem Reformexperiment eine vergleichsweise lange Zeitspanne einräumen.

Eine theoretische Lösung dieser Probleme lag darin, den Sozialismus als relativ eigenständige Gesellschaftsformation zu begreifen.[22] Diese Innovation in der marxistisch-leninistischen Theoriebildung bot den Vorteil, Affinität zur kapitalistischen Entwicklung einzugestehen, aber Geld–Ware–Gewinn als entwicklungslogische Bestandteile des Sozialismus interpretieren zu können. Die Theorie löste auch das Zeitproblem, denn eine Gesellschaftsformation ist per definitionem eine ausgedehnte Epoche. Aus dieser Perspektive allerdings rückte die Utopie in nicht mehr greifbare Ferne, und mit dem Telos schwand die Chance, die Parteiherrschaft auf der Basis ihrer eigenen, marxistisch-leninistischen Prämissen zu legitimieren. Der Gefahr einer Legitimationskrise sollte die Idee der sozialistischen Menschengemeinschaft[23] vorbeugen, die – wie es nun hieß – bereits entstehe und die schon im Sozialismus zu einer weitgehenden Annäherung der Klassen und Schichten, zur politisch-moralischen Einheit des Volkes führen werde. Die Chancen dieser harmonischen Konzeption der Gegenwartsgesellschaft, den Legitimitätsglauben zu erhalten, sollten sich auf die wissenschaftlich-technische Revolution allein nicht verlassen müssen; vielmehr zeigten sich deutliche Tendenzen der Reideologisierung.

5. Nach meiner Einschätzung waren Reform und Ideologie der sechziger Jahre legitimatorisch durchaus wirkungsvoll. Zumindest kann man sagen, daß sie die Systemloyalität erhöhten. Die Kombination von Technikeuphorie und Gemeinschaft – sei es nun die der kommunistischen Gesellschaft oder der Sozialistischen Menschengemeinschaft – traf auf die Vorstellungen einer Gesellschaft, die dem Westen technologisch nicht unterlegen sein wollte,

aber doch zögerte, die Modernisierung auf alle Bereiche des Lebens durchschlagen zu lassen. Der Gemeinschaftsgedanke blieb keine bloße Rhetorik: Was die Partei den »Schritt vom Ich zum Wir« nannte, hieß z. B. in den Betrieben und Universitäten Arbeit in einem Kollektiv, das Rückhalt bot. In den Betrieben entstand eine Zwischenschicht aus Facharbeitern und wissenschaftlich-technischer Intelligenz, die durchaus Einfluß auf Betriebsentscheidungen nehmen konnte. Um mit Ulbricht zu sprechen: mit dem Neuen Ökonomischen System schlug die Stunde der Facharbeiter und Ingenieure; und da die Bildungsreform der sechziger Jahre Hoch-, Fach- und Oberschulen auf naturwissenschaftliche und technische Fächer ausrichtete, bildeten sich die Konturen einer sozialistischen Leistungsgesellschaft heraus, ein eigentümlicher Sozialstil, der sich auf und um die Betriebe zentrierte.[24]

Die Öffnung des Wissenschaftssystems für neue Disziplinen wie Kybernetik und Prognostik, Systemtheorie und Leitungswissenschaften, aber auch für Soziologie und Psychologie, war für die Intelligenz attraktiv. Überdies zeichneten sich geregelte Aufstiegspfade und neue Berufsbilder ab.

6. Für überzeugte Sozialisten stellte sich die Reform als ein Versuch dar, der Entwicklung der DDR ein modernes und zugleich unverwechselbar sozialistisches Profil zu verleihen. Weil der DDR eine selbstverständliche nationalstaatliche Basis fehlte, konnte sie ihre staatliche Eigenständigkeit gegenüber den Ansprüchen und Attraktionen, die von der Bundesrepublik ausgingen, nur sichern, wenn sie die Spezifika ihrer Gesellschaft deutlich machte und überzeugend ausgestaltete.

Die Idee, die Kombination von wissenschaftlich-technischer Revolution und Gemeinschaft umschreibe das sozialistische Projekt erschöpfend, stieß jedoch auch auf Widerspruch, insbesondere aus den Reihen der künstlerischen Intelligenz. Schriftsteller und Lyriker lehnten die Vorgaben des sozialistischen Realismus allmählich ab. Selbst wenn sie weiterhin Produktionsromane oder Aufbau-Lyrik schrieben, gewannen die positiven Helden – und selbst der Klassenfeind – gleichsam unter der Hand individuelle Züge. Neben der Wiederentdeckung des Individuums (*im Kollektiv*, versteht sich) wurden die ersten Ansätze der Technikkritik laut, am deutlichsten bei Günter Kunert. Gerti Tetzner und Christa Wolf fragten sich, ob Sozialismus wirklich nichts anderes bedeute als Ökonomismus.[25] Die parteistaatliche Repression, die dem 11. Plenum von 1965 folgte, führte bei einigen zum Bruch mit der Partei; andere blieben, aber ließen sich nicht mehr von direkten politischen Vorgaben disziplinieren; insgesamt verfeinerte die SED die Palette der Methoden, mit denen sie Schriftsteller und Künstler in das System einzubinden versuchte.[26]

Die wissenschaftliche Intelligenz paßte sich eher besser an – die Gründe habe ich schon genannt. Einige jedoch – wie Georg Klaus – begriffen die Kybernetik als Chance, die Partei aus der Gesellschaft heraus zu regulieren; andere – wie Uwe Jens Heuer – verstanden, daß der Staat keineswegs schnell absterben würde, und forderten demokratische Teilhaberechte ein.

7. Die SED brach die Reform aus mehreren Gründen ab. Erstens war die Reform zu ehrgeizig gewesen. So führte die gezielte Förderung strukturbestimmender, moderner Wirtschaftszweige zu ökonomischen Ungleichgewichten, Zulieferengpässen und schließlich zu einer Versorgungskrise (1969/70). Nichts aber fürchtete die SED seit dem 17. Juni mehr als Arbeiterunruhen – in Polen brachen sie 1970 aus. Zweitens hatte die Sowjetunion nach dem Sturz Chruschtschows das eigene Reformexperiment eingestellt. Es begann die Ära Breschnew, die Gorbatschowisten heute zu Recht eine Stagnationsphase nennen. Drittens schien die Entwicklung des Prager Frühlings zu zeigen, daß Reform über kurz oder lang eben doch an Demokratisierung nicht vorbeikäme; und viertens stürzte Ulbricht – der Protagonist des Neuen Ökonomischen Systems, der wissenschaftlich-technischen Revolution, der Erfinder der Sozialistischen Menschengemeinschaft und des Sozialismus als eigenständiger Gesellschaftsformation – über seine Weigerung, auf die internationale Entspannungspolitik, insbesondere auf die Ostpolitik der sozial-liberalen Koalition, einzugehen. Da Honecker diese Politik aufgezwungen wurde, mußte er – näherten sich beide deutschen Staaten einander an – den engeren Zusammenschluß des sozialistischen Lagers suchen. So demontierte er die reformpolitischen und theoriestrategischen Eigenheiten der DDR.

5. Dritte Phase: Der real-existierende Sozialismus
(1971 bis Herbst 1989)

1. Die Konzeption des real-existierenden Sozialismus lenkte, wie der Pleonasmus »real-existierend« verdeutlicht, das Augenmerk der SED – wie aller Parteien des sowjetischen Hegemonialbereichs – auf die Probleme der Gegenwartsgesellschaft. Zwar versuchte die Partei, ihrer neuen Programmatik zufolge, zwei Aufgaben zugleich zu lösen, nämlich den Lebensstandard zu steigern *und* die technologischen Voraussetzungen des Kommunismus zu schaffen.[27] Statt wissenschaftlich-technischer Revolution, kommunistischer Utopie oder Sozialistischer Menschengemeinschaft bestimmten aber seit den siebziger Jahren – bescheidener – technischer Fortschritt und Sozialpolitik Theorie und Praxis der Partei.

Sozialistische Sozialpolitik sollte freilich mehr sein als nur bürgerlich-kapitalistische Kompensationspolitik.[28] Die SED sprach von einer Einheit der Wirtschafts- und Sozialpolitik, um den weiterhin ganzheitlichen, perspektivischen Charakter ihrer Politik zu umreißen. Als Strategie der Gesellschaftsveränderung sollte die Einheit von Wirtschafts- und Sozialpolitik zu einer gerechten Gesellschaft, zur Annäherung der Klassen und Schichten führen, die sozialen Unterschiede aufheben und die politisch-moralische Einheit des Volkes stiften. De facto jedoch wirkte die sozialistische Sozialpolitik nicht als Motor der Produktivkraftentfaltung, die ihrerseits als Voraussetzung der gesellschaftlichen Höherentwicklung galt. Vielmehr gingen die sozialpolitischen Maßnahmen – Wohnungsbauprogramm, Anhebung der Renten und niederen Einkommen, Verbesserung des Gesundheitssystems, Subventionierung der Mieten und Preise u. ä. m. – zunehmend zu Lasten der Investitionsfonds. Seit Beginn der achtziger Jahre gewann daher die Konzeption der »Wissenschaftlich-technischen Revolution« erneut an Gewicht; als »Triebkraft« machte man die wissenschaftliche Intelligenz aus. Die These einer auch nur mittelfristigen Perspektive der sozialen Annäherung ließ sich nicht aufrechterhalten.[29] Die wissenschaftlich-technisch-revolutionären Anstrengungen erlaubten nicht mehr, als das sozialpolitisch bereits Erreichte zu bewahren und die Position auf den internationalen Märkten zu behaupten.[30] Im Gegensatz zu den sechziger Jahren fehlte ihnen mithin die zukunftsweisende Funktion.

2. Der Verlust der kommunistischen Utopie, die Verschiebung ihres Zeithorizonts in eine ungewisse Ferne, ließ die Differenziertheit und Konflikthaftigkeit der Gesellschaft offen ins Blickfeld geraten. Ihrer eigenen marxistisch-leninistischen Theorie nach konnte aber die Parteiherrschaft, gab sie das Ziel der Gleichheit und Freiheit für eine bald erreichbare Zukunft auf, Legitimität eigentlich nicht mehr beanspruchen. Die SED behalf sich – wie die anderen kommunistischen Parteien – mit der Konzeption der »entwickelten sozialistischen Gesellschaft«. Diese galt zwar als Vorstufe des Kommunismus, aber es war doch deutlich, daß die praktische Politik dieses Ziel nicht verfolgte. Wollte sie ihre führende Rolle in Gesellschaft und Staat begründen, blieben der Partei (nicht allein, aber vor allem) ideologische Fiktionen. Die parteioffizielle Sprache bediente sich mit Vorliebe des Komparativs: die Annäherung der Klassen und Schichten nehme zu, die Lebensweise werde immer sozialistischer, die sozialistische Persönlichkeit bilde sich stetig vollkommener aus, die Bedürfnisse würden immer besser befriedigt.[31] Solche Setzungen waren als idologische leicht zu erkennen. Daher stand der real-existierende Sozialismus von Anfang an im Schatten der Legitimitätskrise.

Diese wurde jedoch in den wissenschaftlichen Publikationen niemals offen diskutiert. Das Dogma der sozialen Annäherung stand unvermittelt neben Sozialstrukturanalysen, die ihm widersprachen; die Widersprüche überwölbende »Dialektik von Einheit und Vielfalt« blieb unhinterfragt. Aus der Anerkennung sozialer Differenziertheit folgte daher nur die ritualisierte Forderung nach steter »Vervollkommnung« der sozialistischen Demokratie. Plädoyers für eine (begrenzte) politische Pluralität waren in aller Regel erst kurz vor der »Wende« 1989 zu vernehmen.[32]

3. Aufgrund der Sozialpolitik jedoch entwickelte sich die DDR zu einem diktatorischen Wohlfahrtsstaat. Der Umstand, daß die Partei nicht mehr unablässig für eine bessere Zukunft mobilisierte, wirkte überdies entlastend: es zog Normalität ein, und die Loyalität war offenbar hoch.

Schließlich verfügen, so könnte man sagen, auch westliche Systeme über keine Utopie und sind trotzdem relativ stabil integriert. Was den östlichen Systemen aber fehlte, war zum einen eine ausgeprägte politische Kultur der individuellen Verantwortlichkeit. Wer in der DDR scheitert, schreibt das eher dem System als sich selbst zu. Zum anderen fehlte die Pluralität gesellschaftlicher und politischer Institutionen, die es in westlichen Gesellschaften erschwert, politische Verantwortung eindeutig zuzuordnen. Verschlechtert sich im real-existierenden Sozialismus die Lage, adressiert sich auch aus diesem Grund aller Unmut unmittelbar an den Parteistaat. Drittens fehlte Demokratie, und zwar nicht so sehr in dem Sinne, daß sich eine Mehrzahl der Bürger nach demokratischer Teilhabe drängte. Vielmehr war kein Mechanismus vorhanden, der die Gesellschaft in das politische System einband. Aus allen diesen Gründen war der real-existierende Sozialismus extrem verwundbar.[33]

4. Die Partei versuchte, die latente Krise einerseits durch eine Reideologisierung von Ethik und Moral, von sozialistischer Persönlichkeit und Lebensweise abzuwenden; darauf gehe ich hier nicht ein. Andererseits bemühte sie sich, mit ihrer pragmatischen Politik systemspezifische Werte umzusetzen. Dazu gehörten in erster Linie soziale Sicherheit und Geborgenheit, Vollbeschäftigung und Gleichheit der Bildungschancen.[34] Die Kritik an der bundesrepublikanischen Gesellschaft, die insbesondere die DDR-Linke formuliert, deutet darauf hin, daß Sicherheit und Geborgenheit als »sozialistische Errungenschaften« anerkannt wurden und werden.

Als Beispiele für weitere Versuche der Partei, über systemspezifische Werte Legitimität zu stiften, sei hier nur kurz auf die Interpretationen der Friedenssicherung und der nationalen (sozialistischen) Identität hingewiesen. Seit mit Beginn der siebziger Jahre die Annäherung beider deutscher Staaten nicht aufzuhalten war, suchte die SED die Eigenständigkeit und unverwechselbare Identität mit einer Theorie der sozialistischen deutschen *Nation DDR* zu stärken. Wenn auch der Sozialismus unverkennbar im Vordergrund der theoretischen Mühe stand, erlaubte es die Denkfigur der Nation, daß Kulturforschung und Historiographie nun auch die – wie man sagte – progressiven Teile des bürgerlichen Erbes aufgriffen. Es kam zu einer Neubewertung Preußens, Bismarcks, Luthers und des Protestantismus insgesamt. Der Versuch, auf diese Weise ein Nationalbewußtsein der Bürger *als Bürger der DDR* zu stiften, war aber mit dem Risiko behaftet, weniger die Identifikation mit den historischen Wurzeln und Traditionen des »Vaterlands DDR« zu stärken, als vielmehr das Interesse an der gesamtdeutschen Geschichte wachzuhalten.

Die Friedenspolitik stand vor einem ähnlichen Dilemma. Zwar

reklamierte die SED Friedensfähigkeit primär für den Sozialismus, sprach sie aber dem militaristischen Imperialismus nicht mehr durchgängig ab. Und die Politik der deutsch-deutschen »Koalition der Vernunft« lief – wie die nationale Geschichtsschreibung – Gefahr, daß die Bürger nicht Frieden vornehmlich mit Sozialismus assoziierten, sondern sich einfach über die gemeinsame Politik der beiden deutschen Staaten freuten.

5. Schließlich verfolgte die SED Strategien der Loyalisierung, indem sie Werthaltungen zu tolerieren begann, die sie zuvor verfolgt hatte. Das wichtigste Beispiel ist ihre Politik gegenüber den protestantischen Kirchen. Schon in den sechziger Jahren hatte die Partei ihren Kirchenkampf eingestellt, teils weil sie erwartet hatte, mit der wissenschaftlich-technischen Revolution werde sich auch ein naturwissenschaftliches Weltbild durchsetzen; teils stellte sie den Kampf ein, weil sie um ihre internationale Reputation fürchtete. Die Kirchen machten ihrerseits Zugeständnisse: sie trennten sich Ende der sechziger Jahre organisatorisch von der EKD, gaben also ihre gesamtdeutsche Bindung auf; und sie schwenkten Anfang der siebziger Jahre auf eine neue Linie ein: »Kirche im Sozialismus« – freilich in einem »verbesserlichen«.[35]

Seither gab es in der DDR neben der Vielzahl parteilicher Organisationen, Verbände und Vereine eine einzige weltanschaulich konkurrierende und autonome Institution. Die Kirchen sahen ihre Aufgaben vorwiegend im dienstleistenden und sozialintegrativen Bereich: Sie engagierten sich in der Seelsorge, Alten- und Jugendarbeit und in der Krankenpflege. Insofern war die Kirchenpolitik der SED als Teil einer Loyalisierungsstrategie erfolgreich – bis sich oppositionelle Gruppen im Schutzraum der Kirchen zu organisieren begannen.

6. Wandel durch Auflehnung

1. Diese oppositionellen Gruppen bildeten sich in der DDR später als in anderen sozialistischen Ländern.[36] Sie wuchsen dann aber – dank der Perestrojka – sehr rasch. Ihren Durchbruch aus gesellschaftlicher Marginalität erreichten sie mit dem Aufruf zum Wahlboykott im Frühjahr 1989. Der offene Wahlbetrug der SED wiederum beschleunigte den Loyalitätsverfall – insofern haben die Gruppen zum revolutionären Umbruch entscheidend beigetra-

gen. Außerdem wird man sagen können, daß die Ökologie-, Menschenrechts- und Friedensgruppen ebenso wie das wachsende Engagement kirchlicher Repräsentanten und Gremien die kulturelle Hegemonie durch die Einführung neuer und konkurrierender Werte resp. durch die Uminterpretation parteilicher Setzungen untergruben.

2. Der Loyalitätsverfall selbst setzte früher ein. Seine Ursache liegt vor allem in der Politik der ideologischen Fiktion; anders gesagt: in der permanenten und ganz offensichtlichen Lüge, die für den real-existierenden Sozialismus typisch war. Spätestens der Parteitag der SED im Frühjahr 1986 leitete die Krise ein. Die Parteispitze feierte die unter ihrer Führung unbeirrt vorwärtsschreitende, erfolgreiche Gesellschaft. Die Mitglieder der Gesellschaft wie die der Partei wußten, daß die Ökonomie nur noch die Defizite einer zentralisierten Planwirtschaft vorzuweisen hatte: Innovationsschwäche, Zulieferengpässe, Fehlzeiten in den Betrieben, Schwarzmarkt, Versorgungslücken. Eine jede Frau wußte, daß die SED die Realisierung der Utopie begraben hatte – das ließ sich noch verschmerzen. Aber ein jeder wußte überdies, daß die Partei die Zukunftschancen der real-existierenden Gesellschaft verspielte.

Die SED hatte seit Ende der siebziger/Anfang der achtziger Jahre erkannt, daß ihre Strategie der Einheit der Wirtschafts- und Sozialpolitik nur mit Hilfe einer erneuten wissenschaftlich-technischen Revolution durchzuführen war. Im Gegensatz zu den Reformen Ulbrichts diente die forcierte Modernisierung jedoch nicht mehr einer teleologischen Perspektive; es bedurfte der wissenschaftlich-technischen Revolution allein schon, um das Erreichte zu wahren und im internationalen Wettbewerb zu bestehen.[37] Auch dies wurde nicht mehr erreicht. So verfolgte die Partei zunehmend und offen erkennbar nur mehr eine Politik des Machterhalts. Sie hoffte offensichtlich, die Perestrojka in der Sowjetunion werde scheitern und damit wieder »Ordnung« im Block einkehren.

3. Den unmittelbaren Auslöser der Revolution sehe ich in der Massenemigration, die einsetzte, nachdem die SED zur Entwicklung in Ungarn und Polen – zur Sowjetunion ohnehin – immer mehr auf Distanz ging, für die Massaker in Peking aber Verständnis zeigte. Erstmals in der Geschichte der DDR wirkte Emigration nicht entmutigend; vielleicht, weil sie erstmals als Zeichen der Auflehnung verstanden wurde.

4. Warum ist die Revolution – *war* sie zumindest in den ersten Wochen – so demokratisch? Ich denke, daß die Partei selbst sich – im besten Marxschen Sinne – ihre eigenen Totengräber heranzog. Unablässig beschwor sie die sozialistische, die reale, die wirkliche Demokratie; niemals löste sie das Versprechen ein. Ähnliches gilt für den Sozialismus: Während nirgends in Osteuropa noch irgend jemand von Sozialismus spricht, wollen Teile der Opposition in der DDR den demokratischen Sozialismus. Sie entdecken die emanzipatorischen Strömungen im Marxismus, sie holen, wie mir scheint, die revisionistische Phase nach, die ihre Väter in den fünfziger Jahren – in der Zeit der ersten Entstalinisierung – so sträflich vernachlässigt haben.

Die Parallele trägt allerdings nicht allzu weit: Der kirchliche Kontext war ebenso entscheidend wie der marxistische. Überdies fällt – im Unterschied zu Ungarn, Polen und der ČSSR – auf, daß die Opposition in der DDR, die zunächst auf dem Wellenkamm des revolutionären Umbruchs schwamm, so daß es den Anschein hatte, sie befinde sich an der Spitze der Bewegung, überwiegend der Generation der 30- bis 40jährigen angehört. Eine antiautoritäre Revolte gegen ein autoritäres Regime in einer unpolitischen Gesellschaft – so gesehen kann es kaum verwundern, daß die Bürgerrechtsbewegungen inzwischen wieder zur Minderheit geworden sind.

5. Die Neigung zu Rache und Gewalt, die Moral der Sauberkeit und des völkischen Anstands, die Unfähigkeit, die eigene Verantwortung für den Bankrott der Gesellschaft zu erkennen, sind – ebenso wie die demokratische Reaktion – Produkt des Systems. Die Subalternität, die die Parteiherrschaft vorfand und reproduzierte, schlägt um in blinde Wut, sobald die Herrschaftsunterworfenen begreifen, wie morsch das Regime letztlich war. Die Flucht aus der Wirklichkeit in die Arme einer neuen Autorität, die vermeintlich alle Probleme löst, liegt nahe. Die Hoffnungen, die sich an den »großen Bruder BRD« oder gar an »die Nation« richten, werden so, wie erhofft, nicht einzulösen sein. In der Ernüchterung liegt die Chance, daß die Bürger die Belange des Gemeinwesens als ihre eigenen begreifen.

Anmerkungen

1 Der Ausdruck »Wandel durch Auflehnung« stammt von Robert Leicht, Die Zeit v. 6. 10. 1989.
2 Die theoretischen Annahmen habe ich diskutiert in dem Aufsatz Integration durch Legitimation?, in: Ideologie und gesellschaftliche Entwicklung in der DDR, 18. Tagung zum Stand der DDR-Forschung in der Bundesrepublik, 28.–31. 5. 1985, Edition Deutschland Archiv, Köln 1985, S. 15 ff.
3 Aus der Perspektive der Parteispitze und jener Teile der Intelligenz, die die Chancen des Sozialismus an den Fortbestand des Parteistaats banden, verlor die DDR ohne »sozialistische Identität« ihre »Existenzberechtigung«. So zuletzt Otto Reinhold in einem Interview mit Radio DDR, dokumentiert in: Tageszeitung (taz) v. 28. 8. 1989. Vgl. zu der Problematik Sigrid Meuschel, Die SED zwischen Eigenständigkeit und Konformität, in: Die DDR im 40. Jahr, 22. Tagung zum Stand der DDR-Forschung in der Bundesrepublik, 16.–19. 5. 1989, Edition Deutschland Archiv, Köln 1989, S. 27 ff.
4 Zur Virulenz des anti-westlichen Syndroms in beiden deutschen Nachkriegsgesellschaften vgl. Ralf Dahrendorf, Gesellschaft und Demokratie in Deutschland, Köln 1965.
5 Letzteres gilt nicht für die frühen Ausgaben der Zeitschrift Aufbau; bis ca. 1948 bot sie ein vergleichsweise offenes Forum auch für Diskussionen über die kulturelle Genesis des Nazismus. Das hing zum einen mit der Bündnispolitik der SED, zum anderen mit der »Misere«-Konzeption zusammen, die seinerzeit noch vorherrschte.
6 Dieser Aspekt der Subalternität ist in seiner Auswirkung auf Politik und Gesellschaft gar nicht zu überschätzen. Rudolf Bahro, Die Alternative, Köln 1977, hat ihn im Rahmen einer insgesamt unzulänglichen Analyse angesprochen.
7 Vgl. dazu die Stellungnahmen der KPD/SED und der sich bildenden anderen Parteien und Organisationen seit 1945/46.
8 J. R. Becher formulierte am schönsten; er sprach von einem »Reformationswerk«, von der »weltanschaulich-moralischen Neugeburt des Volkes«; vgl. J. R. Becher, Auferstehen!, in: Gesammelte Werke, Bd. 16, S. 461 f., und ders., Deutsches Bekenntnis, in: Aufbau 1,1/1945, S. 11.
9 Siehe insbes. Alexander Abusch, Irrweg einer Nation, Berlin 1946.
10 Als nationalistische Affirmation bezeichne ich die Versuche der späten vierziger und frühen fünfziger Jahre, die herausgefilterten progressiven Entwicklungslinien der deutschen Geschichte und Kultur so aufzubereiten, daß sie als Quelle des »Nationalstolzes« dienen konnten. Während die »Misere«-Konzeption immerhin einem antifaschistischen Argumentationskontext zugehörte, der den Nationalsozialismus aus

Geschichte und Kultur zu erklären versuchte, wurde nach ihrer Ablösung die Nationalgeschichtsschreibung zur wissenschaftlichen Legitimation einer Parteipolitik, die sich von der Vergangenheit ab- und der Zukunft zuwandte. Sie schob die Verantwortung für den Nationalsozialismus endgültig »dem Imperialismus« zu. Zeitgleich mit der Politik des forcierten sozialistischen Aufbaus, der sich abzeichnenden Teilung Deutschlands, dem Oktroy des sozialistischen Realismus steigerte sich die Verherrlichung der deutschen »Nation« und »Volkskultur« in die Attacken auf den »wurzellosen Kosmopolitismus«. Vgl. als ein Dokument unter vielen: Warum Nationale Front des demokratischen Deutschland?, in: Helmut Neef (Hg.), Programmatische Dokumente der Nationalen Front des demokratischen Deutschland, Berlin 1967, S. 35 ff.

11 Zur Ambivalenz der Demokratie-Konzeption siehe zum Beispiel die Verfassungsdebatte, insbes. Karl Polaks Aufsätze der Jahre 1946-1949.

12 Vgl. Heinrich Mohr, Der 17. Juni als Thema der Literatur in der DDR, in: Ilse Spittmann/Karl Wilhelm Fricke (Hg.), 17. Juni 1953, Köln 1982, S. 87 ff.

13 Zur Kulturpolitik und den Versuchen der künstlerischen Intelligenz sie zu ändern, siehe Manfred Jäger, Kultur und Politik in der DDR, Köln 1982; siehe auch Jürgen Rühle, Der 17. Juni und die Intellektuellen, in: Ilse Spittmann/Karl Wilhelm Fricke (Hg.), 17. Juni 1953, Köln 1982, S. 156 ff. Die meisten einschlägigen Dokumente finden sich in Elmar Schubbe (Hg.), Dokumente zur Kunst-, Literatur- und Kulturpolitik der SED, Stuttgart 1972.

14 Die beste Übersicht bietet noch immer Martin Jänicke, Der dritte Weg, Köln 1964. Seine Einschätzung allerdings, ein dritter Weg sei damals möglich gewesen, teile ich nicht, eben weil es zu keinem Zusammengehen der politischen Akteure kam.

15 Vgl. Walter Janka, Schwierigkeiten mit der Wahrheit, Reinbek 1989, über das Verhalten Bechers, Seghers oder Weigels.

16 Ernst Bloch, Über die Bedeutung des XX. Parteitags, in: Reinhard Crusius und Manfred Wilke (Hg.), Entstalinisierung. Der XX. Parteitag der KPdSU und seine Folgen, Frankfurt am Main 1977, S. 423 ff.

17 Peter Chr. Ludz, Revisionistische Konzeptionen von 1956/57 in der »DDR«, in: Moderne Welt 2,4/1960/61, S. 353 f.

18 Hartmut Zimmermann, Politische Aspekte in der Herausbildung, dem Wandel und der Verwendung des Konzepts »wissenschaftlich-technische Revolution« in der DDR, in: Deutschland Archiv, Sonderheft 1976, S. 17 ff.

19 Peter Chr. Ludz, Parteielite im Wandel, Köln 1970; zur Kritik der recht weitgehenden Thesen von Ludz siehe Thomas A. Baylis, The Technical Intelligentsia and the East German Elite, University of California Press

1974. Zum Aspekt von Technik und Wissenschaft als Ideologie vgl. das gleichnamige Buch von Jürgen Habermas, Frankfurt am Main 1968; zur Technokratiediskussion Claus Koch/Dieter Senghaas (Hg.), Texte zur Technokratiediskussion, Frankfurt am Main 1970.
20 Vgl. das Programm der SED von 1963; den Kongreß »Die marxistisch-leninistische Philosophie und die technische Revolution«, in: Deutsche Zeitschrift für Philosophie, Sonderheft 1965; siehe neben den Diskussionen in der Deutschen Zeitschrift für Philosophie auch jene in »Staat und Recht.«
21 Gert-Joachim Glaeßner, Herrschaft durch Kader, Opladen 1977, S. 135 ff.
22 Walter Ulbricht, Die Bedeutung des Werkes ›Das Kapital‹ für die Schaffung des entwickelten gesellschaftlichen Systems des Sozialismus in der DDR, in: ders., Zum ökonomischen System des Sozialismus in der DDR, Bd. 2, Berlin 1968, S. 505 ff.
23 Siehe die Ausführungen von Hans Rodenberg, in: Der Staatsrat der DDR, 1960-1970, Dokumentation, Berlin 1970, S. 671 ff.
24 Ernst Richert, Zwischen Eigenständigkeit und Dependenz, in: Deutschland Archiv 7,9/1974, S. 959 f.
25 Zur Technik-Diskussion vgl. die Ausgabe 8-15/16 der Zeitschrift Forum von 1966; den Briefwechsel Christa Wolf-Gerti Tetzner, in: Was zählt ist die Wahrheit. Briefe von Schriftstellern in der DDR, Halle 1975, S. 31 ff. Einen Überblick über die Entwicklung der Schönen Literatur in der DDR gibt Wolfgang Emmerich, Kleine Literaturgeschichte der DDR, Frankfurt am Main 1989.
26 Diese neuen Formen der siebziger/achtziger Jahre umfaßten neben der sozialen Sicherheit differentielle Privilegiensysteme sowie Negativsanktionen bis hin zur Ausbürgerung.
27 Vgl. die Formulierung der »Hauptaufgabe« auf dem VIII. Parteitag und die Ausführungen zur Einheit von Wirtschafts- und Sozialpolitik im SED-Programm von 1976.
28 Für eine kritische Würdigung vgl. Hartmut Zimmermann, Sozialpolitik als Gesellschaftspolitik?, in: DDR-Report 12/1976, S. 749 ff.
29 Vgl. insbes. Manfred Lötsch, Sozialstruktur und Wirtschaftswachstum, in: Wirtschaftswissenschaft 29,1/1981, S. 56 ff.; ders., Soziale Strukturen als Wachstumsfaktoren und als Triebkräfte des wissenschaftlich-technischen Fortschritts, in: Deutsche Zeitschrift für Philosophie 30,6/1982, S. 721 ff.
30 Zu den internen und externen ökonomischen Ursachen der Rückkehr zur wissenschaftlich-technischen Revolution und ihren Erfolgen vgl. Doris Cornelsen, Die Industriepolitik der DDR, in: Der X. Parteitag der SED. 35 Jahre SED-Politik, 14. Tagung zum Stand der DDR-Forschung in der Bundesrepublik, 9.-12. 6. 1981, Edition Deutschland Archiv, Köln 1981, S. 46 ff.; dies., Die Wirtschaft der DDR in der Ho-

necker-Ära, in: Gert-Joachim Glaeßner (Hg.), Die DDR in der Ära Honecker, Köln 1988, S. 357ff.
31 Fiktion und Komparativ kennzeichneten bereits die ersten Ausführungen über die entwickelte sozialistische Gesellschaft, vgl. Autorenkollektiv u. L. von Otto Reinhold, Die entwickelte sozialistische Gesellschaft, Berlin 1973.
32 Eine der Ausnahmen war wiederum Uwe-Jens Heuer, Gesellschaftliche Gesetze und politische Organisation, Berlin 1974; siehe auch seine folgenden Arbeiten. Aber auch er thematisierte nicht die führende Rolle der Partei, sondern nur politische Teilhaberechte im Staat, vgl. ders., Marxismus und Demokratie, Berlin 1989.
33 Hartmut Zimmermann, Die DDR in den siebziger Jahren, in: Günter Erbe u. a. (Hg.), Politik, Wirtschaft und Gesellschaft in der DDR, Opladen 1980, S. 13 ff.
34 Diese Werte der pragmatischen Sozialpolitik, die realisiert wurden, sind von dem normativen Anspruch der Einheit von Wirtschafts- und Sozialpolitik – Annäherung der Klassen und Schichten usf. –, der nicht eingelöst wurde, zu unterscheiden. Für einen Überblick vgl. Gunnar Winkler (Hg.), Geschichte der Sozialpolitik in der DDR 1945–1985, Berlin 1989, S. 153 ff.
35 Vgl. Reinhard Henkys (Hg.), Die evangelischen Kirchen in der DDR, München 1982.
36 Hubertus Knabe, Politische Opposition in der DDR, in: Aus Politik und Zeitgeschichte, Beilage zur Wochenzeitung ›Das Parlament‹, B. 1-2/90 v. 5. 1. 1990, S. 21 ff., unterscheidet mit guten Argumenten zwischen der frühen subkulturell-informellen und der späteren politisch-oppositionellen Selbstkonzeption der Gruppen, die im kirchlichen Raum entstanden.
37 Zur ökonomischen Strategie des X. und XI. Parteitages vgl. Doris Cornelsen, Die Industriepolitik der DDR, in: Der X. Parteitag der SED. 35 Jahre SED-Politik, 14. Tagung zum Stand der DDR-Forschung in der Bundesrepublik, 9.–12. Juni 1981, Edition Deutschland Archiv, Köln 1981. Wie sich herausstellte, stellten Wirtschafts- und Sozialpolitik nicht die dialektische Einheit dar, als die sie konzipiert waren. Die Anhebung der Arbeits- und Lebensbedingungen wirkte nicht als »Triebkraft«, vielmehr blockierten die steigenden Kosten der Sozialpolitik (bei Stagnation ihrer Leistungen) die für die wissenschaftlich-technische Revolution erforderlichen Investitionsmittel. Zu prinzipiellen Gründen der Innovationsschwäche vgl. Fred Klinger, Organisation und Innovation, in: Gert-Joachim Glaeßner (Hg.), Die DDR in der Ära Honecker, Köln 1988, S. 371 ff.

Wolfgang Engler
Stellungen, Stellungnahmen, Legenden
Ein ostdeutscher Erinnerungsversuch

1. Die traurigen Erzählungen

Die »friedliche Revolution« in der DDR hatte noch kaum zu einer wirklichen Neustrukturierung des gesellschaftlichen Produktions- und Lebensprozesses der Menschen geführt, da begann sie sich in den Augen mancher bereits zu verklären, wurde zum Objekt der Legendenbildung, trauriger Erzählungen. Selten, so weiß die Legende zu berichten, hätten Triumph und Tragik einer großen Volksbewegung so nahe beieinander gelegen wie im Spätherbst 1989 in der DDR, hätten die Akteure einen so vollständigen Pyrrhussieg errungen. Bis zum 4. November habe sich die Revolution in aufsteigender Linie bewegt, um an diesem Tag selbst ihren Höhepunkt zu erreichen. Auf dem Berliner Alexanderplatz, bei der Demonstration von Hunderttausenden, sei es zu einer »Verschmelzung« von Intellektuellen und Volk gekommen, zu einer symbolischen, »visionären« Vorwegnahme des emanzipatorischen Projekts einer wahrhaft sozialistischen, solidarischen Gesellschaft.[1] Nach dem 9. November war all das zu Ende, geriet die Revolution auf eine absteigende Linie. Die unerwartete und totale Öffnung der Grenze versetzte das Volk in einen kurzen Taumel, dem ein desto längerer Katzenjammer folgte. Die Revolution verlor ihren vornehmen Stil, das Idealische wich dem Profanen. »Aschermittwoch in der DDR«: Das Volk, das soeben noch, edlen Blicks, einer verheißungsvollen Zukunft zuzustreben schien, verwandelte sich in eine »Horde von Wütigen«, die mit »kannibalischer Lust« die »Grabbeltische« der Supermärkte und Kaufhäuser stürmte.[2] Vom Aufbruch des »sozialistischen Geistes« zur »Wiedervereinigung im Aldi-Rausch«.[3] Die Wende in der Wende war eingetreten und das schließliche Resultat sprach den Ausgangsintentionen Hohn. Kurzum: »Die Revolution war siegreich, das Volk trägt Trauer.«[4]

Ich versuche im folgenden, dieser Legendenbildung entgegenzuwirken. Die traurigen Erzählungen vom Scheitern, ja vom Verrat des emanzipatorischen Projekts verdecken nicht allein die

Kompliziertheit des hinter uns liegenden Prozesses, seine widersprüchlichen Tendenzen, die von Anfang an gegeben waren. Sie verhindern, daß sich ihre Autoren, die Intellektuellen[5], einer längst fälligen Selbstprüfung unterziehen; daß sie beginnen, den Schleier ihres kollektiven Unbewußten zu lüften und die Gründe ihrer eigenen Bindung ans emanzipatorische Projekt und dessen real-sozialistische Verwirklichung ins Bewußtsein zu heben. – Die traurigen Erzählungen referieren weniger einen realen Geschehensablauf als vielmehr die Orientierungsmuster, Präferenzen, Hoffnungen und Ängste der Erzähler, ihr Kollektivcredo. Man kann ihnen entnehmen, daß für viele Intellektuelle in der jetzigen DDR nicht nur einzelne soziale und kulturelle Selbstverständlichkeiten zusammenbrechen; was zusammenbricht, ist zunächst einmal eine Welt. Und ganz offensichtlich erleben die Mitglieder einzelner intellektueller Teilformationen – in diesem Fall Schriftsteller – den Zusammenbruch besonders intensiv. Weshalb?

Meine Antwort auf diese Frage wird sich auf die Stellungnahmen der Intellektuellen selbst stützen. Ich hoffe, den Nachweis führen zu können, daß diese Stellungnahmen stellungsabhängig sind: abhängig von der Position, die ein Intellektueller auf einem Teilfeld der spezifisch geistigen Produktion einnimmt; abhängig von der Lage dieses Teilfeldes im Raum der kulturellen Produktion und dem Grad seiner Kopplung an außerkulturelle Machtstrukturen; abhängig von der kollektiven Laufbahn der intellektuellen Gesamtformation, ihrem Aufstieg oder Abstieg in der Rangordnung der gesellschaftlichen Großgruppen; abhängig schließlich von dem überlieferten und individualisierten Welt- und Selbstverständnis der vorausgegangenen Intellektuellengenerationen, das seinerseits ein Produkt der spezifisch deutschen Verflechtungsgeschichte von intellektuellen und nichtintellektuellen Sozialformationen ist.

2. Vom eindeutigen zum mehrdeutigen »Wir«

Das Subjekt, dem die Legende nachträglich historisches Versagen zuschreibt, das Volk, erwies sich in Wahrheit als ein höchst differenziertes und fragiles Gebilde. In der DDR revoltierten im Herbst 1989 weder die »Produktivkräfte« gegen die »Produktionsverhältnisse« noch die »Arbeiterklasse« gegen die sich vormodern reproduzierende Klasse der »Staatskapitalisten«; es revoltierte die sich im Proto-, d. h. Atomisierungszustand befindliche Gesellschaft der Individuen[6] gegen das engmaschige Netz von Makro- und Mikromächten, die die Freisetzung von millionenfach schon produzierten autonomen Handlungs- und Urteilsfähigkeiten verhinderten. Die machtkritischen Protestmotive der Individuen waren niemals abstrakt, sondern immer nur konkret identisch. Wo sie sich phasenweise und aufgabenbezogen überlagerten, konnte der Eindruck *des* Volks, *einer* Volksbewegung entstehen. Bei genauerem Hinsehen waren Phasen der »Volksbewegung« nicht Phasen der Aufhebung, sondern der Latenz von Interessendivergenzen. Die Logik des bisherigen Gesamtprozesses bestand darin, daß die Latenzen immer offener aufbrachen, daß die Bewegung des Volks in Teilbewegungen mit zunehmend gegensätzlichen Zielstellungen zerfiel.

In den ersten Wochen nach dem Sturz der Gruppe Honecker blieben die inneren Spannungen der Protestbewegungen im Hintergrund. Die drei Teilbewegungen, die sich in der Folgezeit ausdifferenzierten: die Bewegung der Bürger, der »einfachen Leute«, die Bewegung der Mitglieder der herrschenden Staatspartei und die Bewegung der Intellektuellen, der Dichter und Denker, verfolgten entsprechende Ziele. Ziel der Bürgerbewegung war die Demokratisierung der staatlichen Machtausübung, die Schaffung von Verkehrsformen und Institutionen zur öffentlichen gesellschaftlichen Kontrolle der Zentralinstitutionen des Staats. Die Mitgliederbewegung richtete sich gegen die Verselbständigung der Parteizentralen gegenüber den Basisorganisationen, auf einen basisdemokratischen Neuaufbau ihrer Partei. Die Intellektuellenbewegung bezweckte eine umfassende Demokratisierung der kulturellen Öffentlichkeiten. Durch die Bürgerbewegung in dieser Form erst möglich geworden, schwenkten die beiden anderen Bewegungen auf den Demokratisierungskurs ein, erweiterten sie den Kreis der zu demokratisierenden Objekte, so daß im Bewußtsein der Akteure der Eindruck *einer* großen Gesamtbewegung entstand, deren Teilformationen sich wechselseitig ergänzten und anspornten.

Dieser Eindruck wurde dadurch verstärkt, daß die einzelnen Teilbewegungen ein und denselben Gegner im Visier hatten. Denn jene Gruppe von Menschen, die die Parteizentralen bevölkerte, beherrschte auch die Zentralinstitutionen des Staates und die kulturellen Öffentlichkeiten. Vieles spricht dafür, daß auch die Erwartungshorizonte, die die drei Demokratisierungsbewegungen besaßen, anfänglich miteinander verträglich waren. Das emanzipatorische Projekt der Intellektuellen konnte sich, am 4. November jedenfalls, öffentlich sehen und hören lassen. »Der Sozialismus, nicht der Stalinsche, der richtige, den wir endlich erbauen wollen, ist nicht denkbar ohne Demokratie. Demokratie aber, ein griechisches Wort, heißt Herrschaft des Volkes. Üben wir sie aus, diese Herrschaft des Volkes«, verkündete Stefan Heym unter dem ungeteilten Beifall des »Volks«. Und Christa Wolf: »Die Sprache springt aus dem Ämter- und Zeitungsdeutsch heraus, in das sie eingewickelt war, und erinnert sich ihrer Gefühlswörter. Eines davon ist ›Traum‹; also träumen wir, mit hellwacher Vernunft! ›Stell dir vor, es ist Sozialismus, und keiner geht weg!‹«[7] Die Einheit der Bewegung schien hier allein dadurch verbürgt, daß nicht wenige Redner als Intellektuelle und Mitglieder zugleich sprachen; als Bürger empfanden sie sich ohnehin und wurden wohl auch so empfunden. Schließlich darf man nicht vergessen, daß es über die konvergierenden Bewegungsziele, -horizonte und -»feindbilder« hinaus *ein* schlechthin einigendes Grundbedürfnis gab: das Bedürfnis, nach eigenem Gutdünken am Weltverkehr teilzunehmen. *Das* vor allem war es, was den Satz »Wir sind das Volk« im ungeschmälerten Plural wahr machte.

In den Tagen nach dem 9. November begann das eindeutige »Wir« mehrdeutig zu werden. Die Befriedigung des elementaren Bedürfnisses im Millionenmaßstab führte zunächst zum Gegenteil dessen, was die politischen Initiatoren der Grenzöffnung bezweckt hatten: das langsame Einschlafen der Protestbewegungen. Ihre Hoffnung, wieder größere Spielräume zu gewinnen, erfüllten sich ebenso wenig wie die Forderungen der Mitgliederbewegung, die eigene Partei durch entschlossenes und weitsichtiges Handeln wieder »in die Offensive«, an die Spitze der Gesamtbewegung zu manövrieren.[8] Der massenhaften praktischen Erfahrung des modernen Kapitalismus hielten die ideologisch angesonnenen, dabei von vielen Menschen einst als emotional befriedigend empfundenen kollektiven Selbstbilder nicht stand. Wie ein Kartenhaus brach der seit längerem erschütterte Glaube zusammen, in einer jenseits der »Vorgeschichte« angesiedelten Nachfolgegesellschaft zu leben, die Lösungen für die elementaren Widersprüche des Gegenwartskapitalismus bereithielt. Und ebenso die Restüberzeugung, aus eigener Kraft, mittels eines wie auch immer reformierten Sozialismus die Krise überwinden, zu den entwickeltsten modernkapitalistischen Gesellschaften aufschließen zu können.[9] Als in der Mitgliederbewegung die Karriere von Dritte-Weg-Konzepten, von Modellen einer modern-sozialistischen Entwicklungsart der Gesellschaft erst richtig begann, wendeten sich Teilformationen der Bürgerbewegung von einer derartigen Perspektive endgültig ab und vollzogen damit den Erkenntnisstand der schweigenden Mehrheit nach. Die Erwartungshorizonte der Teilbewegungen gerieten in Konflikt miteinander. Nachdem die Losung »Keine sozialistischen Experimente!« häufiger auf den Transparenten der demonstrierenden Bürger zu lesen war, konnte kein Zweifel mehr bestehen, daß das »Wir« in dem Satz »Wir sind das Volk« nunmehr auf Kollektive mit stark divergierenden Handlungszielen referierte, daß es mehrdeutig und erklärungsbedürftig geworden war. Aber noch mußte die »friedliche Revolution« eine weitere Entwicklungsphase durchlaufen, ehe die Reserve gegen sozialistische Experimente sich in der kategorischen Formel übergipfelte: »Nie wieder Sozialismus!«

3. Das gespaltene Wir

Es kam die Phase der Enthüllungen. Beinahe täglich erfuhr man von Landhäusern und Jagdrevieren der Alten Garde, von den vielfältigen Vergünstigungen, die ihre Mitglieder genossen und von den Seilschaften, die sie seit Jahren miteinander gebildet hatten. Im Maße, wie sich die Indizien für den »bourgeoisen«, gar »feudal« genannten Lebensstil der Führer einer Arbeiterpartei zum begründeten Verdacht verdichteten[10], verlor das emanzipatorische Projekt unaufhaltsam an Anziehungskraft, wurde es mit seinen bisherigen Projektanten identifiziert. So sehr, daß zuletzt das Wort »Sozialismus« zu einem verrufenen Wort wurde.

Von Anfang an existierte zwischen der Bürger- und der Mitgliederbewegung (und damit auch, aus noch darzustellenden Gründen, zwischen Bürger- und Intellektuellenbewegung) ein latenter Zielkonflikt. Das Hauptziel der Bürgerbewegung, die Demokratisierung des staatlichen Machtgebrauchs, ließ sich nur erreichen, wenn keine Partei, keine politische Gruppierung, die alleinige Kontrolle über die staatlichen Machtinstitutionen beanspruchte.

Dadurch geriet die Mitgliederbewegung, gerieten die Mitgliederintellektuellen von vornherein ins Spannungsfeld von radikalen und partikularen Demokratisierungsbestrebungen. Das erklärte Ziel dieser Bewegung bestand in der Erhöhung der Macht der einfachen Parteimitglieder, der Basiseinheiten, gegenüber den Parteizentralen. Jetzt, wo es erreichbar schien, hatte sich die umfassendere gesellschaftliche Machtbalance derart zuungunsten der Mitgliederbewegung verschoben, daß es für viele seine ursprüngliche Bedeutung verlor. Wo lag der Sinn der Kraftanspannung, wenn den Mitgliedern im Ergebnis des immer wahrscheinlicher werdenden Sieges über die Parteiführung Institutionen in die Hände fielen, mit denen sich nicht mehr dasselbe erreichen ließ wie zuvor? Daß der Machtgewinn gegenüber den Parteizentralen und -führungen mit einem Machtverlust einhergehen sollte, mit abnehmenden Chancen, die Zentralinstitutionen des Staates souverän zu kontrollieren, irritierte die Aktivisten der Mitgliederbewegung. War man doch die ganzen Jahre über in dieser Partei geblieben, weil man darauf gewartet hatte, das emanzipatorische Projekt eines Tages unverkürzt, ohne Entstellungen und ohne daß einen andere dabei störten, verwirklichen zu können. »Gerade jetzt jedoch besitzen wir die Möglichkeit, unsere Partei und *unseren* Staat so umzugestalten, wie *wir* es möchten. Deshalb bleibe ich Genosse.«[11]

Diese Worte einer Sachbearbeiterin geben eine allgemeine Stimmungslage wieder, verdeutlichen einen sowohl objektiven als auch subjektiven Zielkonflikt. Man war bereit, die sich jetzt offen organisierende Bürgerbewegung als Dialogpartner zu akzeptieren, nicht aber als gleichberechtigten politischen Wettbewerber. Kurzfristig wollte man »verhindern«, daß die »Artikulation der Bürgerbewegung die Form von neuen politischen Parteien mit Anspruch auf die Macht annimmt. Die Funktion von sog. ›oppositionellen‹ Gruppen ist auf das Gebiet der öffentlichen Diskussion einzuschränken, damit organisiertes Handeln gegen den Sozialismus ausgeschlossen wird.«[12] Aber auch die »identitäts- und einheitsstiftende Potenz« des öffentlichen Dialogs begriff man nicht eben radikaldemokratisch: »als Multiplikator der Partei, um das Volk auf den Weg des Parteiprogramms zu führen«.[13]

Das Überlegenheitsgefühl des Mitglieds und des Intellektuellen gegenüber dem Bürger, das sich hier recht unverhüllt äußert, überstand die Enthüllungsphase nicht. Die öffentliche Initiative ging an die Bürgerbewegung über. Die Mitglieder und Mitgliederintellektuellen sahen sich plötzlich in der Rolle der peinlich Befragten. Man fragte sie, was sie von all dem gewußt hatten, nach dem Maß ihrer eigenen Verstrickung; man forderte Zeugnisse für eine untadelige Lebensführung, für einen auch noch so zaghaften Widerstand in den Jahren zuvor. Und man ließ keinen Zweifel daran, daß man alle Erklärungen an *einem* praktischen Kriterium messen würde, daran, ob das entsprechende Mitglied als Bürger zu handeln bereit war, was nichts anderes hieß, als jeden politischen Monopolanspruch der eigenen Gruppe aufzugeben, ja zu attackieren.

Die derart zur Rede Gestellten versuchten, der Entscheidung auszuweichen. Irgendwie verschlossen sie die Augen vor der Tatsache, daß das emanzipatorische Projekt aufgehört hatte, *ihr* Projekt zu sein, und daß das Beharren darauf zu dessen unvermeidlicher Diskreditierung führen würde. Gewiß, man schämte sich, war empört über das Verhalten von Mitgliedern der Parteiführung. »Das schmerzt«, sagt ein Parteisekretär. »Die Parteiführung hat die Genossen zutiefst enttäuscht.« Und der Bereichsleiter eines Transportbetriebs: »Ich bin bitter enttäuscht und fühle mich verraten.«[14] Das sind keine Ausnahmen. Da ist die Antwort einer Meisterin, die in einer Pumpenfabrik arbeitet, auf die Frage, wie sie sich als Parteimitglied fühle: »Nicht besonders gut. Jeder Tag bringt Fakten, für die ich mich ganz persönlich schäme.«[15] Oder die Äußerung eines SED-Kreissekretärs zu der »bitteren Tatsache«, daß »unsere Genossen und nicht nur sie über den Machtmißbrauch von ehemaligen führenden Genossen im Politbüro empört, zugleich auch niedergeschlagen sind.«[16] Man könnte mit ähnlichen Zitaten lange fortfahren. Sie alle sprechen von Enttäuschung und Verrat und vermitteln allein dadurch eine Anschauung von der Stärke und der Beschaffenheit der Bindungen von Mitgliedern an ihre, an *die* Partei. Ich komme darauf zurück.[17]

Das Bild, das so entstünde, bliebe jedoch lückenhaft. Denn oft genug findet man in einer Wortmeldung beides zugleich: den Ausdruck des Schmerzes und der Enttäuschung *und* den Versuch, sich als integrer Bürger darzustellen. Man könne sich doch nicht *nur* schämen, heißt es immer wieder, müsse den Blick auch nach vorn richten. »Ich habe es satt, zum ›Schämen‹ verurteilt zu werden, für Verbrechen, die ich nicht begangen habe«, schreibt die Sekretärin einer FDJ-Grundorganisation, um fortzufahren: »Mein Gewissen ist auch nicht mehr und nicht weniger belastet wie das Gewissen all unserer Bürger, die so vieles wußten und ahnten und doch schwiegen oder Proteste zu leise aussprachen, zu schnell resignierten...«[18] Stets aufs neue versuchen die Mitglieder darauf hinzuweisen, daß der Amtsmißbrauch der Parteiführung nur der »Ausdruck eines unsere ganze Gesellschaft durchziehenden Betrugs-, Korruptions- und Privilegiensystems« sei.[19] Welcher Bürger wollte sich davon ausnehmen, sich selbstgerecht auf den Richterstuhl setzen. Die »Genossen« beanspruchen dasselbe Recht auf Enttäuschung und Empörung »wie alle anderen Bürger«[20], darauf, gegen die vielen »ungerechtfertigten Angriffe als integre Bürger von anderen unterstützt« zu werden.[21] Im Grunde sind sie, die ehrlichen, einfachen, sauberen Mitglieder die Hauptbetrogenen. »Ich fühle mich als Genosse doppelt betrogen, denn ich stellte mich ja noch vor meine Parteiführung im guten Glauben, sie meine es ehrlich... Viele Genossen, vor allem ältere, haben diese bitteren Erkenntnisse nicht ertragen können und ihr Dokument – das sie mit Stolz trugen – auf den Tisch gelegt, können nicht leben mit dieser Schmach. Was mag wohl in ihnen vorgehen? Ich bin bereit, das Kreuz zu tragen, aber mit erhobenem Kopf.«[22]

Die Rechnung ging nicht auf. Bürger oder Mitglied sein, das wurde in diesen Tagen für viele zu einer schmerzlichen Entscheidungsfrage. Die Flut der Enthüllungen riß nicht ab, im Gegenteil. Der Druck der Bürgerbewegung wurde immer stärker und auch bedrohlicher, richtete sich immer undifferenzierter gegen alle Mitglieder. Nicht zuletzt deshalb, weil jene Teilformationen der Bürgerbewegung, die zuerst entstanden und mehrheitlich auf das emanzipatorische Projekt orientiert waren[23], es versäumt hatten, dem spontanen Bürgerprotest politisch, d. h. machtbewußt Ausdruck zu verleihen. So nahmen sich andere, teils neu entstandene, teils gewendete Parteien der Enttäuschung und der Wut der Menschen an. Je später das geschah, desto radikaler wurde das Machtmonopol der Kommunisten, ja deren politische Daseinsberechtigung überhaupt in Zweifel gezogen. Auf dem Höhepunkt der Enthüllungsphase ließ sich jenes gar nicht mehr, diese nur noch schwer begründen. Immer unumwundener erkannten die Mitglieder an, bei wem die Initiative und die Legitimation lag. »Eindeutig ist, daß unsere Erneuerung nicht durch uns selbst in Gang kam. Es waren die Bürger, die für einen besseren Sozialismus auf die Straße gegangen sind.«[24]

Wollte die Mitgliederbewegung den Prozeß ihrer gesamtgesellschaftlichen Machtschwächung aufhalten, mußte sie einerseits dem Drängen der Bürgerbewegung entsprechen und sich von jeglicher Führungsrolle – der definierten wie der »immer neu zu erringenden« – verabschieden und andererseits zum entschiedensten Fürsprecher der kompromißlosen, öffentlichen Aufdeckung aller Affären werden. Beides geschah. Im Tonfall der Mitglieder spiegeln sich immer deutlicher die Angst vor dem Machtverlust und die Einsicht, daß er unaufhaltsam voranschreitet. Am 22. November letzten Jahres konnte man noch lesen: »Unsere Partei muß das verlorengegangene Vertrauen erkämpfen und stets aufs neue erkämpfen, und daher ist der im Verfassungsartikel festgeschriebene Grundsatz der führenden Rolle der SED rauszunehmen.«[25] Zwei Wochen später heißt es: »Die SED, oder wie sich ihre künftigen Abkömmlinge nennen werden, hat ihr Vertrauen unter der Bevölkerungsmehrheit unseres Landes historisch verwirkt. Ein Fakt. Mit jedem Tag, den sie aber weiterhin die nationalen Führungsämter besetzt hält, provoziert sie das Auseinanderfallen der funktionellen Einheit unseres Landes in immer chaotischere Zustände – in nationalen Notstand.«[26] Beide Dokumente machen den Prozeß sichtbar, innerhalb dessen bei einem ständig wachsenden Teil der Mitglieder die Identifizierungen, die auf die eigene Partei gerichtet waren, schwächer und zugleich auf die umfassendere Überlebenseinheit, das »Land«, übertragen wurden. Ist dieser Prozeß abgeschlossen, wie hier, erscheint die Partei in den Augen ihrer eigenen Mitglieder als das Haupthindernis für den Fortbestand der Gesellschaft, löst sich die Gleichsetzung von Vormacht der eigenen Partei und Gedeihen des emanzipatorischen Projekts auf. Der Konflikt zwischen den Verhaltenszumutungen der Bürger- und der Mitgliedsrolle wird zugunsten der ersteren entschieden – man verläßt die Partei.

Hunderttausende Mitglieder vollzogen, gewiß nicht nur aus diesem Grund, den Trennungsschritt und verstärkten dadurch für die in der Partei Verbliebenen die Angst vor dem Machtverlust, das Gefühl der Sinnlosigkeit des eigenen Kampfes. Angesichts der für sie verhängnisvollen Verflechtung von Enthüllungen, sich radikalisierender Bürger und der Austrittsbewegung ergriffen sie nun, in einem Akt der Verzweiflung, die Flucht nach vorn. Sie traten für eine schonungslose Enthüllungspraxis ein, klagten ihre neue Führung des schmählichen Versagens an. »Ich erwarte endlich eine

Partei, in der die Genossen bestimmen und nicht der Apparat. Und um den Bürgern wieder in die Augen sehen zu können, erwarte ich schnellstens eine offene Abrechnung mit der Politik der letzten Jahre und den dafür Verantwortlichen. Ich will wissen, wem ich noch trauen kann.« Das schreibt der Bürgermeister einer Kleinstadt.[27] Der Sekretär einer Grundorganisation meldet sich, weil er »nicht länger schweigen« kann. »Wie viele Verbrechen sind denn nun wirklich unter dem Deckmäntelchen meiner Partei geschehen... Ich schäme mich für das, was da geschehen ist und was offenbar noch immer nicht verändert wird! Ich verlange, daß sich unsere Partei unverzüglich von solchen ›Genossen‹ trennt. Ich will am 31. 12. dieses Jahres endlich sagen können: ›Wir sind wieder bei Marx.‹«[28]

Läßt man diese und viele gleichsinnige Äußerungen Revue passieren, fällt auf, daß die Radikalität der Stellungnahmen von der Stellung des einzelnen im Raum der parteipolitischen und gesamtstaatlichen Machtverhältnisse abhängt. Die Unversöhnlichkeit der Stellungnahmen nimmt in dem Maße zu, in dem die Gefahr des Machtverlustes, der sich ein Positionsinhaber gegenübersieht, erhöht, in dem Maße, in dem er diese Gefahr als eine besonders reale und große Gefahr wahrnimmt. Dabei spielt es nur eine untergeordnete Rolle, wie groß die Gefahr tatsächlich, objektiv, von außen betrachtet ist. Für das Verhalten von Menschen, die sich in existentiellen Druck- und Entscheidungssituationen befinden, gibt die subjektive Wahrnehmung den Ausschlag. Man muß sich dieser Objektivität des Subjektiven bewußt sein, um die praktische Wirksamkeit, die praktischen Folgen von Stellungnahmen verstehen zu können, die man persönlich, als Beobachter, als übertrieben, nicht den Tatsachen entsprechend einstuft und deshalb als weniger »wirklich« anzusehen geneigt ist. – Kaum übertrieben dürften die sehr radikalen Stellungnahmen von lokalen Machthabern sein, wie sie oben zitiert wurden. Die Bürgermeister kleinerer Städte, die Parteisekretäre von Grundorganisationen und Kreisen, sahen sich, sozusagen vor Ort, in die Zange von Bürger- und Mitgliederbewegung genommen, mit den sich radikalisierenden und zugleich widersprechenden Demokratisierungsforderungen beider unmittelbar konfrontiert und nicht selten aufgefordert, den Machtzentralen gegenüber aktiv zu werden. Kein Wunder, daß aus ihren Reihen die Rufe nach Abrechnung, schonungsloser Aufdeckung aller Vergehen, besonders laut erschollen.²⁹ Das untrügliche Gefühl, an Macht und Einfluß zu verlieren, spricht auch aus den Stellungnahmen vieler Intellektueller. Vor allem Philosophen und Gesellschaftswissenschaftler, Künstler und Literaten verleihen diesem Gefühl einen sehr beredten Ausdruck. Wo liegt der Grund dafür?

4. Positionsverluste der Intellektuellen

Kein Zweifel: Im Unterschied zu anderen ost- und mitteleuropäischen Gesellschaften kam in der DDR ein radikaldemokratisches Bündnis von Bürgern und Intellektuellen, »einfachen Leuten« und Experten weder im Vorfeld, noch nach dem einsetzenden Machtverfall der Regierenden zustande, blieben die jeweils letztgenannten zögerlich. Dieser Unterschied ist erklärungsbedürftig, da die indirekt oder direkt gewaltsame Störung und Zerstörung machtkritischer intellektueller Milieus, die Disziplinierung möglicher Wortführer, kein DDR-spezifisches Phänomen darstellt.

Vieles spricht dafür, daß die sozialen Fremdkontrollen, die die machtkonforme Rekrutierung und Ausrichtung von Intellektuellenformationen und Expertenkulturen besorgten, bei uns gleichmäßiger und lückenloser funktionierten als anderswo.³⁰ Um Wissen zu erwerben, das einen in den Stand setzte, eine erfolgreiche Laufbahn als Wissenschaftler, Diplomat, Politiker, Finanzfachmann, bildender Künstler usf. einzuschlagen, war die Mitgliedschaft in der »führenden« Staatspartei, in jedem Fall aber die stillschweigende Anerkennung von deren konkurrenzlosem Führungsanspruch die Voraussetzung. Wer sich dazu nicht bereit fand, schied aus dem Kreis der Wettbewerber um eine Position in den entsprechenden Professionen aus. Das war nicht alles. Jeder Erwerb von Wissen lief über die Anerkennung des Marxismus, d.h. *einer* Quelle der kulturellen Überlieferung, als Fundament der jeweiligen Wissensgebäude. Jeder, der diese Anerkennung verweigerte, schied aus dem Kreis der Bewerber um eine Position in den entsprechenden Positionen aus. Diejenigen, die nachträglich gegen die Eintrittsbedingungen in und die Funktionsweise der Expertenkulturen protestierten, wurden erst kriminalisiert und dann exterritorialisiert. Beides wirkte der Bildung und dem längerfristigen Bestehen machtkritischer Subkulturen entgegen.

Die sozialen Fremdkontrollen hätten weniger zuverlässig funktioniert, wären sie nicht in Selbstkontrollen verankert gewesen. Auch diese waren dem Anschein nach bei uns in höherem Maße entwickelt. Viele Mitglieder der Expertenkulturen machten aus der sozialen Not ihrer doppelten Unterwerfung eine Tugend der Distinktion gegenüber jenen, die an den Praktiken des macht- und ideologieförmig verzerrten Wettbewerbs gescheitert waren. Man hatte den doppelten Kotau vor der politischen Monopolstellung der Kommunisten und der kulturellen Monopolstellung des Marxismus nun einmal vollzogen, um jenes Wissen, jene praktischen Fähigkeiten und rationalen Kompetenzen erwerben zu können, die den Experten auszeichnen. Was war natürlicher als die Tatsache, daß man sich nunmehr auch für gute Positionen innerhalb der jeweiligen Professionen empfahl, stets höhere Stufen in der sozialen Rangordnung erklomm, kurz, sein akkumuliertes kulturelles Kapital periodisch in soziales verwandelte?[31] Und ebenso natürlich war es, daß Positionsgewinne in der weltlichen Hierarchie in der Regel wiederum mit dem Zugang zu Wissen verbunden waren, mit wachsendem Einfluß auf strategische Entscheidungen oder einfach damit, daß man Beziehungen zu Personen anknüpfte, die in der mondänen Welt – soweit wir hatten – etwas galten. Das beruhigende Gefühl, der rechte Mann am rechten Platz zu sein, war einer der Laufbahneffekte von Menschen, die sich von dem spiralförmigen Steigerungsverhältnis von Wissen und Macht, Macht und Wissen, tragen ließen. Daß dieses soziale Selbstverständnis vieler Intellektueller und Experten, dieses Amalgam aus intellektuellen und sozialen Überlegenheitsgefühlen, die gebildeten Diskurse für die Schadensmeldungen der Alltagspraxis mehr oder weniger undurchlässig[32] machte, muß kaum eigens betont werden. Und ebenso wenig, daß unter dieser Voraussetzung die illusionslose Überprüfung des eigenen, intellektuellen Welt- und Selbstverhältnisses nur schwer und vereinzelt in Gang kam. Es verwundert nicht, daß die Initiative zur kompromißlosen praktischen Machtkritik nicht von den Intellektuellen und Experten, sondern von der Straße ausging.

Rückblickend ist es ebenso leicht wie schmerzlich zu sehen, was die Initiative der Fachleute und der Gebildeten hauptsächlich lähmte: das intuitiv stets vorhandene Wissen, daß eine wirklich radikaldemokratische Machtkritik auch ihre eigenen Machtgrundlagen untergraben könnte. Die Gründe, die dazu beitrugen, daß die Mitglieder dieser Sozialformation ihre individuelle Position im kulturellen Raum und ihre kollektive Position in der Rangordnung der gesellschaftlichen Großgruppen gefährdet sahen, waren von Fall zu Fall, will sagen, von Lage zu Lage, verschieden. Die einen, Administratoren und Politiker des Ancien Régime, waren rein objektiv kompromittiert, mochten sie subjektiv auch noch so fähig und integer sein. Andere, Philosphen, Gesellschaftswissenschaftler, Kritiker der »bürgerlichen Ideologie« erkannten, daß ihr spezifisches kulturelles Kapital nicht ausreiche, um in dem internationalisierten und pluralisierten Wettbewerb zu bestehen, daß sie, wie die Dinge jetzt zu liegen kamen, falsch investiert hatten. Wieder andere, Künstler, zum geringeren Teil auch Wissenschaftler mit großen Namen, fürchteten um ihre herausgehobene öffentliche Autorität. Viele von ihnen waren häufig gemaßregelt worden und hatten sich dennoch nicht gefügt; angesichts derartiger Vorgeschichten konnten sie Schritt für Schritt zu Repräsentanten des kritischen gesellschaftlichen Gewissens werden. Ihr hoher nationaler, mitunter auch internationaler Bekanntheitsgrad, den sie nach vielen Jahren erworben hatten, sicherte ihnen ein informelles, aber nichtsdestoweniger stabiles Monopol der ernstzunehmenden, dabei »solidarischen« Kritik an der Gesellschaft, in der sie lebten.[33] Nun, wo ihre kritische Funktion sich praktisch zu erfüllen schien, ihre gesamtöffentliche Autorität im Zenit stand und sie unmittelbar zum »Volk« sprachen, mögen einige gespürt haben, daß mit dem Brechen der Dämme auch der Boden unter ihnen nachgab, daß der Prozeß, als dessen geistige Wegbereiter sie sich empfanden, über sie hinwegzugehen drohte, da nunmehr jeder, der es wollte, für sich selber sprechen konnte.[34]

Hinter all diesen Gruppen aber stand drängend die Masse der Fußgänger unter den Intellektuellen und Experten, der Namens- und Bedeutungslosen, für die es außer Frage stand, daß die Auflösung unserer sozialistisch verfaßten staatlichen Machtstrukturen zu einem Wettbewerbsdruck führen würde, dessen designierte Opfer sie darstellten. Sie würden sich einem Wettbewerb mit Menschen stellen müssen, die dieselbe Sprache sprachen, an dieselben kulturellen Traditionen anknüpften wie sie, und die darüber hinaus den Vorteil mitbrachten, daß sie ihre Kompetenzen nicht unter den macht- und ideologieförmig verzerrten Erwerbsbedingungen erworben hatten wie sie. Die Strukturanalyse einer Teilformation der Intellektuellen, der gesellschaftswissenschaftlichen, mag einiges von dem eben Gesagten verdeutlichen und präzisieren.

5. Praktiken und Effekte der ideologischen Kopplung von Macht und Wissen

Man wird der Geschichte, der augenblicklichen Situation und den Entwicklungstendenzen der DDR-Gesellschaftswissenschaften nicht gerecht, wenn man sie durch die Brille vereinseitigter Denkgewohnheiten betrachtet, zumal solchen, die dem Selbstwertgefühl der Intellektuellen schmeicheln.[35] Man kann die Geschichte der DDR-Gesellschaftswissenschaften nicht als eine Geschichte des verlustreichen, aber beharrlichen Kampfes zwischen Geist und Macht darstellen, eines Kampfes, der zum schließlichen Triumph der »Geistesarbeiter« über die Inhaber der weltlichen Macht geführt hätte. Die schlichte Gegenüberstellung von Geist und Macht, Wissen und Macht, Wahrheit und Macht paßt auf keine unserer Gegenwartsgesellschaften, und es ist sehr zu bezweifeln, daß sie jemals zutraf. Im Falle der DDR war die Verflechtung der Strukturen der geistigen Produktion mit externen Machtstrukturen besonders eng. Und die wissenschaftliche, insbesondere gesellschaftswissenschaftliche, Produktion sah sich dieser Verflechtung in höchstem Maße ausgesetzt.

Tatsächlich war die Lage der Gesellschaftswissenschaftler schon aufgrund ihrer Themenbezüge zur Macht alles andere als beneidenswert. Aus der Reproduktionsperspektive der politischen Machtverhältnisse gesehen, berührten sie außerordentlich »sensible« Gegenstände, letztlich diese Machtverhältnisse selbst. Dem entsprach es, daß auf dieses Teilfeld der intellektuellen Produktion soziale Fremdkontrollen von besonders rigider Art einwirkten, sowohl was die Rekrutierung von Nachwuchs über Mitgliedschaften als auch die Langfristprogrammmierung von Forschungsthemen durch sogenannte Problemräte auf Disziplinenebene anging. Nicht weniger ausgeprägt waren die Selbstkontrollen. Denn für den Fall »häretischer« Problematisierungen mußten die entsprechenden Wissenschaftler nicht nur mit dem Korpsgeist ihrer Fachgemeinschaft rechnen, deren Wahrnehmungs- und Interpretationsroutinen sie in Frage stellten; sie forderten direkter oder indirekter auch jene Gruppierung heraus, deren politischer und kultureller Monopolanspruch mit der Aufrechterhaltung der herrschenden Lesart des gesellschaftlichen Seins und Werdens stand oder fiel. Keine einigermaßen originell verfaßte Arbeit konnte sicher sein, dem Vorwurf ideologischer Abweichung zu entgehen, und oft genug waren die »Häretiker« selbst darüber erstaunt, einen »revisionistischen« Text geschrieben zu haben, wenn nicht bewußt, dann jedenfalls unbewußt, »objektiv« gewissermaßen, das Geschäft der »bürgerlichen Ideologie« besorgt zu haben. Eine unbedachte Äußerung, ein gedanklicher Hierarchiefehler konnten, zusammen mit dem argwöhnisch gewordenen Blick auf früher Publiziertes, einen Anfangsverdacht auslösen, der auf den davon Betroffenen als quälende Ungewißheit über ihre künftigen Laufbahnchancen lastete, sie verunsicherte, zwischen Unterwerfung und Auflehnung schwanken, das heißt immer auffälliger werden ließ. Die Geschichte so mancher gesellschaftswissenschaftlichen Institute müßte, um diesen Aspekt der Wissensproduktion nicht in Vergessenheit geraten zu lassen, auch als eine Geschichte von Sozialpathologen geschrieben werden.[36]

Natürlich vereinfacht diese Sicht.[37] Es gab Unterschiede in der Stärke und in den Konsequenzen der ideologischen Kopplung[38] von Wissens- und Machtstrukturen. Die Unterschiede waren aber nicht derart, daß man von *einer*, alles beherrschenden Polarisierung des gesellschaftswissenschaftlichen Produktionsfeldes sprechen könnte; von Wissenschaften, die sich um den Machtpol gruppiert hätten und solchen, die den kulturellen Pol umlagerten. Die Alternativen: Machtorientierung contra kulturelle Orientierung, Heteronomie contra Autonomie treffen Geschichte und Situation der DDR-Gesellschaftswissenschaften nicht differenziert genug, und dasselbe gilt für die in anderem Zusammenhang durchaus sinnvolle Annahme eines Kampfes zweier Hierarchisierungsprinzipien des wissenschaftlichen Feldes, des Prinzips »weltlicher Einfluß« mit dem Prinzip »intellektuelle Autorität«.[39]

Statt mit solchen Alternativkonzepten zu arbeiten, scheint es angemessener, ein Konzept des *abgestuften ideologischen Profils* einzuführen und dieses an den Tatsachen zu überprüfen. Mit dem Gedanken der Abstufung soll dem Umstand entsprochen werden, daß kein Teilfeld der Gesellschaftswissenschaften der ideologischen Kopplung von Macht- und Wissensstrukturen entrann, daß aber wesentliche Unterschiede im Kopplungsgrad existierten, und zwar zunächst in Abhängigkeit davon, ob ein Teilfeld in direkterem oder indirekterem Zusammenhang mit der Reproduktion der sozialen und/oder geistigen Bedingungen der politischen Machtverhältnisse stand. Dementsprechend reichte das ideologische

Profil von einem beinahe zirkulären Stützungs- und Begründungsverhältnis von Wissen und Macht bis zu einer solchen Öffnungsweite des Zirkels, daß dieser selbst zum Objekt der theoretischen Beobachtung wurde, daß Zusammenschlüsse von Objekt- und Selbsterkenntnis gelangen und die spezifische gesellschaftliche Produziertheit von Denkmitteln und -zielen in den Blick einzelner Wissenschaftler geriet. Das abgestufte ideologische Profil reichte, mit anderen Worten, von der Ordnungswissenschaft bis hin zu Ansätzen einer Wissenschaft *von* der Ordnung.[40]

Das ideologische Profil war in jenen Disziplinen am ausgeprägtesten ordnungswissenschaftlich, die ganz unmittelbar intellektuelle Funktionen des weltlichen Machtmonopols versahen: den Staats- und Rechts-, Erziehungs- und Wirtschaftswissenschaften. Hier fand auch der Ordnungswissenschaftler, der ein Höchstmaß an Verfügung über die wissenschaftlichen Reproduktionsmechanismen mit dem Status des im Dienste weltlicher Machtinteressen stehenden Experten vereinte, sein ideales Betätigungsfeld. Er befand über die Rechtmäßigkeit von Handlungen, über die Kriterien schulischen Erfolgs oder Versagens und über die anzuerziehenden Persönlichkeitsmerkmale; er schied Gesundes von Krankem, Normales von Anormalem. Und das alles vermittels einer wissenschaftlichen Autorität, die nicht nur weltlich eingesetzt war, sondern sich in dem Maße erweitert reproduzierte, in dem sie immer aufs neue in die Waagschale weltlicher Macht- und Ordnungsinteressen geworfen wurde. Durch lange Praxis an ein derart zirkuläres Begründungsverhältnis von Macht und geistiger Autorität gewöhnt, wird der Ordnungswissenschaftler zum Rechtfertigungsdenker par excellence. Er verherrlicht die Gewalten, die ihn instituieren und erhöhen gerade dadurch, daß er sie verkennt und die Tatsache seiner machtpraktischen Inanspruchnahme seinem wissenschaftlichen Prestige zuschreibt und nicht der Struktur und Funktion des Teilfeldes der Wissensproduktion, auf dem sich seine Laufbahn vollzog. An die Bedürfnisse, ja die Launen der politisch Mächtigen voradaptiert, ist er außerstande, seine Position im kulturellen und gesamtgesellschaftlichen Raum zu objektivieren, das heißt, die dieser Position jeweils eigentümlichen Machteffekte ins Bewußtsein zu heben: die Asymmetrien seines Verhältnisses zu anderen Wissenschaftlern oder gar zu den von seinen Entscheidungen Betroffenen. Er kann sich, um es kurz zu sagen, andere Art und Weisen des gesellschaftlichen Lebensprozesses im allgemeinen, der Wissensproduktion im besonderen, einfach nicht vorstellen: In einem Gespräch, das der Strafrechtsexperte John Lekschas mit dem NEUEN DEUTSCHLAND führte (Ausgabe vom 10./11. 2. 1990), faßt er den bislang dominierenden staats- und rechtswissenschaftlichen Denkmodus zusammen. Auf die Frage, wie die theoretischen Grundlagen eines völlig neuen politischen Strafrechts aussehen, heißt es: »Müssen wir nicht völlig neu darüber nachdenken, wann und warum der Staat überhaupt Schutzobjekt des Strafrechts sein kann und sein muß? Nach der bisherigen Theorie... war der Staat, ganz gleich, in welcher Gestalt er existierte, das Allerheiligste, Schützenswerteste. Wer den Staat angriff, griff den Sozialismus an. Aus diesem sehr vereinfachendem Denken sind die politischen Straftatbestände entstanden.« Sehr vereinfachend, gewiß. Es zeugt von der jahre- und jahrzehntelangen Wirkung des Macht-Wissen-Zirkels, daß eine Alternative zu diesem Verständnis in dem Gespräch nicht entwickelt wird. Zwar dürfe sich das Unheil der Gleichsetzung von Regierenden und Staat, Staats- und Gesellschaftsinteresse nicht wiederholen. »Wie das aber zu machen ist, dafür gibt es im Moment weder eine Theorie noch ausgereifte Vorschläge.«

Kaum weniger entwickelt war das ordnungswissenschaftliche Profil in jenen Teilfeldern, denen zwar keine praktische Vermittlung von Machtansprüchen zukam, dafür aber eine sehr unmittelbare Legitimationsfunktion. Ich meine solche »Fächer«, die die herrschende Lesart des gesellschaftlichen Seins und Werdens unter starker Fremdkontrolle ausarbeiteten und in Umlauf setzten: Wissenschaftlicher Sozialismus, Geschichte der nationalen und internationalen Arbeiterbewegung, Parteiengeschichte und – obwohl nicht hierher, das heißt unter die Gesellschaftswissenschaften gehörig – der Dialektische und Historische Materialismus sowie davon abgeleitete objektivistische Erkenntnistheorien.

In dem Maße, wie Ordnungs- und Legitimationsfunktionen zurücktraten, gestaltete sich das ideologische Profil für die Zwecke der freieren geistigen Produktion günstiger. Soziologie, Sozialpsychologie und Psychologie rührten noch vergleichsweise stark an »sensible« Gegenstände, boten aber den hier ansässigen Forschern den Ausweg empirischer Detailforschung.[41] Im Falle von Ästhetik, Literatur-, Kunst- und Kulturwissenschaften lockerten sich die Bande zu den machtbesetzten »essentials« weiter, insbesondere für die Forschungsrichtungen mit geschichtlicher Orientierung (die eigene Geschichte natürlich ausgenommen; eine Feststellung, die auf die Geschichtswissenschaften allgemein zutraf). Der Vorschein einer Wissenschaft *von* der Ordnung war auf jenen Teilfeldern am greifbarsten, für die sich der Nachweis, daß sie elementare Reproduktionsbedingungen der Mächtigen antasteten, am schwersten führen ließ: Semiotik, Sprach-, Technik-, Informationswissenschaften, Kommunikations- und Wissenschaftsforschung. Da diese Forschungszweige entweder Wissenschaften oder soziokulturelle Zeichensysteme allgemein zum Gegenstand haben, also mit thematisch eingebauter Selbstreferenz operieren, sind sie für die Historisierung und Auflösung »kultureller Selbstverständlichkeiten« prädestiniert. Ideologische Kopplungen setzten jedoch verstärkt ein, wenn Informationstheoretiker über die soziale Dezentralisierung des Zugriffs auf Informationen nachdachten, Sprachwissenschaftler oder Semiotiker die Sprache der Macht thematisierten oder Kommunikationsforscher Modelle einer alternativen gesamtgesellschaftlichen Kommunikationsweise erarbeiteten.

Das Konzept des abgestuften ideologischen Profils erklärt einige, nicht alle Differenzierungen, Kraft- und Konfliktlinien des gesellschaftswissenschaftlichen Universums. Für die konkrete Forschungspraxis war nicht nur entscheidend auf welchem Teilfeld man arbeitete; es machte einen oft kardinalen Unterschied für das persönliche Wohlbefinden wie für die sich eröffnenden Forschungshorizonte, welcher Institution die Mitglieder einer Fachgemeinschaft angehörten. Ganz allgemein läßt sich sagen, daß die ordnungswissenschaftlichen Profile beliebiger Fächer verstärkt wurden, wenn man ihnen an Institutionen nachging, die dem politischen Monopolisten unmittelbar unterstanden: den Parteihochschulen, der Akademie für Gesellschaftswissenschaften beim ZK der SED, dem Institut für sozialistische Wirtschaftsführung, demjenigen für Marxismus-Leninismus u.a. An Universitäten, den Instituten der »staatlichen« Akademie der Wissenschaften traf man, jeweils für dasselbe Fach gesehen, auf objektiv günstigere Voraussetzungen für eine freiere geistige Produktion. Schließlich betrieb man Gesellschaftswissenschaften an technischen und künstlerischen Hochschulen, in denen, nicht zuletzt wegen der relativ geringen personellen Konzentration von Forschern, Milieus entstanden, die die Bearbeitung auch von »sensiblen« Gegenständen bei wechselseitiger Duldung zuließen. In jedem Fall muß das Institutionenspektrum in die Betrachtung einbezogen werden, um die konkrete Situation einzelner Forschungsfelder zu verstehen. Je nach Sachlage konnte das institutionelle Spektrum Verstärker- oder Filterfunktionen gegenüber einem jeweils gegebenen ideologischen Profil übernehmen.

Ein weiterer Unterschied bezog sich darauf, ob die Institutionen vorwiegend forschungs- oder vorwiegend lehrorientiert waren. Je dominanter die Forschungsorientierung einer Institution, desto mehr ließen die spezifisch lehrförmigen Fremd- und Selbstkontrollen nach, entging man der Unterordnung unter zentrale Lehrpläne, deren Themenvorgaben Gesetzeskraft genossen, und ebenso den Inspektionen von Ministerialbeamten und Hospitationen von Kollegen, von jederzeit möglichen Interventionen »klassenbewußter« Studenten zu schweigen. Die in dieser Hinsicht besten Bedingungen boten die rein forschungsorientierten Institute der Akademie der Wissenschaften, die schlechtesten die ML-Sektionen beziehungsweise Abteilungen an Hochschulen und Universitäten mit den für sie kennzeichnenden lückenlosen Kontrollpraktiken.

Vielleicht sieht man jetzt deutlicher, was alles zusammentreffen mußte, damit ein der freieren geistigen Produktion gewogenes intellektuelles Milieu entstehen konnte: schwach ausgeprägtes ordnungswissenschaftliches Profil, Plazierungsvorteile im Machtspektrum der Institutionen, möglichst große Ferne vom Lehrpol und, nicht zu vergessen, eine solche persönliche Zufallsverteilung von Forscherindividuen, die vom durchschnittlich erwartbaren Maß der Individualisierung thematischer und institutioneller Fremdzwänge positiv abwich. All diese Faktoren konnten nur in der Form von Ausnahmen, glücklichen Einzelfällen zusammenkommen, und das ist ein weiterer Grund dafür, daß die Entstehung stabiler, machtkritischer Subkulturen so unwahrscheinlich und selten war. Auch deshalb, weil jedem der genannten Vorteile ein spezifischer Nachteil entsprach: dem schwach ausgeprägten ordnungswissenschaftlichen Profil die mehr oder weniger große makrotheoretische Randständigkeit der bearbeiteten Themen.[42] Eine günstige Stelle im Machtspektrum der Institutionen bedeutete meist schlechtere finanzielle und infrastrukturelle Ausstattung; die Ferne vom Lehrpol wurde durch den Abbruch des regelmäßigen Kontakts mit den nachwachsenden Wissenschaftlergenerationen erkauft; die positive Abweichung von der personellen Zufallsverteilung mit der Schwächung der eigenen Mobilitätsbedürfnisse.

Wer wollte da nicht verstehen, daß der Beitrag dieser Untergruppe der Intellektuellen zum radikaldemokratischen Bruch mit der Vergangenheit kein Heldenstück war.

6. Intellektuelle Wesensschau: Kultur und Moral

Wie schon gesagt: Im Rückblick vor allem der prominenten Vertreter der Intellektuellenbewegung, der Dichter eher als der Denker, war die »friedliche Revolution« ein einziger Schlag ins Wasser, scheiterte sie, ans Kapital, den Kommerz verraten, kläglich. Der Auftakt ging noch an, stimmte zuversichtlich und heiter. Doch »dem Augenblick ungemeiner Freude folgte die gemeine Scham. Und der erlebten Souveränität der Kundgebungen die erlebte Demütigung des Begrüßungsgeldes. Das war nicht die Abschlagszahlung der Geschichte.«[43] Es hatte keine »›konservative Revolution‹ zur Erneuerung des Sozialismus, zu seiner Stärkung« stattgefunden, und es bestand keinerlei Anlaß, »stolz darauf zu sein, daß es unser Volk, auch nicht zum wenigsten die Masse der Parteimitglieder war, die eine solche Wandlung der Verhältnisse herbeiführten«.[44] Resignation griff um sich. Nur noch einmal, Ende November 1989, ging ein Ruck durch die Intellektuellenbewegung. Mit ihrem Aufruf »Für unser Land« stemmte sie sich der Wende in der Wende entgegen.[45] Erfolglos. Längst war die Entwicklung über das schroffe, spaltende Entweder-Oder des Appells hinweggegangen, war die Wahlchance zwischen einer »solidarischen Gesellschaft« hier und dem unbrüderlichen »Ausverkauf unserer materiellen und moralischen Werte« dort überholt, hatten sich Millionen von Menschen ein differenzierteres Bild der bundesrepublikanischen Gesellschaft zu eigen gemacht. Schon der Nachfolgeaufruf sieht sich gezwungen, dem veränderten Erkenntnisstand der Adressaten Rechnung zu tragen, gibt dem Gedanken Raum, daß die westliche Hilfe auch »fair« sein könnte.[46]

Man selbst glaubt nicht daran, weiß es besser. »Am 9. November 1989 hat in Deutschland die Konterrevolution gesiegt. Ich glaube nicht, daß man ohne diese Erkenntnis in der Zukunft wird Bücher schreiben können.«[47] Die Bürger wissen nicht, was sie tun, nicht zum erstenmal. »Meine Damen und Herren, Sie wissen noch nichts von dem Maß an Unterwerfung, die der Westen jedem einzelnen seiner Bewohner abverlangt.«[48] Ärgerlich wird der Intellektuelle, wenn er bemerkt, daß die »Damen und Herren« es gar nicht wissen wollen, sondern auf eigene Erfahrung und eigenes Urteil setzen. Denn gerade das, die eigene Urteilsfähigkeit, spricht der Intellektuelle den »einfachen Leuten« ab. Die »Verbesserung der Versorgungslage« mag ja irgendwie von Belang sein. Muß man dieses Problem deshalb gleich ins Zentrum der Wahl für die eine oder andere Gesellschaft stellen? »Wir sind verloren, wenn wir den technologischen Standard der Welt nicht erreichen – aber wir sind erst recht verloren, wenn wir darauf setzen, daß sich dadurch der Sozialismus entfaltet. ›Ihr kriegt, ihr kriegt!‹ Diese Hetzjagd haben wir schon jetzt verloren.«[49] Um glücklich zu sein, muß man nicht »die absolute Schneelinie der kapitalistischen Großproduktion erreichen. Wir haben nicht die Ausrüstung, und die Mentalität, uns in Stücke zu reißen, ist auch verlorengegangen.« Was nottut, ist »eine andere Gangart«, sind »sanftere Technologien«, ein »milderer Markt«. Und allem voran: ein »anderes Denken«, die »Produktion von Vernunft« und die »Versöhnung mit der Natur«, »sozialistischer Geist«, mit einem Wort.[50]

Daß die Bürger es anders sehen, zeigt, wie unlauter ihre Protestmotive im Kern waren. Es war wohl doch eher »der Neid, der Wunsch nach Beteiligung am Raffen und Betrügen der Machtbesitzer, der ›Vater des Protestgedankens‹ gewesen, statt wirklicher moralischer Empörung«.[51] Die Intellektuellen werden nicht müde, den Bürgern die Rechnung zu präsentieren, die es alsbald zu bezahlen gilt. Getreu dem westlichen Urbild werde ein soziales Gebilde entstehen, das auf dem Egoismus, dem Kampf aller gegen alle gründet, und in dem Solidarität und soziale Wärme Fremdwörter sind[52]; eine Gesellschaft, in der die Menschen – vorausgesetzt, sie lassen sich auf die Spielregeln der Ellenbogengesellschaft ein – an wirtschaftlichem Wohlstand gewinnen mögen; das Wesentliche werden sie verlieren: »die Selbstachtung«.[53] Und statt einer Gesellschaft des Konsensus von Gesinnungen und Interessen ziehe eine Zeit herauf, in der die praktische Vernunft keine Protagonisten besitzt, der faule Kompromiß den Konsensus verdrängt, Parteiengezänk und »parlamentarisches Gekungel« vorherrschen.[54]

Das emanzipatorische Projekt vieler literarischer Intellektueller sieht anders aus. »Was ist denn das für ein Sozialismus, den wir wollen? Ist es nicht vor allem einer für freie, schöpferische Menschen? Ist es womöglich eine *Kulturgesellschaft,* wie sie die deutsche Geschichte noch nicht kannte? Ist es nicht gar eine Angelegenheit, wo offen zugegeben wird, daß gute Wirtschaft nicht das Gegenteil von geistigem Leben, sondern eine ihrer Folgen ist?«[55] Hier haben wir es in dem ihm gemäßen Kontext: das Kenn- und Fahnenwort der Intellektuellen: Kulturgesellschaft.

Das Wort bezeichnet in Deutschland eine lange und unglückliche politische Tradition. Worum geht es? Anders als in Frankreich und England funktionierte die Abschottung der Stände in Deutschland beinahe perfekt. Die Chance zur Durchmischung, zur Assimilation der Verhaltensstandards von Adelsformationen und Bürgertum war sehr gering. Und wie dem Bürgertum erging es auch den mittelständischen Intellektuellen; sie blieben Zaungäste dessen, was sich »gute Gesellschaft« nannte. Die Aufstiegskanäle zu jenen Laufbahnen, mit denen weltliche Macht und praktischer Einfluß verbunden waren, waren für sie verstopft. Hinzu kam, daß sich ihre wirtschaftliche Machtrate sehr bescheiden ausnahm. Die Neigung dieser Intellektuellen, all das, was sie nicht besaßen und zu dem sie keinen Zugang hatten, für unwesentlich, bedeutungslos, im Grunde inhuman zu erklären, war groß.[56] Und folgenreich! Denn man machte aus der sozialen Not eine kulturelle Tugend, schuf man einen zugleich antihöfischen und antibürgerlichen Denk- und Gefühlskanon, der die herrschende soziale Rangordnung auf den Kopf stellte. Nicht Zivilisation (als Inbegriff des Wir-Ideals höfischer Individuen) und nicht Eigentum und Besitzstreben (als Inbegriff des Wir-Ideals berufsbürgerlicher Individuen), sondern Kultur (als Inbegriff einer höheren, ins Geistige und Seelische gesteigerten menschlichen Existenzform) wurde für diese Menschengruppe zum Symbol all dessen, was wirklich ernstzunehmen und wesentlich war. Hieran, an der geistigen Leistung, der seelischen Substanz, hatte sich eine vernünftige soziale Klassifikation zu orientieren.[57]

Die doppelte Frontstellung gegen die höfische *und* die berufsbürgerliche Welt, gegen die Welt der pazifizierten, aber desto raffinierter geführten politischen Machtkämpfe und gegen die Welt rein materialistischer und egoistischer wirtschaftlicher Konkurrenzkämpfe, war und blieb charakteristisch für eine Schicht deutscher Intellektueller, deren Mitglieder nicht immer, aber oft kleinbürgerlichen Verhältnissen entstammten.[58] Man spürt diese doppelte Frontstellung bei J. Möser und den Aktivisten des Sturm und Drang, bei Hölderlin und Hegel, bei Büchner und im »Vormärz«, und man begegnet ihr, zum Furor gesteigert, bei den Expressionisten und bei Grosz. Und, fast ungebrochen, auch bei vielen unserer Intellektuellen. Stets ist es dieselbe Geringschätzung, nicht selten Verachtung, des Alltäglichen und Profanen, des auf schlechte Weise Endlichen.

Freilich: so stolz sich dieses Wir-Ideal auch gab; sein Entstehungszusammenhang war ihm stets anzusehen. Es war und blieb ein gebrochenes Ideal. Das Kollektivcredo dieser Intellektuellen entbehrte des radikaldemokratischen, angreifenden Akzents, wie man ihn bei französischen Intellektuellen nicht erst anläßlich der Dreyfus-Affäre findet. Das Wort »Intellektueller« selbst gewann bei deutschen Intellektuellenformationen eine überwiegend negative Bedeutung. Man verstand sich eher als »Geistiger«, der sich transzendenten, metaphysischen Werten, Sinngehalten und Bedeutungen verpflichtet weiß, als im Kern seines Wesens unpolitisch, desinteressiert an den Bewegungen, die sich auf den Märkten der sogenannten öffentlichen Meinung abspielten. Und selbst wenn man sich politisch engagierte, die Überwindung des herrschenden Weltzustandes forderte, tat man es nicht als »Intellektueller«, sondern als ein »tätiger Geist«.[59] Erst die Beziehung auf ihren seelischen, idealischen oder ewig-menschlichen Gehalt verlieh dem intellektuellen Protest sein höheres Recht, verhinderte, daß er sich innerweltlich verlor und gemein wurde, tendenziös. Nichts zeigt deutlicher, wie sehr deutsche Intellektuelle bereit waren, sich mit den Augen derer zu sehen, denen sie sich überlegen wähnten –: mit den Augen machtstärkerer Menschen, die es sich verbaten, daß ihnen andere, machtschwächere Menschen ins Handwerk pfuschten, wenn es um Dinge ging, die praktisch waren.

Die Moral, auf die sich Angehörige dieser deutschen Intellektuellenschicht beriefen, war nicht so sehr politisch oder werktätig, vielmehr eine Ideenmoral, eine Moral, die auf geistig-seelische Werte verpflichtete. Der Vorwegverzicht auf eine selbstbewußte Herausforderung der praktisch Mächtigen ist ihre ungeschriebene Präambel. – Die Anfälligkeit dieses »eingezogenen« Wir-Ideals gegenüber ideologischen Praktiken der Verwandlung der intellektuellen in eine unumwunden *deutsche* Wesensschau, im Nationalsozialismus auf eine tödliche Spitze getrieben, ließ die Gebrochenheit dieses Intellektuellenethos' unmißverständlich hervortreten. Es war diese Erfahrung, die für viele Intellektuelle zum Ausgangspunkt ihres Bruchs mit einem Welt- und Selbstverhältnis wurde, das seinen Ursprung in der skizzierten doppelten Frontstellung besaß.

Das ist der Lernprozeß, an den wir anschließen sollten. Es gilt, vom Desinteresse an oder der Verachtung von politischer Macht und wirtschaftlichem Reichtum zur Identifizierung mit allen Arten von zivil, aber offen und konsequent geführten Macht- und Ausscheidungskämpfen überzugehen und unser eigenes Interesse, wenn es ein weltliches ist, auch als solches zur Geltung zu bringen. Und zwar selbstbewußt, ohne Peinlichkeitsgefühle; ohne das Gefühl, sein Bestes und Wesentlichstes zu opfern. »Parlamentarisches Gekungel« – das sollte uns nicht mehr von den Lippen gehen. Gerade dann nicht, wenn wir wissen, daß zu einer radikaldemokratischen Wende mehr gehört, nämlich die zivilgesellschaftliche Erfüllung des rechtsstaatlichen Aktionsrahmens. Daß auf diesem Wege und nicht auf dem Weg zurück in die »Kulturgesellschaft« die – ganz und gar innerweltlichen – Perspektiven des emanzipatorischen Projekts liegen, habe ich anderswo zu zeigen versucht.[60]

Anmerkungen

1 B. Wogatzki, Soll die Klasse den Geist aufgeben?, in: Neues Deutschland v. 30. 11. 89, S. 4. Die Stellungnahmen, auf die sich meine Darstellung stützt, entstammen vorwiegend dieser Zeitung. Das hat nichts mit einer besonderen Sympathie für dieses Organ zu tun, sondern mit der Tatsache, daß die objektiven Widersprüche von und subjektiven Konflikte mit gegensätzlichen Verhaltenszumutungen vor allem in diesem Blatt zur Sprache kamen. Das gilt insbesondere für den Kampf zwischen dem »Bürger« und dem »Mitglied«.
2 S. Heym, Aschermittwoch in der DDR, in: M. Naumann (Hg.), Die Geschichte ist offen. Schriftsteller aus der DDR über die Zukunftschancen ihres Landes, Hamburg 1990, S. 71 f.
3 F.-W. Matthies, Wiedervereinigung im Aldi-Rausch, in: M. Naumann (Hg.), Die Geschichte ist offen. Schriftsteller aus der DDR über die Zukunftschancen ihres Landes, Hamburg 1990.

4 H. Königsdorf, Was nun?, in: Neues Deutschland v. 17./18. 2. 1990, S. 11.
5 Die allgemein- und nationalgeschichtliche Variation der Kriterien der Fremd- und Selbstzurechnung von Menschen zur Großgruppe der Intellektuellen ist derart breit, daß es sich nicht lohnt, mit einem analytischen Konzept des Intellektuellen zu arbeiten. Das umgangssprachliche Konzept besitzt wiederum den Nachteil, daß es den Richtungssinn der Variation verdeckt. Sie ist nämlich keine ungeregelte. Ich hoffe, dafür wenigstens teilweise den Nachweis führen zu können.
6 Hierzu ausführlicher W. Engler, Auf dem Weg zu einer Gesellschaft der Individuen?, in: Weimarer Beiträge, 7/1990.
7 Neues Deutschland v. 6. 11. 1989, S. 4.
8 So lautete die zentrale Forderung der Mitgliederdemonstration vom 9. November 1989, dem Tag der Grenzöffnung.
9 Zum Untergang der ideologischen Selbstbilder trug natürlich vieles bei, nicht zuletzt die repressive Antwort der Regierenden auf den Bürgerprotest im Oktober 1989.
10 Tatsächlich war dieser Lebensstil nicht bourgeois und nicht feudal, sondern parvenuehaft; nicht streng und durchdacht, sondern zufällig und eklektizistisch.
11 Stellungnahme von D. Bernhardt, in: Neues Deutschland v. 24. 11. 1989, Hervorhebung von mir.
12 Vgl. Forschungsprojekt »Moderner Sozialismus«, Diskussionsmaterial vom 8. Oktober 1989. Zum Verständnis des Zitierten sei angemerkt, daß sich das Material an das damals noch von Erich Honecker geführte SED-Politbüro wandte, um einer Gewaltvariante vorzubeugen.
13 W. Richter, Einige Lehren und Anregungen aus der Geschichte der Friedens- und Dialogpolitik der SED für die Entwicklung des konstruktiven und ergebnisorientierten inneren Dialogs, Materialien, Forschungsprojekt Sozialismustheorie, Oktober 1989.
14 Stellungnahme von S. Piorek und W. Knothe, in: Neues Deutschland v. 17. 11. 1989, S. 3.
15 Stellungnahme von M. Grunert, in: Neues Deutschland v. 15. 11. 1989, S. 3.
16 Stellungnahme von W. Störmer, in: Neues Deutschland v. 16. 11.1989, S. 1.
17 Vgl. ausführlich W. Engler/L. Marz: Die Abberufenen. DIE PARTEI – Macht und Mitglied in der Krise, vervielfältigtes Manuskript, Berlin 1990.
18 Stellungnahme von H. Hass, in: Neues Deutschland v. 5. 12. 1989, S. 3.
19 Stellungnahme von E. Weinholz, in: Neues Deutschland v. 1. 12. 1989, S. 3.
20 Stellungnahme von M. Süßmann, in: Neues Deutschland v. 1. 12. 1989, S. 3.

21 Stellungnahme von G. Wohler, in: Neues Deutschland v. 28. 11. 1989, S. 3.
22 Siehe Anmerkung 17.
23 Ich denke an »Neues Forum«, »Demokratie jetzt« u. a.
24 Siehe Anmerkung 16.
25 Stellungnahme der Grundorganisation des VEB Grabower Dauerbackwaren, in: Neues Deutschland v. 22. 11. 1989, S. 3.
26 Stellungnahme von P. Barczewski, in: Neues Deutschland v. 6. 12. 1989, S. 3.
27 Stellungnahme von W. Bernicke, in: Neues Deutschland v. 1. 12. 1989, S. 3.
28 Stellungnahme von R. Merkel, in: Neues Deutschland v. 30 11. 1989, S. 4.
29 Vgl. etwa die Stellungnahme von K. Schulz, in: Neues Deutschland v. 1. 12. 1989, S. 3.
30 Hierzu W. Engler/L. Marz: Moderne Sozialisten im Gewande verschämter Monopolisten. Zur Lage der Wissenschaft in der DDR, in: Frankfurter Rundschau v. 15. 1. 1990, S. 8.
31 Es ist mir hier nicht möglich, die Konzepte »kulturelles« bzw. »soziales Kapital« begründet einzuführen und auch nicht, den theoretischen Zusammenhang zu diskutieren, in dem sie bei Bourdieu stehen.
32 Mehr oder weniger ist mit Bedacht gesagt. Es bedürfte einer vergleichenden Untersuchung der verschiedenen intellektuellen Felder, um zu einem Verständnis der Gründe für die diesbezüglichen Unterschiede zu gelangen.
33 Zu dieser Monopolstellung vgl. M. Maron: Das neue Elend der Intellektuellen, in: Tageszeitung (taz) v. 6. 2. 1990. Was diese Darstellung dann doch zur Intellektuellenschelte werden läßt, ist die Tatsache, daß die Autorin ihre eigene Position im intellektuellen Feld sowie im umfassenderen kulturellen und sozialen Raum nicht objektiviert.
34 So empfindet es auch R. Zeplin in ihrem Titelaufsatz in: M. Naumann (Hg.), Die Geschichte ist offen. Schriftsteller aus der DDR über die Zukunftschancen ihres Landes, Hamburg 1990.
35 Zum folgenden vgl. W. Engler: Wissenschaftsproduktion. Über (Un-)möglichkeiten kritischer Forschung, in: Kommune. Forum für Politik, Ökonomie, Kultur, 3/1990.
36 Ich spreche hier aus eigener, zum Glück kurzer Erfahrung mit diesem Aspekt, die ich in dem von Buhr geleiteten Zentralinstitut für Philosophie der Akademie der Wissenschaften machte.
37 Es ist das verständliche Interesse der diskreditierten Legitimationsideologen, den Anschein zu erwecken, als habe es derartige Unterschiede nicht gegeben, als sei die Legitimationsideologie das unentrinnbare Schicksal aller Gesellschaftswissenschaftler und Philosophen gewesen. Zur Erinnerung: Bloch-Schüler wie G. Irrlitz, Philosophen wie W. Heise, L. Kühne und H. Seidel; Angehörige der Markov-Schule der

Revolutionsgeschichtsschreibung wie M. Kossok oder der W.-Krauss-Schule der Literaturgeschichtsschreibung wie W. Bahner, M. Naumann und K. Barck; Sprachwissenschaftler wie M. Bierwisch; Schüler Hans Mayers und viele andere – sie alle führten, jeder auf seine Weise, den Nachweis, daß es auch anders ging. Das sollte *nach* der Wende erst recht nicht unter den Teppich gekehrt werden.

38 »Ideologische Kopplung« steht abkürzend für die vielfältigen Praktiken (Mitgliedschaftszwänge, Gesinnungstests, Hospitationen u. a.), die die Wissensproduzenten zur Anerkennung der Legitimation bestehender politischer Machtverhältnisse bewegten, dazu, sich mit dieser Macht zu identifizieren, sie gegen Kritik zu verteidigen.

39 P. Bourdieu, Homo academicus, Frankfurt am Main 1988, S. 100f.

40 Zur Herausbildung einer allgemeinen Ordnungswissenschaft im Zeitalter der Klassik vgl. M. Foucault, Die Ordnung der Dinge. Eine Archäologie der Humanwissenschaften, Frankfurt am Main 1971; zum Prozeß der Verweltlichung des ordnungswissenschaftlichen Denkmodus vgl. ders., Überwachen und Strafen. Die Geburt des Gefängnisses, Frankfurt am Main 1976; zur Unterscheidung von verweltlichter Ordnungswissenschaft und Wissenschaft von der Ordnung vgl. P. Bourdieu, Homo academicus, Frankfurt am Main 1988.

41 Ein Ausweg, der sich angesichts differenzierter Geheimhaltungsvorschriften für die Resultate empirischer Forschung nicht selten als Sackgasse erwies. Ganzen Instituten blieb es versagt, sich auch nur fachöffentlich bekannt zu machen. Ich denke etwa an das Leipziger Institut für Jugendforschung.

42 Noch einmal soll der Name L. Kühne genannt sein, diesmal stellvertretend für all diejenigen, die über Jahre hinweg machtkritische Modelle von der thematischen Peripherie her entwickelten, und dies eher in mündlicher als in schriftlicher Form oder, falls sie die Schriftform wählten, dann eher in Literatur-, Kunst- und Kulturzeitschriften als in den Journalen der Staats-, Rechts- und Wirtschaftswissenschaftler, der Soziologen und Philosophen. Die Kritik an der herrschenden Art und Weise des gesellschaftlichen Lebensprozesses nahm hier die Form der Sprachkritik an, der Analyse künstlerischer und ästhetischer Zeichensysteme und Praxisformen.

43 V. Braun, Von unserem Vorsprung reißen wir uns nicht los, in: Neues Deutschland v. 2. 3. 1990.

44 So sah es J. Kuczynski noch am 8. November 1989, vgl. Neues Deutschland v. 8. 11. 1989, S. 4.

45 Neues Deutschland v. 29. 11. 1989, S. 2.

46 Neues Deutschland v. 2./3. 12. 1989, S. 14: »Gemeinsame Erklärung ›Für eine offene Zweistaatlichkeit‹«.

47 Stellungnahme von R. M. Schernikau, in: tageszeitung (taz) v. 10. 3. 1990, S. 9.

48 Ebd.
49 Siehe Anmerkung 1.
50 V. Braun, Kommt Zeit, kommen Räte, in: M. Naumann (Hg.), Die Geschichte ist offen. Schriftsteller aus der DDR über die Zukunftschancen ihres Landes, Hamburg 1990.
51 F.-W. Matthies: Wiedervereinigung im Aldi-Rausch, in: M. Naumann (Hg.), Die Geschichte ist offen. Schriftsteller aus der DDR über die Zukunftschancen ihres Landes, Hamburg 1990.
52 H. Czechowski: Euphorie und Katzenjammer, in: M. Naumann (Hg.), Die Geschichte ist offen. Schriftsteller aus der DDR über die Zukunftschancen ihres Landes, Hamburg 1990.
53 F.-W. Matthies, a. a. O., S. 141.
54 V. Braun, a. a. O., S. 19 f.
55 B. Wogatzki, Soll die Klasse den Geist aufgeben?, in: Neues Deutschland v. 30. 11. 1989.
56 Vgl. ausführlich N. Elias, Über den Prozeß der Zivilisation. Sozio- und Psychogenetische Untersuchungen, Bd. 1, Frankfurt am Main 1976, S. 1–64; ders.: Studien über die Deutschen, Frankfurt am Main 1989, S. 161–270.
57 Ebd. vgl. ferner W. Engler, Die Konstruktion von Aufrichtigkeit. Zur Geschichte einer verschollenen diskursiven Formation, Wien 1989, wo insbesondere die Paradoxien dieses Wir-Ideals dargestellt sind.
55 Es ist kein Zufall, daß Intellektuelle, die aus bürgerlichen, liberalen Elternhäusern stammten, für diese doppelte Frontstellung oft keinen Sinn hatten. Ich begnüge mich hier damit, diese andere Intellektuellenschicht mit Goethe und Thomas Mann namhaft zu machen.
59 Wie zum Beispiel die »Aktivisten« um K. Hiller gegen Ende des 1. Weltkriegs. Vgl. hierzu sowie insgesamt zur Begriffsgeschichte D. Bering, Die Intellektuellen. Geschichte eines Schimpfworts, Frankfurt am Main 1982.
60 Siehe Anmerkung 6. Was ich dort zu sagen vergaß war, daß Intellektuelle, überall, wo es gelang, Verkehrsformen und Institutionen der Zivilgesellschaft ins Leben zu rufen, eine unersetzbare orientierende und organisierende Potenz darstellten. Die Aufgabe unserer Intellektuellen muß es sein, die radikaldemokratischen Ausgangsimpulse der Wende nicht für »verraten« zu erklären, sondern für praktisch durchsetzbar. Wir müssen Exempel ihrer Durchsetzbarkeit statuieren. Dadurch allein kann es zu einer Wiederbegegnung von Intellektuellen und »einfachen Leuten« kommen, die nicht vom wechselseitigen Vorbehalt diktiert ist.

Hans-Peter Krüger
Strategien radikaler Demokratisierung
Ein normativer Entwurf

1. Problemstellung

Wer sich am Ende des 20. Jahrhunderts erneut die Frage der Demokratisierung stellt, ist mit zwei einander entgegengesetzten und gleichermaßen erklärungsbedürftigen Phänomengruppen konfrontiert: Einerseits können die als Faschismus oder Stalinismus umschriebenen Phänomene als der sichtbarste Ausdruck für die Beseitigung auch nur formaler, erst recht realer demokratischer Grundstrukturen gelten. Andererseits klagen radikal- oder ökodemokratische Minderheitsbewegungen auf eine gewaltlose, symbolisch öffentliche Weise[1] reale Erweiterungen der formal etablierten oder ideologisch versprochenen Demokratie ein. Dabei agieren solche Bewegungen in den entwickelten westlichen Ländern unter der Voraussetzung einer rechtsförmig institutionalisierten Demokratie, deren reale Praxis aber auf eine Parteienkonkurrenz um Machtpositionen und auf eine sozialstaatliche Behandlung der Bürgerinnen und Bürger begrenzt bleibt. Im Unterschied dazu stehen vergleichbare Bewegungen in den osteuropäischen Ländern vor der doppelten Aufgabe, der Institutionalisierung der klassischen Gewaltenteilung und des Sozialstaates sowohl zum Durchbruch zu verhelfen, wodurch sie zeitweilig zur Mehrheitsbewegung werden, als auch diese Institutionalisierung kritisch zu erweitern, wodurch sie sich wieder als Minderheitsbewegungen formieren.

Beide Phänomengruppen, die der Zerstörung und die des Ausbaus moderner Demokratien, gelten nicht nur deshalb als erklärungsbedürftig, weil die Verwirklichung des normativen Gehalts der Demokratie den meisten wünschenswert sein wird: die Verwirklichung von Freiheit, Gleichheit und Solidarität. Von der Verwirklichung des für alle normativ günstigen Gehalts hängt auch die Existenz der menschlichen Gesellschaft im sozial- und naturontologischen Sinne ab. Dies verdeutlichen die realen Folgen faschistischer oder stalinistischer Gewaltherrschaft in Form deskriptiver Tatsachen: Dutzende von Millionen Toter und Verwundeter; die Zerstörung natürlicher, sozialer und kultureller Umwelten. Man stelle sich die Wiederholung solcher Gewaltherrschaft unter der Bedingung der heutigen Destruktivkräfte vor! Aber selbst die Wahrung formaler Demokratie reicht offenbar nicht aus, um die Regenerierung der für die soziokulturelle Evolution notwendigen Ökosysteme zu sichern. Dies zeigt der Grad der Zerstörung eigener und äußerer Natur. Dies läßt in genealogischer wie ökologischer Hinsicht[2] eine Destruktion der Möglichkeit für soziokulturelle Evolution immer wahrscheinlicher werden.

Was radikal- und öko-demokratische Bewegungen öffentlich zur Debatte stellen, hat nicht nur einen normativ universellen, sondern auch deskriptiv universellen Gehalt. Die Evolutionsmöglichkeit im natur- und sozialontologischen Sinne wird in dem Maße wahrscheinlich, als der normative Gehalt moderner Demokratien, die universelle Partizipationschance für ausnahmslos alle (Rassen, Geschlechter, Generationen, Klassen, Kulturen, Minderheiten und Individuen), *verwirklicht* wird. Statt der realen Exklusion einer Mehrheit oder auch nur Minderheit von den gesamtgesellschaftlich relevanten Angelegenheiten erhöht die reale Partizipation ausnahmslos aller an diesen Angelegenheiten die Chance dafür, das Risiko[3] destruktiver Handlungsfolgen zu mindern. Dies erhellt aus einem kommunikationsorientierten Verständnis moderner Demokratien, worauf ich zurückkomme.

Die Forderung nach der Verwirklichung des normativen Gehalts moderner Demokratie unterstellt die geläufige Differenz zwischen formaler und realer Demokratie. Die rechtliche Formierung moderner Demokratie dient nur insofern der Verwirklichung ihres normativen Gehalts, als alle Bürgerinnen und Bürger auch über die entsprechenden wirschaftlichen und kulturellen Möglichkeiten verfügen, ihre demokratischen Rechte und Pflichten praktizieren zu können. Angesichts dieser Differenz ist die Rechtsform der politischen Demokratie stets im Zusammenhang mit ihrer wirtschaftlichen und kulturellen Entwicklung zu thematisieren. Partizipation an den gesamtgesellschaftlich relevanten Angelegenheiten bedeutet demnach nicht nur Teilnahme am politisch demokratischen Leben, sondern auch Teilhaben an einem diesem entsprechenden wirtschaftlichen und kulturellen Leben.

Im zweiten Teil des folgenden Artikels stelle ich ex negativo den evolutionsfeindlichen Monopolbildungen, durch die sich die Phänomene des Faschismus oder Stalinismus strukturell auszeichnen, die evolutionsfördernden modernen Strukturpotentiale der Gesellschaftsentwicklung gegenüber. Dabei lasse ich mich von der Unterscheidbarkeit zwischen solchen modernen Strukturpotentialen und ihrer klassenspezifischen Selektion leiten.[4] Die klassenspezifische Monopolbildung im Faschismus oder Stalinismus, die die Ausbildung moderner Strukturpotentiale wieder aufgelöst oder behindert hat, ließe sich im Sinne verschiedener Hegemoniekombinationen und Hegemoniesubstitutionen[5] erklären, was hier aber nicht weiter verfolgt wird. Hier interessiert eine positive Alternative zu der folgenden strukturellen Verwandtschaft zwischen Faschismus und Stalinismus: In den beiden Fällen wird statt der klassischen Gewaltenteilung zwischen der Legislative, der Exekutive und der Juridikative letztlich ein Gewaltmonopol realisiert; wird statt der öffentlich medialen Kopplung von Alltags- und Expertenkulturen im Plural ein Ideologiemonopol organisiert und wird der interne und externe ökonomische Wettbewerb durch das Gewalt- und Ideologiemonopol außer Kraft gesetzt, schließlich staats- und kriegswirtschaftlich aufgelöst.

Im dritten Teil des vorliegenden Artikels gehe ich der Frage nach, welche verschiedenen Varianten der Ko-Evolution moderner Strukturpotentiale bestehen, wenn letztere als solche herausgebildet sind. In der Ko-Evolution zwischen wirtschaftlichen, politischen und kulturellen Wettbewerbsformen kann jeweils eine die anderen Formen dominieren. Die Probleme, die radikal- und öko-demokratische Minderheiten öffentlich zur Debatte stellen, können in keine klassenspezifische Interpretation mehr aufgelöst und durch keine klassenexklusive Verwirklichung moderner Wettbewerbsformen gelöst werden, da sie zumindest virtuell jeden betreffen, bei aller nach wie vor bestehenden Klassenstruktur. Sie erfordern nicht irgendeine Ko-Evolution von wirtschaftlichen, politischen und kulturellen Wettbewerbsformen, sondern diejenige, in der die kulturellen Wettbewerbsformen evolutionär führend und durch die politische Demokratie hindurch auch als Regulativ des wirtschaftlichen Wettbewerbs wirksam werden.

Im vierten und letzten Teil dieses Artikels zeige ich, wie im Marxismus-Leninismus, der bis in die achtziger Jahre offiziellen Ideologie zur Legitimation stalinistischer Monopolbildungen in Osteuropa, der Zugang zu beiden behandelten Fragen von vornherein verbaut worden ist, sowohl zu der Frage spezifisch moderner Wettbewerbsarten als den zivilisatorischen Lösungsformen für

Klassenantagonismen, als auch zu der Frage einer neuen Ko-Evolution moderner Strukturen. Die dem Marxismus-Leninismus eigentümliche Komplementarität zwischen Ökonomismus und einem diesen kompensierenden Humanismus, provoziert auch einen kritischen problemgeschichtlichen Rückblick auf die Ambivalenzen in den Werken Lenins und von Marx selbst, der für das 19. Jahrhundert exemplarisch die Differenz zwischen formaler und realer Demokratie herausgearbeitet hat. Knüpft man indessen an die grundlagentheoretischen Resultate von Marx an, die seiner eigenen geschichtsphilosophischen Begründung einer welthistorischen Mission der Arbeiterklasse widersprechen, wird seine Intention, die destruktive Verselbständigung wirtschaftlicher und machtpolitischer Handlungsbereiche zu überwinden, heute im Sinne der Neugestaltung der genannten Ko-Evolution reformulierbar: Diese bedeutet nicht mehr und nicht weniger als die radikale Demokratisierung der Grundstrukturen moderner Gesellschaften.

2. Die drei wichtigsten Strukturpotentiale moderner gesellschaftlicher Evolution

Wolfgang Welsch hat das postmoderne Problem einer strukturell unabgeschlossenen Ganzheit diskutiert, die inhaltliche Vielfalt produziert und reproduziert.[6] Die evolutionär offene Struktur des Wettbewerbs ist diese gesuchte Form. Mancher westliche Leser wird angesichts des legitimationsideologischen Mißbrauches des Wortes »Wettbewerb« erschrecken, aber wohl im folgenden den antimonopolistischen und begrifflichen Gebrauch dieses Wortes hier bemerken. Im Wettbewerb ist es möglich, Differenzen in bezug auf bereits Vergleichbares zu offerieren, innovative Spezialisierungen auszubilden und bei Bewährung zu verallgemeinern. Ebenso aber ist es in dieser Form möglich, um die bessere Reintegration der überspezialisierten Optionen zu wetteifern und die Wettbewerbskriterien selbst im Fluß zu halten. Wettbewerbe sind eine fortlaufend driftende Rückkopplung zwischen den Prozessen der Variation, der Stabilisierung und der Selektion. Sie müssen sich nicht in N. Luhmanns Sinne zu monologisch selbstreferentiellen Sozialsystemen verselbständigen[7], noch stellen sie Handlungsbereiche dar, denen umkehrbar eindeutig analytisch unterscheidbare Handlungsarten zugeordnet werden können, wozu Habermas ursprünglich neigte.[8]

a) Moderne wirtschaftliche Evolution wird strukturell insofern wahrscheinlich, als im internationalen Rahmen der interne und externe Wettbewerb gesichert werden kann. Der wirtschaftliche Wettbewerb wird zwischen selbständig agierenden Komplexen der Produktion und Reproduktion um den in Einheiten des Geld-Mediums meßbaren Zusatzgewinn von Innovationen geführt. Dies ist eine systemindifferente anti-monopolistische Formulierung, die sich gleichermaßen gegen kapitalistische oder staatssozialistische Monopolbildung richtet. Sie hebt zunächst das ökonomisch »liberalistische« Weltverdienst der Bourgeoisie[9] hervor, menschheitshistorisch erstmals einen Wirtschaftsmechanismus der permanenten Revolutionierung von Produktivkräften entwickelt zu haben.[10] Diese Formulierung enthält aber zugleich das Problem, die Verstetigung eines zwischenzeitlichen Wettbewerbssiegers zur dauerhaft exklusiven Stellung eines Monopols zu verhindern. Gelingt es nicht innerwirtschaftlich, dieses Problem zu lösen, müßte durch politische Regulierung die Wettbewerbssituation erneut ermöglicht werden.

Der moderne ökonomische Wettbewerb stimuliert, insofern sich die Realisierungsbedingungen der dominanten Gewinnorientierung progressiv ändern, die Entwicklung allgemeiner gesellschaftlicher Produktivkräfte (wie der Wissenschaften) im Unterschied zu Naturkräften und Produktivkräften der gesellschaftlichen Arbeit.[11] Ebenso fördert dieser Wettbewerb unter solchen Bedingungen auch die Ausbildung neuer Verkehrs- oder Kommunikationsformen, die das Maß der strategischen Planung der Produktions- und Reproduktionskomplexe erhöhen. Er löst einerseits einen Druck zur inneren Restrukturierung der Komplexe in Richtung auf höhere Rationalisierungsniveaus aus, um die Wettbewerbsrisiken durch Objektivierung der eigenen Strategie und durch kulturelle Motivation der Mitarbeiter zu mindern. Er fördert andererseits neue (nicht nur durch Geld- und Warenaustausch vermittelte) Verkehrsformen dieser Komplexe zu allen möglichen anderen gesellschaftlichen Teilprozessen, um sich schnell Intensivierungspotentiale für die eigene Reproduktion zu erschließen. Darunter wächst die Bedeutung der Kommunikationsformen zu »Dienstleistungs«-Bereichen und »kulturellen Weisen der Produktion« sowie die »Revolution der Kommunikations- und Transportmittel«, deren Bedeutung übrigens schon Marx mit der der industriellen Revolution verglichen hatte.[12] Da die »Nutzeffekte« zuletzt genannter Art nicht als Waren produziert werden, können sie im ökonomischen Austausch als Waren nur auf modifizierte Weise behandelt werden.[13] Dies schließt einerseits ein, daß die nicht spezifisch ökonomische (geldvermittelte) Kommunikation (Verhaltenskoordinierung) in diesen Verkehrsformen wächst, und legt andererseits die Frage nahe, inwiefern sich Geld in ein allgemeines »Operationszeichen« der gesellschaftlichen Kommunikation verwandeln könnte, das nicht als Kapitalverhältnis fungieren muß.[14]

Die Frage nach den progressiven Realisierungsbedingungen des modernen ökonomischen Wettbewerbs ist vor allem die Frage nach den Bedingungen, die dem ökonomischen Wettbewerb aus seiner politischen und kulturellen Regulierung entstehen.

b) Moderne politische Evolution wird strukturell in dem Maße wahrscheinlich, in dem der Wettbewerb zwischen Klassen, Schichten, Gruppen oder Bewegungen um die Hegemonie geführt werden kann. Dieser Wettbewerb wird in den Formen der demokratischen Gewaltenteilung von Legislative, Exekutive, Juridikative und allgemeiner Öffentlichkeit ausgetragen. Hegemonie bedeutet demnach im Blick auf die Teilung der Gewalten jeweils etwas anderes. Die gegebene Formulierung für die strukturelle Sicherung einer modernen politischen Entwicklungsfähigkeit knüpft an die Errungenschaften der bürgerlich-demokratischen Revolutionszyklen im Gegensatz zu den vormodernen »persönlichen Abhängigkeitsverhältnissen«[15] an. Sie impliziert auch die strukturell wichtigsten Erfahrungen antifaschistisch- und antistalinistisch-demokratischer Bewegungen sowie die anfangs genannten symbolisch-öffentlichen Erweiterungen moderner demokratischer Praxis.

Moderne demokratische Entwicklungsformen der Politik stehen vor drei großen Realisierungsproblemen in ihrem Verhältnis zur Wirtschaft und im Hinblick auf ihr Internationalisierungs- und Kulturniveau:

Der moderne ökonomische Wettbewerb stimuliert Partialinteressen, hat Risiken, Verlierer und sozial ungerechte Auswirkungen, kann zu Monopolisierungen, ökologischen Gefährdungen oder kulturellen und regionalen Benachteiligungen führen, denen im Allgemeininteresse entgegengewirkt werden muß. Dafür sind Gesetzgebung, Steuererhebung, staatlich ökonomische Regulierungen (Finanz-, Subventions-, Kredit-, Geldpolitik), Machtausübung, Rechtsverfahren und öffentliche Kontrolle notwendig, entsprechend den universalistischen Verfassungsprinzipien der Freiheit und Gleichheit sowie deren Verfahrensregeln. All dies setzt voraus, daß die demokratische Gewaltenteilung in sich frei bleibt von dem Gewinnprinzip, das im ökonomischen Wettbewerb dominant ist.

Moderne demokratische Entwicklungsformen hinken deutlich dem Internationalisierungsniveau des wirtschaftlichen Wettbewerbs nach. Aber erst ihre internationale Durchsetzung stabilisiert die Friedensfähigkeit aller gegebenen Ordnungen und ermöglicht es, international vergleichbare soziale Rahmenbedingungen des wirtschaftlichen Wettbewerbs einzuführen sowie internationale Monopolstellungen auszuschließen.

Die Verwirklichung moderner demokratischer Entwicklungsformen hängt davon ab, daß in ihnen universalisierbare (statt nationalistische oder klassen-antagonistische) Gehalte zur Geltung kommen, die aus den Verkehrsformen moderner Weltkultur hervorgehen. Auf diesem Wege kann kulturell der bekannten Gefahr für Demokratie begegnet werden, d. h. ihrem Zugrundegehen an religiösen Glaubenskriegen, Chauvinismus und Rassismus, ideologischer Manipulation von Mehrheiten und gewaltsamen Klassenpolarisierungen vorgebaut werden. Da die Verwirklichung der Demokratie von ihrer eigenen Kultivierung abhängt, ist es eine der vordringlichsten Aufgaben aller demokratischen Gewalten, die Autonomie moderner Alltags- und Expertenkulturen zu fördern, insbesondere die fachöffentliche (spezielle) sowie allgemein öffentliche Medienpraxis, soweit diese einer vorwiegend kulturellen Aufgabe verpflichtet ist. Die Förderung demokratischer Kultur betrifft auch die Gestaltung des Bildungswesens mit der Sicherung sozialer Chancengleichheit.

c) Moderne kulturelle Evolution wird strukturell in dem Maße wahrscheinlich, in dem der internationale Wettbewerb zwischen gesellschaftlichen Individuen bzw. deren Gruppierungen um die bessere Erfüllung universalisierbarer Ansprüche geführt werden kann. Dabei handelt es sich um Lebens- und Geltungsansprüche auf insbesondere objektive Wahrheit, intersubjektive Richtigkeit und subjektiv wahrhaftige Sinngebung. Dieser Wettbewerb wird in öffentlichen Medienpraktiken geführt, die symbolisch und argumentativ einen symmetrischen Perspektivenwechsel ermöglichen. Traditionelle Handlungs- und Deutungsweisen können so in Richtung auf ihre gleichzeitige Objektivierung, Universalisierung und Subjektivierung neu produziert werden.[16]

Die größten Probleme, die für die Verwirklichung moderner Kultur in ihrem Verhältnis zur Wirtschaft entstehen, rühren von den Deformationen der Grundstruktur modernen ökonomischen Wettbewerbs her. Ökonomische Monopole schlagen nicht nur leicht in politische um, sondern führen auch schnell zur monopolistischen Aneignung kultureller Leistungen. Die Monopolisierung behindert den ökonomischen nicht weniger als den kulturellen Wettbewerb. Selbst im Fall der Wahrung der ökonomischen Wettbewerbsstruktur führen alle Versuche, die in der Wirtschaft zu Recht dominante Gewinnorientierung auf die Verkehrsformen moderner Kultur zu übertragen, zum kulturellen Niveauverfall, weil dann der symmetrische Perspektivenwechsel behindert wird. Werden demgegenüber die Grundstrukturen beider Wettbewerbsarten in ihrer Spezifik gesichert, intensivieren sich moderne ökonomische und kulturelle Evolutionsprozesse wechselseitig. In dem Maße, in dem bestimmte Resultate moderner Kultur als ökonomisches Intensivierungspotential (Wissenschaft und Technik, Design und Werbung) realisiert werden, erhalten umgekehrt kulturelle Verkehrsformen über ökonomische Wertmodifikation die Mittel, die sie zur Erweiterung ihrer eigenen materiell-technischen Basis und kommunikativen Infrastruktur brauchen.

Die größten Probleme, die für die Verwirklichung moderner Kultur in ihrem Verhältnis zur Politik entstehen, rühren von den Deformationen der Grundstruktur modernen demokratischen Wettbewerbs her. Die politische Monopolisierung der demokratischen Gewaltenteilung bringt nicht nur die politische Evolutionsfähigkeit zum Erliegen (Stagnation, Rückfall, Destruktion), sondern muß generell den symmetrischen Perspektivenwechsel asymmetrisch gestalten oder gar vollständig blockieren.

Selbst bei Wahrung der politisch demokratischen Wettbewerbsstruktur führen alle Versuche, die in der Politik zu Recht dominante Hegemonieorientierung auf die Verkehrsformen moderner Kultur zu übertragen, zum kulturellen Niveauverfall. Während in solcher Politik z. B. die Mehrheitsregel gilt und ständig der Fall eintreten wird, sachlich kompetente Argumentationsprozesse abbrechen zu müssen, um überhaupt noch zum rechten Zeitpunkt (politisch) handlungsfähig zu sein, kann beides nicht für kulturelle Produktion gelten. Über kulturelle Ansprüche läßt sich nicht sozial, politisch oder ökonomisch abstimmen, wohl aber über die allgemeine soziale, politische oder ökonomische Realisation derselben. Kulturelle Neuproduktionen gehen von Minderheiten aus, bleiben häufig lange in der Minorität und setzen voraus, daß Kommunikationsprozesse immer wieder aufgenommen statt abgebrochen werden können.

Werden demgegenüber die Grundstrukturen der modernen politischen und kulturellen Evolution in ihrer jeweiligen spezifischen Dominanz gesichert, intensivieren sich beide Evolutionsprozesse wechselseitig. Ihre strukturelle Verwandtschaft und wichtigste Vermittlung besteht im Prinzip der Öffentlichkeit unter Nutzung neuester Kommunikationstechniken, wenngleich dieses Prinzip jeweils anderen Verfahrensdominanzen unterliegt. In dem Maße, in dem moderne kulturelle Leistungen Eingang finden in die Verfahrensweisen aller demokratischen Gewaltenteile (von der Expertise bis zur allgemeinen Vermittlung an den Souverän) wird Demokratie zur kompetenten Verwaltung. In diesem Maße erhalten umgekehrt die kulturellen Verkehrsformen im Rahmen der öffentlich demokratischen Vergabe Mittel zu ihrer Entwicklung.

Die beiden größten Selbstgefährdungen moderner Expertenkulturen bestehen in der Tendenz zur Überspezialisierung ihrer Teilprozesse gegeneinander und zur gemeinsamen Abkopplung von der Kommunikation in den alltäglichen Lebensformen der Bürger.[17] Um so wichtiger werden öffentliche Medienpraktiken, die den Perspektivenwechsel zwischen Expertenkulturen und der Experten- mit den Alltagskulturen ermöglichen. Der doppelten Selbstgefährdung moderner Kultur wirkt auch deren Abhängigkeit von der politischen und ökonomischen Evolution entgegen. Die o. g. Wertmodifikation und öffentlich demokratische Mittelvergabe ist eine Selektion expertenkultureller Entwicklungspotentiale nach ökonomischen, sozialen, politischen und darüber vermittelt auch alltagskulturellen Relevanzkriterien.

Das hier angedeutete begriffliche Raster hebt die evolutionär günstigen Strukturpotentiale wirtschaftlicher, politischer und kultureller Art hervor. Die neuzeitliche Ausbildung wie auch Auflösung der genannten Wettbewerbsformen geht auf klassenspezifische Koalitionen zurück. Durch solche klassenspezifischen Bündnisse werden einmal entstandene wirtschaftliche, politische oder/

und kulturelle Monopolstellungen (etwa feudal-absolutistische, faschistische oder stalinistische) gebrochen, wie aber auch umgekehrt erlangt. Die – zuweilen bittere – Ironie klassenspezifischer Koalitionen in der Neuzeit besteht darin, daß sie strukturell mehr bewirken, als sich in ihrem je klassenspezifischen Interpretationshorizont intendieren oder erschließen läßt, sei es an produktiver Ausgestaltung von Wettbewerbsformen, sei es an deren monopolistischer Auflösung mit destruktiven Folgen. Die neuzeitlich empirischen Geschichtsverläufe fallen also keineswegs mit den hier als spezifisch modern bezeichneten Strukturpotentialen zusammen, lassen sich aber ebensowenig in nichts weiter als eine Geschichte von Klassenkämpfen auflösen. Keine Klasse hat ein bleibendes Abonnement auf die von ihr selbst vollbrachte Innovation, deren Struktur von anderen reproduziert werden kann. Indessen ist das Destruktionspotential neuzeitlicher Klassenantagonismen inzwischen derart groß, daß sein Einsatz als Mittel der je klasseneigenen Zwecksetzung widerspricht. Dies haben die Debatten über die Rüstungsspiralen gezeigt. Nach dem Einsatz dieser Destruktivkräfte gäbe es niemanden mehr zu bemächtigen. Die nicht wahrscheinlichste, jedoch reale Möglichkeit der Befriedung von Klassenantagonismen durch die Entfaltung der Wettbewerbsformen verdankt sich keinem guten Willen, sondern der Wahrscheinlichkeit der Selbstvernichtung.

3. Radikale Demokratisierung als neue Ko-Evolution

Die drei genannten Wettbewerbsformen können unter verschiedenen Dominanzen miteinander koevolvieren. Einige Postmoderne-Varianten lassen sich in ihrer Zuspitzung so interpretieren, als ginge es ihnen darum, daß die kulturelle Wettbewerbsform evolutionär führend wird, nachdem dies die wirtschaftliche im 19. Jahrhundert und die politische im 20. Jahrhundert geworden sei. Lyotard provoziert in prospektiver Richtung durch eine negative Geschichtsphilosophie der großen Monade: Die Vielfalt der Diskursarten drohe der Kapitalökonomie subsumiert zu werden, die ihre bisherige Dominanz über den materiellen Reproduktionsprozeß durch die neuen Informationstechnologien zur Dominanz auch über den symbolischen Reproduktionsprozeß der Gesellschaft erweitern könnte. Er zeigt in retrospektiver Richtung, wozu die stalinistische oder faschistische Monopolisierung der Wettbewerbsformen (bei ihm: des Widerstreits der Diskursarten) geführt hat. Da er nicht wie Habermas zwischen modernen Strukturpotentialen und deren klassenbedingter Selektion unterscheidet, ihm vielmehr letztere als die Moderne gilt, braucht er die postmoderne Frage nach dem Widerstreit zwischen den Diskursarten, um überhaupt noch die Bedingungen der Möglichkeit eines kleineren Übels als des der großen Monade angeben zu können.[18]

Ich verstehe radikale Demokratisierung als jene Variante der Ko-Evolution, in der die kulturellen Wettbewerbsformen gegenüber den politischen evolutionär führend werden und durch die politischen hindurch auch für die wirtschaftlichen Wettbewerbsformen regulativ wirksam werden. Wenn ich in diesem Sinne an radikaler Demokratisierung festhalte, dann liegt dies nicht daran, daß ich aus normativistischen Vorurteilen ein »Emanzipationskonservativer«[19] bin. Im Gegenteil, mich haben Luhmanns Nachweise für die ökologische, soziale und kulturelle Blindheit einer nur durch das Geld-Medium autopoietischen Wirtschaft davon überzeugt.[20] Das Geld-Medium symmetrisiert zwar auf informationsanaloge Weise die Positionen der Austauschenden. Aber es erfordert keinen Wechsel zwischen den verschiedenen Teilnehmer- und Beobachter-Perspektiven. Der politische Wettbewerb in demokratischer Form führt zwar schon zu einem Perspektivenwechsel, bleibt aber nach innen wie außen einer ideologischen Asymmetrie des Perspektivenwechsels als gefahrvoller Grenze ausgeliefert. Wenn die Ko-Evolution nicht zugunsten symmetrischer Wechsel zwischen kollektiven Teilnehmer- und Beobachterperspektiven driftet, die am ehesten in den kulturellen Wettbewerbsformen ausgebildet werden können, werden die durch ökonomische oder ideologische Dominanzen auslösbaren Destruktionen immer wahrscheinlicher. Nur wären diese Destruktionen inzwischen irreparabel. Insofern wirkt der Realismus Luhmanns wie der Realismus des Untergangs.[21] Was aber wäre – über das Normativ der Symmetrie hinausgehend – am Rande eines solchen Abgrundes realistischer, als die zwar nicht wahrscheinlichste, aber immerhin reale Möglichkeit kommunikativer Lernprozesse zu verwirklichen?

Radikale Demokratisierung könnte die Evolutionschancen moderner Gesellschaften auch in sozial- und naturontologischer

Hinsicht verbessern. Dies liegt nahe, wenn Demokratisierung in einem kommunikationsorientierten Sinne verstanden wird. Der symmetrische statt asymmetrische oder vollständig blockierte Wechsel zwischen Teilnehmer- und Beobachterperspektiven ermöglicht die Ausbildung von Perspektiven gehaltvoller Selbstbeobachtung im Singular wie Plural der Pronomina aller modernen Sprachen.[22] Solche Perspektivenwechsel befriedigen nicht nur moderne normative Ansprüche und solche auf Subjektivierung, sondern zugleich auf eine umweltbezogene Objektivierung der eigenen Handlungsweisen. Dafür, daß die kulturelle Wettbewerbsform evolutionär führend wird, reicht es nicht aus, daß in den Alltags- und Expertenkulturen »militante Toleranz, öffentliche Freiheit und zivile Solidarität«[23] zählen. Dies ist zu verwirklichen, wenn a) dementsprechend öffentliche Medienpraktiken entwickelt werden, b) der politische Wettbewerb zugleich in drei Richtungen profiliert wird und c) der wirtschaftliche Wettbewerb in drei Hinsichten strukturell ausgebaut wird.

a) Versagen öffentliche Medien in der Erfüllung ihrer kulturellen Aufgabe, einen symmetrischen Wechsel zwischen allen divergierenden Teilnehmer- und Beobachter-Perspektiven im Plural zu ermöglichen, wird die Demokratie gefährdet. Jedes Versäumnis im erlernbaren Wechsel mit den Perspektiven anderer begünstigt, daß diese anderen als Feinde wahrgenommen und ausgegrenzt werden, statt sie als gleichberechtigte Partner in den Prozeß des Erlernens anderer Perspektiven einzubeziehen. Jede kulturelle Ausgrenzung einer Perspektive führt zur Akkumulation eines für die Demokratie destruktiven Potentials, das sich im Krisenfalle auch politisch und wirtschaftlich entlädt. Umgekehrt kann durch die kulturelle Einbeziehung immer neuer Perspektiven ein für die Demokratie produktives Potential akkumuliert werden, aus dem sich im Krisenfalle Varianten auch in der politischen und wirtschaftlichen Kompromißbildung bewähren können.

Medientechnisch betrachtet gab es seit den zwanziger Jahren unseres Jahrhunderts enorme Fortschritte. Die zuvor textsprachlichen Medien (wie Buchdruck und Zeitungen) wurden durch audiovisuelle Medien ergänzt. Diese haben den Vorteil, textsprachliche Kommunikationsniveaus mit mündlich gesprochenen und nonverbalen Kommunikationsniveaus kombinieren zu können. Damit erweitert sich der Adressatenkreis auf alle modernen Alltagskulturen, nicht nur Expertenkulturen. Der symmetrische

Perspektivenwechsel wird für ein breites Publikum auch auf nonverbal-symbolischem Wege vollziehbar, ohne ständig explizit in aufwendige Argumentationsprozesse einsteigen zu müssen, die der konzeptionelle Hintergrund des Arrangements bleiben können.

Die Schwierigkeiten liegen in der sozial selektiven Nutzung dieser medientechnischen Möglichkeiten, deren sozialer Organisation als »Apparat«.[24] Der öffentliche Gebrauch der Medien zum symmetrischen Wechsel zwischen allen möglichen Perspektiven wird gerade dadurch behindert, daß das ökonomische Gewinnprinzip oder das parteienzentrierte Modell der klassisch dreifachen Gewaltenteilung auf die soziale Organisation der Medien übertragen wird. Diese Übertragung läuft strukturell auf eine Verdopplung des ökonomisch und politisch ohnehin Gegebenen hinaus. Auf diesem Wege degenerieren die potentiell öffentlichen Medien zu Wirtschaftsunternehmen der Werbebranche und zu Propagandaabteilungen der Staaten im Staate, d. h. der Parteien.

Kulturell interessiert, was unserer gebrauchswertmäßigen Bedürftigkeit als endlicher Natur- und Gesellschaftswesen angemessen ist. Dies gilt es, durch die öffentliche Konfrontation der ökonomisch und politisch bedingten Teilperspektiven hindurch zu entdecken. Die Sinn-Surrogate, die ökonomische und politische Werbung vermittelt, lassen einen leicht zum Opfer einer umweltzerstörerischen oder krebserzeugenden Warensorte, eines weder nach außen noch innen friedensfähigen Ideologems werden. Um zwischen den berechtigten und falschen Werbe-Versprechen unterscheiden zu können, brauchen mündige Bürger inmitten der für den einzelnen schwer überschaubaren Gesellschaft die Möglichkeit, stets in der Öffentlichkeit auf die strittigen Ratschläge unabhängiger Experten zurückgreifen zu können. In dem durch die öffentlichen Medien zu organisierenden Austausch zwischen den verschiedensten Alltags- und Expertenkulturen entsteht für jeden die Möglichkeit, kompetent und seinem Lebenssinn entsprechend zu handeln.

Die Kommerzialisierung und parteipolitische Instrumentalisierung der Medien behindert nicht nur, daß jeder von uns in der Kommunikation mit anderen kollektiven Perspektiven zu sich selbst kommt. Sie gefährdet auch den modernen wirtschaftlichen und politischen Wettbewerb selber, dessen dauerhafte Sicherung gegen eine monopolistische Auflösung auch ein kulturelles Gegengewicht erfordert. Die Wettbewerbsregeln »Mehrgeld« und »Mehrheit« sichern nicht davor, daß zeitweilige Wettbewerbssieger eine dauerhafte Monopolsituation aufbauen. Die Ideologie der Ideologien ist die Blockierung der Kommunikation. Durch das Ausschalten der Übernahme einer Fremdbeobachtung in die Selbstbeobachtung hält man sich selbst für ideologiefrei und beobachtet alle anderen als die Ideologen.

Um den symmetrischen Perspektivenwechsel verwirklichen zu können, gelten die sich historisch entwickelnden Alltags- und Expertenkulturen als gleichrangig. Die im parlamentarischen Verfahren übliche Mehrheitsregel gilt hier zugunsten von Minderheiten nicht, wodurch der Wertewandel, der zu neuen Mehrheiten führen kann, befördert wird. Was in der Programmgestaltung zählt, sind argumentative und nichtsprachlich symbolische (audiovisuelle) Möglichkeiten zum Perspektivenwechsel und zur Symmetrisierung der Perspektiven in der Kommunikation. Dies schließt die kritische Darstellung der Reduktionen und Blockierungen möglicher Perspektivenwechsel ein, wo immer sie auch vorkommen mögen.

Lotman begreift Kommunikation als das immer erneute Durchlaufen der Differenz zwischen Kommunikablem und Nicht-Kommunikablem. Was historisch nicht kommunikabel ist, kann nur in der kommunikativen Differenz zum bereits Kommunikablen erfahren werden.[25] Die Produktion dieser Differenz kommt der Entdeckung neuer Themen gleich, die bislang im politischen und wirtschaftlichen, aber auch kulturellen Wettbewerb keine Rolle spielen, verdrängt, tabuisiert oder kompensiert werden. Die Entdeckung solcher Themen und die thematische Umorientierung der gesellschaftlichen Kommunikation ist die kulturelle Aufgabe öffentlicher Medien in einer modernen Demokratie.

b) Der institutionellen Verselbständigung des modernen politischen Wettbewerbs gegenüber dem aus den kulturellen Wettbewerben hervorgehenden Selbstverständnis der Bürgerinnen und Bürger kann auf drei Wegen entgegengewirkt werden.

Erstens ist durch die konstitutionelle Anerkennung der öffentlichen Medienpraktiken als der vierten »sanften«, weil symbolisch-argumentativen Gewalt deren Unterordnung unter eine der drei klassischen Gewalten vorzubeugen. Diese Prävention betrifft vor allem die (auch proporzmäßige) Aufteilung potentiell öffentlicher Medien unter die Parteiorganisationen, die als Staaten im

Staate die klassisch dreifache Gewaltenteilung in sich modifiziert reproduzieren. Die demgegenüber nötige kulturelle Selbstverwaltung öffentlicher Medien schließt einerseits die in Betrieben oder Einrichtungen allgemein üblichen Räte zur Interessenvertretung der in den Medien hauptamtlich Beschäftigten ein, andererseits aber vor allem eine Art Kuratorium. Dieses bestünde nicht nur aus den kompetentesten Medienspezialisten, sondern vor allem auch aus den Repräsentanten derjenigen Alltags- und Expertenkulturen, aus denen heraus nebenamtlich die Rolle der Produzenten und Rezipienten dieser Medien ausgeübt werden kann. Die operativen Leitungen solcher Medien arbeiten im Rahmen der Grundsatzentscheidungen des Kuratoriums zur Programmgestaltung. Akzeptieren die Eigentümer diese Grundstruktur rechtsverbindlich, ist es formell zweitrangig, ob es sich um staatliches, genossenschaftliches, privates oder gemischtes Eigentum handelt. Können sich solche allgemein öffentlichen Medien, die primär auf eine kulturelle Aufgabe verpflichtet sind, nicht aus sich selbst kostendeckend reproduzieren, haben sie auf staatliche Förderung ohne staatliches Mitspracherecht Anspruch, vergleichbar mit gemeinnützigen Vereinen oder der ebenfalls längst etablierten Förderung der Grundlagenforschung.

Zweitens laufen Zentralisierungsschübe aller vier Gewalten schon aus institutionellen, noch mehr aus Gründen der Internationalisierung gleichsam von selbst ab. Diese Zentralisierungsschübe können durch eine immer erneute Föderalisierung aller vier Gewalten wieder ins Gleichgewicht gebracht werden. Die Dezentralisierung einer Vielzahl zentralisierter Entscheidungskompetenzen in den regionalen Lebensräumen der Bürger eröffnet größere Chancen, den Kreis der Aktivbürgerinnen und -bürger in Gestalt auch zeitweiliger Bürgerinitiativen oder Bewegungen zu erweitern, unabhängig von der Mitgliedschaft in zentral etablierten Organisationen.

Drittens wird das Gegengewicht der Föderalisierung zumeist mit einer Art zweiter Kammer fälschlicherweise identifiziert. Die zentrale Repräsentation der föderativen Struktur durchbricht dann nicht das Modell einer parteienzentrierten und nach der Mehrheitsregel operierenden Demokratie. Die Föderalisierung senkt die Schwellen, aus den konkret-historischen Lebensformen der Bürgerinnen und Bürger heraus am politisch demokratischen Wettbewerb teilnehmen zu können. Dieser Wettbewerb muß aber nicht nur nach dem Modell der Repräsentation durch Parteiorganisationen und sich daraus ergebender Mehrheiten verallgemeinert werden. Dieses Modell verschenkt die Möglichkeiten zur Interessenvermittlung, wie sie in Betriebs- und Einrichtungsräten üblich ist, und begrenzt die Wirkungsmöglichkeiten der in modernen Gesellschaften akkumulierten Rationalitätsarten. Eine tatsächliche Art zweiter Kammer geht aus der Erweiterung der Betriebs- und Einrichtungsräte hervor, in denen die Interessenwidersprüche nicht in parteienzentrierter Form, sondern nach gesellschaftlich relevanten Zweigen mit je spezifisch kombinierten Rationalitätsarten gelöst werden.

c) Der moderne wirtschaftliche Wettbewerb kann auf drei Wegen soziokulturell reguliert werden, ohne die ihm eigentümliche Gewinnorientierung zu beeinträchtigen. Erstens kann durch die politische Gewaltenteilung hindurch eine entsprechende Gesetzgebung (Eigentums-, Arbeits-, Sozial-, Betriebs-, Umwelt- u. a. Gesetzgebung) sowie angemessene Auftragspolitik gegenüber der Wirtschaft erfolgen. Um den damit verbundenen Bürokratisierungsaufwand gering zu halten, ist es zweitens vor allem erforderlich, die Regulativa in das Geld-Medium zu übersetzen. Dies heißt insbesondere, die Preisbildung den gesamtgesellschaftlich und langfristig, nicht nur betriebswirtschaftlich und kurzfristig anfallenden Reproduktionskosten entsprechend zu beeinflussen. Dafür können alle Instrumentarien der Geld-, Steuer-, Kredit- und Zinspolitik eingesetzt werden. Schließlich sind drittens die üblichen Modelle der Mitbestimmung zu erweitern. So können die Aufsichtsräte von Aktiengesellschaften nicht nur paritätisch aus Vertretern der Belegschaften und Eigentümer zusammengesetzt, sondern um einen dritten Teil ergänzt werden. Um gesamtgesellschaftlich relevante Innovationsstrategien schon von ihrer Ausbildung an demokratisieren und damit ihre langfristigen Absatzchancen objektivieren zu können, müssen in diesem dritten Teil Vertreter folgender Interessen präsent sein: der Region, der Öffentlichkeit, möglicher Anwender und Betroffener sowie unabhängiger Experten.[26]

4. Kritik des Marxismus-Leninismus und der Ambivalenzen in Lenins und Marx' Werk selbst

Zu Lenins Lebenszeit gab es keinen »Leninismus«, verstanden als die der neuen Epoche angemessene Weiterentwicklung des Marxismus. Der »Marxismus-Leninismus« ist ideologiehistorisch ein nachleninsches Phänomen, das sich während der zwanziger Jahre in der Sowjetunion und der III. Kommunistischen Internationale herausgebildet hat. Ich gehe hier nicht dieser Herausbildung und in der Stalin-Periode erfolgten Systematisierung des Marxismus-Leninismus nach, sondern diskutiere in vier Thesen das allgemein übliche Verständnis des Marxismus-Leninismus bis in die dreißiger Jahre in den osteuropäischen Ländern einschließlich der DDR. Im Rahmen des Marxismus-Leninismus läßt sich die Frage nach der radikalen Demokratisierung moderner Gesellschaften nicht stellen. Obgleich der Marxismus-Leninismus keinesfalls mit den Intentionen Lenins oder Marx' einfach identifiziert werden kann, hatte diese Legitimationsideologie doch Anknüpfungspunkte in den Werken beider, so daß deren Selbstwidersprüche nicht ausgeklammert werden können.

a) Welthistorisch hätte eine sozialistische Entwicklung im Sinne von Marx nur dann eine wirkliche Chance, wenn sie die moderne bürgerliche Gesellschaft positiv negierte.[27] In der seit Stalin üblich gewordenen Diskussion wurde dieser Ausgangspunkt der modernen bürgerlichen Gesellschaft auf Kapitalismus verkürzt. Kapitalismus wurde bestenfalls arbeits- und klassentheoretisch bestimmt. Der Sozialismus erschien dann als die abstrakte Negation des Kapitalismus, insbesondere als die Ersetzung des Privat- durch Staatseigentum. Diese Kette von Reduktionen legitimierte ein politbürokratisches Machtmonopol, das sich unter vormodernen Startbedingungen in Sowjetrußland durch die Verschmelzung von Partei-, Staats- und Wirtschaftsapparaten herausgebildet hatte.

Was fiel dieser Reduktionskette zum Opfer? Die positive Bestimmung der modernen Errungenschaften der bürgerlichen Gesellschaft gegenüber allen vorkapitalistischen Gesellschaftsformen und im Unterschied zum Kapitalverhältnis selbst! Die moderne bürgerliche Gesellschaft ist nur insofern eine kapitalistische, als in ihrem Reproduktionsprozeß das Kapitalverhältnis dominiert. Modernetheoretische Überlegungen beziehen sich auf das o. g.

Strukturpotential an Formen freien Wettbewerbs in Wirtschaft, Politik und Kultur. In der üblichen marxistisch-leninistischen Diskussion wurden modernetheoretische Überlegungen von vornherein ideologisch ausgeschlossen, da sie eine demokratische Kritik an der antimodernen staatssozialistischen Monopolbildung ermöglicht hätten. Daher konnte innerhalb des Marxismus-Leninismus eine Synthese aus moderne- und klassentheoretischem Vorgehen, wie ich sie oben angedeutet habe, gar nicht erst zum Problem werden.

b) Marx nahm in logisch-systematischer Hinsicht Primatbestimmungen und in historischer Hinsicht Prioritätsbestimmungen vor, wobei er deren Widerspruch ausdrücklich vermerkte.[28] In der marxistisch-leninistischen Ideologie ist diese wie alle anderen Widerspruchs-Bestimmungen auf das Niveau von Einheits-, Übereinstimmungs- oder Entsprechungsformeln heruntergewirtschaftet worden. Vor allem aber zeichnet den Marxismus-Leninismus ein Ökonomismus aus, der durch eine humanistische Phraseologie kompensiert wird. Die ökonomistische Fehlidentifikation verschiedener Primats- bzw. Prioritätsbestimmungen hat den Zugang zu den existenziellen Problemen moderner Gesellschaften in vierfacher Richtung verbaut:

Erstens: Die äußere Natur hat gegenüber der menschlichen Natur im Marxschen Verständnis Priorität. Die gesellschaftliche Aneignung der äußeren Natur bleibt in stofflich-energetischer Hinsicht die primäre Bedingung der Möglichkeit soziokultureller Entwicklung. Dies ist heute schon im ökologischen Massenbewußtsein offenbar. Der Ökonomismus hat nicht nur zur Unterschätzung der ökologischen Problemlage und entsprechender Bewegungen geführt. Er hat auch davon abgehalten, den von Marx noch vorgesehenen Anschluß der materialistischen Geschichtsauffassung an die naturwissenschaftliche Evolutionsforschung zu leisten. Die Synthese zwischen den Theorien der natürlichen und der soziokulturellen Evolution ist seit Jahrzehnten einer der thematischen Schwerpunkte der internationalen Wissenschaftsentwicklung, die der historische Materialismus verschlafen oder an den sog. Dialektischen Materialismus delegiert hat.[29] Evolutionsmodelle wurden, insbesondere in modernetheoretischer Fassung, ideologisch ausgeklammert, weil sie das *r*evolutionsideologische Alibi der politbürokratischen Monopolbildung in Frage gestellt hätten.

Zweitens: Der Ökonomismus hat nicht nur die Bedeutung der

äußeren, sondern auch die Bedeutung unserer eigenen Natur verfehlt. Das Problem der Entwicklungsfolge soziokultureller Aneignungsweisen unserer menschlichen Natur, das Problem der Neugestaltung des Verhältnisses der Geschlechter und Generationen sowie das Problem der Sozialpathologien und Zivilisationskrankheiten konnten so weder grundlagentheoretisch erfaßt noch praxisbezogen gewürdigt werden. Der Marxismus-Leninismus wehrte, übrigens im Unterschied zu den bei Marx und Engels noch projektierten Forschungsaufgaben, aus ideologischen Gründen die Rezeption entsprechender Theorietraditionen ab und blieb defensiv gegenüber den neuen sozialen Bewegungen.

Drittens: Der Ökonomismus verewigt die kapitalistische Reduktion der Individuen auf Arbeits- und Klassenfunktionen, wodurch diese Individuen beherrschbar bleiben. Er nimmt häufig die Form eines konservativen Populismus an. Die Sättigung der »durchschnittlichen« und »zufälligen« Individuen (Marx) wird als die Entschädigung dafür propagiert, daß sich die Individuen nicht in der demokratischen Teilnahme an allen gesamtgesellschaftlichen Angelegenheiten befreien können. Da auch diese bloß ökonomische Sättigung nie strategisch gesichert werden konnte, eben auf Grund der evolutionsfeindlichen Monopolbildung, blieb der ökonomistische Marxismus-Leninismus der kapitalistischen Vereinnahmung stets ausgeliefert. Er konnte im Krisenfalle nur noch die Zuflucht suchen in der humanistisch drapierten Beschwörung des im »Mittelpunkt« geborgenen, d. h. zur Machterhaltung »geborgten« Individuums. Dies ist ein zynisch machttechnisches Bild vom Menschen als einem apparatemäßig manipulierbaren Objekt, ohne die Würde der Subjektivität und der Intersubjektivität der Individuen zu wahren.

So modern Lenin in seinem Gedanken vom öffentlichen Wettbewerb war[30], so früh- und halbmodern blieb er in seinem Versuch, die Gesellschaft wie eine Maschine zu organisieren, d. h. das innerindustrielle Planungsregime auf die ganze Gesellschaft zu übertragen.[31] Nicht diese Seite des Leninschen Werkes, sondern die Ende der zwanziger Jahre entwickelten Ansätze von Gramsci, Vygotskij und Bachtin trugen zur Weiterentwicklung des Marxschen Anliegens bei, die Reduktion gesellschaftlicher Individuen auf Arbeits- und Klassenindividuen zu überwinden. Entsprechende Anknüpfungspunkte gab es bei Marx, so in seinem Verkehrs- und Assoziationsansatz.[32]

Viertens: Im üblichen Marxismus-Leninismus ist die gesellschaftstheoretische Frage danach, welche sozialen Verhaltensweisen historisch konkret die primären sind, stets vorentschieden worden, entweder objektivistisch (die Formel vom Primat der Ökonomie) oder subjektivistisch (die Formel vom Primat der Politik). In dieser ideologischen Selbstbestätigungssucht zweier Apparateebenen, der wirtschaftlichen und politischen, war für historisch-konkrete Forschung kein Platz. Demgegenüber hat z. B. in retrospektiver Richtung Maurice Godelier gezeigt, daß in bestimmten Gemeinwesen im Übergang zur Klassengesellschaft Verwandtschaftsbeziehungen primär waren, weil es rein ökonomische oder rein klassenbedingte noch gar nicht geben konnte.[33] So hatte z. B. in prospektiver Richtung schon Marx vorhergesagt, daß die Arbeit als der Grundpfeiler der Reichtumserzeugung aufzuheben sei, im Hinblick sowohl auf die Entwicklung der Produktivkräfte als auch der Produktionsverhältnisse.[34] Der ökonomistische Schein, daß immer die ökonomischen Verhaltensweisen die primären sind, entspringt der Dominanz des Kapitalverhältnisses, das – wie schon der junge Marx wußte – durch bloße Verstaatlichung noch nicht aufgehoben, sondern nur verallgemeinert wird.[35]

Im Kapitalverhältnis wird der stofflich-energetische Primat der Aneignung der äußeren Natur mit dem Primat der rein ökonomischen Integration sozialer Verhaltensweisen gekoppelt. Natürlich gibt es noch andere als rein ökonomische Integrationsformen. Politisch liegen solche in dem Spektrum zwischen einerseits persönlichen Herrschafts- und Knechtschaftsverhältnissen und andererseits einer modernen sozialen Demokratie, die nach dem o. g. Prinzip der vierfachen Gewaltenteilung aufgebaut ist. Kulturelle Integrationsformen lassen sich in dem Spektrum von mythischen Praktiken oder einer kirchenstaatlich institutionalisierten Massenreligion bis hin zur modernen medialen Integration von kommunikativen Alltags- und Expertenkulturen im Plural unterscheiden.

Was im stofflich-energetischen Sinne primär ist, muß es noch längst nicht im Sinne der sozialen Integration (oder der gesellschaftlichen Synthesis) sein. Ja, mehr noch: Auch das, was historisch-konkret primär für die gesellschaftliche Synthesis ist, muß deshalb noch nicht das primäre Potential der künftigen gesellschaftlichen Entwicklung sein. Es steht außer Frage, daß in den heutigen modernen Gesellschaften eine Aufwertung demokratischer Integrationsformen gegenüber rein ökonomischen Integrationsformen stattgefunden hat. Ebenso scheint mir empirisch klar zu sein, daß die gesamtgesellschaftliche Integration nicht primär von Expertenkulturen ausgeübt wird, von Expertenkulturen wie der Wissenschaft und Technologie, der Literatur und Künste, der Philosophie und Publizistik. Dennoch läßt sich zeigen, daß in diesen Expertenkulturen das kulturell entscheidende Potential für die gesamtgesellschaftliche Entwicklung erzeugt wird. – Alle diese Differenzierungen von Primatbestimmungen, die man durch solche für Prioritätsbestimmungen ergänzen müßte, gehen im Marxismus-Leninismus verloren.

c) Das gravierendste Mißverständnis einer Marxschen Primatbestimmung liegt in der üblichen marxistisch-leninistischen Behandlung der Bewußtseinsfrage vor. Bewußtsein ist für Marx bewußt gewordenes Sein. Dies besagt zweierlei:

Erstens: Bewußtsein ist selbst eine Daseinsart sui generis, die in sich oder immanent materialistisch erklärt werden muß, statt äußerlich ökonomisch oder empiristisch erklärt werden zu können. Die der bewußten Daseinsart inhärente Materialität besteht in der Verwendung von Zeichen, insbesondere Sprache. Ohne zeichenvermittelte, insbesondere sprachliche Verkehrsformen kann keine Entwicklung von Bewußtsein und Selbstbewußtsein stattfinden. Als Hegel-Schüler wußte dies Marx. Bei ihm findet sich weder eine empiristische Widerspiegelungsauffassung noch eine ökonomistische Erklärung spezifisch geistiger Phänomene. Selbst Lenin stellte in seinen Hegel-Konspekten seine früher empiristisch-widerspiegelungstheoretischen Überlegungen, die im Marxismus-Leninismus kanonisiert wurden, wieder in Frage.[36] Die bewußter und selbstbewußter Tätigkeit eigentümliche materielle Bewegungsform ist in modernen Gesellschaften zum entscheidenden Entwicklungspotential geworden. Metasprachliche Verkehrsformen haben inzwischen eine ausgebaute kommunikative Infrastruktur und eigene materiell-technische Basis, so daß berechtigterweise von geistigen oder zumindest intelligenzintensiven Produktionsweisen gesprochen werden kann.[37]

Zweitens: Die bewußte Daseinsart steht für Marx in einem reproduktiven und produktiven Verhältnis zu nichtbewußten Daseinsarten. Die kommunikationsorientierte Wende der internationalen Philosophie der beiden letzten Jahrzehnte, mit der dieser

Entwicklungszusammenhang zwischen nicht-diskursiven und diskursiven Praktiken thematisiert werden kann, wurde im Marxismus-Leninismus angesichts des öffentlichen Demokratisierungspotentials dieser Wende nicht rezipiert. In der marxistisch-leninistischen Ideologie blieb der Rückfall auf das Niveau eines schlechten Neukantianismus, kombiniert mit einer schlechten Wissenssoziologie, vorherrschend. Dieser schon an Hegel und Marx gemessene Rückfall kommt u. a. in der üblichen Unterscheidung von Bewußtseinsformen und -arten zum Ausdruck.

Schließlich d): Einen geschichtsphilosophischen und begriffsdialektischen Ausbruch aus dem Zirkel der Selbstreflexion des Bewußtseins unternahm schon Hegel, insofern er in seiner Phänomenologie das Dasein des Geistes als Sprache erkannte und in seiner Logik das Strukturpotential der Sprache für verschiedene Arten zu affirmieren und zu negieren untersuchte. Dieser sprachorientierte, immanent materialistische Zugang zur Spezifik geistiger Phänomene blieb für Hegels versöhnungs-philosophisch motivierte Systemkonstruktion, die absolute Ontologisierung des reflexiven Selbstbewußtseins, sekundär. Marx respektierte und verwendete diesen sprachorientierten Zugang als seine Voraussetzung, die er aber selbst nie explizit einholte. Marx konzentrierte sich auf eine doppelte Erweiterung dieses Ansatzes: Im Hinblick auf die sozialen Bedingungen der Möglichkeit, Selbstbewußtsein auszubilden zu einem Verkehrs- und Assoziationsansatz; im Hinblick auf die dafür vorauszusetzenden Bedingungen, die äußere und eigene Natur aneignen zu können zu einem universellen Produktions- und Reproduktionsansatz.[38]

Der äußerst ungleichmäßige Ausarbeitungsstand der von Marx systematisch eröffneten Teiltheorien deutet auf eine dem 19. Jahrhundert entsprechende ideologiehistorische Selektion der theoretischen Erklärungspotentiale hin. Marx' Versuch, eine welthistorische Mission der Arbeitsklasse nochmals geschichtsphilosophisch zu begründen, filtert seine Aufmerksamkeit für die arbeitszentrierte Durchführung des Produktionsansatzes anhand der industriekapitalistischen Produktionsweise und für die Frage der klassenspezifischen Aneignung bzw. Zerstörung von Staatsapparaten. Moderne strukturelle Errungenschaften der bürgerlichen Gesellschaft werden von Marx zwar wahrgenommen, wie ich andernorts in ausführlicher Textexegese gezeigt habe.[39] Aber sie werden nicht *als* das *präsente zivilisatorische* Lösungspotential für die Klassenantagonismen erkannt. Vielmehr deutet sie Marx *geschichtsphilosophisch* als das *derzeit kapitalistisch* verformte Potential, das es durch eine Diktatur des Proletariats erst *künftig* freizusetzen gelte. Die Gleichzeitigkeit von Klassenantagonismen und modernen Strukturpotentialen wird von ihm als ein zeitliches Nacheinander von Vor- und eigentlicher Geschichte der Menschheit interpretiert. Statt diese Geschichtsphilosophie radikal zu historisieren, hat sich der Marxismus-Leninismus gerade in ihr immer wieder Nahrung verschafft.

Der geschichtsphilosophischen Erzählung von der welthistorischen Mission des Proletariats widersprechen drei Konsequenzen, die Marx aus seiner theoretischen Analyse der modernen bürgerlichen Gesellschaft stellenweise gezogen hat.

Erstens: Der unmittelbar materielle Reproduktionsprozeß wird schon in Kapitalform emanzipiert von den Grenzen des Arbeitsprozesses durch allgemeine gesellschaftliche Produktivkräfte wie Wissenschaft und Verkehr oder Assoziation. Marx weiß, daß er diese Produktivkräfte und Verkehrsformen weder natur- noch arbeitstheoretisch erklären kann und mit seinen Gedanken zur allgemeinen Arbeit und über Wertmodifikationen (3. Band des »Kapital« u. »Mehrwert-Theorien«) nur ihre Anwendung erfaßt. Seine Rückverweise auf das vorindustrielle Kulturideal der deutschen Klassik lösen das Problem nicht, wie sich kulturhistorisch akkumulierte Tätigkeitsformen durch eine eigene kommunikative und technische Infrastruktur zu intelligenzintensiven oder spezifisch geistigen Produktions- und Kommunikationsweisen entwickeln. Da diese aus dem geldvermittelten Austausch mit der unmittelbar materiellen Produktion nicht herausfallen, reicht die rein arbeits- und insofern kapitaltheoretische Erklärung des Geldes nicht mehr aus, das dann Marx stellenweise auch als Operationszeichen anspricht.

Zweitens: Die stets erneute Universalisierung partikularer Verkehrs- und Assoziationsformen hat einen strukturellen Überschuß über die nur klassenexklusive Beherrschung der Verkehrsformen. Als Ziel formulieren Marx/Engels im »Manifest«, daß die freie Entwicklung aller auf der freien Entwicklung jedes einzelnen beruhen möge. Der normative Gehalt des Universalisierbaren wird von Marx nicht eigenständig begründet, sondern bleibt implizit in seinem Selbstverständnis, nur die Konsequenzen aus den Selbstkritiken der modernen bürgerlichen Gesellschaft zu ziehen,

d. h. insbesondere aus der klassischen deutschen Philosophie, der englischen Nationalökonomie und der französischen Revolutionsgeschichtsschreibung sowie dem kommunistischen Utopismus. Der Historiker Ernst Engelberg hat in Marx' revolutionshistorischen Studien letzte, moralisch universelle Kriterien identifiziert, die aber nicht als solche ausgewiesen werden.[40] Dies hätte die geschichtsphilosophische Konstruktion des eigenen Standpunktes in Frage gestellt, d. h. die Annahme, die Assoziation der Arbeiter zur Klasse an und für sich träfe das Allgemeininteresse. Der Leser wird in der Regel mit Formulierungen wie der aus der »Deutschen Ideologie« entlassen, daß der Kommunismus die Erzeugung der universellen Verkehrsform selbst sei. Verdienstvoll bleibt die ständige Thematisierung der Differenz zwischen formaler und realer Demokratie, wenngleich die geschichtsphilosophische Begründung einer proletarischen Revolution heute nicht mehr als die Lösung dieses Widerspruchs überzeugt.

Drittens: Marx bemerkt die schon in der modernen bürgerlichen Gesellschaft vorhandene Tendenz, daß die Reduktion der Individuen auf Arbeits- und Klassenindividuen überwunden werden kann zugunsten der Entwicklung gesellschaftlich universeller Individuen. Diese Tendenz wird jedoch als »Aufhebung« nach der Art eines klassisch-deutschen Bildungs- und Entwicklungsromans gedacht, begrifflich am entwickeltsten als – wie Hegels subjektive Logik endet – Intensivierung statt Extensivierung der Totalität. Das hier fehlende »subjektwissenschaftliche« (K. Holzkamp) Forschungsprogramm wird in den zwanziger Jahren u. a. von der Vygotskij-Schule und dem Bachtin-Kreis eröffnet und wäre mit Gramscis Hegemoniekonzept als einer Variante des Verkehrsansatzes zu verbinden. Jedenfalls zieht Marx aus der von ihm gesehenen Tendenz zu einer nicht mehr allein klassenspezifischen Vergesellschaftung der Individuen keine demokratietheoretisch angemessenen Konsequenzen. Ob Warenproduktion, Staat oder Demokratie, alles bleibt das Aufzuhebende, ohne daß modernetheoretisch das strukturell zu Bewahrende klar von seiner jeweils klassenhistorischen Selektion unterschieden würde.

Sobald Marx den Aufhebungsgedanken konkrethistorisch identifiziert, so die Pariser Kommune als die Aufhebung des Staates und der Gewaltenteilung schlechthin würdigt, widersprechen die lokalen und temporären Ausnahmebedingungen dieses Phänomens dem Universalisierungs- und Differenzierungsniveau, das

Marx selbst am Weltmarkt schon entdeckt hatte. Rückblickend spricht Engels 1895 von seinen und Marxens revolutionshistorischen Illusionen über staatsstreichartige Minderheiten-Revolten, sieht er einerseits die Gefahr eines Weltkrieges, andererseits aber neue Möglichkeiten, an die formale Demokratie positiv anzuknüpfen, um zu einer sozial und wirtschaftlich realen Demokratie zu gelangen.[41]

Damit wären wir wieder bei unserer Ausgangsfrage angelangt, was denn heute radikale Demokratisierung heißt. So wenig ich in der hier vorgeschlagenen Antwort der Marxschen Geschichtsphilosophie verpflichtet bin, so stark hoffe ich doch, der Aktualität seiner Problemstellung gerecht geworden zu sein. Er hat in seiner Zeit die Frage zu beantworten versucht, wie denn der destruktiven Verselbständigung wirtschaftlicher und machtpolitischer Handlungsbereiche widerstanden werden kann. Wir haben für unsere Zeit den Lösungsweg einer kulturell, sozial und wirtschaftlich radikalisierten Demokratisierung zu erkunden.

Anmerkungen

1 Vgl. U. Rödel/G. Frankenberg/H. Dubiel, Die demokratische Frage, Frankfurt am Main 1989.
2 Vgl. zur Übertragung des evolutionstheoretischen Erklärungsverfahrens in seinem ökologischen und genealogischen Aspekt S. E. Toulain, Kritik der kollektiven Vernunft, Frankfurt am Main 1978.
3 Vgl. U. Beck, Risikogesellschaft. Auf dem Weg in eine andere Moderne, Frankfurt am Main 1986.
4 Vgl. J. Habermas, Theorie des kommunikativen Handelns. Zur Kritik der funktionalistischen Vernunft, Bd. 2, Frankfurt am Main 1981, S. 489–522.
5 Vgl. M. Kossok/W. Küttler, Die bürgerliche Revolution: Grundpositionen einer historisch-vergleichenden Analyse, in: M. Kossok (Hg.), Vergleichende Revolutionsgeschichte – Probleme der Theorie und Methode, Berlin 1988, S. 47–51.
6 Vgl. W. Welsch, Unsere postmoderne Moderne, Weinheim 1987, S. 62f.
7 Vgl. N. Luhmann, Soziale Systeme. Grundriß einer allgemeinen Theorie, Frankfurt am Main 1984. Vgl. zum Unterschied zwischen Auto-

poiesis und verschiedenen Arten der Selbstreferenz H.-P. Krüger, Das mehrdeutige Selbst. H. R. Maturanas Konzept philosophisch betrachtet, in: W. Krohn/G. Küppers (Hg.), Selbstorganisation. Aspekte einer wissenschaftlichen Revolution, Braunschweig/Wiesbaden 1990; ders., Selbstreferenz bei Maturana und Luhmann. Ein kommunikationsorientierter Vergleich, in: B. Steinwachs (Hg.), Problem Geisteswissenschaften: Sozialwissenschaften, Frankfurt 1990; ders., Luhmanns autopoietische Wende, in: Jahrbuch für Selbstorganisation, Berlin 1990.
8 Vgl. seither aber J. Habermas, Entgegnung, in: A. Honneth/H. Joas (Hg.), Kommunikatives Handeln, Frankfurt am Main 1986, S. 377 ff.
9 W. Markov, Schlußwort, in: M. Kossok (Hg.), Rolle und Formen der Volksbewegung im bürgerlichen Revolutionszyklus, Berlin 1976, S. 349.
10 Vgl. K. Marx/F. Engels, Manifest, in: Werke, Bd. 4, Berlin 1972, S. 465.
11 Vgl. zu dieser Marxschen Unterscheidung H.-P. Krüger, Kritik der kommunikativen Vernunft, Berlin 1990, Kapitel 1.5; ders., Zur Differenz zwischen kapitalistischer und moderner Gesellschaft, in: Deutsche Zeitschrift für Philosophie, 3/1990.
12 Vgl. K. Marx, Das Kapital, Erster Band, in: Marx/Engels, Werke, Bd. 23, Berlin 1972, S. 404 ff.; ebd. Bd. 24, S. 252 f.; ebd. Bd. 25, S. 81. Ders., Theorien über den Mehrwert. Erster Teil, in: Marx/Engels, Werke, Berlin 1972, Bd. 26.1., S. 256, 367 f., 379–388.
13 Vgl. K. Marx, Das Kapital. Zweiter Band, in: Marx/Engels, Werke, Bd. 24, S. 60.; ebd. Bd. 25, S. 311 f.
14 Vgl. K. Marx, Das Kapital. Erster Band, in: Marx/Engels, Werke, Bd. 23, Berlin 1972, S. 66, 88, 100, 103–107, 118, 126; ders., Grundrisse der Kritik der Politischen Ökonomie, Berlin 1953, S. 61 f., 90, 137, 903, 908. Vgl. zum Begriff der Kommunikation H.-P. Krüger, Kommunikation, in: H. J. Sandkühler (Hg.), Europäische Enzyklopädie zu Philosophie und Wissenschaften, Bd. 2, Hamburg 1990.
15 Vgl. K. Marx, Grundrisse der Kritik der Politischen Ökonomie, Berlin 1953, S. 75 f., 375–386, 392 f., 399.
16 Vgl. zu der Stärke des Habermasschen Kommunikationsansatzes, kognitive Objektivierung, normative Universalisierung und ästhetische Subjektivierung gleichzeitig erklären zu können, J. Habermas, Theorie des kommunikativen Handelns, Bd. 2, Frankfurt am Main 1981, S. 192, 212 ff.; ders., Nachmetaphysisches Denken, Frankfurt am Main 1988, S. 223 f.
17 Vgl. J. Habermas, Theorie des kommunikativen Handelns, Bd. 2, Frankfurt am Main 1981, S. 571–593.
18 Vgl. H.-P. Krüger, Postmoderne als das kleinere Übel. Kritik und Af-

firmation in Lyotards Widerstreit, in: Deutsche Zeitschrift für Philosophie, 7/1990.
19 N. Luhmann, Autopoiesis als soziologischer Begriff, in: H. Haferkamp/M. Schmid (Hg.), Sinn, Kommunikation und soziale Differenzierung, Frankfurt am Main 1987, S. 309.
20 Vgl. N. Luhmann, Die Wirtschaft der Gesellschaft, Frankfurt am Main 1988; ders., Ökologische Kommunikation, Opladen 1986.
21 Vgl. die beiden Artikel über Luhmanns Paradigma in Anmerkung 7.
22 Vgl. J. Habermas, Nachmetaphysisches Denken, Frankfurt am Main 1988, S. 77ff., 201.
23 U. Rödel/G. Frankenberg/H. Dubiel, Die demokratische Frage, Frankfurt am Main 1989, S. 166.
24 B. Brecht, Gesammelte Werke, Frankfurt 1967, Bd. 17, S. 133f.
25 Vgl. J. Lotman, Kunst als Sprache, Leipzig 1981, S. 113ff.
26 Vgl. die Anregung von R. Land, in: R. Land/L. Kirschner, Studie zur Gesellschaftsstrategie, Berlin 1989, S. 123f.
27 Vgl. H.-P. Krüger, Zur Differenz zwischen kapitalistischer und moderner Gesellschaft, in: Deutsche Zeitschrift für Philosophie, 3/1990.
28 Vgl. K. Marx, Grundrisse der Kritik der Politischen Ökonomie, Berlin 1953, S. 23–28.
29 Statt die materialistische Dialektik kommunikationsorientiert zu reformulieren, wurden geschichtsphilosophische Ideologeme zum »Dialektischen und historischen Materialismus« ontologisiert. Vgl. H.-P. Krüger, Kritik der kommunikativen Vernunft, Berlin 1990, Kapitel 2.
30 Vgl. W.I. Lenin, Wie soll man den Wettbewerb organisieren?, in: Werke, Bd. 26, Berlin 1974, S. 402–414.
31 Vgl. W.I. Lenin, Staat und Revolution, in: Werke, Bd. 25, S. 488; ders., Die drohende Katastrophe und wie man sie bekämpfen soll, in: ebd., S. 369; ders., Über die Gewerkschaften, die gegenwärtige Lage und die Fehler Trotzkis, in: Werke, Bd. 32, S. 1–17; ders., Über die Naturalsteuer, in: ebd., S. 341–380.
32 Vgl. H.-P. Krüger, Kritik der kommunikativen Vernunft, Berlin 1990, Kapitel 1.5 bis 1.6.
33 Vgl. M. Godelier, Ökonomische Anthropologie, München 1972.
34 Vgl. K. Marx, Grundrisse der Kritik der Politischen Ökonomie, Berlin 1953, S. 584–600.
35 Vgl. K. Marx, Ökonomisch-Philosophische Manuskripte (1844), in: Werke, Ergänzungsband, Erster Teil, S. 53f.
36 Vgl. W.I. Lenin, Philosophische Hefte, in: Werke, Bd. 38, S. 169f., 203, 340, 343.
37 Vgl. zur kommunikationsorientierten Erforschung der Wissenschaften als spezifisch geistiger Produktionsweise H.-P. Krüger, Kritik der kommunikativen Vernunft, Berlin 1990, Kapitel 5.

38 Vgl. ausführlich ebd., Kapitel 1.5 bis 1.6
39 H.-P. Krüger, Kritik der kommunikativen Vernunft, Berlin 1990 sowie schon ders., Kommunikatives Handeln oder gesamtgesellschaftliche Kommunikationsweise, in: A. Honneth/H. Joas, Kommunikatives Handeln, Frankfurt am Main 1986, S. 236–245.
40 Vgl. E. Engelberg, Theorie und Praxis des Formationswechsels (1846–1852), in: E. Engelberg/W. Küttler (Hg.), Formationstheorie und Geschichte, Berlin 1978, S. 147f.
41 Vgl. F. Engels, Einleitung (zur Einzelausgabe von Karl Marx' »Klassenkämpfe in Frankreich 1848 bis 1850«), in: Marx/Engels, Werke, Bd. 22, S. 509–527.

Lutz Marz
Der prämoderne Übergangsmanager
Die Ohnmacht des »real sozialistischen« Wirtschaftskaders

> »Die Geschichte unseres erfolgreichen Kampfes bestätigt,
> daß die Kader der größte Schatz der Partei sind.«[1]

In den blinden Flecken ideologischer Trivialisierungen finden sich nicht selten die archimedischen Punkte für das Verständnis der Geschichte.

Die gordischen Knoten welthistorischer Konfliktlinien ziehen sich immer in den Subjekten zusammen.

Auch die Objektivität des Subjektiven läßt sich stets nur subjektiv beschreiben.

1. Die kurze Illusion: Experten als Helden der Adaption

In jener sozialen Bewegung, die anfänglich als »einheitliche Volksbewegung« erschien und im deutsch/deutschen Medienbetrieb, der sie postmodern in Szene setzte, als »friedliche Revolution« oder »Oktoberrevolution der DDR-Deutschen« abgetauft wurde, konnte zunächst sehr leicht die Illusion entstehen, es handele sich hier um eine radikalsozialistische Reformbewegung, die es sich zum Ziel gemacht hatte, im festen Bündnis zwischen Intellektuellen und Volk aus den Trümmern des zusammenbrechenden Gesellschaftsgebäudes über einen dritten Weg jenseits realkapitalistischer Vermarktung und realsozialistischer Vermachtung etwas völlig Neues, geschichtlich noch nie Dagewesenes Wirklichkeit werden zu lassen. In der tagtäglich ansteigenden Flutwelle der Oktoberdemonstrationen, die am 4. November – in der Kundgebung der Hunderttausenden auf dem Berliner Alexanderplatz – ihren Höhepunkt erreichte, hatte es den Anschein, als würden Intellektuelle und Volk zu einer untrennbaren einheitlichen Kraft verschmelzen, als würden Experten und »einfache« Leute gemeinsam programmatisch Tritt fassen und handlungspraktisch Gleichschritt aufnehmen. Wer sich, getragen von der Euphorie der Aufbruchsstimmung dieser ebenso verständlichen und erhabenen wie gefährlichen und trügerischen Illusion hingegeben hatte, es aber dennoch nicht verabsäumte, die Differenz von Wunsch und Realität nicht ganz aus den Augen zu verlieren, der mußte sich, spätestens seit dem 9. November – dem Tag der merkwürdigen Maueröffnung – sehr schnell von dieser phantastischen Vorstellung verabschieden.[2] Daß dieses Bündnis zwischen Intellektuellen und Volk, wenn es denn überhaupt je mehr als ein kollektiver Wunschtraum war, nur eine flüchtige Episode blieb, hatte seine guten Gründe.[3] Die Intellektuellen waren Monopolisten, denn die DDR-Gesellschaft ließ ihnen nur zwei Möglichkeiten, ihr kulturelles Kapital zu verwerten: Entweder nahmen sie ihren wohldefinierten Platz im feingliedrigen Netzwerk wissenschaftlicher, künstlerischer, ideologischer, politischer oder wirtschaftlicher Institutionen ein oder es gelang ihnen, sich um den Preis einer privateigentümlichen (Re)produktionsweise in eine oppositionelle Nische zurückzuziehen. Was immer auch diese Positionen unterschied, eines hatten sie alle gemeinsam, sie erhoben den Intellektuellen in die exklusive Rolle eines Fürsprechers. Er sprach für die Mächtigen oder die Unterdrückten. Es gehörte zu den unbestreitbaren Errungenschaften des »real existierenden Sozialismus« in der DDR, es wirksam verhindert zu haben, daß die Intellektuellen ihr kulturelles Kapital darauf verwenden konnten, in einem Diskurs die Macht, die Mächtigen oder die Unterdrückten selbst zum Sprechen zu bringen.

Es wird kaum verwundern, daß die überwiegende Mehrzahl jener Fraktion der Intellektuellen, die die ideologischen (Parteiapparat) und politischen (Staatsapparat, Apparate der Gewerkschaft, des Jugendverbandes, der Blockparteien etc.) Monopolstellungen innehatte, die also relativ eng mit dem Ancien régime verbunden war, wenig Lust verspürte, diese umstandslos zu räumen. Aber auch den oppositionellen Dichtern und Denkern fiel es schwer, nun da die Menschen für sich selbst sprachen, sich aus ihrer angestammten und privilegierten Sprecherrolle zu verabschieden. Daß nämlich das Interesse der »Geistesarbeiter« erlahmte, daß die Schriftsteller und Künstler plötzlich anfingen, »traurige Geschichten«[4] zu erzählen, daß ihr glühender Enthusiasmus in kühle Reserviertheit umschlug, resultierte nicht zuletzt aus der intuitiven Einsicht der wissenschaftlich-künstlerischen Elite, daß mit dem Zusammenbruch der ideologischen und politischen Monopolstrukturen nun auch ihre eigenen traditionellen kulturellen Monopolstellungen ins Wanken gerieten. Wenn auch aus je unterschiedlichen Gründen, mochten die meisten von ihnen die Aussicht, sich im rauhen Klima eines internationalisierten und pluralisierten Wettbewerbs völlig neuen Herausforderungen stellen zu müssen, nicht als individuelle Chance, sondern eher als kollektive Katastrophe empfunden haben, vor der sie sich mit dem Projekt einer »Kulturgesellschaft« zu schützen suchten.

Als nun zunehmend klarer wurde, daß weder die Intellektuellen, die sich in den ideologischen und politischen Monopolstellungen des Partei- und Staatsapparats festkrallten, noch diejenigen, die in den kulturellen Monopolstellungen der Wissenschaften und Künste thronten, bereit und/oder in der Lage waren, sich der sozialen Bewegung als Experten zur Verfügung zu stellen, als alle Versuche, diese in eine reformsozialistische Richtung zu kanalisieren, fehlschlugen, und man sich enttäuscht aus dem tagespolitischen Alltagsgeschäft zurückzog, kurzum, als keine Protagonisten der Transformation mehr in Sicht waren, ja, als diese selbst sich von einer welthistorischen Revolution in Richtung auf eine »bedingungslose Kapitulation« zu wandeln begann, da schlug die Stunde der »Basisarbeiter« unter den Intellektuellen, der Leiter und Wirtschaftspraktiker. Die Vermutung lag nahe – und so manche Tartarenmeldungen der Medien schienen dies zu bestätigen –, daß dieses letzte Aufgebot der Intellektuellen, daß diese Expertenkultur als »Flaggenträger« des neuen Fortschritts fungieren könnte. Nun, wo es weder um die großen weltgesellschaftlichen Gegenentwürfe noch um das hehre Ideal einer universell solidarischen Gemeinschaft ging, jetzt, wo es weder unbelehrbar den »zweiten« noch kühn den »dritten«, sondern schlicht und ergreifend den »ersten« Weg zu beschreiten galt, in dem Augenblick also, wo keine Helden der Revolution, sondern Experten der Adaption gefragt waren, wo der geistige Horizont eines Hauptbuchhalters hinzureichen schien, um sich kurz und schmerzlos aus der »administrativen Kommandowirtschaft« in die »soziale Marktwirtschaft« zu verabschieden, da hoffte man auf die Wendigkeit der »Produktioner« und die Pfiffigkeit der Kaufleute, auf den kühlen Sachverstand der Techniker und den kalkulierenden Blick der Ökonomen.

Diese Hoffnung war nicht aus der Luft gegriffen. Vieles schien für eine solche Annahme zu sprechen. Die Wirtschaftskader und Leiter, die Pragmatiker unter den Intellektuellen, diese geistigen

»Erdarbeiter«, die in den Fundamenten des Gesellschaftsgebäudes hausten, waren eh ein besonderes Völkchen, sie scheuten das Licht der Erkenntnis ebenso wie die Sonne der Verklärung oder die Morgenröte der Verkündigung. Wer sich jahrein jahraus physisch und psychisch darin verschliß, die einfache (Re)produktion seiner Wirtschaftseinheit aufrechtzuerhalten, der kam schwerlich mit einem Normalarbeitstag aus und dem stand abends kaum der Sinn nach literarisch-künstlerischer Erbauung. Wer Tag für Tag in der skurrilen wirtschaftspolitischen Entscheidungslogik zu operieren hatte, dem fehlte das Bedürfnis nach verschlungenen ideologischen Verklärungen oder komplizierten wissenschaftlichen Erklärungen der Gesellschaft, dies um so mehr, wenn diese permanent seinen alltagsweltlichen Erfahrungen eklatant widersprachen. Die diffizilen Grabenkämpfe, die immer wieder zwischen den verschiedenen Fraktionen der Intellektuellen, zwischen wissenschaftlich-künstlerischen und ideologisch-politischen Monopolisten aufflackerten, ließen die wirtschaftlichen Monopolisten seit eh und je kalt. Weder die heimliche Verachtung der einen noch der permanente Argwohn der anderen konnte sie aus der Reserve locken. Die Gewißheit, in letzter Instanz beide zu ernähren, verlieh dem »rohen« Intellektuellen stille Einfalt und edle Größe. Wer denn, so konnte er immer wieder rhetorisch sich selbst oder andere fragen, hätte denn wohl Lust darauf, mit ihm zu tauschen? Vergeblich konnte er Ausschau halten, da war kaum ein Intellektueller, der freiwillig zu ihm hinabgestiegen wäre, oder ein Arbeiter, der karrierebewußt zu ihm hinaufgeschielt hätte. Dennoch waren die intellektuellen »Basisarbeiter« privilegiert, denn sie lebten auf einem alltagspraktischen Terrain, das gegenüber anderen Handlungsebenen des gesellschaftlichen Raumes vergleichsweise vier entscheidende Vorteile bot:

Erstens war es schwer von außen einzusehen. Weder dem administrativen Verstand des Apparats noch der politökonomischen Vernunft, weder der medialen noch der innerbetrieblichen Öffentlichkeit war es zugänglich. Zweitens besaß es eine flexible Schutzzone. Die sachlichen und gegenständlichen Probleme, die es tagtäglich zuhauf gab, boten genug taktische und strategische Rückzugsmöglichkeiten, um lästigen politisch-ideologischen Attacken geschickt auszuweichen. Drittens schaffte es eine spezifische Befriedigung. Wer morgens das Werk mit der Gewißheit betrat, daß heute nach allen Regeln des gesunden Menschenverstandes ein bestimmter Zweig des innerbetrieblichen Reproduktionskreislaufes endgültig zusammenbrechen mußte, und wer dann eben dies, mit hohem persönlichem Einsatz, operativer Wendigkeit und antrainierten Handlungsroutinen zu verhindern wußte, der sah abends, was er geschafft hatte – es lief weiter, die Katastrophe war nicht eingetreten. Es gab wohl keine Gruppe in der Gesellschaft, die sich mehr darüber wunderte, daß die real existierende Wirtschaft noch nicht längst zusammengebrochen war, als die Wirtschaftspraktiker selbst. Warum es weiterlief war ein unergründliches Rätsel, wie es weiterlief ein wahres Wunder und wer es tagtäglich geschehen ließ ein wirklicher Magier. Diese, für den Außenstehenden sicher merkwürdig anmutende Motivationslogik kristallisierte in solchen alltagsweltlichen Spruchweisheiten aus wie: »Mit Arbeitskräften, mit Material und mit Maschinen kann jeder Trottel den Plan erfüllen. Die Kunst des Leiters besteht darin, ohne Arbeitskräfte, Material und Maschinen den Plan überzuerfüllen.« Viertens schließlich wohnte dem spannungs- und konfliktreichen Netzwerk der Arbeitsbeziehungen zwischen den intellektuellen »Fundamentarbeitern«, die auf diesem Terrain agierten, ein hierarchieübergreifendes Moment von Solidargemeinschaft inne. Man konnte es sich weder handlungsrational noch psychisch leisten, die verschiedenen, sich ständig neu reproduzierenden Konfliktfelder dauerhaft personell oder gruppenspezifisch festzumachen. Wer dieser Tendenz erlag, der litt nicht nur in dieser selbst konstruierten imaginären Welt von Feinden unter permanentem Verfolgungswahn, sondern der übersah und verschenkte die wohl wichtigste Überlebenspotenz – Kooperationschancen. In den beiden interferierenden Fremdzwangssystemen real sozialistischer Kommandowirtschaft – »administrativer Befehl« und »gegenständlicher Mangel« – war ein Minimum an pyschischem Selbstzwang zur Kooperativität notwendig, wenn auch nicht hinreichende Voraussetzung erfolgreichen Handelns.

Als sich nun die »friedliche Revolution« im »real existierenden Sozialismus« nicht zu einer Reformation in Richtung eines »wahren« Sozialismus entfaltete, sondern in eine profane Involution des Sozialismus schlechthin umschlug, da schien keiner geeigneter als die intellektuellen »Erdarbeiter«, die Transformation der Alternative zu bewerkstelligen und sich damit als Helden der Adaption zu profilieren.

Doch die Hoffnung trog.

2. Der schnelle Übergang: Vom Leiter zum Manager

Der Manager des Übergangs von der »asozialen Kommandowirtschaft« zur »sozialen Marktwirtschaft« entwickelte ein eigentümlich gespaltenes sozialpsychologisches Charakterprofil. Dieser prämoderne Übergangsmanager war ein merkwürdiges Zwitterwesen. Während sich einige Züge seiner Charaktermaske in einem geradezu atemberaubenden Tempo wandelten, indem bestimmte äußere Verhaltensmuster des entwickelten Stalinismus des 20. Jahrhunderts nahezu bruchlos in jene des unentwickelten Konkurrenzkapitalismus des 19. Jahrhunderts umschlugen, sich also eine rasante Metamorphose vom realsozialistischen Kader zum frühkapitalistischen Unternehmer vollzog, blieben andere, in Jahrzehnten eingeschliffene Denk- und Verhaltensweisen von diesem Wandlungsprozeß gänzlich unberührt. So sehr er sich auch mühte, in die Rolle eines modernen Managers zu schlüpfen, es blieb ihm versagt, diese tatsächlich auszufüllen – er konnte sie nur imitieren.

Die Vergesellschaftungsdifferenz zwischen vormodernen sozialistischen und postmodernen bürgerlichen Gesellschaften erwies sich als zu groß. Das allgemeine Niveau extensiver Vergesellschaftung – der Grad der Zivilisation der Gesellschaft – und das damit korrespondierende durchschnittliche Niveau intensiver Vergesellschaftung – der Grad der Kultivierung der Gesellschaftsmitglieder –[5] war zu niedrig, um die Höhen der neuen Verhaltensstandards massenhaft zu erklimmen. Es bedurfte schon eines außergewöhnlich günstigen Ausgangsterrains, wenn Wirtschaftskader diesen Salto mortale aus dem vermeintlichen Reich der Freiheit in das der Notwendigkeit objektiv wagen und dauerhaft subjektiv stehen konnten.

Für gewöhnlich waren solche Voraussetzungen nicht gegeben und dies hatte seine Geschichte.

a) Die alte Ohnmacht: Der Leiter im Gehäuse der Macht

Im »real existierenden Sozialismus« agierten die Wirtschaftspraktiker in einem besonderen Gehäuse der Macht. Die Architektur dieses Gehäuses war durch das konkrete Macht-Dispositiv der Partei, in dem Wissen (Theorie), Führen (Ideologie) und Herrschen (Politik) in spezifischer Form ineinander verschränkt waren[6] und das in einer alltagsweltlich ebenso monumentalen wie subtilen Macht-Topologie auskristallisierte, determiniert. Es wäre eine ebenso lohnenswerte wie dankbare Aufgabe, diese Topologie bis in ihre kapillarischen Verästelungen zu rekonstruieren, denn viele jener Bilder, die selbst kenntnisreiche Beobachter der Szenerie von diesem Gehäuse entwarfen, wurden den tatsächlichen Verhältnissen, den charakteristischen Kreislaufsystemen der Zwänge, den Handlungsnetzen, die sich unter der Hand und hinter dem Rücken der Akteure rekursiv schlossen, nur ungenügend gerecht. In den Wirtschaftseinheiten – ob in den Ministerien, Kombinaten oder Werken, ob in den Betriebsteilen, Fachdirektoraten oder Abteilungen – schnitten und verschränkten sich die pyramidalen Leitungsstrukturen von Partei, Staat, Gewerkschaft und Massenorganisationen. Aber sie schnitten und verschränkten sich in je spezifischer Weise. Eben diese Spezifik geriet in den blinden Fleck jener analytischen Konstruktionen des alltagsverständigen und/oder sozialwissenschaftlichen Denkens, die in ihrer Eindimensionalität unterstellten, daß diese Knotenpunkte der Macht-Topologie überall, im gesamtgesellschaftlichen wie im wirtschaftlichen Raum, stets die gleiche Beschaffenheit hätten – die also etwa davon ausgingen, daß immer die entsprechende Parteiorganisation, sprich der jeweilige Parteisekretär »das Sagen hatte«, mithin alle und alles in einem einfachen Unterordnungsverhältnis standen. So gehörte es zu den gemeinhin wohl verbreitetsten Fehleinschätzungen, daß die Leiter der Wirtschaftseinheiten lediglich eindimensional »von oben« gesteuert wurden, als flössen in der hierarchischen Wirtschaftsstruktur Weisungen und Festlegungen ausschließlich von »oben nach unten«, Erfüllungsmeldungen und Rechenschaftsberichte hingegen ausschließlich »von unten nach oben«. Allein, ein solch naives Denkmuster wird der tatsächlichen Komplexität des administrativen Mangelwirtschaftssystems nicht gerecht. Der Wirtschaftskader wurde mindestens aus vier verschiedenen Richtungen dieses sozialen Raumes in seinem Handlungsgehäuse zentriert: vertikal, horizontal, diagonal und orthogonal. Für den Werkdirektor eines Kombinatsbetriebes stellte sich dies, sehr vereinfacht, etwa so dar:

Die vertikale Steuerung erfolgte entlang der Achse »Politbüro → Ministerrat → Minister → Generaldirektor → Werkdirektor«, fächerte jedoch bereits an den verschiedenen Knotenpunkten differenziert auf, so zum Beispiel in den Beziehungen zwischen den

Fachdirektoren des Kombinats und des Werkes. Die horizontale Steuerung bewegte sich entlang der Linie »Politbüro → Bezirksleitung → Kreisleitung/Parteiorganisator des ZK → BPO-Sekretär → Werkdirektor«. Die diagonale Steuerung konnte sich entlang der verschiedenen pyramidalen Leitungsstrukturen entfalten, also etwa auf solchen Linien wie »Politbüro → Bezirksleitung → Wirtschaftssekretär der Bezirksleitung → Werkdirektor« (parteiliche Linie) oder »Politbüro → Minister → Staatssekretär → Werkdirektor« (staatliche Linie). Die orthogonale Steuerung vollzog sich über die territorialen Institutionen des Machtapparats, also etwa »SED-Kreisleitung → Werkdirektor«, »FDGB-Kreisvorstand → Werkdirektor«, »FDJ-Kreisleitung → Werkdirektor« usw.

Diese verschiedenen Steuerungsebenen waren in ihrer jeweiligen konkreten handlungsleitenden Bedeutsamkeit zwar nie gleichwertig, sie kristallisierten allerdings auch nicht in einer starren Asymmetrie aus. Konnte aus der Beobachterperspektive sehr leicht der Eindruck entstehen, der Leiter würde in einem mehr oder weniger großen, jedoch eingefriedeten und damit auch geschützten Verhaltensspielraum operieren, stellte sich das Gehäuse der Macht aus der Teilnehmerperspektive der darin zentrierten Wirtschaftskader eher als ein pulsierender Organismus dar, in dem Handlungs-/Entscheidungsmacht und -ohnmacht oft genug untrennbar miteinander verschmolzen. Gerade die Tatsache, daß sich die jeweilige sachliche und soziale Mächtigkeit/Ohnmächtigkeit des Wirtschaftskaders in diesem Gehäuse nicht einfach polarisierte – also zum Beispiel »absolute Ohnmächtigkeit nach oben/Allmächtigkeit nach unten« oder umgekehrt –, wurde zur ständigen Quelle ebenso vieler Depressionen wie Illusionen.

b) Der heimliche Traum: Der Berufene als zukünftiger Reformer

Leiter waren Berufene, und dies in mehrfacher Hinsicht. Ihre Berufung erfolgte über mindestens vier ausdifferenzierte Systeme: Erstens, die administrative Berufung: Als Wirtschaftsfunktionäre gehörten die Leiter zu den »Nomenklaturkadern«. Nicht jeder war würdig ein solches Amt zu bekleiden. Der Partei-, Staats- und Sicherheitsapparat wählte sie aus, prüfte in einer ebenso langwierigen wie undurchsichtigen Prozedur, ob die Individuen geeignet waren, die entsprechende Funktion auszufüllen, setzte sie in diese ein und händigte ihnen schließlich die »Berufungsurkunde« aus. Zweitens, die parteiliche Berufung: Die überwiegende Mehrzahl der Leiter war Parteimitglied. Als solche gehörten sie zur Avantgarde des Volkes, zur Vorhut, zu den Auserwählten. Sie waren »Menschen von besonderem Schlag«, Menschen, »die aus besonderem Material geformt waren«, denen es »gegeben« war, jene »Unbilden und Stürme zu bestehen, die mit der Mitgliedschaft in dieser Partei verbunden sind«.[7] Drittens, die weltanschauliche Berufung: Über den »M/L«[8] wurden die Wirtschaftskader vierfach erwählt. Erstens arbeiteten sie nicht irgendwo in der neuen Gesellschaft, sondern in der Basis, dem Fundament, der Kernstruktur; zweitens waren sie dort nicht mit irgendeiner Aufgabe betraut, sondern mit der Hauptaufgabe schlechthin, der systematischen Entfaltung des Volkseigentums; drittens hatten sie nicht irgendeine Funktion inne, sondern trugen als politische Leiter dafür eine besondere Verantwortung; viertens schließlich verfügten sie nicht über irgendein Wissen, sondern besaßen als Wirtschaftsfachleute den entsprechenden Sachverstand. Viertens, die pragmatische Berufung: War den zuvor genannten Berufungssystemen ein mehr oder weniger großes mystisches, diabolisch-verklärendes Moment eigen, so berief die real sozialistische Wirtschaftspraxis die Leiter auf eine sehr irdische Weise. Das über jahrelange Handlungsroutinen erworbene und angeeignete Erfahrungswissen, das mühsam akkumulierte Praxiswissen, kurzum, das in ihnen verkörperte Wissen, setzte sie in die Lage, die Wirtschaft am Laufen zu halten. Wer sonst in der Gesellschaft hatte schon ein solch kulturelles Kapital zu bieten oder konnte ernsthaft annehmen, es in absehbarer Zeit zu erwerben? Hinzu kam, daß dieses verkörperte Wissen eine allgemeine, fachübergreifende Besonderheit aufwies: Es war ein bewußt-bewußtloses Wissen darüber, wie eine permanente Krisensituation administrativ zu verwalten, operativ auszusteuern und psychisch dauerhaft zu ertragen ist. Diese Dimension schien nicht zuletzt auch in solchen Sprüchen auf wie: »Die typische Durchsetzungsform des Planes ist die Unplanmäßigkeit«, »unsere Ordnung ist das Chaos« oder »die Katastrophe ist das Normale«. Vor welchen Turbulenzen gesamtgesellschaftlicher oder wirtschaftlicher Umgestaltungen, vor welchen zu erwartenden Krisensituationen sollte sich da der Wirtschaftskader ernsthaft fürchten?

Vor dem Hintergrund dieser Berufungssysteme wird vielleicht

besser verständlich, warum sich jene Wirtschaftskader, die sich über die Notwendigkeit grundsätzlicher gesamtgesellschaftlicher Veränderungen mehr oder weniger im klaren waren, die nur zu gut wußten, daß es mit einem bloßen Kaderwechsel an den Spitzen der administrativen Pyramiden oder einem schnellen Tapetenwechsel im Gesellschaftsgebäude allein nicht getan war, die instinktiv spürten, daß über kurz oder lang gravierende Veränderungen fällig wurden, durchaus begründete Hoffnungen machen konnten, zur Elite der zukünftigen Reformer zu gehören. Egal nämlich, von welchem Punkt des gesellschaftlichen Raumes – ob »von oben« oder »von unten« – der zwingend notwendige Umgestaltungsprozeß in Gang gesetzt werden würde, sicher war – und die schon laufenden Umgestaltungsprozesse in den anderen Ländern des »real existierenden Sozialismus« zeigten dies von Tag zu Tag deutlicher –, die Wirtschaft würde der entscheidende Dreh- und Angelpunkt, das eigentlich dramatische Handlungs- und Entscheidungsfeld sein. So niederschmetternd deshalb die tagtägliche Arbeit auch sein mochte, ein Moment konkreter Utopie schien jeder Handlung, selbst der profansten, innezuwohnen und ihr wie von selbst eine höhere Weihe zu verleihen: Einerseits mußte man sich sagen, daß jede Erfahrung, die man jetzt sammelte, einem später erspart blieb, daß man sich in den gegenwärtigen alltäglichen Grabenkämpfen auf die künftige Entscheidungsschlacht vorbereitete, andererseits konnte man versuchen, Ideale der künftigen gesamtgesellschaftlichen Umgestaltung im eigenen Verantwortungsbereich, schrittweise zu verwirklichen, zumal die Möglichkeiten dazu größer waren, als gemeinhin vermutet; erstens, weil der Apparat durchaus Spielräume einräumte, die erst einmal ausgeschritten sein wollten; zweitens, weil die gesamtgesellschaftliche Verkalkung bei vielen Menschen das Bedürfnis erzeugte, sie wenigstens lokal aufzubrechen. Aus diesem konkreten Utopiepotential konnte der Wirtschaftskader eine ebenso tröstliche wie beruhigende Vorstellung schöpfen: Wenn also eines schönen Tages, durch wen auch immer, grünes Licht für grundlegende Veränderungen auf allen Ebenen der Gesellschaft gegeben werden würde, dann stünde er als rechter Mann am rechten Ort zur Verfügung, wenn das Gehäuse der Macht, in dem er jetzt noch eingesperrt war, nicht nur durch seinen permanenten individuellen Innendruck, sondern durch einen allumfassenden Außendruck aus allen Richtungen des gesellschaftlichen Raumes aufgesprengt würde, dann wäre er mit seinen alternativen Erfahrungen gerüstet, bereit und in der Lage, auf dem Weg der Reform voll durchzustarten.

Das war der Stoff, aus dem die Träume sind, und er verdichtete sich in dem diffusen doch latenten Gefühl: »Wir bauen heut' das Morgen auf.«

Freilich, dies Gefühl war nicht ganz ungebrochen. Wer sich nämlich nicht völlig von den schmeichelhaften Bildern einlullen ließ, dem wurde dieser süße Traum oft genug auch zum Alptraum. Hielt er denn nicht, so mußte sich der künftige Reformer fragen, mit seinen Aktivitäten und Visionen, mit seinem Charisma und seiner tatsächlichen oder vermeintlichen lokalen Alternative ausgerechnet jene Maschinerie am Laufen, auf deren Abschaffung er hinzuarbeiten meinte, stabilisierte und legitimierte er nicht gerade das Macht-Dispositiv auf der Makroebene, indem er es auf der Mikroebene zu demontieren suchte? War er, der Reformer, nicht das größte Hindernis der Reform?

Wie sollte er dieser verhältnislogischen Falle entrinnen? Mitten aus dem Zwiespalt seiner Träume riß ihn ein plötzliches Wunder.

c) *Das plötzliche Wunder: Konkretes Chaos und abstrakte Chance*

Herbst 1989: Zehntausende verlassen die DDR, Hungerstreiks in den Kirchen, Massendemonstrationen im ganzen Land, der Machtapparat erst kopf-, dann hilflos... – kurzum, Wunder über Wunder im »realsozialistischen Preußen«. Für die Reformkräfte in der Wirtschaft, ob Leiter oder Geleitete, schien sich durch die Volksbewegung, an der sie selbst engagiert und diszipliniert außerhalb der Arbeitszeit teilnahmen, ein unvorstellbar chancenreiches Aktionsfeld für wirtschaftspraktische Umgestaltungen zu eröffnen. In nur wenigen Wochen brachen horizontale, diagonale und orthogonale Steuerungssysteme nicht nur reell, sondern auch formell restlos und endgültig in sich zusammen. Die vertikale Steuerungslinie existierte zwar noch und funktionierte formell, doch höhlte sie rasant aus und wurde zusehends kraftloser. Sie ließ de facto allen äußeren Spielraum für selbstbestimmtes Handeln und autonome Strategiebildung. Das konkrete Chaos war da. Nicht daß die stofflich-gegenständlichen Prozesse zum Stillstand gekommen oder die sachlichen Kooperationsnetze innerhalb und zwischen den Wirtschaftseinheiten zerrissen wären, im Gegenteil, denn gemessen an der Breite, Tiefe und Dynamik der gesamtgesellschaftlichen Turbulenzen vollzog sich der wirtschaftliche Reproduktionsprozeß vergleichsweise noch hochgradig geordnet. Nicht die Wirtschaft schlechthin, sondern ihr Befehlssystem fiel in eine ägyptische Finsternis zurück. Es war das Chaos der tradierten Macht-Topologie, das schöpferische Chaos der Gestaltungsmöglichkeiten. Nun, da das alte Gehäuse der Macht zusammenbrach, da jene ideologischen Barrieren und politischen Mauern plötzlich zu Staub zerfielen, von denen man bisher meinte, daß ausschließlich nur sie es verhindert hätten, daß sich wirtschaftlicher Sachverstand Bahn brechen konnte, boten sich die langersehnten Chancen, grundsätzlich neue Handlungs- und Entscheidungsfelder zu betreten.

Die Chancen blieben jedoch so lange abstrakt, wie sie nicht konkret alltagspraktisch genutzt wurden.

Nun kam für die Reformer die Stunde der Wahrheit – hic Rhodus, hic salta!

d) Die bittere Wahrheit: Die Wirtschaftskader in der neuen Welt

Und die Wahrheit kam schnell und sie war bitter.

Die orakelhafte Diagnose des Generalsekretärs der SED erwies sich als präzise Prophezeiung. Sie, die Wirtschaftsfunktionäre, die mehrfach berufenen Kader, waren in der Tat der wertvollste Schatz der Partei. Nicht umsonst hatte die Partei soviel in diesen Schatz investiert, nicht umsonst hatte sie sich so um ihn gesorgt.

Das Macht-Dispositiv der Partei existierte zu keiner Zeit nur außerhalb und gegenüber den Individuen, die es in ihrem alltagsweltlichen Verhalten (re)produzierten, es pulsierte stets auch in den Menschen selbst – vor allem in den Kadern. Es hauste in den Hirnen, Herzen und Körpern der Wirtschaftsfunktionäre, in den Katakomben ihrer eingeübten Denk- und Verhaltensweisen. Der Kader funktionierte nur dann als Macht der Partei, wenn das Mitglied seinen lebendigen Träger, den Menschen, kolonisierte, wenn es seine Wahrnehmungsmuster, seinen Gefühlshaushalt und sein alternatives Denken beherrschte. Nun, da das Netz der vielfältigen sozialen Fremdzwänge, in das der Leiter bisher verstrickt war und aus dem befreit zu werden er sich so lange erträumte, plötzlich tatsächlich brüchig wurde, zerriß und zerfiel, da zeigte sich, daß diese sozialen Fremdzwänge längst in psychische Selbstzwänge umgeschlagen waren, die die Denk- und Verhaltensweisen wirksam in die alte Richtung steuerten.

Freilich, wem die Charaktermaske des Wirtschaftskaders nicht ins Fleisch gewachsen war, wer sich die Fähigkeit bewahrt bzw. wer sie erworben hatte, sich als Individuum aus seiner Mitgliederrolle zu dezentrieren und damit also keinem abstrakten Enthusiasmus erlag, wer sich nicht nur aus einer Teilnehmerperspektive schlechthin in eine Beobachterperspektive versetzen konnte, sondern wer darüber hinaus nicht nur formal konzidierte, sondern auch tatsächlich verinnerlicht hatte, daß es sehr verschiedene, oft auch gegensätzliche Beobachterperspektiven gab, von denen keine a priori exklusive Gültigkeit beanspruchen konnte, für wen mithin das Ende der Partei nicht das Ende der Menschheit, des persönlichen Lebenssinns und/oder der eigenen Entwicklung war, kurzum, wer als Kader eh versagt hatte, auch wenn er als Experte noch so gut sein mochte, der sah natürlich schon recht früh, daß das alte Gehäuse der Macht endgültig zusammenbrach und es absurd war, in den alten Verhaltensstandards zu verharren. Sicher, er konnte versuchen, zur konkreten Nutzung des sich nun blitzartig öffnenden abstrakten Gestaltungsspielraumes alle verfügbaren individuellen und kollektiven Kräfte zu mobilisieren, weil es für ihn auf der Hand lag, daß sich dieser Raum, wenn man ihn jetzt nicht betrat und alltagspraktisch ausschritt, ebenso schnell wieder schließen mußte. Selbstverständlich, es war nur zu begreiflich, wenn er darauf hoffte, daß die rasante Dynamik der Ereignisse, in der buchstäblich heute das normal war, was gestern noch völlig unmöglich schien, einen ebenso zügigen wie massenhaften Lernprozeß in Gang setzen müßte, der die psychischen Selbstzwangsmuster der Wirtschaftskader aufbrechen und den daraus resultierenden sozialen Wahrnehmungsmodus auflösen würde. Allein, realistischerweise mußte er sich sagen, daß er mit derartigen Hoffnungen selbst einer Illusion aufsaß, denn er übersah die Objektivität des Subjektiven. Wenn er nämlich in der Hitze der Auseinandersetzungen nicht in den Fehler verfiel, die aus seiner Perspektive eklatanten Fehlleistungen umstandslos den Individuen zuzurechnen, wenn er diese nicht impulsiv klinisch deutete, also ihre Beschreibungen der und ihr Verhalten in der neuen Wirklichkeit nicht psychischen, kognitiven oder gar physischen Defekten zuschrieb, sondern wenn er nach jenen Wahrnehmungs-, Denk- und Verhaltensstrukturen in den Wirtschaftskadern suchte, die sie dazu trieb, sich in einer für ihn so merkwürdigen Weise zu bewegen, dann stieß er sehr schnell auf zwei charakteristische Phänomene.

Nun, da mit dem Zusammenbruch der vertikalen, horizontalen, diagonalen und orthogonalen Steuerungssysteme die »administrative Hand«[9] der Kommandowirtschaft zerfiel, entwickelte sich in den Wirtschaftskadern zunächst ein »Phantomschmerz«. Erschienen jene furchteinflößenden Drohgebärden, hektischen Reaktionen und zweckoptimistischen Prophezeiungen des Apparats, die notwendig mit dem Zerfall der Steuerungssysteme verbunden waren, aus einer distanzierten Beobachterperspektive als letzte, hilflose Zuckungen der »administrativen Hand«, so stellte sich dies für die überwiegende Mehrzahl der Wirtschaftskader anders dar, denn für sie gab nicht die Situation wie sie objektiv war – und wie sie sie heute, retrospektiv, sicher auch sehen –, sondern die momentane subjektive Wahrnehmung den Ausschlag. Ihre eingeschliffene soziale Sensorik codierte ihnen jedes offensichtliche Zeichen der Ohnmacht in ein untrügliches Signal der Allmacht um, auf das man bei Strafe seines Unterganges reagieren mußte. Daran änderte sich auch nichts, wenn weder logisch noch empirisch irgendwelche konkreten Verbindungsstränge zwischen Kader und »administrativer Hand« auszumachen waren. Dieser konnte jene abgetrennt vor sich liegen sehen, dennoch brannte der Phantomschmerz in ihm. Bei den Reformern verdoppelte sich dieser Schmerz und riß ihre Persönlichkeit auf – nicht selten bis in sehr düstere Tiefen. Einerseits drängte sie nämlich alles, endlich in die zum Greifen nahe neue Welt des wirtschaftlichen Sachverstandes vorzustoßen, andererseits suggerierte ihnen ihr Phantomschmerz ständig, daß es dazu noch einen winzigen Moment zu früh sei. Sie meinten, es wäre wenige Sekunden vor Zwölf und es schien ihnen ein geradezu unverzeihlicher Leichtsinn, den Augenblick, worauf sie doch so lange und entbehrungsreich hingearbeitet hatten, jetzt leichtfertig zu verspielen.

Als nun der Phantomschmerz langsam verging, weil die Signale, die der zerfallende Machtapparat aussandte, immer schwächer und hilfloser wurden, ja, als dieser selbst in seinen letzten Atemzügen den Wirtschaftskadern befahl, nun doch endlich in Gottes

Namen Eigeninitiative zu entwickeln und aus dem alten Gehäuse der Macht zu kriechen, zeigte es sich, daß es bereits weit nach Zwölf war und den Reformern längst die Totenglocke geläutet wurde. Hatten sie sich bisher, gelähmt durch den Phantomschmerz, nicht zu rühren vermocht, waren sie in einem Gestus erstarrt, der von außen leicht als passives, übervorsichtiges und ängstliches Abwarten gedeutet werden konnte, weil die dramatischen inneren Konflikte nur punktuell und ausnahmsweise an die Verhaltensoberfläche durchschlugen, wurde nun für die Mehrzahl der Wirtschaftskader ein »Realschmerz« der verinnerlichten »administrativen Hand« denk- und handlungsleitend. In dem Maße nämlich, wie immer deutlicher wurde, daß die Gesamtgesellschaft keinen »dritten Weg« einschlug, sondern sich anschickte, so schnell als möglich auf den »ersten Weg« einzuschwenken, schob sich in den Erkenntnis- und Zielhorizont der Wirtschaftskader ein Phantom, das immer konkretere Gestalt annahm – die »soziale Marktwirtschaft«. Dieser gesamtgesellschaftliche Kurswechsel entwertete hinter dem Rücken der Reformer deren kulturelles Kapital. Sowohl das alte Herrschaftswissen, was sie sich jahrzehntelang in der Kommandowirtschaft angeeignet hatten, als auch das neue Reformwissen, was sie mühsam erworben und heimlich aufgespart hatten, drohte mit einem Schlage wertlos zu werden. Nun, da die Strömung des Umbruchs auch die Monopolstellungen der intellektuellen »Erdarbeiter« aushöhlte, wurden ihre sozialen Überlebensinstinkte aktiviert. Jetzt konnte all jenen, die auf ihre Monopolstellungen nicht verzichten wollten oder konnten, nur noch eine Doppelstrategie helfen, um sich zu retten.

Zwei Aufgaben mußten gleichzeitig gelöst werden: Einerseits hieß es, die alte Position, in die man durch die »asoziale Kommandowirtschaft« eingesetzt war, mit allen zur Verfügung stehenden Mitteln aus eigener Kraft zu sichern und zu stabilisieren, andererseits war es parallel dazu notwendig, schleunigst eine neue Position im Feld der »sozialen Marktwirtschaft« anzuvisieren und auszubauen. Freilich war dies eine erhebliche Verhaltenszumutung, mußte man doch zugleich zwei Schritte zurück und zwei vorwärts gehen. Doch auch hier wäre es eine unzulässige Vereinfachung, die aus diesem Doppelproblem resultierenden zwiespältigen konkreten Verhaltenslösungen schlicht einer charakterlichen Schizophrenie der Wirtschaftskader zuzurechnen. Aus der Perspektive der Betroffenen wurden diese nämlich ohne ihr Zutun in ein unheilvolles Kreislaufsystem der Zwänge geschleudert. Wer nicht willens war, gleichzeitig die Doppelrolle von reformstalinistischem Leiter und prämodernem Manager zu spielen, der mußte sich fragen, auf welchem anderen gesellschaftlichen Terrain er denn seinen Lebensunterhalt perspektivisch sichern sollte. Konnte sich der Wirtschaftskader aufgrund seiner spezifischen (De)qualifikation schon bisher kaum Hoffnungen machen, mit anderer (etwa wissenschaftlicher, publizistischer oder fachspezifischer) Arbeit den entsprechenden Anforderungen gerecht zu werden, so mußten sich diese Hoffnungen angesichts der in allen Bereichen drohenden Internationalisierung und Pluralisierung der Wettbewerbsbedingungen nun restlos in Luft auflösen. Er, der Monopolist, hätte sich selbst in die schlechtesten und aussichtslosesten Startpositionen versetzen müssen. Wer, in diese objektive Doppelrolle gedrängt, subjektiv versuchte, sie für sich und andere halbwegs erträglich auszuspielen, dem wurde nur allzuschnell der unheilvolle Wechselwirkungszusammenhang zwischen den beiden widersprüchlichen Verhaltensanforderungen bewußt: Nur wer alte Positionen sicherte, konnte neue ausbauen, nur wer neue eroberte, vermochte sich in den alten zu halten. Aus der Sicht der Wirtschaftskader gab es kein Entrinnen aus dieser Rekursivität.

Der Leiter, durch den Zwang der Verhältnisse in eine neue Welt geschleudert, traf hart auf und fiel in eine neue Ohnmacht.

e) Die neue Ohnmacht: Analphabetismus und Irrealismus

Zunächst jedoch, als die »soziale Marktwirtschaft« noch in einigermaßen sicherer Entfernung lag, spürte er den harten Aufprall noch nicht. Im Gegenteil, nun, da er sich zum erstenmal auf sich allein gestellt bewegte, schöpfte er bei jedem Schritt Selbstvertrauen. Sicher, die merkwürdige Zwangsrolle, die er zu spielen hatte, war vielleicht nicht gerade das, was er sich erträumt hatte, andererseits boten sich plötzlich ungeahnte Freiheiten. Da war keiner, der ihn »von oben« dirigierte oder »von unten« kontrollierte. Er konnte nach Gutdünken mit den Gesandten der neuen Allmacht verhandeln. Wenn sich die Konzernvertreter nicht ohnehin schon bei ihm die Klinke in die Hand gaben, dann ging er selbst Klinken putzen. Es tat gut, endlich nicht mehr kleinlich gegängelt zu werden, sondern die Dinge selbst in die Hand nehmen zu können. Endlich war er kein Hanswurst mehr, über den sich Hinze und Kunze lustig machen konnten. Jetzt, wo man sich noch nicht den stummen Zwängen des Weltmarktes, sondern jenen Weltbürgern gegenübersah, die man bisher öffentlich als »Kapitalistenknechte« für alle Übel dieser Welt verantwortlich gemacht und lauthals gebrandmarkt, heimlich jedoch immer schon als Topmanager bewundert hatte, nun, wo ein dezenter Fingerzeig auf die bevorstehende Massenarbeitslosigkeit ausreichte, um den Krankenstand der Belegschaft ohne alle Maßnahmepläne, Festlegungsprotokolle und Kampagnen ebenso schnell wie spürbar zu senken, da begann der Wirtschaftskader langsam Mut zu schöpfen.

Bedauerlicherweise handelte es sich um Hoch-, zuweilen auch um Übermut. Im Rausch der neuen Mächtigkeit, die er zu gewinnen schien, verfiel er einer Sozialpathologie, als deren drei klassische Symptome Lenin einst »kommunistischen Hochmut«, »Analphabetentum« und »Bestechlichkeit« diagnostiziert hatte.[10] Das Problem bestand nicht so sehr darin, daß er dieser Höhenkrankheit erlegen war, sondern daß er dies nicht wahrnehmen konnte. Wer etwa darauf verwies, daß die Wirtschaftskader der »sozialen Marktwirtschaft« als Analphabeten gegenüberstanden, wer darauf orientierte, daß das ABC zu lernen sei, weil der erstbeste simple Handlungsgehilfe davon mehr verstünde, als er, der Leiter, der mußte sehr schnell lernen, daß derartige Einschätzungen in den euphorisch erhitzten Gemütern nicht den Schlaf der wirtschaftspraktischen Vernunft beendeten, sondern nur das Blut in Wallung brachten, da der Wirtschaftskader – wie Lenin es formulierte –, weit davon entfernt, es zu verstehen, nicht einmal verstand, daß er es nicht verstand.[11]

Allein, wie so oft, bewirkte der Druck der alltagspraktischen Verhältnisse postum das, woran sich Aufklärung zuvor umsonst abgearbeitet hatte. Die »soziale Marktwirtschaft« rückte näher und sowohl die stummen Fragen der wirtschaftspraktischen Prozesse und die drängenden Fragen der Belegschaften als auch die freundlichen Fragen der Verhandlungspartner wurden zunehmend präziser und schärfer. Als nun der Wirtschaftskader einen Teil dieser Fragen gar nicht erst verstand, einem anderen Teil ratlos gegenüberstand, zugleich jedoch instinktiv spürte und sehr wohl begriff, daß konkrete Antworten immer dringlicher wurden, griff Lerneifer Raum. Der Leiter blies zur marktwirtschaftlichen Alphabetisierungskampagne. Meist war diese Kampagne darauf ausgerichtet, den alten »M/L« durch einen neuen »ML« (»Marktliberalismus«) zu ersetzen. In dem ebenso verständlichen wie verzweifelten Bemühen, nun in kürzester Frist all das nachzuholen, was man bisher verabsäumt hatte, verfielen die Wirtschaftskader in den Fehler, den Teufel mit dem Beelzebub austreiben zu wollen. Befangen in einer noch vom »M/L« strukturierten Vorstellung über das, was eine »kapitalistische Marktwirtschaft« sei und wie diese funktioniere, wählte man nun aus der breiten Angebotspalette der Patent-, Schnell-, Einführungs- und Aufbaukurse aus und stürzte sich nicht gerade selten mit geradezu traumwandlerischer Sicherheit auf die konzeptionellen Ladenhüter oder die technokratische Hausmannskost. Entweder man vertiefte sich in die Geschichte der »sozialen Marktwirtschaft« oder in deren Oberflächenstrukturen.

Jenen Wirtschaftskadern, die, aus welchen Gründen auch immer – sei es, weil sie für derartig abrupte Wendemanöver nicht die nötige Flexibilität aufbringen konnten, sei es, weil ihr Gewissen sie daran hinderte, sich vor sich selbst oder den Mitarbeitern in die Rolle eines »Wendehalses« hineinzumanövrieren –, einen derartigen weltanschaulichen Etikettenwechsel nicht zuwege brachten, die vielmehr versuchten, alten und neuen »ML« konzeptionell und handlungspraktisch zu versöhnen, denen geriet dieser Versuch häufig zu einem monströsen negativen Heterosiseffekt.

Wer also hoffte, nun in der Wirtschaft massenhaft einem neuen Realismus zu begegnen, der sah sich enttäuscht, denn nur allzuoft traf er statt dessen auf einen spezifischen Irrealismus. Folgt man nämlich Bloch und faßt Realismus als die *»Einheit von Hoffnung und Prozeßkenntnis«*[12], das heißt als die Fähigkeit, aus der *»Tendenz*, als der Spannung des verhindert Fälligen« und der *»Latenz*, als dem Korrelat der noch nicht verwirklichten objektiv-realen Möglichkeiten«[13] eines sozialen Prozesses eine spezifische – sowohl handlungsleitende als auch -treibende – Potenz für ihre Akteure zu gewinnen, die darauf gerichtet ist, jene »Formen und Inhalte zu entbinden, die sich im Schoß der gegenwärtigen Gesellschaft bereits entwickelt haben«[14], kurz, als das Vermögen, eine konkrete Utopie zu (re)produzieren, dann war es um den Realismus der Wirtschaftskader gelinde gesagt nicht gerade zum Besten bestellt, denn der »real sozialistische« Illusionismus zeugte noch auf seinem Sterbebett siamesische Zwillinge: voluntaristische Handwerkelei und abstrakten Utopismus – die beiden klassischen

Formen des Irrealismus. Die Annäherung an die Marktwirtschaft glich so vielfach einer hektischen Flucht nach vorn durch die Finsternis, in der die Wirtschaftskader in eine doppelte Ohnmacht fielen. Einerseits konzentrierte man sich darauf, das flüchtig erworbene und zwangsläufig ebenso fragmentarische wie oberflächliche Handwerkswissen zu nutzen, um nun auf eigene Faust und auf breiter Front Licht in das Dunkel der Kosten-, Gewinn-, Finanz-, Organisations- und Rechtsstrukturen zu bringen und diese in kürzester Zeit auf die neuen Bedingungen zu trimmen, andererseits mühte man sich verzweifelt, die um sich greifenden Ängste und Frustrationen zu verscheuchen, indem man sich und anderen einzureden suchte, daß kein ernsthafter Anlaß zur Panik bestünde, weil es irgendwie schon gelingen werde, die angeschlagene Wirtschaftseinheit durch die bevorstehenden Konkurrenzstürme zu steuern, ohne daß jemand über Bord gespült wird oder gar das Schiff mit Mann und Maus im Konkurs untergeht. Derartige frohe Botschaften hörte zwar jeder gern, und sie beruhigten auch erst einmal die Gemüter, doch gründeten sie vielfach mehr auf vagen Wunschvorstellungen denn auf nüchternen Überlegungen – man sang ein Lied im dunklen Wald, um sich Mut zu machen.

Anlaß zu solchem Gesang war freilich oft nicht gegeben, denn das Problem etwa, ob und wie eine DDR-Wirtschaftseinheit in einer »sozialen Marktwirtschaft« – die zudem in eine vergleichsweise weitgehend nichtsoziale Weltmarktwirtschaft eingebunden ist[15] – nicht nur taktisch überleben, sondern vor allem strategisch erstarken könnte, ließ sich so nicht lösen. Hierzu bedurfte es, das lag auf der Hand, einer anderen Herangehensweise, jenseits von voluntaristischer Handwerkelei, die zu kurz, und jenseits von abstraktem Utopismus, der ins Leere griff.

Sicher, ein Weg aus der neuen Ohnmacht war dringend nötig. Nur, war er auch real möglich?

3. Die kleine Vision: Die Alternativen in der Transformation

Die Versuchung liegt nah, sich bei der Beantwortung dieser Frage zweier simpler Argumentationsmuster zu bedienen. So möchte es zunächst sowohl aus der Sicht gestandener Theoretiker und Praktiker als auch profilierter Kritiker der »sozialen Marktwirtschaft«

zweifellos kurios anmuten, daß sich die Wirtschaftskader wie die Lemminge kopfüber in den Ozean marktliberalistischer Detailarbeit und/oder den Maelstrom zweckoptimistischer Illusionen stürzten, wo es doch vielmehr darauf ankam, die eigenen Stärken, die personellen, technologischen, innovativen, organisationellen etc. Potenzen des Unternehmens analytisch aufzuspüren, konzeptionell zu fokussieren und alltagspraktisch zu erschließen. Und es mußte aus dieser Perspektive auch geradezu schizophren erscheinen, daß man einerseits so zäh an völlig ineffizienten Produktionsprofilen, unstrittig verkalkten Organisationskonzepten, offensichtlich unfähigen Leitern, deutlich deformierten Qualifikationsstrukturen und vorsintflutlichen Managementstrategien klebte, sich jedoch andererseits mit einer geradezu atemberaubenden Leichtigkeit von demokratischen Führungsprinzipien, kreativen Mitarbeitern, zukunftsorientierten Ideen, bewährten Organisationslösungen und innovativen Erzeugnislinien trennte. Nur allzuleicht ließ sich dies, insbesondere mit Blick auf den Einzelfall, umstandslos individueller Unfähigkeit zuschreiben. Es schien, als wäre es nicht nur prinzipiell möglich, sondern eigentlich auch recht einfach, daß der Wirtschaftskader seiner neuen Ohnmacht entrinnen könne, wenn er dies nur wirklich wolle. Demgegenüber konnte aus einer diametral entgegengesetzten Perspektive eingewandt werden, daß es sich bei einer derartigen Argumentationslogik um eine fundamentale Fehleinschätzung handelt, weil sich die Individuen, verstrickt im Netz der gesamtgesellschaftlichen Fremd- und psychischen Selbstzwänge, unmöglich selbst aus dieser neuen Ohnmacht aufraffen konnten. Was also versucht werde, bedenkenlos den einzelnen Wirtschaftskadern anzulasten, müsse vielmehr den widrigen äußeren und inneren Umständen, unter denen sie zu agieren gezwungen waren, zugerechnet werden.

Die nun anlaufende Transformation der Alternative wird recht bald zeigen, daß dieses bipolare Antwortmuster nicht hineinreicht, die sehr verschiedenartigen Zusammenbrüche der Wirtschaftseinheiten befriedigend zu erklären. In Ausnahmefällen wird man nämlich sowohl solchen Wirtschaftskadern begegnen, die zwar persönlich weit über sich, ihre Biographien und die sie bedrängenden Handlungs- und Entscheidungskorridore hinauswuchsen, aber dennoch an den Verhältnissen scheiterten als auch Leitern, die unter vergleichsweise günstigen makro-, meso- bzw. mikrostrukturellen Bedingungen und individuellen Voraussetzungen aus Gründen, die zwar durchsichtig sind, doch nur bedingt, schwer oder gar nicht aus allgemeinen sozialen Verhaltenszwängen abgeleitet werden können, jede ihnen gebotene Chance verspielten. In der Regel wird sich das Scheitern konkreter Transformationsversuche zwischen diesen beiden Extremen vollziehen.

Neben diesen tragischen, spektakulären und alltäglichen Zusammenbrüchen werden sich jedoch in der allgemeinen Transformation der Alternative zugleich auch spezifische Alternativen zur wirtschaftlichen Transformation entwickeln. Ihnen vor allem sollte – mehr noch als den dann üblichen Inhalten, Formen und Richtungen dieser Transformation – von Anfang an unsere ganz besondere Aufmerksamkeit gelten.

Anmerkungen

1 E. Honecker, Bericht des ZK der SED an den X. Parteitag der SED, Berlin 1981, S. 137.
2 Dazu, wie schwer dieser Abschied fiel und wie quälend er sich vollzog, vgl. L. Marz, Die »komische Revolution« als Haupt der Medusa. Von der Schwierigkeit, der Wahrheit ins Gesicht zu sehen (im Erscheinen).
3 Vgl. W. Engler/L. Marz, Angst oder Aufbruch? Ein neues Bündnis für eine neue Zukunft, in: Kommune. Forum für Politik, Ökonomie, Kultur, 1/1990, S. 46 ff.; W. Engler/L. Marz, Über moderne Sozialisten im Gewande verschämter Monopolisten, in: Frankfurter Rundschau v. 15. 1. 1990, S. 8; W. Engler, Wissenschaftsproduktion. Über (Un)möglichkeiten kritischer Forschung, in: Kommune. Forum für Politik, Ökonomie, Kultur, 3/1990, S. 68 ff.
4 Vgl. L. Marz, Der enttäuschte Citoyen. Die komische Trauer der »wahren« Sozialisten, in: Kommune. Forum für Politik, Ökonomie, Kultur, 4/1990, S. 51.
5 Vgl. W. Engler, Teilnehmen und Beobachten. Zur Kritik der Wissenssoziologie (Dissertation B am Institut für Theorie, Geschichte und Organisation der Wissenschaften der Akademie der Wissenschaften der DDR), Berlin 1989, S. 255 ff.
6 Vgl. L. Marz, Das Macht-Dispositiv der Partei. Das Regime des Wissens im »real existierenden Sozialismus« (im Erscheinen).
7 Vgl. J. W. Stalin, Zum Tode Lenins. Rede auf dem II. Sowjetkongreß der UdSSR, in: Stalin, Werke, Bd. 6, Berlin 1952, S. 41.

8 Zum Inhalt und zur Funktion des »M/L«, des sogenannten »Marxismus-Leninismus«, vgl. H.-P. Krüger, Moderne Gesellschaft und »Marxismus-Leninismus« schließen einander aus, in: Zeitschrift für Politik und Gesellschaft, 2/1990, S. 149 ff.; L. Marz, Illusionen und Visionen. Leitbilder von und in modernen Gesellschaften, in: Kommune. Forum für Politik, Ökonomie, Kultur, 6/1990, S. 55 ff.
9 Zum Begriff der »administrativen Hand« vgl. L. Marz, Die Ohnmacht der Allmacht, in: Kommune. Forum für Politik, Ökonomie, Kultur, 3/1990, S. 63 ff.
10 Vgl. W. I. Lenin, Die Neue Ökonomische Politik und die Aufgaben der Ausschüsse für politisch-kulturelle Aufklärung, in: Lenin, Werke, Bd. 33, Berlin 1973, S. 59.
11 Vgl. W. I. Lenin, Politischer Bericht des Zentralkomitees der KPR (B) an den XI. Parteitag, in: Lenin, Werke, Bd. 33, Berlin 1973, S. 262.
12 E. Bloch, Freiheit und Ordnung, Abriß der Sozialutopien, Leipzig 1985, S. 189.
13 Ebd.
14 Ebd.
15 Vgl. M. Dierkes/K. Zimmermann (Hg.), Wirtschaftsstandort Bundesrepublik. Leistungsfähigkeit und Zukunftsperspektiven, Frankfurt/New York 1990.

Rainer Deppe
Bilanz der verlorenen Zeit
Industriearbeit, Leistung und Herrschaft in der DDR und Ungarn

Die mit dem Übergang zur parlamentarischen Demokratie in Osteuropa verknüpfte Umwandlung bürokratischer Planwirtschaften in kapitalistische Marktwirtschaften schließt eine fundamentale Veränderung der makroökonomischen Konstellationen ein, die beschäftigungs- und einkommenspolitisch massive soziale Verwerfungen mit sich bringt. Tief berührt davon wird jedoch auch der mikroökonomische Bereich, insofern die bisherigen Produktionsregime in den Staatsunternehmen radikal in Frage gestellt werden. Weder die Organisationsformen der Produktion noch die Art der Arbeitskräftenutzung, weder die Bedingungen der Leistungsverausgabung noch die domestizierten Mechanismen der Konfliktregelung werden so bleiben wie sie waren oder noch sind. Unter den Mühlstein geraten unproduktive leistungspolitische Arrangements und informelle Interessenkoalitionen ebenso wie eingefahrene Verhaltensdispositionen und übliche Arbeitseinstellungen. Diese waren nicht bloß passive Anpassungen von Management und Belegschaften an staatliche Vorgaben und Zwänge, sondern eigenständig verfestigte Muster industrieller Arbeit und Herrschaft im staatssozialistischen Betrieb. Dieser Umbruchprozeß hat noch kaum begonnen. Seine Folgen sind vorerst schwerlich absehbar. Infolgedessen wird die Antwort auf die Frage offen bleiben, ob es unter äußerem und innerem Druck zu einer schnellen Einebung der bestehenden Unterschiede zu modernen kapitalistischen Industriegesellschaften kommen wird oder eher mit relativ stabilen Verwerfungen zu rechnen ist, indem sich Altes und Neues zu einem eigentümlichen Amalgam vermischen. Ein in allen betroffenen Ländern einheitlich verlaufender Prozeß ist freilich aus zumindest zwei Gründen unwahrscheinlich. Einerseits werden die makroökonomischen Umbruchprozesse nicht dieselben sein, werden sich beispielsweise die Privatisierung der Staatsunternehmen oder die ökonomische Deregulation von Land zu Land unterscheiden. Andererseits sind die industriellen Produktionsregime, um deren Transformation es sich handelt, nicht identisch. Ähnlich wie in kapitalistischen Gesellschaften die leistungs- und herrschaftspolitische Konstellation historisch wie auch länderspezifisch variiert, trifft das ebenfalls für die früheren staatssozialistischen Länder zu.[1]

Ein Blick zurück auf die DDR und Ungarn dient nicht nur historischer Reminiszenz. Erst recht nicht beschwört er Nostalgie, die etwa solchen vermeintlich »sozialistischen Errungenschaften« nachtrauert, wie der Beschäftigungssicherheit oder der niedrigen Arbeitsintensität und darüber den – immer höheren – Preis unterschlägt, den es dafür zu zahlen galt. Vielmehr geht es darum, die Bruchstellen und Schwierigkeiten zu bezeichnen, die die Transformation der Produktionsregime bewirkt. Die schon vorher geringe Effizienz industrieller Arbeit ging – gemessen am technisch-organisatorischen Rationalisierungsbedarf – in den achtziger Jahren ebenso weiter zurück wie die Unproduktivität eingefahrener leistungspolitischer Kompromißlinien wuchs. Weder das Honecker-Regime noch Kádárs Ungarn wagten die von Ceaucescus Rumänien praktizierte erbarmungslose Akkumulations- und Austeritätspolitik, die jene »neostalinistische Friedensformel«[2] vollständig außer Kraft setzte, welche, neben dem Abbau des Massenterrors, als Unterpfand politischer Konformität auf die langsame, aber stetige Verbesserung des Lebensstandards setzte. So merkwürdig das klingen mag, beide Länder hielten an dieser Friedensformel fest, ohne indes die Aushöhlung ihrer materiellen Substanz verhindern zu können. Dabei schlugen sie teilweise verschiedene Wege ein, die sowohl die politischen Rahmenbedingungen industrieller Arbeit als auch deren interne Organisation berührten. Während die DDR mit gewissen technokratischen Modifikationen an überkommenen Strukturen festhielt, unternahm Ungarn einige unkonventionelle Ausbruchsversuche, die freilich Flickwerk und in ihren Produktivitätsfolgen ambivalent blieben. In gewisser Hinsicht waren beide Regime sogar erfolgreich. Sicher, ihren politischen Sturz konnten sie nicht verhindern, doch der Protagonist ungewollter Veränderungen, den sie insgeheim fürchteten und zu besänftigen trachteten, spielte dabei keine besondere Rolle. Anders als in Polen nämlich war die Industriearbeiterschaft weder in der DDR noch in Ungarn im Kampf um demokratische Freiheiten eine eigenständige Kraft. Auch von sozialen Auseinandersetzungen und sozioökonomischen Forderungen war wenig zu spüren. Und diese gewisse Paralyse setzte sich nach dem demokratischen Umbruch gleichsam darin fort, daß sich weder hier noch dort nennenswerte Kräfte entfalteten, um eigene unabhängige Organe betrieblicher und gewerkschaftlicher Interessenvertretung zu schaffen.

Beschäftigungspolitische Dilemmata und Widrigkeiten

Vollbeschäftigung bei immens hoher Erwerbstätigenquote bildete bis zuletzt ein Kernstück sozialpolitischer Legitimation des »real existierenden Sozialismus«, auch wenn das Entlassungstabu in Ungarn seit längerem Kratzer erhalten hatte. Freilich wurde dieser auf Kriterien der Existenzsicherung und Chancengleichheit der Geschlechter rekurrierende Legitimationsbezug von Beginn an über einen wirtschaftlichen Entwicklungsmechanismus realisiert, in dessen Rahmen sich der verschwenderische Umgang mit der Arbeitskraft, die geringe finanzielle Bewertung der lebendigen Arbeit und die politische Kaltstellung unabhängiger Interessenvertretungen der Beschäftigten zu wenig produktiven Arrangements verknüpften, die sich schließlich als immer ineffektiver erwiesen. Die Wachstumsambitionen der zentralen Planer und die wegen fehlender Profitabilitätszwänge kaum gebremste Nachfrage der monopolistischen Staatsunternehmen nach allen Ressourcen, einschließlich der Arbeitskraft, bewirkten in beiden Ländern, wenngleich zeitversetzt, einen widersprüchlichen beschäftigungspolitischen Zustand. Chronischer, globaler Arbeitskräftemangel und unternehmensinterne Arbeitskräfteüberschüsse bildeten zwangsläufig zwei Seiten derselben Medaille.

Die in der Praxis zur betrieblichen Arbeitsplatzgarantie verfestigte Beschäftigungssicherheit überdauerte, trotz der überfälligen Umstrukturierung der Produktionspotentiale, die schwere Wirtschaftskrise der achtziger Jahre. Gerade das signalisierte den unlösbaren, eskalierenden Widerspruch zwischen wirtschaftspolitischen Notwendigkeiten und politischer Legitimationsschwäche der Regime. Mit der wachsenden Zahl unrentabler, potentiell bankrotter Unternehmen vervielfachte sich der politische Sprengstoff, den ihre Liquidierung in sich barg. Kádárs Ungarn machte vorsichtige Schritte in diese Richtung, insofern im traditionellen schwerindustriellen Bereich einige Teilschließungen und Entlassungen erfolgten sowie ein neues Konkursgesetz verabschiedet wurde, welches die Auflösung maroder Unternehmen nach Rentabilitätskriterien erleichterte. Doch waren das geringfügige Abweichungen von dem Prinzip, das gerade in der Krise seine rigide Gültigkeit bewies. Während die Akkumulations-, Investitions- und Produktivitätsraten in beiden Ländern massiv sanken, blieben davon nicht nur das Niveau der Gesamtbeschäftigung, sondern auch das in der Industrie und ihren verschiedenen Branchen nahezu unberührt. Ohne Güter- und Kapitalmärkte vertiefte sich noch die kontraproduktive Funktionsweise des Arbeitsmarktes. Die Mobilität der Arbeitskräfte fand kaum statt oder verlief in die falsche Richtung. Die staatlich subventionierte Entkopplung von Rentabilität und Lohnniveau schloß durchaus solche Kapriolen ein, daß man von einem modernen in einen veralteten Betrieb abwanderte. In der DDR änderte sich zudem nichts an der Länge des Normalarbeitstages. Der wurde in Ungarn in den achtziger Jahren verkürzt, wo sich hingegen auf andere Weise die tatsächliche Arbeitszeit verlängerte.[3]

Mehr denn je sollte der hohe Aufwand an lebendiger Arbeit technisch-organisatorische Rückstände wenigstens partiell kompensieren. Im Zeitalter mikroelektronischer Produktivitätsschübe war das indes weniger denn je möglich. Aus der Sicht der Staatsunternehmen entsprach gleichwohl die Fortsetzung arbeitsintensiver Beschäftigungspraktiken ihren wohlverstandenen Eigeninteressen. Paradoxerweise nahm deren partikulare Rationalität im Verlauf der Dauerkrise noch zu. Abgesehen davon, daß das Beschäftigungsvolumen mitunter eine politische Trumpfkarte staatlicher Großunternehmen im »plan bargaining« um knappe Ressourcen darstellte, wappneten sich die Unternehmen mit internen Arbeitskräftereserven sowohl gegen willkürliche Veränderungen der Planauflagen als auch gegen die Folgen einer mangelhaften Versorgung mit produktionsnotwendigen Ressourcen. Auch das war an sich nicht neu, wurde aber noch dringlicher als zuvor. Zum Krisenmanagement der DDR gehörte, daß neben einer absurden technokratischen Perfektionierung des Planungssystems die außerplanmäßigen wirtschaftspolitischen Interventionen der obersten Ränge der »Nomenklatura« immens zunahmen[4], wodurch sich für die Unternehmen die Unsicherheitszone in der Produktion ausdehnte. Für die stärker reformgeprägte, indirekt gesteuerte ungarische Wirtschaft traf dieser Grund weniger zu. Die mangelhafte Ressourcenversorgung spielte hingegen dort eine mindestens ebenso große Rolle. Die Verknappung der investiven Mittel und die zur Eindämmung der Außenwirtschafts- und Schuldenkrise eingeschlagene restriktive Importpolitik machten die schon immer prekäre zeit- und qualitätsgerechte Versorung der Unternehmen mit Halbfabrikaten, Ersatzteilen und anderem schwieriger als zuvor. Die Hortung von Arbeitskräften diente infolgedessen weiterhin als Flexibilitätsreserve, um veränderten Planauflagen nachzukommen und Planrückstände aufzuholen. Diese erzwungene Flexibilität sprengte häufig das offizielle Arbeitszeitregime und die arbeitsvertraglich fixierten Beschäftigungsgrenzen. Zur Not wurden Instandhalter oder Büroangestellte mobilisiert, also Beschäftigte aus traditionell am stärksten überbesetzten Bereichen, um in der Produktion auszuhelfen. Selbst dort, wo Investitionen und moderne Technik massive Arbeitszeiteinsparungen bewirkten, wurden diese zu einem erheblichen Teil wieder aufgehoben, weil sogenannte »Rhythmusstörungen«, das heißt »fluktuierende Engpaßsituationen« durch einen Mehraufwand an lebendiger Arbeit behoben werden mußten.[5] Der Unterschied zwischen beiden Ländern dürfte hauptsächlich darin bestanden haben, daß in der DDR tabuisiert blieb, was in Ungarn längst öffentliches Thema und Gegenstand industriesoziologischer Forschung war. Für die Industriearbeiterschaft (und andere Beschäftigtengruppen) blieb die Beschäftigungssicherheit eine Art Faustpfand zur Beschränkung der eigenen Leistungsverausgabung, eine Rückzugslinie von Leistungszumutungen ohne ausreichende Gratifikation. Doch für alle sichtbar wurde der Preis, der dafür gezahlt werden mußte, immer höher. Keinem Beschäftigten, der in einem ineffizienten Unternehmen arbeitete, das kostspielig am Bedarf vorbeiproduzierte, blieb diese Tatsache verborgen. Jeder wußte, daß Beschäftigungssicherheit und lange Arbeitszeiten korrelierten. Häufige Unterbrechungen des Arbeitsrhythmus und verschobene Arbeitszeiten gingen jedem ebenso auf die Nerven, wie sie die alltägliche Ineffizienz demonstrierten und den »Produzentenstolz« verletzten.

Die arbeitsintensive Beschäftigungspolitik der Unternehmen wird indes erst im lohnpolitischen Kontext ganz verständlich. Dem Sog zur maximalen Beschäftigung auf der Nachfrageseite korrelierte in beiden Ländern ein entsprechender Druck auf der Angebotsseite. Das niedrige Lohnniveau veranlaßte praktisch alle Personen im erwerbsfähigen Alter zur Lohnarbeit, um das finanzielle Auskommen zu sichern. Nicht zuletzt erklärte das die extrem hohe Frauenerwerbsquote. Daß die Arbeitskraft relativ billig blieb, dafür sorgten wechselnde Formen staatlicher Lohnregulierung, die mit primär antiinflationärem Ziel den lohnpolitischen Spielraum der Unternehmen festlegten. Die politische Kaltstellung unabhängiger Gewerkschaften hatte darin einen ihrer ökonomischen Gründe. Zahlreiche staatliche Versuche in beiden Ländern, die Arbeitskräftenachfrage zu drosseln und die Unternehmen zum sparsameren Arbeitskräfteumgang zu bewegen, fruchteten wenig. Auf Grund der niedrigen Kosten der lebendigen Arbeit blieb der entsprechende Druck gering. Vorgezogen wurden technisch-organisatorische Varianten mit hohem Aufwand an lebendiger Arbeit. Berücksichtigt man zudem das an vielen Ecken und Enden dürftige Konsumgüter- und Dienstleistungsangebot, so folgte daraus eine wenig produktive Konstellation. Die kombinierte Wirkung von ungenügenden Konsumanreizen, niedrigen Löhnen und politisch blockierter Interessenartikulation bei gleichzeitiger Beschäftigungssicherheit, schuf die Grundlage für die verschiedensten Formen negativer leistungspolitischer Arrangements, produzierte weitverbreitete Gleichgültigkeit und Passivität. Die Geschichte der Leistungspolitik in beiden Ländern ließe sich unter dem Gesichtspunkt schreiben, was alles unternommen wurde, um diesen Zirkel zu durchbrechen und wie wenig es einbrachte. Unter dem Druck der sich permanent verschärfenden wirtschaftlichen Krise schälte sich in Ungarn – ohne großen Erfolg – eine partiell neue Konstellation heraus. Demgegenüber blieb in der DDR, wenn nicht alles, so doch vieles beim Alten.

Sackgassen, Auswege, Kurzschlüsse: Subventionen, »zweite Wirtschaft«, Subkontraktarbeit

Neben der Beschäftigungssicherheit zählte ein konstantes Niedrigpreisniveau im sogenannten Grundbedarfsbereich zum traditionellen sozialpolitischen Legitimationsarsenal staatssozialistischer Gesellschaften. Daß viele Nahrungsmittel, die Mieten, die Verkehrstarife, die Energieversorgung oder kulturelle Angebote spottbillig waren, war Bestandteil staatlicher Reproduktionsgarantien mit egalitärem Anspruch. Darüber wurden zugleich das

Gewicht des Lohns als Reproduktionsmittel und die konsumtive Bedeutung von Lohndifferenzen eingeschränkt. Im Verlauf der Zeit und im Zuge der drastisch sinkenden wirtschaftlichen Wachstumspotentiale verkehrte sich nicht allein die von Anfang an fragwürdige wirtschaftliche Rationalität der Subventionspolitik in blanke Irrationalität; auch ihre egalitäre Komponente wurde faktisch ausgehöhlt. Das sich immer kostspieliger drehende Subventionskarussell konservierte durch verzerrte Preisstrukturen die Ineffizienz von Unternehmen, begünstigte verschwenderische Umgangsweisen der privaten Verbraucher und trug durch finanziellen Mittelentzug zum Verfall von Teilen der Infrastruktur bei. Gleichzeitig wurden zur Finanzierung der Subventionspolitik solche Verbrauchsgüter überteuert, die durch die gestiegenen Löhne mittlerweile längst zum Alltagsbedarf durchschnittlicher Einkommensbezieher gehörten. Hierdurch wurde die Verbrauchersouveränität massiv eingeschränkt und die Nachfrage in Richtung subventionierter Waren gedrängt. Umgekehrt profitierten Höchstverdiener von den Billigpreisen ebenso wie die ärmsten Rentner und kinderreichen Familien.

Die allmähliche Reduktion der sozialpolitischen Funktion des Verbraucherpreises durch den Abbau von Preissubventionen gehörte seit Ende der siebziger Jahre ebenso zur »Logik« ungarischer Wirtschaftsreformen wie sie die relative politische Stabilität des Kádár-Regimes signalisierte. Die Kontinuität der Subventionspolitik in der DDR – buchstäblich bis zur letzten Minute – entsprach demgegenüber ihrem zentralistisch-hierarchisch gebliebenen Planungssystem ebenso wie sie die schwächere politische Stellung des Honecker-Regimes signalisierte: es fürchtete den unkalkulierbaren, in Polen bereits explodierten politischen Sprengstoff von Preisdurchbrüchen im Grundbedarfsbereich.

Die ungarische Variante implizierte einen doppelten einkommenspolitischen Strategiewechsel: einerseits den Übergang zu staatlichen Kompensationszahlungen an einkommensschwache Gruppen, andererseits eine der inflationären Entwicklung angepaßte größere Beweglichkeit staatlicher Lohnpolitik. In der Realität konnte die drastische Senkung der Reallöhne in den achtziger Jahren indes nicht verhindert werden und nahm die »flexiblere« Lohnpolitik vor allem zwei Formen an: lohnpolitische Sonderregelungen für einzelne Unternehmen und Beschäftigtengruppen innerhalb des Staatssektors und die umfangreichere

Zulassung zusätzlicher Einkommensquellen außerhalb des Staatssektors. Die preispolitische Einschränkung staatlicher Reproduktionsgarantien verknüpfte sich daher mit dem Zwang, irgendwie und irgendwo dazuzuverdienen. Zu diesem Wandel trug bei, daß in vielen Konsum- und Dienstleistungssektoren, beispielsweise im Wohnbereich und bei Ferienunterkünften, administrative Verteilungsmodi zugunsten von marktförmigen Allokationen nach Verbraucherpräferenzen und verfügbaren Einkommen erheblich eingeschränkt wurden. Dadurch kehrte sich das für den Realsozialismus typische Verhältnis von Geld- und Gütermangel in Ungarn teilweise um, während es in der DDR mehr oder weniger bestehen blieb: die Mängel im Güterangebot nahmen ab, die im Einkommensbereich zu. Daraus resultierten partiell unterschiedliche Rahmenbedingungen für die Leistungspolitik der Staatsunternehmen in beiden Ländern, insofern Geldeinkommen in Ungarn vergleichsweise attraktiver, aber auch schwieriger zu erreichen waren.

Das heißt natürlich nicht, daß die Lohnentwicklung in der DDR für die Leistungspolitik bedeutungslos gewesen wäre. Es waren gerade die Kontinuität der Subventionspolitik und die horrend steigenden Subventionslasten, die den lohnpolitischen Spielraum unter Krisenbedingungen dramatisch einengten. Die Relation zwischen Arbeitseinkommen und Subventionen, zwischen erster und sogenannter zweiter Lohntüte, verschoben sich drastisch zugunsten letzterer. Das war eine tickende Zeitbombe deshalb, weil es die finanzielle Unterbewertung der lebendigen Arbeit auf die Spitze trieb, indem der lohnpolitische Bewegungsspielraum der Unternehmen und die individuelle Anreizfunktion der Löhne noch mehr reduziert wurden.[6] Bei stagnierenden Reallöhnen verlor der Lohn als Reproduktionsmittel und Leistungsstimulans weiter an Bedeutung und das in einer ohnehin schwierigen technologisch-ökonomischen Umbruchphase, in der nicht weniger, sondern mehr Initiative und Mobilität dringend erforderlich gewesen wären. Übrig blieb freilich die traditionelle Schutzfunktion der Preissubventionen, auf die noch immer ein gutes Viertel der Bevölkerung der niedrigen Einkommen wegen angewiesen war.

Weit mehr als die Differenzen in der Subventionspolitik schuf der historische Positionswechsel zwischen beiden Ländern hinsichtlich der »zweiten Wirtschaft« partiell andere Rahmenbedingungen für die leistungs- und herrschaftspolitische Konstellation in den Staatsunternehmen. Als politische Konzession an den Lebensstandard der Bevölkerung und die soziale Existenz kleinbürgerlicher Schichten blieb in der DDR bis zum Beginn der Honecker-Ära Anfang der siebziger Jahre ein vergleichsweise umfangreicher, sehr produktiver (semi)privater Kleinunternehmersektor wegen der hautnahen »Systemkonkurrenz« zur Bundesrepublik bestehen. Erst im Zusammenhang mit der Zurücknahme der gerade begonnenen Wirtschaftsreformen (NÖSPL) schrumpfte dieser Bereich auf jene schmale Restgröße zusammen, auf die er in Ungarn schon viel früher reduziert worden war.[7] Während seitdem der legale Privatsektor in der DDR auf niedrigem Niveau stagnierte, kam es in Ungarn, verknüpft mit den sonstigen wirtschaftlichen Reformversuchen, zu einer sukzessiven Legalisierung der seit langem spontan expandierenden Schattenwirtschaft. Dieser Prozeß erreichte zu Beginn der achtziger Jahre seinen Höhepunkt, als sowohl die wirtschaftlichen Handlungsbedingungen für die übriggebliebenen traditionellen privaten Kleinunternehmen verbessert als auch neuartige Kleinunternehmenstypen zugelassen wurden. Gleichwohl entwickelte sich die »zweite Wirtschaft« nicht zum Eldorado selbständiger, auf Expansion bedachter Kleinunternehmer[8], sondern zum Hort vielfältiger Nebenbeschäftigungen von Erwerbstätigen, die ihrem Hauptberuf im Staatssektor nachgingen. Gerade dadurch aber bildete sie die für Kádárs Ungarn charakteristische Substanz jener neostalinistischen Friedensformel, die die allmähliche Steigerung des Lebensstandards zum Unterpfand politischer Konformität zu machen suchte. Indem die »zweite Wirtschaft« für zusätzliche Einkommen sorgte und die alltägliche Versorgung verbesserte, sollte sie verhindern helfen, daß die Bevölkerung in Zeiten schwerer wirtschaftlicher Krise und sinkender Reallöhne rebellisch wurde. Und in gewisser Hinsicht ging diese Rechnung auf. Denn weder vermochte sie die Vorherrschaft des Staatssektors ernsthaft in Frage zu stellen, noch wurde sie zum Medium für die politische Artikulationsfähigkeit von »Wirtschaftsbürgern« gegen das politische Machtmonopol der Partei.[9] Gleichwohl mußte das Kádár-Regime einen doppelten Preis für ihre Expansion zahlen, der zu seiner inneren Aushöhlung beitrug. Erstens weichte diese Entwicklung einen zentralen ideologischen Fixpunkt auf und kam dem Eingeständnis gleich, daß der fürsorgliche realsozialistische Staat nicht mehr in der Lage war, die gewöhnliche Reproduktion vieler seiner Angestellten zu sichern. Um den Lebensstandard zu bewahren, ja im Extremfall die Verarmung zu verhindern, die gleichwohl voranschritt, waren häufig beträchtliche individuelle Arbeismühen außerhalb des Staatssektors notwendig. Zweitens wurden dadurch, daß der doppelte Beschäftigungs- und Einkommensstatus vieler Erwerbstätiger gleichsam zur gesellschaftlichen Normalität wurde, dem leistungspolitischen Dilemma im Staatssektor neue Dimensionen hinzugefügt.[10] Während die hauptberufliche Tätigkeit dort längerfristig die materielle Grundsicherheit garantierte, bot eine Nebenbeschäftigung die Chance für vergleichsweise hohe Komplementäreinkommen. Auf Grund dieses Einkommensgefälles wurde die Anreizfunktion »normaler« Löhne und Lohnerhöhungen im Staatssektor ebenso weiter entwertet wie die inner- und zwischenbetriebliche Allokationsfunktion offiziell festgelegter Lohnunterschiede. Damit verknüpft entwickelten sich tendenziell eine gespaltene Arbeitsmoral und disparate Formen der individuellen Arbeitskräftenutzung. Dem Engagement in der »zweiten« stand Leistungszurückhaltung in der »ersten Wirtschaft« gegenüber. Das galt vornehmlich für solche Beschäftigte, die der Betrieb wegen ihrer Qualifikation brauchte, aber nicht entsprechend bezahlen konnte, um sie bei chronischer Arbeitskräfteknappheit zu halten. Dadurch, daß sie über eine eigenständige, vom Staat unabhängige Reproduktionsbasis verfügten, erweiterte sich ihr Manövrierspielraum für leistungspolitische Kompromisse mit dem Management. Solche Kompromisse betrafen nicht allein oder primär die Arbeitsintensität, sondern hauptsächlich die Arbeitszeit. Sie liefen häufig auf Abmachungen hinaus, keine Schichtarbeit oder Überstunden machen zu müssen. Gerade in zeitlicher Hinsicht kam es zu den verschiedensten Arrangements mit dem Ziel, Erst- und Zweitjob miteinander vereinbar zu machen.

Indes war das nur ein Ausschnitt aus einer komplexeren Realität. Daß der Staat die Komplementäreinkommen aus der »zweiten Wirtschaft« im Verlauf der Zeit als normal voraussetzte und in seine restriktive Lohnpolitik in der Krise einkalkulierte, traf auf der einen Seite diejenigen Beschäftigten hart, die über keine solchen Einkommen verfügten und gleichzeitig im Staatssektor »Hungerlöhne« bezogen. Sie, häufig Unqualifizierte und Frauen, wurden von Krise, Inflation und eingeschränkten staatlichen Reproduktionsgarantien so gebeutelt, daß sie dem Leistungsdruck des Managements unter Umständen schutzlos ausgeliefert waren. Sie brauchten häufig jedes Prozent Leistungslohn zum Überleben und mußten ungünstige Arbeitszeitregelungen in Kauf nehmen. Auf der anderen Seite verstärkte die Ausdehnung der »zweiten Wirtschaft« den Druck von Großunternehmen auf zentrale staatliche Planungsinstanzen, Ausnahmen von der strikten Lohnkontrolle zuzulassen, um zumindest selektiv eine effizientere Lohnpolitik verfolgen zu können. Das hieß für sie vor allem, Extralöhne an unentbehrliche Arbeitskräfte zu zahlen, um diese an das Unternehmen zu binden und zu höheren Leistungen zu motivieren.

Vielleicht wird der Weg, auf dem das in beträchtlichem Maße geschah, einmal zu den unvergeßlichen pragmatischen Merkwürdigkeiten des Kádár-Regimes gehören. Mit der Zulassung einer Art von Subkontraktarbeit in den Staatsunternehmen zu Beginn der achtziger Jahre wurde nämlich als Reaktion auf die externe »zweite Wirtschaft« deren Domäne quasi in die Staatsunternehmen hinein verlängert, wo fortan ein Teil der Beschäftigten einen doppelten Beschäftigungs- und Einkommensstatus einnahm. Gleichsam parallel zu den in der externen »zweiten Wirtschaft« erreichbaren »äußeren« Komplementäreinkommen wurde die Gelegenheit für »interne« Komplementäreinkommen im Staatssektor selbst geschaffen. Gesellschaftspolitisch gesehen war das eine speziell auf die Industriearbeiterschaft gemünzte soziale Friedensformel, um deren politische Konformität in der Krise zu sichern. Im Unterschied zur »zweiten Wirtschaft«, an der mehr oder weniger alle Bevölkerungsschichten partizipierten, wurden die sogenannten »Wirtschaftlichen Arbeitsgemeinschaften in den Unternehmen« (VGMK) zur Domäne qualifizierter, meist männlicher Schichten der Industriearbeiterschaft in Produktion und Instandhaltung.[11]

Entgegen der offiziell verkündeten Absicht, derzufolge diese Arbeitsgemeinschaften in einer Art »joint venture« mit ihrem Mutterunternehmen nach der regulären Arbeitszeit in separaten Produktionslinien Güter und Dienstleistungen für Außenkunden erstellen sollten, um akute Knappheiten der Mangelwirtschaft zu verringern und die Marktanpassungsfähigkeit der schwerfälligen staatlichen Unternehmenskolosse zu verbessern, entwickelten sie sich in der Praxis zu effektiver arbeitenden »Überstundenbrigaden«. Zwar bereicherten sie kaum die Produktionspalette der Unternehmen, sondern produzierten für deren internen Bedarf, doch erlaubten sie es, mit alltäglichen Produktions- und Arbeitskräfteengpässen besser zurechtzukommen. Tatsächlich stieg die Produktivität im Arbeitsgemeinschaftsrahmen beträchtlich, wofür neben dem größeren Einfluß der Mitglieder auf die Arbeitsorganisation und die personelle Zusammensetzung der Teams vor allem das gänzlich andere materielle Anreizsystem eine Rolle spielte. Daß die VGMK-Kosten von den Unternehmen nicht als Lohnkosten verrechnet werden mußten und infolgedessen von der staatlichen Lohnregulierung ausgenommen blieben, bildete den Ausgangspunkt für ein gewandeltes Lohn-Leistungs-Verhältnis. Die veränderte Leistungsbezugsbasis, nämlich der im vorhinein zwischen Vertretern des Managements und der VGMK für das fertige Produkt ausgehandelte Auftragspreis, stiftete einen unmittelbaren Konnex zwischen Leistungssteigerung und finanziellem oder zeitlichem Zugewinn. Infolgedessen kam es darauf an, versteckte Leistungsreserven auszuschöpfen und neue ausfindig zu machen, um den Zeitaufwand für die Auftragserledigung bei Einhaltung vertraglich fixierter Qualitätsstandards zu minimieren. Statt Zeit auszudehnen, wie es häufig geschah, um Überstunden zu ergattern, galt es nun, Zeit zu sparen; statt Qualitätsverluste ungerührt hinzunehmen, galt es nun, diese zu vermeiden, weil sie aufs eigene Konto gingen; statt bei Produktionsstörungen abzuwarten, galt es nun, initiativ zu werden. Da der Auftragspreis zudem eine Art Gruppenlohn darstellte, kam es auf eine rationellere Organisation nicht nur des individuellen, sondern vor allem des gemeinsamen Tätigkeitsbereichs an. Gleichwohl boten die Arbeitsgemeinschaften keinen Anlaß zur Euphorie. Die Wiederbelebung eines längst totgeglaubten Kindes kapitalistischer Industriegeschichte, der Subkontraktarbeit in ihrer spezifisch ungarischen Variante, bedeutete keinen grundlegenden leistungspolitischen Wendepunkt. Die Leistungssteigerung fand jenseits der regulären Arbeitszeit in Feierabend- und Wochenendschichten statt und ließ sich nicht in die reguläre Arbeitszeit übertragen. Sie beruhte nicht zuletzt auf Leistungsreserven, die sich aus finanziellen Gründen in der Hauptarbeit nicht mobilisieren ließen. Wäre der höhere Leistungsgrad dort zur Norm gemacht worden, hätte das Lohneinbußen nach sich gezogen. Der Preis der Zeit, den die Mitglieder für beträchtliche monatliche Zusatzeinkommen zahlen mußten, die sich durchschnittlich auf etwa die Hälfte ihres Normalverdienstes beliefen, bestand in der Verlängerung der offiziellen Arbeitszeit um mehr als ein Viertel. Er wäre auf die Dauer genauso unerträglich gewesen wie die Doppel- und Dreifachbeschäftigung in der »ersten« und »zweiten Wirtschaft«. Beides waren arbeitsintensive Varianten der Produktionssteigerung auf ungarische Art.

Während die »zweite Wirtschaft« die leistungspolitische Manövrierfähigkeit von Beschäftigtengruppen gegenüber dem Management von außen her erweiterte, entstand mit den Arbeitsgemeinschaften in den Staatsunternehmen ein Verhandlungstypus, der sich partiell von jenen informellen, verdeckten »seperate deals« unterschied, die Teile der Kernbelegschaften schon immer mit dem Management geschlossen hatten. Die von gewählten Repräsentanten der VGMK geführten Verhandlungen um die Auftragsvergabe und den Auftragspreis markierten einen Schritt auf dem Weg zur institutionalisierten Anerkennung eines innerbetrieblichen Verhandlungssystems und Interessenausgleichs ohne die Beteiligung der politisch diskreditierten Gewerkschaften, deren Autorität und Machtstellung dadurch ausgehöhlt wurden. Indes blieb das eine fragmentierte und in korporatistische Arrangements eingebundene Alternative. Abgesehen davon, daß die Arbeitsgemeinschaften nur eine Minderheit der Belegschaften umfaßten, waren sie aus Konkurrenzgründen zur Verständigung untereinander über gemeinsame Verhandlungsstrategien nicht in der Lage. Ja, für Verhandlungserfolge waren die Interessenkoalition zwischen Mitgliedern und Vorgesetzten, die häufig die VGMK nach außen repräsentierten, und die Benutzung eingefahrener betrieblicher Redistributionskanäle wichtiger.

Wenngleich nach der Zwangsschrumpfung des legalen kleinunternehmerischen Privatsektors in der DDR zu Beginn der siebziger Jahre auch dort die in Nebenbeschäftigung betriebene »zweite Wirtschaft« – in hohem Maße als »Schattenwirtschaft« – Auftrieb erhielt, gelangte sie weder ihrem Umfang noch ihrer leistungspolitischen Wirkung nach zu einer mit Ungarn vergleichbaren Bedeutung. Geschweige denn, daß es in Verbindung mit ihr zu solchen lohnpolitischen Extratouren wie der Subkontraktarbeit gekommen wäre. Zwar kompensierte die »zweite Wirtschaft« in der DDR ebenfalls drastische Mängel im staatlichen Angebot und bot nicht selten Gelegenheit zu beträchtlichen Komplementäreinkommen, die weit über den vergleichbaren Verdiensten im Staatssektor lagen.[12] Gleichwohl stellte sich das Verhältnis zwischen ihrer Versorgungs- und ihrer Einkommensfunktion anders dar.

Einerseits war in der DDR die chronische Unterversorgung in vielen Bereichen des alltäglichen Bedarfs ausgeprägter als in Ungarn, andererseits war die Einkommenssituation der Bevölkerung günstiger. Die »zweite Wirtschaft« diente infolgedessen mehr dazu, Versorgungsmängel zu beheben denn Zusatzeinkommen zu erzielen, was sich im großen Umfang privater Tauschgeschäfte ohne monetäre Vermittlung widerspiegelte. Die besondere »deutsche Form« von Komplementäreinkommen bestand im Besitz von DM, die als eine Art zweite Währung fungierte und zu der man hauptsächlich über Verwandte oder Bekannte aus der Bundesrepublik gelangte. Arbeitseinkommen aus der eigenen »zweiten Wirtschaft« waren für die im Staatssektor Beschäftigten eher echte Zusatzeinkommen, durch die Waren und Dienstleistungen des gehobenen Bedarfs erschwinglich wurden.

Bei bereits niedrigem Ausgangsniveau sanken die Reallöhne in Ungarn im Verlauf der achtziger Jahre erheblich, während sie in der DDR stagnierten. Und anders als in Ungarn setzte sich dort die Tendenz zur Einkommensnivellierung fort. Im Arbeiterbereich wurden bis Mitte der achtziger Jahre die unteren drei der ursprünglich acht, dann neun Lohngruppen abgeschafft, während zugleich die relativ günstige lohnpolitische Lage der Industriearbeiterschaft gegenüber dem höher qualifizierten technisch-ökonomischen Personal erhalten blieb. Schließlich wurde durch die Einführung eines neuen Tarifsystems das Gewicht von Leistungslohnbestandteilen für den Effektivverdienst reduziert, wodurch der Grad der Lohnsicherheit bei immobiler Beschäftigungssicherheit stieg.[13] Diese lohnpolitischen Entwicklungstendenzen verbürgten, zusammen mit dem hohen Umfang fortgesetzter Preissubventionen und der beibehaltenen Beschäftigungsgarantie, daß durch die Krise hindurch die Reproduktion der Beschäftigten staatlich gesichert blieb. Dafür war im Prinzip kein doppelter Beschäftigungsstatus in der »ersten« und der »zweiten Wirtschaft« nötig. Die Folgen der Abkopplung der Einkommen vom tatsächlichen Leistungsverhalten und dem Qualifikationsniveau der Beschäftigten waren schwerwiegender als zuvor, weil gerade infolge der Zwänge des technologisch-ökonomischen Umbruchs mehr Initiative und Mobilität gefragt gewesen wären. Das Subventionssystem trug indirekt das Seine zum fortgesetzt negativen leistungspolitischen Konsens mit passiver betrieblicher Vetomacht der Beschäftigten bei, indem es die Mittel für Lohnsteigerungen quasi auffraß und die Differenzierung der Verbraucherwünsche negierte. Schließlich vermochte es auch die stark restringierte »zweite Wirtschaft« nicht, die administrative »Diktatur über die Bedürfnisse« wesentlich abzuschwächen und die Konsumanreize attraktiver zu machen.

Produktionsmängel, reduzierter Taylorismus und die Kontinuität unproduktiver Arrangements

In beiden Ländern favorisierten die zentralen Planer ein industrielles Produktionsmodell, das sich am Paradigma standardisierter Massenproduktion orientierte, um über große Stückzahlen die Effektivität zu steigern. Diese Absicht wurde über die Schaffung einer Unternehmensstruktur verwirklicht, die im Prinzip darauf hinauslief, daß bestimmte Produkte jeweils nur von einem einzigen Unternehmen hergestellt wurden. Der Trend zum durchgängigen Angebotsmonopol erreichte in der DDR mit der beschleunigten Kombinatsbildung in den siebziger Jahren – in Ungarn schon vorher mit der Formation von Trusts – seinen Höhepunkt. Bestandteil dieser Strategie waren zugleich Versuche, diverse Zulieferproduktionen so weit wie möglich den jeweiligen Finalproduzenten einzuverleiben. Solche vertikalen Integrationsprozesse wandelten im Zuge veränderter Produktpaletten und Produktionstechnologien ebenso ihre Erscheinungsform wie der Kanon technisch-ökonomischer Rationalitätsbegründungen, der sie begleitete. Auf jeder neuen Stufenleiter aber markierten diese Wandlungen der Unternehmensstruktur nicht zuletzt auch den Versuch, den hohen Grad an permanenten zeitlichen und qualitativen Versorgungsmängeln in der Produktion zu reduzieren, was jedoch nur unzureichend gelang. Zudem provozierten solche Konzentrations- und Einverleibungsprozesse selbst immer wieder die Fortsetzung von Versorgungsmängeln. Als Konsequenz dieser Entwicklung entstand in den staatlichen Großunternehmen, neben den eigentlichen Produktionsschwerpunkten, ein künstliches Agglomerat von Produkten und Produktionslinien. Dessen Reduktion bildete in Ungarn in den achtziger Jahren das Ziel vielfältiger Dezentralisierungsbemühungen, deren Erfolg jedoch begrenzt blieb. Die Tendenz zur inneren Autarkie schuf Neben- und Parallelproduktionen auf höchst arbeitsintensivem, oft manufakturartigem Niveau, die das Effektivitätsparadigma der Massenproduktion konterkarierten.[14] Deren Grenzen wurden zudem durch den geringen Einbettungsgrad in die internationale Arbeitsteilung gesteckt, die Abschottung nach außen also, die eine relativ große Produktvielfalt wegen mangelnder Spezialisierungsmöglichkeiten im Inneren zur Folge hatte. Diesen Bruchstellen im Paradigma der Massenproduktion beider Länder entsprachen solche in den hocharbeitsteiligen, tayloristischen Nutzungsformen der Arbeitskraft. Sofern diese bestanden, war deren Lohn-, Konsum- und Freizeitäquivalent völlig unzureichend, um diesen Typus entfremdeter Arbeit ähnlich erträglich und effektiv zu machen wie in kapitalistischen Industrieländern.

Die ungarische Industriesoziologie hat für ihr Land eindrucksvoll gezeigt, daß das tayloristische Modell nicht mit der betrieblichen Realität verwechselt werden darf, die systematisch davon abweicht.[15] Selbst bei standardisierter Massenproduktion fehlten häufig wesentliche wirtschaftliche und technisch-organisatorische Voraussetzungen für seine Verwirklichung. Die unregelmäßige und qualitativ ungenügende Versorgung mit für die Produktion notwendigen Inputs, die Überalterung des Maschinenparks, die Koexistenz verschiedener Technikgenerationen in ein und denselben Fertigungslinien, der geringe Standardisierungsgrad der Maschinerie und die Inkompatibilitäten zwischen ihr und der übrigen technischen Infrastruktur zählten zu den Faktoren, die einen außerordentlich hohen Verletzlichkeitsgrad der Produktionsabläufe bewirkten. Zum Betriebsalltag gehörten ständige, ungeplante und nur schwer formalisierbare Reorganisationen des Arbeitsprozesses. Dies machte eine zeitliche und qualitative Standardisierung des Arbeitspensums nach tayloristischem Muster schwierig, wenn nicht unmöglich. Das Verhältnis von Lohn und Leistung wurde beispielsweise dadurch gelockert, daß das Arbeitsergebnis oft mehr vom jeweiligen Zustand der Maschine oder der Materialversorgung als von den individuellen Anstrengungen und Fähigkeiten abhing. Abweichungen von fixierten Leistungsmeßgrößen und vorgeschriebenen Arbeitsaufgaben waren die Regel.

Aus den Unregelmäßigkeiten der Produktion und den alltäglichen Mängelkatastrophen resultierten nicht nur höchst arbeitsintensive Muster ihrer Bewältigung, sondern auch ein hoher Flexibilitätsbedarf, welcher alle Kräfte beanspruchte. An der Spitze war das Management darum bemüht, oft über informelle zwischenbetriebliche Kanäle, vorbei an offiziellen Planzuteilungen, Teile des Produktionsinputs sicherzustellen. Das technische Personal verbrachte einen erheblichen Teil seiner Zeit damit, überaltete Technologien in Gang zu halten oder technologische Inkompatibilitäten auszugleichen. Der Instandhaltungsaufwand war hoch. Auch in der Produktion spielte der Rückgriff auf die Flexibilitätspotentiale der lebendigen Arbeit eine wichtige Rolle. Zeitlich waren Abweichungen vom offiziellen Arbeitszeitregime die Regel. Neben ungeplanten Überstunden war dafür jede Art von »Stoßzeitarbeit« in Feierabend- und Wochenendschichten hinlänglich bekannt, mit der am Ende von Planabschnitten Produktionsrückstände aufgeholt werden mußten. Die Anpassung des privaten Lebensrhythmus konnte in ungarischen Betrieben so weit gehen, daß ganze Belegschaftsgruppen Zwangsurlaub nehmen mußten, bis diverse Produktionsvoraussetzungen hergestellt waren. Zur verlorenen Zeit gehören nicht zuletzt auch »Gammelarbeit« und nutzloses Herumstehen bei längeren Produktionsunterbrechungen.

Technisch-organisatorische Flexibilitätsanforderungen bewegten sich zwischen zwei Polen. Auf der einen Seite wurde das »geheime«, nicht formalisierbare Produktionswissen betriebserfahrener, qualifizierter Arbeiter in Schlüsselstellungen des Produktionsprozesses dadurch enorm aufgewertet, daß sie häufig vom Standard abweichende Entscheidungen fällten und semimanageriale Aufgaben übernahmen, die eigentlich zum Kompetenzbereich anderer Abteilungen gehörten. Solche Entscheidungen konnten Maschineneinsatz und Materialsubstitutionen ebenso betreffen wie die Reorganisation des Arbeitsablaufs und die Suche nach Materialreserven. Ihre erzwungene Autonomie und ihre aus den Mängeln der Produktion resultierende informelle Machtstellung befähigten sie zu vorteilhaften leistungspolitischen Arrangements mit dem Management. Im Tausch für ihre Extraleistungen konnten sie auf die Tolerierung »weicher« Normen, auf Extralöhne und anderes rechnen. Diese Verknüpfung zwischen Mängelbehebung und Privilegien bildete jedoch zugleich die Interessengrundlage für ihren Konservatismus gegenüber technisch-organisatorischen Innovationen, die ihre informelle Machtstellung hätte gefährden können. Gerade die Verletzlichkeit isolierter, inkompatibler Randbedingungen eingeführter neuer Technologien, gab ihnen die Chance, deren Ineffizienz zu demonstrieren.

Auf der anderen Seite stellte sich die Situation unqualifizierter Arbeiter und Arbeiterinnen mit Hilfstätigkeiten in hochzergliederten Produktionsabschnitten, in Transport, Lager und anderswo geradezu entgegengesetzt dar. Auch an sie wurden häufig mängelbedingte Extraforderungen gestellt, die nirgends vertraglich geregelt waren. Aber ihre Bereitschaft, diesen nachzukommen, beruhte weniger auf Konsens als auf Zwang. Zwang, der sich auf die personelle Macht von Vorgesetzten stützte und dessen materielle Basis oft äußerst niedrige Grundlöhne waren, die praktisch den Kampf um jedes Leistungsprozent nötig machten, das durch Produktionsmängel verloren zu gehen drohte.

Das Vakuum, das durch die fehlenden Sachzwänge durchrationalisierter Arbeitsprozesse entstand, wurde also gleichsam auf zweierlei Weise informell ausgefüllt. Einmal durch ein hohes Maß an Eigenregulation der sich und ihren Arbeitsprozeß in hohem Maß selbst gestaltenden qualifizierten Arbeiter im »Zentrum« der Arbeitsorganisation, in Schlüsselstellungen der Produktion. Sie kooperierten dabei eng mit dem Produktionsmanagement vor Ort, das ihre Interessen nach oben mit absicherte und vertrat. Zum anderen durch die gleichsam despotische Macht der Vorgesetztenhierarchie gegenüber einer wenig qualifizierten »Pheripherie«, oft aus Frauen bestehend, sowie den Leistungsdruck, der auf ihr lastete, um das schiere Lohnminimum zu sichern.[16] Die unternehmensinterne organisationspolitische Komponente dieser Konstellation bestand häufig darin, daß dem arbeitsteiligen Prozeß in der Produktion keine angemessene komplementäre Verantwortlichkeit, funktionelle Spezialisierung und fachliche Kompetenz der betrieblichen Organisation entsprach. Die Polarisierung saß zudem auf einer historisch begründeten, tiefen Segmentierung des Arbeitsmarktes auf und darauf, daß von den politisch domestizierten Gewerkschaften keine nivellierende Gegenwirkung ausging. Dazwischen bestand ein breites Spektrum relativ qualifizierter Arbeitskräfte, die wegen fehlender finanzieller Anreize zu keinen besonderen Initiativen bereit waren, für die also ein hohes Maß an Leistungszurückhaltung charakteristisch war. Ein Teil von ihnen verlagerte sein Arbeitsengagement zu günstigeren Einkommensbedingungen in die »zweite Wirtschaft«. Die Subkontraktarbeit bot die Chance, den Kreis derer ein Stück auszuweiten, die für Extralöhne zu Extraleistungen bereit waren. Indem in ihrer Gestalt arbeitsorganisatorische und personelle Kompetenzen nun auch formell an einen spezifischen Typus »halbautonomer Gruppenarbeit« nach unten delegiert wurden, gelang partiell eine effektivere Nutzung der Arbeitskraft. Die Produktivitätsgrenzen dieser organisatorischen Innovation blieben jedoch eng gesteckt, insofern sich weder an den sonstigen unternehmensinternen Organisationsdefiziten noch an den extern bedingten Versorgungsmängeln etwas änderte. Die geschilderte ungarische Situation ist jedoch keineswegs Vergangenheit, sondern harrt noch ihrer Veränderung, die VGMK allerdings wurde bereits zum Jahresende 1989 aufgelöst.

Auch der Produktionsalltag in der DDR-Industrie war durch massive Unregelmäßigkeiten und beträchtliche Ungewißheiten charakterisiert, wenngleich – anders als in Ungarn – eine unkritische arbeitssoziologische Forschung dies nicht thematisierte. Die ökonomische Effizienz von ohnehin nur unzureichend vorhandenen modernen Technologien wurde noch zusätzlich durch inkompatible Randbedingungen drastisch gesenkt, zu denen permanente Schwachstellen bei der Materialbeschaffung, der Werkzeugbereitstellung und in anderen Bereichen zählten. Folglich gehörte ein hohes Maß an ungeplanten Umdispositionen von Produktionsabläufen und Arbeitsprozessen zur normalen betrieblichen Realität, was Streß und Frustration bewirkte, Energien vergeudete und Arbeitskapazitäten band sowie Abweichungen von tayloristisch orientierten Formen der Arbeitskräftenutzung erzwang. Einerseits stieß der Taylorismus der größeren sozialen Homogenität und des breiteren Facharbeiterprofils der Industriearbeiterschaft wegen in der DDR auf engere Grenzen als in Ungarn. Andererseits aber wurde die potentielle Produktivität dieses Qualifikationspotentials durch eine im Vergleich zu Ungarn stärker ausgeprägte zentralistisch-hierarchische Betriebsorganisation mit rigiden Kompetenzverteilungen und Anweisungsstrukturen paralysiert. Man versuchte, den durch die Mangelintensität bewirkten hohen Flexibilitätsbedarf mehr durch bürokratischen Zugriff als durch informelle Eigeninitiativen zu decken, um die leistungspolitische Unsicherheitszone besser kontrollieren zu können. Freilich reduzierten gerade diese Strukturen die benötigte Beweglichkeit und boten der Leistungsbeschränkung der Beschäftigten einen Schutzraum. Wenn beispielsweise die Behebung von Produktionsstörungen über zentralisierte Instandhaltungsabteilungen unabhängig von ihren jeweiligen Kosten je nach Eingang abgewickelt wurden, dann war Leerlauf eingeplant und konnten Instandhalter sich Zeit lassen. Gleichzeitig war es bei immer engeren Lohnspielräumen der Unternehmen und einem hohen Grad an Lohngleichheit schwer möglich, an den »Belegschaftsrändern« kontinuierliche Extraleistungen entweder durch beträchtliche Extralöhne zu stimulieren oder auf der Basis von Niedriglöhnen zu erzwingen. In diesem Zusammenhang lassen sich zwei weitere Differenzen zwischen beiden Ländern interpretieren: einerseits die partiell voneinander abweichende Rolle des betrieblichen politischen Machtapparats und andererseits die Unterschiede zwischen der ungarischen Subkontraktarbeit und einem primär für den Einsatzbereich moderner Technologien entworfenen arbeitsorganisatorischen Innovationskonzept in der DDR.

Während in der DDR die Betriebsparteiorganisation der SED und die von ihr kontrollierten Gewerkschaften aktiv und für jeden sichtbar in die staatliche und betriebliche Leistungspolitik eingebunden blieben, war zumindest die Partei auf dem »shopfloor« ungarischer Industriebetriebe im letzten Jahrzehnt viel weniger präsent. Die Politisierung der Leistungsansprüche bildete in der DDR bis zum Schluß ein Substitut effizienter Leistungsentlohnung, auch wenn dies weniger als je zuvor, allein der zunehmend technologischen Komplexität der Produktionsabläufe wegen, ein produktivitätswirksames Gegengewicht darstellte. Die Präsenz von Partei, Gewerkschaften, Massenorganisationen und »klassenbewußten«, verantwortungsvollen Arbeitern sollte dafür sorgen, daß die betrieblichen Interessenarrangements zwischen Management und Belegschaften nicht einseitig zu Lasten der Effizienz gingen, sondern im Rahmen der »Planverteidigung« oder des »sozialistischen Wettbewerbs« gemeinsame Bemühungen zur Produktivitätssteigerung erfolgten. Hinsichtlich einer kontinuierlichen Leistungssteigerung waren die Ergebnisse immer höchst bescheiden, konnte die negative leistungspolitische Konstellation nicht dauerhaft durchbrochen werden. Doch blieb die politische Infrastruktur das Korsett, um über personelle Beeinflussung und ideologischen Druck kurzfristig Leistungssteigerungen zu erreichen, wie zum Beispiel durch Ressourcenmängel bedingte Planrückstände mittels Überstunden und Sonderschichten auszubügeln. Durch sie wurde gleichzeitig der Betrieb als politischer Raum besetzt gehalten, indem jeder mögliche Kristallisationspunkt für autonome Formen der Interessenartikulation blockiert blieb. Die ritualisierten Inszenierungen mit Zwangsbeteiligung demonstrierten Pseudoloyalität und wirkten desto stärker als Bumerang, je mehr die ökonomische Misere in den Betrieben selbst mit Händen greifbar wurde. Die sich vertiefende Kluft zwischen realer Ineffizienz und beschönigenden Erfolgsmeldungen, zwischen erlebter Erfahrung und schlecht inszenierter Fiktion ließen das Maß an innerer Distanz, Gleichgültigkeit und Zynismus übervoll werden.

Indes war die beibehaltene Ideologisierung der Leistungspolitik nur die eine Seite der Medaille. Die andere bestand in fortgesetzten technokratisch gefärbten Bemühungen, die Leistungsparameter dem technisch-organisatorischen Wandel anzupassen und darüber blockierte Leistungsreserven freizusetzen sowie einen produktiveren leistungspolitischen Konsens zu stiften. Während die ungarische Subkontraktarbeit, ohne diesen technologischen Bezug, auf selektive finanzielle Anreize und offenere Formen partikularen Interessenausgleichs setzte, dominierten in der DDR arbeitsorganisatorische Rationalisierungskonzepte. Speziell für den Anwendungsbereich moderner Technologien wurde von den Arbeitswissenschaften ein antitayloristisch gemeintes, alternatives Arbeitseinsatzkonzept entworfen, das eine neuartige Kombination aus Technik, Arbeits- und Betriebsorganisation vorschlug. Über integrative Aufgabenzuschnitte und Qualifikationsprofile im Rahmen »teilautonomer Kollektive« sollte die Arbeitsteilung in der Fertigung und zwischen ihr und fertigungsnahen Bereichen reduziert werden, um den Anforderungen des technisch-organisatorischen Wandels und einer größeren Produktvielfalt besser gerecht zu werden, die mit dem »bürokratischen Gehäuse« kollidierten.[17] Dadurch sollten Arbeitskräfte eingespart, der Auslastungsgrad kostspieliger Technologien durch mehr Flexibilität erhöht, innerbetriebliche Umsetzungen erleichtert und nicht zuletzt der Facharbeiterstatus durch Umprofilierung vor Entwertung geschützt werden. Im Unterschied zur Subkontraktarbeit aber scheiterte die Realisierung dieser anspruchsvollen Konzeption weitgehend, sieht man von einigen betrieblichen Ausnahmen und Modellen ab. Sie scheiterte an ebenjenen sozialen Barrieren im Betrieb, die sie zu überwinden trachtete. Beim Management genoß die schwierige Durchsetzung von extensiven Formen der Arbeitskräftenutzung bei modernen Technologien Vorrang, das heißt die Durchsetzung von Mehrschichtarbeit zur höheren Kapazitätsauslastung.

Überdies gaben die geringen Lohnkosten nach wie vor keinen besonderen Anlaß zu Arbeitskräfteeinsparungen. Die zentralistisch-hierarchische Betriebsorganisation blockierte die Verantwortungsdelegation nach unten wegen eingefahrener Machtinteressen und aus Angst vor Kontrollverlusten. Umgekehrt reichten den Facharbeitern beim Schneckentempo des technischen Wandels Arbeitsplatz- und Lohnsicherheit als Grundbedingungen für einen leistungspolitischen Konsens auf fortgesetzt niedrigem Niveau. Genügend Möglichkeiten für qualifizierte Beschäftigungen traditioneller Art boten ihnen überdies die vielen Neben- und Parallelproduktionen. Und warum sollte man, ohne spürbar verbesserte materielle Anreize, sich nach mehr Verantwortung in einer Umgebung drängen, die sich durch permanente, von einem selbst nicht beeinflußbare Produktionsmängel auszeichnete?

Mit dem Weg in die kapitalistische Marktwirtschaft werden die industriellen Produktionsregime in beiden Ländern bald Vergangenheit sein, in der DDR vermutlich radikaler und schneller als in Ungarn. Organisationsformen der Produktion, leistungspolitische Arrangements und Herrschaftsstrukturen im Bereich industrieller Arbeit werden umgewälzt, die, wenngleich nicht identisch, sich hier wie dort auf verschiedene Weise als immer unproduktiver und belastender herausstellten. Ob die Industriearbeiterschaft in diesem Prozeß zum bloßen Objekt der Anpassung wird oder ihn mitzuprägen vermag, das wird die Zukunft weisen. Daß ihre Rolle bisher passiv war und sie im demokratischen Umbruch keine eigenständige Kraft bildete, ist in mancher Hinsicht verständlich. In Ungarn spielten sicherlich ihre vielschichtige, teils krasse innerbetriebliche und sektorale Segmentierung, aber auch die disparaten Arbeits- und Reproduktionsfelder in der »ersten« und der »zweiten« Wirtschaft« eine Rolle. Für sie öffneten sich dadurch Räume zur Artikulation und Verfolgung individueller Interessen, so daß es für kollektive Strategien der Veränderungen weniger Anlaß gab. Indem der Kádársche Parteistaat im Krisenverlauf sein Reproduktionsmonopol zunehmend aufgab und traditionelle Reproduktionsgarantien einschränkte, verlor der mit paternalistischen Elementen durchsetzte politische Zwang als Integrationsmittel an Gewicht und gewannen teils marktförmige ökonomische Zwänge und Anreize an Bedeutung, die differenzierend wirkten. In der DDR blieb die Industriearbeiterschaft in größerem Maß die gegängelte Klientel der Staatspartei.

Diese bot ihr im Tausch für rigorose politische Konformität die Beibehaltung traditioneller sozialer Sicherheitsgarantien an – wenngleich auf sinkendem Niveau – und konservierte ihre vergleichsweise günstige lohnpolitische Lage. In den Betrieben wagte sie nicht an die prekäre Machtsymmetrie zu rühren, die sich durch das politische Machtmonopol der SED einerseits und die Fähigkeit der Belegschaften zur Leistungsbeschränkung andererseits auszeichnete.

Anmerkungen

1 Zum historischen und länderspezifischen Wandel industrieller Produktionsregime vgl. besonders M. Burawoy, The Politics of Production, London 1985.
2 Der Ausdruck stammt von dem ungarischen Philosophen und Dissidenten János Kis, der inzwischen Vorsitzender vom »Bund der Freien Demokraten« ist, der zweitstärksten ungarischen Partei.
3 Die wöchentliche Regelarbeitszeit blieb in der DDR in den achtziger Jahren mit 43,75 Stunden unverändert, während sie in Ungarn in der zweiten Hälfte der achtziger Jahre nur noch 40 Stunden betrug. Dort verlängerte sich die tatsächliche Arbeitszeit für einen Großteil der Beschäftigten vor allem durch Nebenbeschäftigungen in der »zweiten Wirtschaft« und der Subkontraktarbeit in den Staatsunternehmen beträchtlich.
4 Siehe G. Henschel, Zur kritischen Analyse der Entwicklung des Planungssystems in der DDR, in: Wirtschaftswissenschaften 5/1990.
5 Dazu für die DDR jüngst H.-D. Haustein, Die notwendige Beschleunigung des Wachstumstempos der industriellen Arbeitsproduktivität und die Bewertung der lebendigen Arbeit, in: Wirtschaftswissenschaften 2/1990.
6 Den Angaben H.-D. Hausteins zufolge belief sich die Höhe der staatlichen Subventionszuwendungen für den Grundbedarf, Tarife und Mieten: 1970 erst auf 15,7 Prozent der gesamten Arbeitseinkommen im produzierenden Bereich, 1980 dann bereits auf 29,7 Prozent und 1988 auf dramatische 64,0 Prozent. Geschätzt worden ist, daß 1989 die Subventionen sich pro Kopf und Monat auf 300 Mark oder für einen 4-Personen-Arbeitnehmerhaushalt auf 1.200 Mark beliefen. Diese Summe lag etwas über dem durchschnittlichen Erwerbseinkommen. Siehe H.-D. Haustein, a. a. O.

7 Für die DDR vgl. A. Aslund, Private Enterprise in Eastern Europe – The Non-Agricultural Private Sector in Poland and the GDR 1945–1983, London-Basingstoke 1985; für Ungarn vgl. G. J. Kovács, Sikeres talponmaradás-kudarcos integráció (A magánkisipar útja a magyar szocialista gazdaságfejlödés különbözö szakaszaiban), Erfolgreiches Überleben – mißlungene Integration (Der Weg der privaten Kleinindustrie in verschiedenen Zeitabschnitten der ungarischen sozialistischen Wirtschaftsentwicklung), Budapest 1987.
8 Dazu zuletzt T. Laky, Vanished Myths – Wavering Intentions (Small Enterprises Revisited), in: Acta Oeconomica 3–4/1989.
9 Siehe den Aufsatz von K. Mänicke-Gyöngyösi in diesem Band.
10 Vgl. dazu R. I. Gábor / P. Galasi, A második gazdaság (Die zweite Wirtschaft), Budapest 1981; I. R. Gábor / Gy. Kövári, Beválhatók-e a bérreform igéretei? (Sind die Versprechen der Lohnreform einlösbar?), Budapest 1990.
11 Mitte der achtziger Jahre, auf dem Höhepunkt der Entwicklung, bestanden in der ungarischen Volkswirtschaft etwa 20.000 VGMK mit ungefähr 240.000 Mitgliedern. Jeder zwanzigste Erwerbstätige gehörte einer solchen Arbeitsgemeinschaft an, in der Industrie jeder neunte. Auf die Industrie (einschließlich Bauwirtschaft) entfielen etwa drei Viertel aller VGMK und ihrer Mitglieder. 90 Prozent von ihnen waren in der Produktion und in produktionsnahen Bereichen wie der Instandhaltung beschäftigt. Zu diesem Typ von Subkontraktarbeit und seinen Implikationen für die betriebliche Leistungs- und Verhandlungspolitik vgl. L. Neumann, A munkászervezeti megújulás lehetöségei a vállalati gazdasági munkaközességekben (Möglichkeiten zur Erneuerung der Arbeitsorganisation in den VGMK), in: Medvetánc 4/1985 und 1/1986; ders., Market Relations in Intra-Enterprise Wage Bargaining, in: Acta Oeconomica 1/1989; D. Stark, Rethinking Internal Labour Markets: New Insights From a Comparative Perspective, in: American Sociological Review 51/1986; R. Deppe, Ungarns Reformpolitik im Spannungsfeld dezentraler Interessenkonstellationen, Frankfurt 1988 (Zwischenbericht).
12 Vgl. dazu die Einkommensangaben bei G. Manz für Tätigkeiten im handwerklichen Dienstleistungsbereich in seinem Überblick über die Schattenwirtschaft. G. Manz, Schattenwirtschaft in der DDR, in: Wirtschaftswissenschaften 2/1990.
13 Zu diesen lohnpolitischen Entwicklungstendenzen in der DDR siehe M. Kaufmann, Arbeitseinkommen in der DDR, Bergisch-Gladbach 1990.
14 In der DDR handelte es sich dabei unter anderem um den stark forcierten »Rationalisierungsmitteleigenbau« in den Kombinaten, mit dessen Hilfe diese Spezialzubehör für die eigenen Produkte herstellten, häufig aber auch einfachste Teile, die anderweitig nicht zu bekommen waren.

Vgl. die Branchenstudie für den Werkzeugmaschinenbau in R. Deppe / D. Hoß, Arbeitspolitik im Staatssozialismus. Zwei Varianten: DDR und Ungarn, Frankfurt 1989. Besonders nachteilig wirkte sich in dieser Hinsicht in den achtziger Jahren die pauschale Planauflage für alle produktionsmittelherstellenden Kombinate aus, mindestens 5 Prozent ihrer industriellen Warenproduktion als Konsumgüter herzustellen. Das führte »zu einer überwiegend ineffektiven Konsumgüterproduktion, zum Teil unter manufakturähnlichen Bedingungen, die durch unrentable Losgrößen, mangelnde Qualität und Nichtbedarfsgerechtigkeit der Erzeugnisse gekennzeichnet ist«. G. Schreiber, Konsumgüterproduktion in produktionsmittelherstellenden Kombinaten – ja oder nein?, in: Wirtschaftswissenschaften 6/1990.

15 Cs. Makó / A. Simonyi, Can Taylorism be applied in Hungary?, in: H. J. Braczyk u. a. (Hg.), The Present Situation and Problems of Applied Industrial Sociology in the Countries of Eastern Europe and in the Federal Republic of Germany, Bielefeld 1987; K. Nagy / A. Simonyi, A szervezés határai, az ösztönzés korlátai (Grenzen der Organisation, Grenzen der Stimulierung), Institute of Labour Research, Budapest 1983.
Für einen Überblick über wichtige Forschungsergebnisse der ungarischen Industriesoziologie vgl. R. Deppe / D. Hoß, a. a. O.

16 Zu dieser Unterscheidung zwischen »Zentrum« und »Peripherie« vgl. J. Köllö, Taktikázas és alkudozás az ipari üzemben (Manöver und Aushandeln im Industriebetrieb), in: Közgazdasági Szemle 7–8/1981; M. Ladó / F. Tóth, A Munkaszervezet centrumában (Im Zentrum der Arbeitsorganisation), in: Ergonómia 1/1986.

17 Vgl. dazu für den Maschinenbau und die chemische Industrie R. Deppe / D. Hoß, a. a. O.

József Bayer
Vom latenten Pluralismus zur Demokratie

Die heutigen Veränderungen in Osteuropa, die sich nach Einführung der sowjetischen Perestrojka erst langsam vortasteten, dann um so stürmischer voranschritten, haben fast jeden überrascht. Kaum jemand hätte all das vor ein oder zwei Jahren für möglich gehalten und voraussagen können: die Ereignisse haben die kühnsten Erwartungen übertroffen, ihre Dynamik hat die dezidiertesten Skeptiker eingeholt und sogar Schwärmer für das Neue überholt. Jeder politisch bewußte Mensch fühlt sich mitgerissen von diesen Erfahrungen – gerade hier in Deutschland muß ich das nicht betonen, wo die deutsche Vereinigung wirklich jedem vor Augen führt, daß eine ganze Epoche in der europäischen Geschichte endgültig abgeschlossen ist und eine neue beginnt. Der Kalte Krieg, besonders zu Zeiten der Detante zu einem kalten Frieden moderiert, geht erst jetzt zu Ende. Jalta verjährt und die Teilung Europas in zwei Blöcke kann jetzt – wenigstens politisch – aufgehoben werden. Man ist mit Recht von den neuen Chancen und Möglichkeiten begeistert, die sich infolge dieser Veränderungen eröffnen. Nur die atemberaubende Geschwindigkeit und sichtbare Unkontrollierbarkeit der ablaufenden Prozesse und die damit verbundenen Risiken betrüben die Geister. Vorsichtig sind nicht nur verängstigte amtierende Politiker geworden, sondern auch und vor allem historisch erfahrenere, tiefer denkende Menschen, die genug Phantasie haben, sich auch schlimmere Folgen auszumalen.

Diese Ereignisse führen naturgemäß zu erneuten politischen und theoretischen Debatten über den Charakter der osteuropäischen Systeme und über die Bedeutung ihrer Veränderung. Schon die Frage, was eigentlich in die Krise geraten ist, worin diese besteht und wie sie zu lösen wäre, ist ein Streitpunkt. Ich stimme mit den wenigen überein, die davon überzeugt sind, daß nicht – wie es der ungarische Ökonom, János Kornai ausdrückte – die Einrichtung in die Krise geraten ist, sondern die Einrichtung selbst die Krise war. Es wird leicht vergessen, daß die osteuropäischen staatssozialistischen Systeme aus einer tiefen gesellschaftlichen Krise hervorgingen und infolgedessen einen historischen Ausnahmezustand darstellten. Diese Tatsache wurde aus dem offiziellen Diskurs der osteuropäischen Systeme weitgehend verdrängt. In der westlichen Öffentlichkeit – entsprechend dem hiesigen Demokratieverständnis und den vorherrschenden politischen Auffassungen – wurde dies wenigstens in der Annahme aufbewahrt, daß eine künstliche und mit Gewalt aufrechterhaltene sozialökonomische Ordnung früher oder später zusammenbrechen müßte. Der »Realsozialismus« sowjetischer Prägung als eine Antwort auf die wiederkehrende Krise peripherisierter Gesellschaften an der Schwelle der Modernisierung hat sich jetzt offensichtlich als eine Sackgasse herausgestellt. Die Frage ist nur, wie man in den »normalen« Zustand zurückkehren kann, und was soll und kann ein »Normalzustand« überhaupt für diese Gesellschaften heißen?

Dies ist nicht nur eine praktische, sondern auch eine theoretische Frage. Denn die gegenwärtigen Ereignisse haben auch viele theoretische Deutungen dieser Systeme als inadäquat oder mindestens ungenügend ausgewiesen. Das trifft nicht bloß für die offiziellen Apologien des »Realsozialismus« zu, sondern auch für die etwas differenzierteren und viel kritischeren Konzepte des Staatssozialismus (den ich vertrete) sowie für die liberalen Totalitarismustheorien, welche den größten Einfluß auf die westliche Öffentlichkeit ausübten. Nach Annahme dieser Theorien, die die totale Kontrolle eines allmächtigen Staates (Parteistaates) über eine völlig unterdrückte, unorganisierte und ohnmächtige Gesellschaft unterstellen, hätten sich nämlich die gegenwärtigen osteuropäischen Entwicklungen erst gar nicht ereignen dürfen. Zum Glück können solche Theorien höchstens eine Deutung der Realität versuchen, ihr aber nichts vorschreiben. Die relative Wahrheit, die sie formulieren, nämlich die staatliche Übermacht über eine für Modernisierungszwecke mobilisierte, durchpolitisierte Gesellschaft, ist in den Totalitarismuskonzepten oft zu einem mythologischen Modell hochstilisiert worden. Die reale Interessenstruktur dieser Gesellschaften und ihre Vermittlungsformen wurden dabei vernachlässigt (sie aufzudecken hätte harte Forschungsarbeit verlangt, besonders angesichts der blockierten Informationspolitik). Diese wiesen in den betreffenden Ländern Verflechtungen auf, die eine einfache Zweiteilung der Gesellschaft in böse Unterdrücker und leidende Unterdrückte ab ovo vereitelten. Die realen Abhängigkeitsverhältnisse wurden oft heimlich so umgestülpt, daß keiner mehr wußte, wer wem diktierte, und die ungeschickte Forcierung einer ungewollten Politik das System mit völliger Paralysierung bedrohte. Normale, im Westen angewandte sozialwissenschaftliche Einsichten wurden bei der Analyse des Sowjetsystems in der Regel ausgeklammert, wie schon der amerikanische Sowjetologe Jerry Hough vermerkte, einer der Vertreter der These vom beschränkten Pluralismus des Sowjetsystems. Von der Bürokratie-Theorie wurden zum Beispiel meist nur die herrschaftskritischen, nicht aber die organisationssoziologischen Einsichten für die Analyse fruchtbar gemacht. Die Wiedervereinigung des (sozial)wissenschaftlichen Sprachgebrauchs wird daher zu Recht für einen der größten Gewinne der heutigen Umwälzungen in Osteuropa gehalten.

Die Bestimmung des Charakters der Veränderungen ist selbst eine der umstrittenen Fragen, in welcher theoretische und politische Implikationen am leichtesten aufzufinden sind. Man spricht gerne von Revolutionen, von einer unblutigen oder stillen, ruhigen, sogar »lächelnden« Revolution, auch von einem prozeßhaften Systemwechsel. Die Radikalität der Veränderungen legt dies nahe und auch der alltägliche Sprachgebrauch kümmert sich nicht um theoretische Deutungen, wenn er jeden großen Aufruhr, egal welcher Richtung, Revolution nennt. Man sollte sich jedoch die sozialwissenschaftliche Bedeutung dieser Begriffe vergegenwärtigen. Wie der polnische, der Solidarność nahestehende Politologe Wojtek Lamentowitz mahnte, wird sich erst später herausstellen, ob wir es mit einer echten Revolution zu tun hatten, nachdem wir nämlich erfahren haben, ob für die sozialökonomische Krise der peripherisierten osteuropäischen Gesellschaften eine Lösung gefunden wurde oder nicht. Ich möchte ihm darin gerne zustimmen. Im klassischen Sinn dürfte man nicht einmal im Fall des rumänischen Aufstandes von Revolution sprechen, da die grundlegenden Produktionsverhältnisse bislang unangetastet blieben. Ob es auch mehr wird – ich hoffe, es wird mehr – als der Sturz eines blutigen Despoten durch einen Volksaufstand, darüber entscheidet die Dynamik der weiteren Entwicklung.

Man kann freilich auch in dem Sinn von Revolution sprechen, wie Ralph Dahrendorf es tut, daß nämlich eingeführte Reformen in Wirtschaft und Politik eine Eigendynamik entwickeln, die der Kontrolle ihrer Initiatoren entgleitet. In dieser Auslegung hat Revolution dann eine ausgesprochen pejorative Bedeutung – unzweifelhaft bei Dahrendorf selbst, hält er doch Reformen für das adäquate Mittel des Fortschritts, während Revolutionen ihm zufolge nur Unglück brachten. Diese Deutung gilt indes weder für Rumänien noch für die DDR und die Tschechoslowakei, wo die politische Führung sich Reformen strikt entgegenstemmte; sie trifft hingegen sehr wohl auf einige andere Länder zu, vor allem auf Ungarn. Es ist allgemein anerkannt, daß die Umwälzung in Ungarn am meisten vorbereitet war, was dazu geführt hat, daß der gesamte Veränderungsprozeß heute zu geregelt und friedlich abläuft, um das gewohnte Bild einer Revolution zu evozieren. Die Irritationen in der Bevölkerung stammen auch eher aus ökonomischen Schwierigkeiten als aus unbefriedigten politischen Rechten. Eine oft zu hörende Beschwerde der neuen politischen Kräfte ist gerade die, daß das Volk an der Umwälzung ungenügend beteiligt ist, und sie sich deswegen nicht auf ein starkes und massenhaftes Befreiungserlebnis der Bevölkerung als Legitimationsgrundlage stützen können, wie das in anderen Ländern der Fall ist.

Mit diesen Bemerkungen möchte ich nicht etwa bestreiten, daß die Veränderungen gravierend sind und früher oder später zu einem völligen sozialökonomischen Systemwechsel führen. Jedoch sollte man mit der Behauptung eines schon vollzogenen Systemwechsels vorsichtig umgehen, solange sich noch über 90 Prozent der Produktivkräfte in staatlicher Hand befinden, deren Privatisierung unter möglicher Verschärfung sozialer und politischer Konflikte erst noch durchzuführen ist. Von einem Systemwechsel im Sinne des Übergangs vom Sozialismus zum Kapitalismus kann also vorerst selbst dann keine Rede sein, wenn man den ehemaligen sozialistischen Ländern den Status eines verwirklichten Sozialismus einräumte, was selbst wiederum fragwürdig ist.

Was sich ereignet hat, ist also vorerst ein politischer Systemwechsel – wenn man will, eine »demokratische Revolution«, die ausstand, und deren Fehlen die Realisierung echter sozialistischer Ziele vereitelte. Daß dadurch nicht notwendigerweise eine sozialistische Demokratie entsteht – sie ist eher höchst unwahrscheinlich –, sondern vielmehr eine, im besten Fall mit einem sozialen Rechtsstaat verknüpfte, bürgerliche Demokratie, ändert nichts an der Fortschrittlichkeit und Unumgänglichkeit der Entwicklung.

Der politische Systemwechsel bedeutet allein schon deshalb sehr viel, wenn man bedenkt, welche dominierende Rolle die Politik in der Bestimmung und Vermittlung sozialökonomischer Verhältnisse in diesen Gesellschaften gespielt hat. Dieser Tatbestand erhielt seine ideologische Weihe und Rechtfertigung in der bolschewistischen These vom Primat des Politischen, die praktisch eine voluntaristische Verkehrung der Marxschen Vorstellung zum Verhältnis von Basis und Überbau darstellte. Gerade wegen dieser bestimmenden Rolle des Politischen erheischte jede radikale Erneuerung, jede ernstzunehmende Reform einen radikalen politischen Systemwechsel, da die vorherrschende monolithische Ordnung nur um den Preis ihrer Auflösung reformierbar war. Die vorwiegend politische Antwort auf das allgemeinere Problem der Modernisierung peripherisierter Gesellschaften führte dazu, daß die monolithische politische Form die härteste Stütze des Bestehenden und als solche zum Haupthindernis für jede Fortentwicklung geworden war. Deswegen scheint mir Ralph Dahrendorfs Bemerkung sehr am Platze, weniger vom Systemwechsel zwischen Kapitalismus und Sozialismus zu sprechen – überhaupt sollte man jedes Systemdenken vergessen, fügt er noch hinzu – als vielmehr vom Übergang von einer geschlossenen zu einer offenen Gesellschaft. Besonders wenn er unter einer offenen Gesellschaft kein anderes System versteht, sondern einen Mechanismus, um Alternativen aufzuspüren und zu nutzen. Das besagt an sich noch nichts über die Gesellschaftsform selbst; wie diese sich weiter gestaltet, wird sich auch in gesellschaftlichen Kämpfen entscheiden. Die heutige Entwicklung bedeutet vor allem die unerläßliche und vollständige Rehabilitierung des Pluralismus in den bisher monolithischen staatssozialistischen Gesellschaften. Weitere Veränderungen folgen erst, wenn diese erreicht ist.

Dieses methodische und theoretische Herangehen ist meines Erachtens angebracht, weil es frei ist von der ideologischen Last, mit welcher der Begriff Demokratie befrachtet ist. Demokratie und Pluralismus sind nämlich keineswegs identisch. Während eine freie demokratische Ordnung nicht ohne einen Grad von Pluralismus bestehen kann, hat die Demokratie gleichwohl auch eine antipluralistische Auslegung erfahren. Umgekehrt schließt Pluralismus von sich aus nicht unbedingt Demokratie im Sinne einer demokratischen Gleichheitsidee ein. Von Schumpeter bis Robert Dahl gibt es pluralistische Demokratietheorien, welche soziale Gleichheit und Gerechtigkeit nicht notwendig einschließen, und die auch ohne breite demokratische Partizipation auskommen. Demokratie sei keine Herrschaft des Demos, heißt es ganz realistisch, sondern vor allem ein Regierungssystem, in dem die aktiven Staatsbürger (die ruhig auch eine Minderheit sein könnten, entscheidend wäre nur, daß allen anderen Partizipation als Option offenstehe) durch Wahlen bestimmte Fraktionen der Elite ins Amt bringen, die sie in der nächsten Wahlrunde wieder abwählen können. Zur Kontrolle über die Regierungsgeschäfte soll es genügen, daß die Mitglieder der Elite – wohlgemerkt, unter rechtsstaatlichen Bedingungen – um die Gunst des Volkes wetteifern müssen, die sie auch wieder verlieren können.

Die Idee einer Volksdemokratie wollte einst dazu eine Alternative anbieten, indem sie ihre monolithische Ordnung als adäquate Form der modernen Massendemokratie ausgab, den sozialen Inhalt (materielle Gleichheit) gegenüber dem Plutokratismus der liberalen bürgerlichen Demokratie betonte und die gesicherte Ordnung gegen deren Anarchismus ausspielte. Die unseligen Formen der auf diese Weise ausgebauten monolithischen Ordnung führten indes dazu, daß sie mit der Zeit jeglichen demokratischen Impuls verlor, von dem sie anfangs noch viele Menschen überzeugen konnte, als es um die Zerstörung verhaßter halbfeudaler, fortschrittsfeindlicher Strukturen und um die Aufhebung des Massenelends ging. Diese Ziele rechtfertigten die diktatorischen Maßnahmen in den Augen vieler Menschen, die sich voller Hoffnung und Energie den sozialistischen Ideen verschrieben, um nicht von denen zu sprechen, die aus schierem Opportunismus und kühler Berechnung mitzogen.

Die heutige politische Wende ist deswegen so spektakulär, weil das ganze bisherige System des Staatssozialismus so entschieden antipluralistisch konstruiert und eingestellt war. Besonders in der Anfangsphase wurde die Forderung nach Einheit bis hin zur Uniformität überbetont, und forderte ihre Einhaltung vor allem Geschlossenheit. Monolithismus in der Politik, Monismus in der Ideologie und überzogene, durchgehende Verstaatlichung der Wirtschaft stützten einander gegenseitig ab und bildeten ein Ganzes. Sogar das Wort Pluralismus war bis in die jüngste Zeit hinein verfemt und diese – ursprünglich liberalsozialistische – Idee als dem Sozialismus wesensfremd erklärt. Nach Ostberliner Sprachgebrauch war Pluralismus das trojanische Pferd, mit dem die bourgeoise Politik und Ideologie das sozialistische System und dessen Garanten, die führende Rolle der Partei, untergraben wollte. Es wäre ein leichtes, ähnliche Formulierungen anderer Ostblock-Parteien zu zitieren.

Ursprünglich fand dieser streitbare Antipluralismus in den Verhältnissen seine Stütze, später erwies er sich immer mehr als verheerende, selbstzerstörerische Vogel-Strauß-Politik, die den Erfordernissen einer neuen, sich entfaltenden Realität nicht gewachsen war. Im folgenden möchte ich kurz das originäre Modell beschreiben und dann am Beispiel Ungarns zeigen, wie ein latenter Pluralismus im Schoße der alten Ordnung sich entwickelte, bis er schließlich deren Rahmen sprengte. Ich nehme Ungarn als Beispiel für diese Entwicklung, weil ich aus Ungarn komme und Ungarn diesen Weg am weitesten gegangen ist.

Die Wirtschaftsordnung der forcierten Industrialisierung mit ihrem redistributiven System der Ressourcenzuteilung, der zentralen Verfügung über Arbeit und Kapital, ließ wenig Raum für spontane, vom zentralen Plan abweichende ökonomische Aktivitäten. Man erwartete von der zentralistischen Planwirtschaft eine vernünftige Verteilung der knappen Ressourcen, ihre optimale und konzentrierte Nutzung für Entwicklungsziele. Die Restriktion jeglicher wirtschaftlichen Freiheit und Spontaneität führte aber zum Gegenteil: zur Mißachtung der Rentabilität, zur Verschwendung sowie zur allgemeinen Verantwortungslosigkeit. Die voluntaristische Nachahmung des sowjetischen Modells hatte in den Volksdemokratien außerdem den Ausbau einer von vornherein veralteten Struktur der Industrie und unkorrigierbare Fehlentscheidungen in der Wirtschaftspolitik zur Folge. Die bürokratische Rationalität der planenden Vernunft erwies letztlich ihre Irrationalität.

Das monolithische politische System des Partei-Staates war dazu berufen, das so strukturierte sozialökonomische System gegen spontane oder organisierte Herausforderungen zu schützen. Es richtete sich nicht nur gegen Kräfte einer möglichen Restauration, sondern schirmte sich auch zunehmend gegen eine widerstrebende Gesellschaft ab, unterband jedes Verlangen nach autonomer Selbstorganisation und lähmte dadurch die Organisationsfähigkeit der zivilen Gesellschaft. Ideologisch legitimierte das jakobinisch-bolschewistische Ideal der demokratischen Gleichheit die Unterbindung jeglicher Organisation von sogenannten partikularen Interessen mit der Begründung, unterschiedliche Einkommens-, Bildungs- und Kapitalpositionen würden den Interessenkampf von vornherein entscheiden. Dieses Problem stellt sich zwar auch für den Pluralismus, nur will dieser es nicht durch Organisationsverbot und Organisationsmonopol lösen, in der richtigen Vermutung, daß dieses Medikament schlechter sei als die Krankheit selbst.

Das erzwungene Machtmonopol der Partei und dessen Folge, ihr Verwachsen mit dem Staat, machten das politische System zu einer beinahe unbesiegbaren Festung, die auch von zeitweiligen Krisen unerschüttert blieb. Die machtpolitische Übersicherung führte aber gleichzeitig zu politischer Unbeweglichkeit und wirkte letztlich selbstzerstörend. Die politische Führung wurde zwar mangels demokratischer Kontrolle dem faktischen Legitimationszwang ihrer Entscheidungen enthoben – rein formell wurden Parlament und sogar Wahlen beibehalten – und war nicht dem Risiko offenen Scheiterns ausgesetzt. Der Preis dafür war freilich entsprechend hoch: die Auffindung und Ausarbeitung wirklicher, optimaler Alternativen wurde sogar innerhalb der Partei unmöglich gemacht. Das Einparteiensystem könnte weit angemessener als Nullparteiensystem bezeichnet werden, denn es hob den Parteicharakter der regierenden Partei in Wirklichkeit auf. Mit der Ausschaltung möglicher organisierter Alternativen, sowohl außerhalb als auch innerhalb der Partei – erinnert sei an das Fraktionsverbot, das in der Praxis auch die Entwicklung unterschiedlicher Plattformen unterlief –, wurde die »andere« Partei (zur Partei gehören mindestens zwei) imaginär, eine Chimäre. Der politische Gegner, ohne den keine Politik existiert, wurde nach außen verlegt, als Feind oder Verräter ausgegrenzt, als Widersacher des Sozialismus im allgemeinen. Wer autonom politisch handelte oder bloß dachte, fand sich unter solchen Umständen per definitionem im Feindeskreis wieder. Dieses Freund-Feind-Denken in der Politik, am besten ausgeführt von Carl Schmitt, ist eine unausweichliche Folge jeglichen monolithischen Systems. Natürlich kann es unterschiedliche Schärfe annehmen, vom offenen Terror bis hin zu einem liberalen Paternalismus reichen. Die dadurch bewirkte Homogenität des politischen Körpers erweist sich als höchst effektiv für die Durchsetzung zentral bestimmter politischer Ziele unter Umständen äußerster Not. Die straffe Integration bietet auch breite Möglichkeiten zur Partizipation für die Einverstandenen, während sie alle anderen zu Staatsbürgern zweiter Klasse entmündigt. Dadurch lähmt sie die Kräfte der »zivilen Gesellschaft«, ohne deren autonome, aktive Beteiligung das System in Krisenzeiten nur durch Gewalt zu retten ist.

Ideologisch drückte sich der Antipluralismus in der offiziellen

Monopolstellung bzw. der administrativ abgesicherten Hegemonialstellung des sogenannten Marxismus-Leninismus aus. Dieser firmierte als einheitliche Lehre und Inbegriff der Wahrheit, ergänzt durch die ideologische Kontrolle über das gesamte geistige Leben. Die damit einhergehende administrative Ausschaltung aller geistigen Herausforderungen widersprach völlig dem Marxschen Geist und hatte ihren Ursprung in ganz anderen kulturellen Traditionen. Der so instrumentalisierte und zurechtgestutzte Marxismus wurde, statt eine neue Aufklärung zu begründen, bald selbst zur Quelle von Halbbildung und geistiger Anspruchslosigkeit erniedrigt, förderte Mittelmäßigkeit in fast allen Bereichen. Ohne die pluralistischen Institutionen einer freien Öffentlichkeit wurden auch innermarxistische Diskussionen unmöglich. Wer guter Marxist war und wer nicht, entschied sich von vornherein nach politischen Kriterien.

Worin besteht der Unterschied, könnte man fragen, zwischen der so beschriebenen monolithischen Ordnung und dem Bild der Totalitarismustheorien? Ich möchte nur drei Faktoren nennen: erstens, das ungelöste Problem der Modernisierung wird nicht ausgeklammert; zweitens, es waltet keine moralische Selbstgefälligkeit; drittens, statt des statischen Bildes einer zweigeteilten Gesellschaft wird ein dynamisches entworfen, in dem sich ein untergeordneter Pluralismus innerhalb der monolithischen Ordnung entfaltet, dessen sich anhäufende Elemente letzten Endes das System notwendigerweise sprengen.

Zum ersten: Der Versuch der Modernisierung halbfeudalistischer Gesellschaften an der Peripherie des Weltkapitalismus wurde in politischen Formen durchgeführt, welche vormoderne Herrschaftsverhältnisse reproduzierten und letztlich selbst zum Haupthindernis der Weiterentwicklung wurden. Zum zweiten: Diese ganze Entwicklung ist auch ohne alle moralisierenden Untertöne zu verstehen. Die wissenschaftliche Argumentation gewinnt nur an Stärke, wenn man nicht von vornherein vom bösen Willen schlimmer Menschen – hier seien es die Kommunisten – ausgeht, und keine umgekehrte Verschwörungstheorie als Erklärungsmuster benutzt. Zum dritten behaupte ich, daß die sowjetische Perestrojka nur Auslöser und Katalysator der osteuropäischen Umwälzungen war, der Hauptgrund für die Veränderungen aber in der evolutionären Anhäufung von systemfremden, latent pluralistischen Elementen lag.

Fürwahr, das monolithische System realisierte zuzeiten und an einigen Schauplätzen auf erschreckende Weise das Idealbild des Totalitarismus. Mit der Zeit lockerte sich jedoch der Monolithismus des Systems. Das geschah in einzelnen Ländern in unterschiedlichem Maße, entsprechend den eingeführten oder versäumten Reformen. Um das zu illustrieren, beziehe ich mich vor allem auf Ungarn.

Ungarns Sonderentwicklung beruhte darauf, daß die politische Führung aufgrund der Erfahrungen von 1956 versuchte, konsensfähigere und für die breite Bevölkerung tragbarere Lösungen zu finden, ohne dabei das nicht hinterfragbare sowjetische Modell antasten zu müssen. Dieses Streben, das durchaus eines gewissen taktischen Talents bedurfte, führte zu einer langsamen Modifizierung des Systems, die spürbare qualitative Differenzen im Vergleich mit anderen »Bruderländern« bewirkte, und in vielem die heutige Entwicklung vorbereitete. Es geht dabei nicht nur um die oft beschworenen, im Jahr 1968 eingeführten Wirtschaftsreformen, sondern auch um die spezifische Form der Modernisierung der Agrarwirtschaft, um das relativ freie, offene geistige Klima, und auch um die – hierzulande ungewohnte – politische Liberalität. Das auf diese Weise entstandene System des sogenannten »Kádárismus« als eines liberalen paternalistisch-autoritären sozialistischen Wohlfahrtsstaates genoß nicht nur im eigenen Lande Popularität, sondern wirkte auch auf andere osteuropäische Länder zurück, wenn auch nur als Herausforderung: vor allem auf Polen und die Sowjetunion.

Ich kann hier nicht alle Aspekte dieses Systems beschreiben, höchstens kurze Andeutungen machen. Schon die Kollektivierung der Landwirtschaft im Zeitraum 1959 bis 1961 wurde anders gemacht – zwar mit leichtem Druck und mildem Zwang, aber unter Einbeziehung der mittleren Bauern, deren Erfahrungen man sich in der Organisation zunutze machte, und die oft in Führungspositionen gehievt wurden. Die LPG-Mitglieder besaßen am Anfang ziemlich weitgehende Mitbestimmungsrechte. Außerdem setzte eine starke Agrarlobby in der Parteiführung durch, daß viele Milliarden in die Maschinerie, Forschung und Bildung investiert wurden, und ein gut funktionierender Warenmarkt für landwirtschaftliche Produkte entstand. Mit der Kombination von Hauswirtschaft und Großproduktion wurde eine spektakuläre Entwicklung in der Landwirtschaft erreicht. Die freieren Bewe-

sein führte. Von der ersten durch ihre Organisationsform, die Kapitalverwertung und höhere Lohnsätze getrennt, war sie gleichwohl mit dieser in vielerlei Hinsicht eng verbunden. Oft benutzte sie deren Infrastruktur und schlachtete ungenützte Kapazitäten aus. Die eigenartige Kombination dieser zwei grundverschiedenen Wirtschaftsbereiche half den ungarischen Arbeitnehmern im letzten Jahrzehnt – gewiß unter Selbstausbeutung – sich während Stagnation und Krise über Wasser zu halten. Die Sozialstruktur differenzierte sich nach den Beteiligungschancen an der »zweiten Ökonomie« und ein Prozeß der »Verbürgerlichung« setzte ein. Der wachsende staatsfreie Raum begünstigte autonomes Denken. Die alternativen Einkommensquellen förderten unternehmerische Mentalität. Die zunehmend ökonomische Bedeutung der zweiten Wirtschaft führte zugleich jedem vor Augen, daß mit der ersten irgend etwas nicht stimmte. Sie produzierte nämlich Staatsverschuldung, ging mit Kapital und Arbeit verschwenderisch um und zeigte all die unseligen, schon von Marx beschriebenen Folgen des faulen Monopols, und zwar gestützt durch und verbunden mit dem politischen Monopol der herrschenden Elite. So verlor das System von Tag zu Tag mehr an Legitimität, auch in den Augen seiner früheren Protagonisten.

Aufgrund dieser Erfahrungen trat Ungarn ab 1987 in die Periode der offenen politischen Krise ein, als sich nämlich herausstellte, daß das 1985 beschlossene Dynamisierungsprogramm fehlschlug. Die Verschuldung wuchs von 1985 bis heute aufs doppelte (über 20 Mrd. US-$), und diese bedrückende Tatsache wirkte an sich schon alarmierend. Von einem zerbröckelten RgW war nichts zu hoffen und mit der bestehenden Struktur, das war klar, konnte man an den Weltmarkt nicht herankommen – weder ökonomisch noch politisch. Der Wunsch nach radikaler Veränderung wurde auch in der Elite stärker, die spürte, daß es so nicht weitergehen konnte. Die außenpolitische Situation ausnützend, begann ein radikalisierter Reformprozeß, der freilich – wie üblich – dann nicht mehr kontrollierbar war.

Der konkrete Ablauf der politischen Krise bedarf noch vieler Analysen. Ich möchte jetzt nur einen Aspekt dieses vielschichtigen Prozesses hervorheben, den ich mit einer Metapher zu veranschaulichen suche. Die früher erwähnte Festung der formell immer noch bestehenden monolithischen politischen Ordnung wurde weniger von außen gestürmt als von innen zerlegt. Ihre

Steine wurden von innen her abgetragen, damit frische Luft einströmt. Die demokratisch gesinnten Protagonisten des Systems, die reformistisch denkenden Sozialisten, begannen um so lieber mit dieser Arbeit, als die schiere Aufrechterhaltung des alten Regimes immer mehr politische Energien aufzehrte, die man dringend zur Auffindung neuer Alternativen gebraucht hätte. Der Konservatismus und die Unbeweglichkeit des Systems waren nicht haltbar, es widersprach offensichtlich den Bedürfnissen einer modernen Wirtschaft und Gesellschaft. Die sich vertiefende und nach altem Muster unlösbar scheinende Wirtschaftskrise, der Vertrauensverlust hinsichtlich der Reformierbarkeit des Systems, die wachsende Kluft zwischen ideologischen Prätentionen und der ernüchternden Wirklichkeit unterhöhlten das ganze System des Staatssozialismus und wiesen es als unhaltbar aus. So ist nach heftigen Diskussionen, nach sowohl parteiinternen als auch öffentlich geführten Kämpfen, das System sozusagen durch Implosion zusammengebrochen. Der Parteistaat wurde von denen abgebaut, die ihn aufgebaut hatten und funktionieren ließen. Zumindest die immer stärker werdenden Reformer sahen ein, daß er in der gegebenen Form unreformierbar war. Mit den beschleunigten politischen Reformen wurden dann die entscheidenden Schritte gemacht: die Rehabilitierung des Rechtsstaates, die Anerkennung des Mehrparteiensystems und, als Vorbedingung eines friedlichen Übergangs, im Oktober 1989 die Auflösung der Staatspartei selbst.

Die in schnellem Tempo wachsenden, immer besser organisiert auftretenden oppositionellen Kräfte werden sich freilich größere Verdienste für die Herbeiführung der Systemveränderung zuschreiben wollen. Sie werden nicht zuletzt darauf hinweisen, daß sie es waren, die die Verhandlungen mit der Staatspartei am Runden Tisch erzwangen, die den Übergang zur parlamentarischen Demokratie regelten. Zweifellos hat die Opposition eine große Rolle im Prozeß der Delegitimierung der alten Herrschaftsstruktur gespielt. Aber um einem neuen Ersatzmythos über die Heldentaten der Erzeuger der neuen Welt entgegenzutreten, sei hier nur ein mahnend-ironischer Satz von dem bereits erwähnten ungarischen Politologen zitiert: »Das System des späten Kádár-Regimes arbeitete so rasch an seiner eigenen Zerschlagung, daß sogar seine Opponenten sehr schnell rennen mußten, um es einzuholen.« (L. Lengyel, in: Magyar Napló v. 13. 10. 1989)

Die reformistisch denkenden Sozialisten standen vor einem schweren Dilemma: Entweder stiegen sie aus der Staatspartei aus und versuchten als unabhängige Kraft zu handeln, als eine ganz neue Partei, als unbeschriebenes Blatt. Abgesehen davon, wie glaubwürdig eine solche Wendung gewesen wäre, war sie auch mit der Gefahr verbunden, daß die verbleibenden konservativen Kräfte im Besitz der gesamten Macht diesen Schritt dazu benutzen würden, den ganzen Reformprozeß zu stoppen. Aus heutiger Sicht scheint zwar diese Gefahr nicht allzu groß gewesen zu sein, aber damals waren die Würfel in Osteuropa noch nicht gefallen und war zudem der Ausgang der sowjetischen Perestrojka schwer einzuschätzen. Oder aber – und das war die zweite Möglichkeit – sie verblieben in der Partei und versuchten das schier Unmögliche, nämlich aus der Staatspartei eine moderne parlamentarische Partei zu kreieren. Dann aber würden sie wegen der aufgenötigten Kompromisse im Gedränge der unbelasteten neuen Parteien zu spät kommen und zudem mit allen begangenen Fehlern und Sünden der alten Partei belastet bleiben. Als Regierungspartei würde ihnen auch die Schuld an der aktuellen Krise und der begonnenen Austerity-Politik gegeben werden. Natürlicherweise würden sie deshalb die Verlierer der ersten freien Wahlen nach vier Jahrzehnten sein. Und so geschah es. Die Menschen votierten – bei etwa 40 Prozent Absenz! – für eine radikale Änderung; und die meisten dazu noch für diejenige Partei, die mit dem Slogan »Partei der ruhigen Kraft« auftrat. Wahrscheinlich witterten viele in ihr die neue »starke« Partei, die endlich Ruhe, Ordnung und Prosperität herbeischafft. Ob ihre Hoffnungen in Erfüllung gehen, bleibt abzuwarten. Zur neugegründeten Sozialistischen Partei kann man sagen, daß sie ihre Wahlchancen dem friedlichen Übergang in eine pluralistische Demokratie opferte. Ihre praktische Selbstkritik wird wahrscheinlich erst später, von einem sachlicheren Standpunkt aus und in historischer Perspektive gewürdigt werden. Um daraus noch einmal moralisches Kapital zu schlagen, müßte allerdings auch ein neues, alternatives sozialistisches Projekt entwickelt werden.

Das Gesagte will nicht bedeuten, daß ich die Verdienste der Opposition in ihrem Kampf gegen den Parteistaat vermindern und ihre Rolle bei der konsequenten Durchführung der begonnenen Reformen bis hin zu einer pluralistischen Demokratie bestreiten möchte. Ein Teil der Opposition betrieb seine politischen Partisanenaktionen am Rande des früheren politischen Systems; ein anderer war ganz hinausgedrängt worden und zu symbolischer Praxis gezwungen. Jetzt ergriffen sie ihre Chance, nützten die günstige außen- und innenpolitische Lage und organisierten sich während der letzten zwei Jahre freier Betätigung zu landesweiten realen politischen Faktoren. Der Ausgang der freien Wahlen brachte ihren Erfolg. Es bleibt zu hoffen, daß sie ihren Blick mehr nach vorne statt nach hinten richten und sich eine stabile Koalitionsregierung bilden läßt. Denn nach den Wahlen steht die neue Demokratie vor einer harten Bewährungsprobe: Ob und wieweit läßt sich angesichts der bevorstehenden ökonomischen Schwierigkeiten Konsensbildung auf demokratischer Grundlage bewerkstelligen; und wie kann man aus der ökonomischen Krise durch gemeinsame Anstrengungen herausgelangen und Anschluß an Europa finden?

gungsmöglichkeiten der Genossenschaften demonstrierten die größere Lebensfähigkeit nicht unmittelbar staatlicher Eigentumsformen und erschütterten damit alte Dogmen. Die Landwirtschaft spornte ihrerseits Wirtschaftsreformen in anderen Bereichen an, drängte in Richtung Marktwirtschaft und gab ein Beispiel für die Kombination kleinerer und größerer Produktionseinheiten für die spätere Entwicklung der sogenannten »zweiten Ökonomie«.

Im geistigen Leben wurde der Monopolanspruch der offiziellen Ideologie aufgegeben und unter dem Vorzeichen der »Hegemonie« ein gewisser Pluralismus gewährleistet – kein ausgesprochen ideologischer, aber doch ein künstlerischer und wissenschaftlicher Pluralismus. Dieses System war zwar inkonsequent und wenig institutionalisiert, führte jedoch – besonders im Kontext der ökonomischen Reformen – zu beträchtlichen geistigen Freiheiten, wenngleich nicht zu *der* Freiheit ohne jegliche Tabus.

Was die Wirtschafts- und Machtordnung betrifft, war die Interessenvermittlung trotz der hierarchischen administrativen Anweisungsstrukturen und des Fehlens eines autonomen Verbandswesens ebenfalls bei weitem nicht so einseitig, wie oft angenommen. Selbst unter der früheren strikten Form der Planwirtschaft gab es reichlich Verhandlungen und Feilschen der Interessenten über Soll-Ziele und Ressourcenzuteilungen. Im Zuge der Reformen des ökonomischen Mechanismus entwickelten sich dann mehr und mehr korporative Vertretungs- und Verhandlungsmuster. Die einschlägige politikwissenschaftliche Literatur bezeichnete diese Erscheinung als institutionellen, bürokratischen oder beschränkten, sektoralen Pluralismus. Dieser latente, nicht öffentlich organisierte Pluralismus war freilich keineswegs demokratisch und konnte es auch nicht sein. Man erlitt dessen viele Nachteile, ohne die Vorteile der öffentlichen Kontrolle eines politisch bekräftigten legitimen Pluralismus genießen zu können. Das System entwickelte sich langsam zu einem Staatskorporatismus, der auf Verhandlungen und Abstimmungen staatlich-politisch lizenzierter großer Interessengruppen beruhte.

Im Gegensatz zu früheren Formen der dirigistischen Planwirtschaft bezogen sich die gegenseitigen Abmachungen in der ab 1968 reformierten Ökonomie – wie ein ungarischer Politologe, L. Lengyel, beschreibt – weniger auf Naturalgrößen als auf finanzielle Rahmenbedingungen, Umverteilungen, Steuerbegünstigungen, Exportzuschüsse usw.: »Der staatskorporative Charakter besteht darin, daß die Abmachungen über die Partei- und Staatsorgane, beziehungsweise durch die von ihnen beauftragten Interessenvertretungen und nicht zwischen unabhängigen Gewerkschaften und Kammern (Unternehmerverbänden) abgeschlossen werden. Die Oligarchien organisieren sich nicht selbständig, sie haben keine eigenen Parteien und Interessenvertretungen, stellen keine institutionellen Gegenmächte dar, sondern diese Interessengruppen dringen in die Organisationen der einzigen Partei und in die Staatsverwaltung ein. Innerhalb dieses Raumes fechten sie ihre Teilungs- und Abteilungskämpfe (Anspielung auf Klassenkämpfe, J. B.) aus. Es existiert jedoch keine separate, autoritäre Bürokratie, die eigene fixe Ziele und Interessen hätte, welche sie den ihr unterworfenen, schmachtenden wirtschaftlichen Institutionen aufzudrängen versuchte. Das staatskorporatistische Netz, ein administrativer Markt, sammelt die Ansprüche und Erwartungen der großen Interessengruppen und setzt sie einem Wettbewerb aus; es bestellt und nimmt die Kader, bestimmt die Organisationsformen der Unternehmung, entscheidet sowohl über Importgenehmigungen als auch über Steuerbegünstigungen.« (L. Lengyel, Reformdiktatura vagy bürokratikus autoritarianizmus, in: Valóság, 5/1989, S. 61. Vgl. auch: Végkifejlet, Budapest 1990, Közgazdasági és Jogi Könyvkiadó.)

Der Autor sieht in diesem Modell sogar ein Anknüpfen an Vorkriegsentwicklungen, interpretiert es als möglichen ungarischen Weg innerhalb des aufgezwungenen sowjetischen Modells. Die Unkontrollierbarkeit dieses latenten Pluralismus führte notwendigerweise zu einer Oligarchisierung der an den Verhandlungen beteiligten Eliten, die sehr verschiedene Interessen verfolgten. Die Einheit der Partei wurde infolgedessen immer imaginärer, sie zerbröckelt in viele kleine lokale Parteien und »pressure«-Gruppen.

Der Staatskorporatismus wurde durch die sogenannte »zweite Ökonomie« ergänzt, die immer größeren Raum einnahm und sich durch stärker horizontale Verbindungen und marktwirtschaftliche Elemente auszeichnete. Die erste, staatliche Ökonomie wurde von »sozialistischen Großbetrieben« dominiert, von denen etwa fünfzig von den allgemein geltenden ökonomischen Vorschriften durch Begünstigungen ausgenommen wurden. Während die erste Wirtschaft stagnierte und subventioniert werden mußte, florierte die zweite Wirtschaft, die ganz und gar kein Schattenda-

László Varga
Geschichte in der Gegenwart –
Das Ende der kollektiven Verdrängung und der demokratische Umbruch in Ungarn

Heutzutage wird in Ungarn häufig die Frage gestellt, wessen Verdienst zunächst die Initiative, dann die Beschleunigung der Agonie der gemäßigten totalitären Diktatur war. Dramatischer formuliert: Wer hat an dieser Diktatur das Todesurteil vollstreckt?

Die darauf gegebenen Antworten sind Teil des gegenwärtigen politischen Machtkampfes. Es ist ganz selbstverständlich, wenn die ehemalige Dissidenz, die sich seit Ende der siebziger Jahre formierte, ihre eigenen Verdienste betont. Politisch profitieren von dieser Antwort die Nachfolgeparteien dieser Opposition, das heißt der radikaldemokratische und stark neoliberal orientierte Bund Freier Demokraten (SZDSZ) sowie das zuerst populistische, später mehr christlich-konservative Demokratische Forum (MDF).

Eine andere politische Richtung betont statt des Sturzes des Regimes quasi die Selbstauflösung des Staatssozialismus. Laut dieser Konzeption wurden die Reformisten in der Staatspartei selbst zu deren Liquidatoren. Folglich sollen die Reformkommunisten, das heißt nach der Parteispaltung im Oktober 1989 die Sozialistische Partei, die Hauptrolle gespielt haben.

Eine dritte politische Strömung und somit eine dritte Antwort verkörpern jene neuen politischen Kräfte, die sich früher – im besten Fall – passiv zurückzogen, oder – im schlimmeren Fall – mit der bestehenden Macht kollaborierten. Dazu gehören viele der neuen kleinen Parteien. Sie argumentieren damit, daß die Parteidiktatur vom Volk selbst gestürzt wurde. Die Theorie einer »stillen Revolution« scheint selbst diese Argumentation zu unterstützen, wobei sie den beiden anderen Strömungen einen bescheidenen Spielraum einräumt.

Es wäre leicht, diese Kontroversen mit der geschichtlichen Banalität zu erledigen, derzufolge historische Prozesse sich nicht auf einen einzigen Faktor zurückführen lassen, und damit sowohl der eine als auch der andere zu Recht grundlegende Verdienste beansprucht. Doch auch eine solche komplexere Begründung bleibt noch an der Oberfläche. Vor allem gibt sie keine Antwort auf die Erscheinung, daß es nicht einfach um eine politische Krise und um den demokratischen Umbruch in ein oder zwei Ländern geht, sondern es sich geographisch um eine ganze Region, gesellschaftlich um den allgemeinen Zusammenbruch eines mehrere Jahrzehnte alten Gesellschaftssystems handelt. Ohne näher darauf einzugehen soll hier nur angemerkt werden, daß der Umbruch in Ungarn trotz seiner spezifischen nationalen Charakterzüge, allein aus sich heraus nicht deutbar ist, sondern erst im Kontext der Veränderungen in dieser breiteren Region verständlich wird.

Zur Grundfrage zurückkehrend, wie es zur Aufweichung, dann zur Beseitigung des bestehenden Systems gekommen ist, muß man sicher feststellen, daß dafür zweifellos der fast zehnjährige Widerstand seitens der Opposition, die zunehmende Unzufriedenheit der Bevölkerung und die Aktivierung der innerparteilichen Opposition eine Rolle gespielt haben. Wichtig waren auch die aus Gorbatschows Moskau kommenden Impulse, die gerade dem Kádárismus eine wichtige Legitimationsbasis entzogen: daß Ungarn unter Kádár bis an die Grenzen der von Moskau geduldeten Liberalität gegangen sei und diese gern überschritten hätte, wenn das außenpolitisch möglich gewesen wäre, gehörte zum Kanon der offiziellen Ideologie. Als es dann möglich wurde, dachten Kádár und seine Apparatschiks gar nicht daran. Letztlich entscheidend aber war die immer deutlichere Disfunktionalität und schließlich vollständige Funktionsunfähigkeit der Wirtschaft. Das geschah in einem Land, das sich durch vergleichsweise umfassende und kontinuierliche Versuche zur Reform der staatlich geplanten Mangelwirtschaft ausgezeichnet hatte. Seit längerer Zeit glaubte niemand in den Führungsetagen der Staatspartei und unter den Reformökonomen mehr daran, daß sich Ineffizienz und Vergeudung im Rahmen des Systems beheben ließen.

Zeitlich gesehen markierte das Frühjahr 1988 vielleicht die bedeutendste Station zum demokratischen Umbruch, auch wenn das den Akteuren kaum bewußt war. Nicht ganz unbegründet wird die Parteikonferenz im Mai als Wendepunkt angesehen, auf der Kádár als Generalsekretär abgelöst wurde und die Reformer Pozsgay und Nyers ins Politbüro aufrückten. Gleichwohl sollte man diesen Vorgang nicht überschätzen. In Wirklichkeit begann eine viel radikalere und umfassendere politische Umstrukturierung, die in dichter Folge drei nennenswerte Geschehnisse einschloß.

Im April wurden vier prominente Intellektuelle aus der Partei ausgeschlossen, die zu einem Dialog mit der Opposition bereit waren und an einem Treffen der populistischen Opposition vom September 1987 teilgenommen hatten. Diese Machtdemonstration seitens der Parteiführung erwies sich nicht nur als sinnlos, sondern als fatal. Sie diente der Intelligenz innerhalb der Partei als ausgezeichnete Gelegenheit, um im parteilichen Rahmen – mit dem Protest gegen die Ausschlüsse – ihr grundlegendes Mißtrauen gegenüber der herrschenden Politik und der eigenen Führung zu demonstrieren. Bereits Ende März wurde als offener Gegenspieler zur Kommunistischen Jugendorganisation der Verband der Jungdemokraten (FIDESZ) gegründet. Die Macht reagierte wiederum sehr gereizt. Sie veranlaßte gegen fünf Jugendliche ein polizeiliches Verfahren. Solche Reaktionen hatten auch früher schon zwiespältige Folgen, im Rahmen einer immer breiteren Unzufriedenheit erreichten sie aber eine geradezu entgegengesetzte Wirkung. Die Mitgliederzahl der FIDESZ verdoppelte sich von Woche zu Woche, von einer Versammlung zur anderen. In einer autoritären Gesellschaftsordnung zeigte dies, wie die Macht ihre Autorität verlor, wie die Unzufriedenheit die Angst überwand.

Am 14. Mai 1988 gründeten mehr als 1000 Wissenschaftler und Wissenschaftlerinnen – aufgrund der ungarischen Verhältnisse halblegal – die erste demokratische, unabhängige Gewerkschaft. Allein die Tatsache selbst ist beachtenswert, ihre eigentliche Bedeutung bestand aber darin, daß sie den beginnenden Zusammenbruch, genauer gesagt: die völlige Hilflosigkeit der bestehenden Macht demonstrierte. Der Selbstorganisation der Wissenschaftler jenseits der offiziellen Gewerkschaft war mit den traditionellen Mitteln (polizeiliche Verwarnung, Zwangsrücknahme von Unterschriften, Entlassung usw.) nicht mehr beizukommen. Zugleich durchbrach die Demokratische Gewerkschaft der Wissenschaftler die bis dahin feste Mauer zwischen der »zweiten« und der »ersten« Öffentlichkeit (in Ungarn wurde unter »erster« Öffentlichkeit die von der Macht erlaubte verstanden, während die »zweite«, die verbotene, sich im Samisdat darstellte).

Im Spiegel dieser Prozesse erscheint die Parteikonferenz als ein eher kläglicher Nachholversuch. Der Parteiapparat, die Nomenklatura warf aufgrund ihrer Bedenken gegenüber der Gerontokratie die veralteten Urkonservativen, an ihrer Spitze den jahrzehntelang vergötterten János Kádár, einfach über Bord, um das sinkende Schiff zu retten.

Der Wendepunkt im Frühjahr 1988 verlief noch in relativ engen Zirkeln. Seine Hauptakteure waren auf der einen Seite die Opposition, rebellierende Studenten und Intelligenz, auf der anderen Seite die Nomenklatura. So imponierend die bezeichneten Vorgänge auch waren, die Hauptschlachtlinien der demokratischen Wende verliefen anderswo und zu den Genannten traten andere Akteure hinzu. Ja, auf bestimmten Feldern und zu bestimmten Momenten waren Massen beteiligt.

Neben den Impulsen, die von der immer bedrückenderen Lage der ungarischen Minderheit in Siebenbürgen und den sich ausweitenden Auseinandersetzungen um den ökonomisch irrationalen und ökologisch fatalen Bau des Wasserkraftwerks Gabcikovo-Nagymaros ausgingen, wurde vor allem die Geschichte zu einem Feld, auf dem entscheidende Schlachten geschlagen wurden: zwischen Opposition und Partei wie in der Partei selbst. Ja, mehr noch: es war das Feld, wo die demokratische Wende für breite Massen erlebbar wurde. In Ungarn, ja in ganz Osteuropa, hat ein Historizismus große Traditionen. Die Historie wurde beklemmend oft – zwangsweise – zur Aktualpolitik. Dies war zum Beispiel am Jahrestag der ungarischen bürgerlichen Revolution von 1848, also am 15. März, immer zu spüren. Dieser Tag wurde zum Symbol der bürgerlichen Freiheitsrechte, vor allem der Pressefreiheit und der nationalen Unabhängigkeit. An diesem Tag fanden seit rund zehn Jahren immer kleinere oder größere »inoffizielle« Demonstrationen statt. Am 15. März 1988 beteiligten sich mehrere hundert Personen und herrschte noch Angst und Polizei auf den Straßen von Budapest. Ein Jahr später brachte die vereinte Opposition 100000 Menschen auf die Beine, während eine erstmals stattfindende parteioffizielle Demonstration sich mit sehr wenigen Teilnehmern begnügen mußte. Eine gemeinsame Demonstration hatte die Opposition selbstbewußt zurückgewiesen. An diesem Tag hatten die Massen zum ersten Mal das Gefühl: vielleicht sind wir stärker als die Macht.

Die Bombe der Geschichte mit politischem Zeitzünder war indes nicht der Historizismus, waren nicht die Traditionen von 1848, sondern die der unbewältigten Revolution von 1956. Stellen Sie sich vor, in einem Land, wo die Wirtschaft ruiniert ist, wo die nächste Zukunft vollkommen unberechenbar ist, wo völlige politische Unsicherheit herrscht, beschäftigten sich die Menschen monatelang mit der Geschichte der letzten Jahrzehnte, besonders mit der der Revolution 56 und mit dem darauffolgenden Terror. Die erste Hälfte des Jahres 1989 verging damit.

Am 23. Oktober 1988, am Jahrestag der Revolution von 1956, schützten noch Wasserkanonen, Sturmpolizisten hinter Plexischildern alle Objekte der Hauptstadt, die als Symbole der Revolution galten. Auch das Denkmal des polnischen Generals Bem, der 1848/49 auf seiten der ungarischen Revolution gegen die Habsburger Unterdrückung gekämpft hatte und wohin 1956 die Demonstrationen gezogen waren, war hermetisch abgeriegelt. Als nicht weit entfernt davon aus einem städtischen Bus eine Blume hinausgeworfen wurde, hielten die Polizisten den Bus an, um den Täter zu ermitteln. Es war die Tochter des im Jahre 1958 hingerichteten József Szilágyi, der das Sekretariat des Ministerpräsidenten Imre Nagy geleitet hatte und deshalb sterben mußte, weil er zu keiner Kollaboration mit dem Gericht bereit war. Ein Arbeiter (1956 Vorsitzender des Arbeiterrates in seinem Betrieb) gelangte nicht in die Nähe des Denkmals. Er legte seine Blume vor die Füße des Polizisten, der ihn aufhielt.

Acht Monate später, im Juni 1989, gingen eine Viertelmillion Menschen zum Budapester Heldenplatz, um Imre Nagy, seinem Verteidigungsminister Pál Maléter, seinem Staatsminister Géza Losonczy, einem seiner radikalsten Mitarbeiter, Miklós Gimes, József Szilágyi sowie symbolisch allen Hingerichteten die letzte Ehre zu erweisen. Am Sarg des ehemaligen Ministerpräsidenten standen führende Politiker der Staatspartei, der Premier Németh, der Staatsminister Pozsgay, der Außenminister Horn und der Parlamentspräsident Szürös Ehrenwache. Das war das Ende der Verdrängung.

Der Schriftsteller Tibor Déry – nach 1956 selbst inhaftiert – beschreibt in einer Novelle nicht nur seine Taktik, die Taktik seiner Familie, sondern die eines ganzen Volkes. Die Mutter eines Verurteilten soll mit Hilfe einer frommen Lüge von der Konfrontation mit der Wirklichkeit, mit den Tatsachen verschont werden. Ihr geliebter Sohn soll danach nicht im Gefängnis sitzen, sondern sich im Ausland befinden, um dort eine wichtige Aufgabe zu erfüllen.

Ein Mitglied des Zentralen Arbeiterrates von Budapest, ein schwer Verurteilter, erzählte viele Jahre später, wie er die Amnestie von 1963 erlebte, als die meisten politischen Gefangenen frei kamen: »Mein erstes Gefühl war, daß die Menschen hier viel besser leben als zur Zeit unserer Inhaftierung. Andererseits hat neben diesem bescheidenen Wohlstand auch die Losung ›Wer nicht gegen uns ist, der ist mit uns‹ ins Unbewußte verdrängt, wo wir eigentlich die langen Jahre verbracht hatten, wie viele Menschen neben uns gehängt, zur Hinrichtung geschleppt wurden. Schließlich wollten wir doch auch Wohlstand für die Menschen. Natürlich wollten wir viel mehr, aber unser Realitätsgefühl sagte uns, es war sinnlos, so viele Jahre im Gefängnis zu verbringen. Unsere Inhaftierung war selbstverständlich ungerecht, hatte aber doch zu einem Ergebnis geführt.«

In den sechziger Jahren, nach der erwähnten Amnestie wurden einige Fenster zur Außenwelt geöffnet. Sehr begrenzt, aber nicht mit der vollkommenen Isolation der fünfziger Jahre vergleichbar, wurden Reisen ins Ausland erlaubt, die bedeutendsten Werke der modernen Weltliteratur wurden endlich übersetzt und herausgegeben. Die Kinos und Theater spielten Filme und Theaterstücke statt Agitation.

Eine Schriftstellerin der jüngeren Generation, jener Generation, die 1956 als Kind erlebte, verglich die sechziger Jahre, ihre Jugend, mit einem Garten. Dieser Garten ist kein Symbol der Freiheit, bietet aber die Möglichkeit sich zurückzuziehen, ist die Freiheit zur inneren Souveränität. Es brauchte Zeit – um ihre Worte sinngemäß zu zitieren – bis diese Generation sich dessen bewußt wurde, daß an diesem schönen Garten etwas nicht stimmte; daß es hier, obwohl er wirklich schön erscheint, stinkt. Weitere Jahre, sogar Jahrzehnte waren notwendig, um zu erkennen, das ist der Gestank der unbegrabenen Leichen.

Der Psychologe Ferenc Mérei bezeichnete diesen Vorgang als nationale Verdrängung. Der Historiker György Litván, der ähnlich wie Mérei zu den einstigen Verurteilten gehört, beschreibt diesen Verdrängungsmechanismus genauer: »Eine Reihe von Generationen wuchs auf, ohne etwas von den Geschehnissen und handelnden Figuren der Revolution zu wissen. Sie bekamen verzerrte, verlogene Informationen. Nicht nur in den Medien und in der Schule war dieses Thema ein Tabu – dies ist ja durch Zwang und Zensur leicht zu erreichen –, sondern in den meisten Familien galt das gleiche. Zum einen, weil die Eltern, die Verwandten auf die eine oder andere Weise selbst betroffen waren, zum anderen ganz

einfach und allgemein wegen der Sozialisierungsrolle der Familie.«
Die »Strategie des Schweigens« sollte neben den Eltern auch die
Kinder schützen.

Der grundlegende Konsens des Kádárismus bestand darin, seine
Geburt, seine Genesis zu verschweigen, die Zeitgeschichte kollektiv zu verdrängen. Abgesehen von der ungarischen Emigration im
Westen wurde 25 Jahre lang dieser Konsens durch nichts und niemanden gestört. Niemand rüttelte am Tabu. Sobald das geschah,
wurden die Fundamente der historischen Legitimität des Kádárismus zunächst brüchig, schließlich radikal in Frage gestellt. Dieser
Prozeß verlief diskontinuierlich und hatte verschiedene Protagonisten. Die ersten Impulse für die ungarischen Dissidenten kamen
vielleicht aus Polen. KOR – Michnik und Kuron – bekannten sich
offen zu den Traditionen der ungarischen Revolution, sie zogen
eine Parallele zwischen Ungarn 1956 und Polen 1976. 1979 starb
einer der »Veteranen«, der Minister der Regierung Nagy, István
Bibó. Durch seine Werke galt Bibó als geistiger Führer jedes Demokraten in Ungarn. Sein Tod zwang die Dissidenten zur Selbstprüfung. Sie gaben – natürlich im Samisdat – ein Gedenkbuch zu
Ehren Bibós heraus, in dem alle demokratischen Strömungen zu
Wort kamen. Vielleicht entstand mit diesen zwei dicken Bänden
aus den Dissidenten eine Opposition.

Zu gleicher Zeit neigte auch die offizielle Ideologie dahin, die
strikte Verdammung der »Konterrevolution« zu lockern, die Ereignisse von 1956 etwas liberaler zu beurteilen. Ja, so wurden sie
1980/81 bezeichnet, »die Ereignisse von 1956«. Vermutlich bewirkten Solidarność oder die polnische Militärdiktatur, daß diese
unsicheren Tastversuche zur offiziellen Lockerung schnell aufgegeben wurden.

1982 schrieb der Chefagitator der Staatspartei, János Berecz,
der für die Beurteilung der »Ereignisse« zuständig war, schon wieder von Konterrevolution, internationaler Verschwörung usw. Im
Oktober 1983 war es dann derselbe Berecz, der in einem Vortrag
die Frage stellte: »Woran liegt es, daß die Menschen, auch ein Teil
der jungen Intellektuellen, daran zweifeln, daß die Ereignisse als
Ganzes, schon von Anfang an, vom 23. Oktober an eine Konterrevolution darstellen?« In seiner Antwort kehrte er zu jener Auffassung zurück, die bis zum Januar 1957 offiziell gewesen war, daß
nämlich die revolutionäre Bewegung der Studenten erst später von
konterrevolutionären Elementen mißbraucht worden sei. Aus der

Revolution, oder aus »den berechtigten Forderungen der Studenten« sei eine Konterrevolution geworden.

Obwohl der Eiertänzer der Partei offiziell als der bedeutendste Fachmann »der Ereignisse« galt, war er sich anscheinend nicht bewußt, daß dieses »Zugeständnis« nur ein Übergang sein konnte und die Gefahr eines »roll-back«-Effekts bestand: von der reinen Konterrevolution über die Konterrevolution in zwei Phasen zur Revolution. Nicht zufällig erwies sich daher der Lockerungsversuch als zu gefährlich: 1986, am 30. Jahrestag, sprach Berecz wieder von einer Konterrevolution. Das tat er jedenfalls im ungarischen Fernsehen. Nach seiner Meinung durfte man die Agitation nicht dem Feind überlassen, mußte man die Initiative im eigenen Land selbst ergreifen. Zweifellos tat er das auch, nur war die Wirkung geradezu entgegengesetzt. An die Stelle der verschwiegenen Geschichte trat jetzt die verfälschte. In einem Interview für das westdeutsche Fernsehen (ZDF) zeigte Berecz dann sein anderes Gesicht. Dort behauptete er, wenn er am 23. Oktober 1956 kein Fieber gehabt hätte, wäre er mit den Studenten mitmarschiert.

Viel wichtiger war aber die gleichzeitige Aktion osteuropäischer Dissidenten. Sie, das heißt Dissidenten aus der DDR, Polen, der Tschechoslowakei und Ungarn, bekannten sich in einem gemeinsamen Manifest zu den Ideen der ungarischen Revolution. Die offizielle Rückkehr zur traditionellen Bewertung hatte also auf die Opposition keine Wirkung mehr. Zufällig fanden zu Ehren des 30. Jahrestages zwei wissenschaftliche Konferenzen nebeneinander statt. Die eine, die offizielle, wurde an der Parteihochschule organisiert, die andere, die der Opposition, in einer Privatwohnung. Letztere markierte, trotz aller internen Differenzen, einen Wendepunkt in dem Sinne, daß die ungarische Opposition nicht nur die Traditionen der Revolution vertrat, sondern in ihr die Quelle ihrer eigenen Legitimität sah. Sie begriff sich als moralische Instanz der Gesellschaft, die an die Opfer erinnert sowie als politisch-demokratische Instanz, die an die Absichten der Regierung Nagy erinnert, ein Mehrparteiensystem einzuführen und das Land unabhängig zu machen.

Zu einer direkten Konfrontation kam es im November 1986 auf dem Kongreß des Schriftstellerverbandes. Der Minister für Kultur und Bildung warf einigen Schriftstellern vor, unter ihnen auch Mitgliedern des Vorstandes, politische Meinungen zu vertreten, »die mit den Gesetzen der Ungarischen Volksrepublik nicht übereinstimmen«, sie – so der Minister – »stellen die Existenzberechtigung des Sozialismus in Frage ..., fordern eine Neubewertung der Ereignisse von 56, sie betrachten 56 als eine Revolution ... In diesen Fragen wird es nie einen Kompromiß geben.«

Wurde der 30. Jahrestag der Revolution von 1956 somit zum Anlaß politisch motivierter geschichtlicher Erinnerungsarbeit, so bildete zwei Jahre später der 30. Jahrestag der Hinrichtung von Imre Nagy die nächste Station auf diesem Weg. Bereits im Mai 1988, im heißesten Monat des Umbruchs, gründeten die ehemaligen Verurteilten, die Veteranen, das Komitee für historische Gerechtigkeit. Sie verkörperten eine Art historische Strömung in der Opposition, die nun offen für die vollständige Rehabilitierung eintraten. Sie forderten für Imre Nagy und seine Gefährten eine öffentliche Beerdigung sowie eine radikale Neubewertung der Revolution seitens der Regierung. Zudem vertraten sie die Ansicht, daß die Glaubwürdigkeit politischer Veränderungen nach Kádárs gerade erfolgter Ablösung untrennbar damit verbunden wäre.

Gleichwohl wäre das Komitee vielleicht unbedeutend geblieben, wenn nicht am direkten 30. Jahrestag der Hinrichtung ein Teil der Welt in Bewegung geraten wäre. Im Exil, auf dem Pariser Friedhof Père Lachaise fand eine gut vorbereitete symbolische Beerdigung statt. Das Patronat der Gedenkfeier bestand aus zahlreichen Nobel-Preisträgern, führenden europäischen Politikern, Wissenschaftlern und Künstlern, Angehörigen der Hingerichteten sowie einstigen Verurteilten. Politisch wie auch geographisch hatte es noch nie zuvor eine derartige Solidarität mit der ungarischen Revolution gegeben. Parallel dazu reagierte die Polizei in Budapest noch immer brutal auf die Absicht zur Erinnerung. Trotzdem, trotz Verhaftungen, zogen mehrere hundert Menschen durch die Straßen von Budapest, die Namen Imre Nagys und seiner Schicksalsgenossen skandierend.

Zum selben Zeitpunkt wurde von einem ehemals zum Tode Verurteilten im Samisdat die Liste mit den Angaben der Hingerichteten veröffentlicht, die ein junger Historiker insgeheim aus dem Totenmatrikel herausgeschrieben hatte. Zum Zeichen der Wandlung der Öffentlichkeit brachte eine zugelassene Zeitschrift – eigentlich ein Plagiat –, bereits »legal« die tragische Liste. Die Ausmaße der Rache, sollte man hinzufügen, der Vergeltung zwischen 1956 und 1961, waren fast mathematisch genau berechnet. Es sollten ebenso viele hingerichtet werden wie die »Konterrevolution« Opfer gefordert hatte, unabhängig davon, ob sie zum Beispiel Opfer von Lynchjustiz waren oder bei einem Waffengefecht gefallen waren. Das Resultat der Rache: 300 wurden hingerichtet, 16 000 zu Gefängnisstrafen verurteilt und rund 200 000 wählten das Exil.

Infolge der Pariser und Budapester Gedenkfeiern stürzten neue Mauern ein. Die historische Wahrheit kam zum Vorschein mit den harten Fakten von 1956, und vor allem der Brutalität der Vergeltung. Von einem Tag auf den anderen erwies sich der Kádáristische Konsens – demzufolge die sogenannten fünfziger Jahre, der steinharte Stalinismus unter Rákosi, nicht mehr zurückkehren dürften – als Betrug.

Einer der größten Schriftsteller, István Örkény, formulierte 1956 im Radio die allgemeine Sünde und Sühne der Intelligenz, als er sagte: »Wir logen am Tage, wir logen in der Nacht, wir logen auf allen Wellenlängen.« Nun wurde dieses Trauma von einer ganzen Nation erlebt: Man belog uns am Tage, man belog uns in der Nacht. – Die Fakten über die Blutbäder von 1956 kamen wie ein Lavastrom an den Tag.

Zurück zur Gründung des »Komitees für Historische Gerechtigkeit«. Anfangs erschien dieses nur als eine Aktion jener »Veteranen«, die auch nach ihrer Freilassung zum Schweigen verurteilt blieben. Von der Minute an aber, wo sie vor die – erste – Öffentlichkeit traten, stellte sich heraus: es geht um viel mehr. Es geht darum, daß das Komitee im Namen des ganzen Volkes ein Recht zur Erinnerung, zur historischen Erinnerung, zur historischen Gerechtigkeit fordert.

Die Tochter von József Szilágyi konfrontierte Kádárs Nachfolger, Károly Grósz, bei dessen Besuch in den USA mit der Frage, wann sie ihren im Prozeß gegen Imre Nagy zum Tode verurteilten und hingerichteten Vater begraben dürfe. Der Premier und Parteichef antwortete, eine politische Umbewertung käme keinesfalls in Frage, aber gewisse humanitäre Gründe sprächen für ein würdiges Begräbnis.

Die offizielle ungarische Presse führte einen Eiertanz auf, immerhin. Während sie das symbolische Begräbnis in Paris und die gleichzeitige, von der Polizei zerschlagene Demonstration in Budapest noch totschwieg, erhielten die anklägerische Frage von Julia Szilágyi und die selbstsicher scheinende Antwort von Grósz sowie die Liste der Hingerichteten eine breite Öffentlichkeit; das

Publikum, das heißt das ganze Volk wurde erschüttert und geriet in Bewegung. Als dann im Dezember 1988 Studenten der ökonomischen Universität in Budapest eine Vortragsreihe über 1956 organisierten, die riesiges Interesse fand, hielten die Medien Totschweigen erneut für angebracht. Gleichwohl tickte die Bombe der Geschichte schon unaufhaltsam. Sie holte nun Staatsführung und Partei ein, die selbst zu ihrer Explosion beitrugen. Bereits im Januar 1989 gab der Ministerrat seine Zustimmung zum Begräbnis der Opfer. Am Tage nach dieser Entscheidung bezeichnete der Staatsminister und führende Parteireformer Imre Pozsgay in einem Rundfunkinterview die Revolution von 1956 als »Volksaufstand«. Aus der Konterrevolution oder in nachgiebigeren Momenten den »bedauerlichen Ereignissen« wurde also offiziell ein Volksaufstand.

An sich war das nur ein Teil des Machtkampfes innerhalb der Parteiführung. Pozsgay war noch im Mai 1988 nach Kádárs Ablösung mit der Aufstellung von vier Arbeitsgruppen beauftragt worden. Eine von diesen – den ursprünglichen Absichten nach nicht einmal die wichtigste – beschäftigte sich mit der Vergangenheit der Partei. Für die Arbeitsgruppe selbst unerwartet wurde die Arbeit plötzlich von Pozsgay beschleunigt. Ein vom Präsidenten der Akademie der Wissenschaften, einem Historiker, offenbar eilig zusammengestellter Bericht wurde von der Arbeitsgruppe nach kurzer Diskussion und einigen Vorbehalten im Grunde genommen akzeptiert. Da Károly Grósz, Kádárs Nachfolger, kurz danach in die Schweiz fuhr, erreichte ihn dort die Nachricht vom Platzen der Bombe.

Der Premier Miklós Németh – damals noch Anhänger von Grósz – dementierte Pozsgay schon am nächsten Tag mit der Erklärung: 1956 wäre zu Anfang ein Volksaufstand gewesen, der dann aber in Konterrevolution und Terror gemündet sei. Anscheinend war ihm entgangen, daß der Chefagitator Berecz mit dieser Zwei-Phasen-Theorie schon wiederholt gescheitert war. Im Zeichen des verwickelten innerparteilichen Machtkampfes erklärte Szűrös, der Präsident des ungarischen Parlaments, einige Tage später diplomatisch, daß sich die Ereignisse von 1956 nicht mit einem Worte charakterisieren ließen.

Das Zentralkomitee verhandelte hinter geschlossenen Türen über den »Volksaufstand«, distanzierte sich freilich von der als »übereilt« bezeichneten Mitteilung Pozsgays, die »die Gesellschaft unvorbereitet getroffen hätte«. Alles deutet darauf hin, daß eine Spaltung der wieder erstarrten Partei von Pozsgay absichtlich provoziert wurde, zu der es jedoch vorerst nicht kam. Grósz schluckte schließlich die bittere Pille des Volksaufstandes.

Durch diesen stillen Kompromiß wurde freilich nichts endgültig gelöst. Bestenfalls wurden alle Bezeichnungen wie Revolution, Volksaufstand oder Konterrevolution jetzt nebeneinander toleriert. Die Explosion war indes heftig genug, um nunmehr eine echte Lawine auszulösen. Auf der einen Seite brachen die früheren Ängste auf: man brauchte nicht mehr Opposition oder Feind zu sein, um die Theorie der Konterrevolution zurückzuweisen. Auf der anderen Seite suchte die Opposition – nunmehr breite Massen hinter sich wissend – die Macht zur Konfrontation mit den Sünden der Vergangenheit, zu einem Eingeständnis und sogar zur Bitte um Verzeihung zu zwingen.

Die größte Bedeutung von Pozsgays Zugeständnis jedoch lag darin – und darüber war sich vermutlich der Auslöser der Lawine selbst nicht im klaren –, daß dadurch die Illegitimität der bestehenden Macht, samt ihren Einrichtungen, also der Partei, der Regierung und des Parlaments offenbar wurde. Ihre historische Legitimationsbasis wurde radikal in Frage gestellt. Wenn keine Konterrevolution abgewehrt, sondern eine Revolution niedergeschlagen worden war, verlor der Kádárismus seine Glaubwürdigkeit. Das vollzog sich um so dramatischer, je konkreter die Enthüllungen wurden und ein breites Publikum fanden.

Am 29. März 1989 begann nach einer regelrechten polizeilichen Ermittlung der namenlosen Gräber die Exhumierung der im Prozeß Imre Nagy zum Tode Verurteilten. Das Fernsehen berichtete – wenn auch nicht in live – genau über diese Ereignisse. Erst jetzt stellte es sich heraus, daß die Opfer entsprechend der früheren stalinistischen Praxis falsch immatrikuliert wurden, ja zunächst gänzlich namenlos unbezeichnet im Hof des Gefängnisses begraben, genauer gesagt in Beton gebettet worden waren. Drei Jahre nach der Hinrichtung wurden sie dann weiterhin namenlos in der in diesen Tagen berüchtigt gewordenen Parzelle 301 am äußersten Rande eines in einem Budapester Außenbezirk gelegenen Friedhofs begraben. Daß die Toten im Gedächtnis der Lebenden nicht sterben könnten, war die Furcht der Macht von allem Anfang an. Manche von ihnen, wie Gimes und Maléter, hatte man einfach übereinander gelegt. Am erschütterndsten und dem gesunden

Menschenverstand unverständlich war der Fetischismus, mit dem die Opfer mit dem Gesicht nach unten begraben wurden. War das bloßer Zynismus oder die magische Abkehr von den Gesichtern der Ahnen? Bei den Überresten von Géza Losonczy stellte sich heraus, daß er – unter nach wie vor ungeklärten Umständen – an den Folgen eines Hungerstreiks bzw. bei Versuchen zur Zwangsernährung gestorben ist.

Anfang 1989 kam es auf Initiative des neu entstandenen »Klubs für Öffentlichkeit«, einer demokratischen Organisation von Journalisten, zu einer Diskussion mit Historikern. Deren Stimmung war ähnlich wie die 33 Jahre zuvor auf den Sitzungen des Petöfi-Kreises, dem intellektuellen, reformkommunistischen Wegbereiter der Revolution von 1956. Thema war das Verschweigen und die Verfälschung der Geschichte. Die Teilnehmer traten für die Freiheit und Unabhängigkeit der Wissenschaft ein. Sie verlangten, historische Dokumente und Beweismaterialien endlich freizugeben und ihre Vernichtung zum Straftatbestand zu erklären. Sie wiesen darauf hin, daß die von der Partei und vom Innenministerium aufbewahrten Dokumente von dieser Gefahr bedroht seien. Erfolg hatten sie damit nicht. Trotz breiter Öffentlichkeit erklärte das alte Parlament die Aktenvernichtung nicht zum Straftatbestand. Im November wurden Parteidokumente, im Dezember Akten des Innenministeriums massenhaft in internen Büros und Papierfabriken eingestampft. Einen anderen Beschluß setzten Historiker dagegen zu Beginn des Jahres 1990 in die Tat um: sie gründeten ein unabhängiges wissenschaftliches Institut, das die Geschichte der Revolution von 1956 aufarbeiten soll.

Auf der Sitzung des Zentralkomitees im Mai 1989, auf der Kádár von seinem Posten als Parteivorsitzender entfernt wurde, kam er, wenn auch hinter verschlossenen Türen, zum letzten Mal zu Wort. Nach in Budapest kursierenden Gerüchten soll sich Kádár in seiner Rede, die ansonsten schon deutlich seinen geistigen Verfall widerspiegelte, auf den Ruinen seines Systems bereit erklärt haben, sich für seine Sünden vor Gericht zu verantworten. Einige Wochen später beschloß noch immer kein Gericht, sondern das ZK in Abwesenheit Kádárs: »Imre Nagy ist in einem konstruierten politischen Prozeß verurteilt worden, die Hinrichtung eines der Gründer der Ungarischen Sozialistischen Arbeiterpartei (USAP) war also gesetzwidrig.«

Zur Zeit der Exhumierungen in der Parzelle 301 wurde der Beschluß gefaßt, das Begräbnis von Imre Nagy und Genossen am 31. Jahrestag der Hinrichtung, am 16. Juni 1989, zu veranstalten. Ursprünglich sollte die Gedenkzeremonie auf dem Friedhof stattfinden. Auf Druck der oppositionellen Parteien und Organisationen sowie nunmehr beteiligter wirklicher Massen mußte diese Konzeption jedoch verändert werden. Vom Fernsehen live übertragen, wurden die sechs Särge zunächst unter riesiger Beteiligung am Budapester Heldenplatz verabschiedet, bevor die Zeremonie im kleinen Kreis auf dem Friedhof endete.

Die öffentliche Erinnerung an die Revolution von 1956 und das 31 Jahre spätere Begräbnis ihrer führenden Protagonisten stellte einerseits, wie bereits hervorgehoben, die Grundlagen der bestehenden Macht in Frage. Andererseits trugen sie nicht nur zur Legitimitätsbeschaffung der Opposition bei, sondern sicherten sie deren Radikalismus und Zusammenarbeit im Zeichen notwendiger oder erzwungener Kompromisse. Freilich war die oppositionelle Berufung auf geschichtliche Traditionen zugleich einheitlich und verschieden. In den Grundfragen des geschichtlichen Vermächtnisses von 1956, die das demokratische Mehrparteiensystem und die nationale Unabhängigkeit betrafen, bildete sich ein breiter Konsens heraus, der bis zu den Rechtskonservativen und schließlich den Parteireformern reichte. Dieser Konsens galt auch für die nationalen Symbole: das alte Staatswappen sollte fortan den roten Stern ersetzen und die nationalen Feiertage an eigenständige geschichtliche Traditionen erinnern. Jenseits dieser dominierenden Einheitlichkeit war die Berufung auf Personen und Ideen von 1956 durchaus verschieden, reichte das Spektrum von Imre Nagy über Pál Maléter bis hin zu Kardinal Mindszenty. In keinem Fall aber bedeutete die Reaktivierung geschichtlicher Erinnerung die Wiederbelebung reformkommunistischer Ideen oder ein Anknüpfen an die legendären Arbeiterräte von 1956. In diesem Sinne wollte und konnte geschichtliche Erinnerung nicht geschichtliche Wiederholung sein.

Der demokratische Umbruchprozeß in Ungarn wurde hauptsächlich von politischen Eliten getragen. Sie waren auch die initiierenden, kontinuierlich wirksamen Kräfte in der politischen Auseinandersetzung um das geschichtliche Vermächtnis von 1956. Mit dem Komitee für historische Gerechtigkeit entstand in diesem Zusammenhang eine Assoziation der »civil society« mit großer Ausstrahlungskraft. Gleichzeitig aber wurde die Geschichte zu einem der wenigen und der wichtigsten Felder, auf dem sich größeren Volksmassen die Möglichkeit zu intensiver Beteiligung bot. Hier ergriffen sie die Chance, das bis dahin akzeptierte oder tolerierte System abzulehnen.

Denn es stimmt zwar, daß die Revolution und die nachfolgende Vergeltung verschwiegen und verfälscht wurden, aber die ungarische Gesellschaft wollte auch 30 Jahre hindurch von den Geschehnissen und Tatsachen überhaupt nichts wissen. Um sich ein erträgliches Allgemeinbefinden zu schaffen und zu bewahren, vergaß man freiwillig und gerne die einstigen Blutbäder, akzeptierte man den »Verrat«, im besseren Fall die »Schwäche« von Imre Nagy, sodann seine erwähnte Einbetonierung – wenn diese auch unbekannt blieb. Man akzeptierte somit die völlige Amnesie, denn im Tausch dafür bot die Macht ihre Selbstbeschränkung und einen gewissen Wohlstand an.

Das Ende der Kádár-Epoche klingt wie ein schlechter Film: Am gleichen Tage, da im Wiederaufnahmeverfahren Imre Nagy vom Gericht freigesprochen wurde, starb János Kádár. So prägte die Revolution, ihre Niederwerfung und die darauffolgende Vergeltung nicht nur die Geburt, sondern auch das Ende des Kádárismus.

Auf seiner konstituierenden Sitzung Anfang Mai 1990 verabschiedete das erstmals seit 40 Jahren frei gewählte ungarische Parlament ohne Gegenstimmen zwei Stellungnahmen. Es würdigte die Geschehnisse von 1956 als Revolution und erklärte den Tag ihres Beginns, den 23. Oktober, zum nationalen Feiertag.

György Dalos
Über die Verwirklichung der Träume

Eine ungarische Berufsrevolutionärin zu Beginn dieses Jahrhunderts, Ilona Duczynska, schrieb in ihren Erinnerungen: »Diejenigen, die die stehenden Gewässer der Monarchie liebten und sich um diese Sorgen machten, fühlten, daß sie sich in Todesnähe befinden. Diejenigen, die die Monarchie haßten, meinten, sie würde ewig dauern.« Diese scharfsinnige Bemerkung kann ohne weiteres auf die meisten Zeitgenossen eines späteren Imperiums übertragen werden. Niemand aus der osteuropäischen Opposition der siebziger Jahre hätte geahnt, daß die Diktaturen einmal so schnell und restlos zusammenbrechen würden. Es herrschte die allgemeine Annahme, daß diese Systeme zwar etwas milder, liberaler, reformfreudiger gestaltet werden könnten, dies aber keineswegs substantielle Veränderungen mit sich bringen würde.

Zukunftsvisionen gab es natürlich schon damals. Anfang der siebziger Jahre räsonierten die Autoren András Hegedüs und Mária Márkus über die Pluralisierungsmöglichkeiten der realsozialistischen Gesellschaften folgendermaßen: »Die ... Frage, die nicht vernachlässigt werden darf, ist, ob die existierende Machtstruktur Bewegungen zuläßt, die nach Selbstverwirklichung und eigenem Ausdruck trachten. Die Antwort ist hier unbedingt negativ. Sie hängt in hohem Maße von den konkreten Kräfteverhältnissen im jeweiligen Land und im internationalen Maßstab ab.« Die äußerst vorsichtige Formulierung dieser Sätze erklärt sich aus der Tatsache, daß sie für die legale Veröffentlichung bestimmt waren. Für den heutigen Leser müssen solche mutigen Äußerungen geradezu übersetzt werden. Mit ihrer Frage meinten die beiden Autoren, ob die Monopolstellung der herrschenden Ungarischen Sozialistischen Arbeiterpartei etwas aufgelockert werden könnte, ohne daß daraufhin die Konservativen der Partei mit Hilfe sowjetischer Panzer versuchen würden, ihre Positionen zurückzugewinnen.

Aber selbst in der späteren illegalen Öffentlichkeit der Dissidenz spiegelten die Diskussionen relativ bescheidene Erwartungen wider. Die beiden Vordenker der in der zweiten Hälfte der siebziger Jahre entstehenden demokratischen Opposition, György Bence und János Kis, sahen den folgenden Weg für die damals auf ein paar Budapester Privatwohnungen konzentrierte ungarische Demokratie: »Es gibt Bewegungen, die irgendeine Aktivität der staatlichen Kontrolle entziehen... zum Beispiel wird die Verbreitung von literarischen, publizistischen und sozialwissenschaftlichen Werken in Manuskriptform organisiert. Zusammen mit den Auslandsveröffentlichungen kann dieser Manuskriptverkehr später zu einem System werden, zu einer Art zweiter Öffentlichkeit... Es entstehen neue ideologische und kulturelle Strömungen und man kann ungeachtet von Zensurerwägungen jeden Standpunkt zu Ende denken. Es kann dabei etwas zutage treten, das man unabhängige öffentliche Meinung nennt.«

Eher in Privatgesprächen tauchte damals die Utopie eines Mehrparteiensystems auf. András Hegedüs widersetzte sich heftig dieser Alternative. Er schrieb in seinem durch Samisdat verbreiteten Essay: »Die Einführung eines Mehrparteiensystems in Osteuropa wäre nur möglich, wenn man das schier Unmögliche voraussetzt, also nur auf der Grundlage einer Katastrophentheorie, was ich zutiefst ablehne. Sie würde meiner Meinung nach zu schweren Erschütterungen führen und die ganze Region wäre für lange Zeit eine Gefahrenzone, ein militärisches Krisengebiet. Dies erklärt, warum ich diese Alternative nicht für wünschenswert halte.«

Heute können wir solche Äußerungen mit einem ironisch-herablassenden Lächeln quittieren, wobei wir nicht vergessen sollten, daß einiges an dieser Negativvision des ehemaligen ungarischen Regierungschefs und späteren Reformideologen sich als real erwiesen hat. Allerdings in umgekehrter Reihenfolge. Schwere Erschütterungen und Katastrophen führten dazu, daß in Osteuropa doch Mehrparteiensysteme entstehen konnten.

Diejenigen, die anders als Hegedüs einen Pluralismus westlicher Art durchaus für wünschenswert hielten, hatten recht abstrakte Vorstellungen davon, wie dieser Zustand zu erreichen wäre. Einer der Hauptutopisten von damals, der Sozialforscher Zoltán Zsille, stellte diesbezüglich der Opposition die Aufgabe: »Wir müssen diejenigen Kräfte in den verschiedenen gesellschaftlichen Schichten eruieren, die Akteure einer demokratischen Veränderung sein können... Wir reden von denen, die heute leidende Subjekte der Verhältnisse sind, aber morgen aktive Teilnehmer einer demokratischen Umwälzung in Osteuropa sein können.« Diese Worte, niedergeschrieben Ende des Jahres 1979, klingen so, als hätte der Autor das Erscheinen der polnischen Solidarność geahnt. In Wirklichkeit hatte Zsille keine konkreten Hoffnungen, was aus einer anderen Äußerung von ihm sichtbar wird: »Ich sehe es als Hauptaufgabe an, diese Jahre in relativ guter geistiger und physischer Verfassung zu überleben.«

Die Kluft zwischen Anspruch und Wirklichkeit schien unüberwindbar zu sein, denn bei jeder Erwägung irgendwelcher Veränderungen mußte der Faktor Sowjetunion berücksichtigt werden. Dieser Koloß mit seinen unbeweglichen Strukturen bildete die natürliche Grenze für alle osteuropäischen Strategien. Die Möglichkeit eines sowjetischen Reformprozesses hielten die meisten Dissidenten für ausgeschlossen, diese Variante hatten sie sozusagen von vornherein abgeschrieben. Eine der wenigen Ausnahmen war János Kis, der bereits im Dezember 1981, kurz nach der Verhängung des Kriegsrechts über Polen, die scheinbare Unbeweglichkeit der Sowjetunion in Zweifel gezogen hatte: »Denn auch die Sowjetunion kämpft mit Schwierigkeiten; das Nationaleinkommen wächst nur sehr langsam, seit Mitte der siebziger Jahre verschlechtert sich die Versorgung der Bevölkerung ständig, und die Wirtschaft ist immer weniger fähig, die Lasten des Rüstungswettlaufes zu ertragen...; das ungleichmäßige Bevölkerungswachstum der Nationalitäten untergräbt immer mehr die demographischen Grundlagen der Herrschaft der russischen Nation, die höchste politische Elite ist überaltert, die wichtigsten Entscheidungen werden seit Jahren verschleppt und die Nachfolge ist noch immer ungesichert. Die gegenwärtige sowjetische Führung will nur mehr eines in Osteuropa: die Ordnung aufrechterhalten. Doch ihre Nachfolger werden dann zu prüfen haben, was sie mit der ererbten Konkursmasse tun wollen, ihr Entschluß wird mit Sicherheit nicht unabhängig davon sein, für welchen Ausweg aus der inneren Krise... sie sich selbst entscheiden werden.«

Diese treffende Analyse enthielt, wie wir sehen, alle Problemkomplexe der späteren Perestrojka, nicht jedoch die apokalyptischen Züge dessen, was geschehen sollte. Um ein konkretes Beispiel zu nennen: eine Betriebspanne in der sowjetischen Kernenergetik war in diesem System fast einprogrammiert, allerdings nicht das Ausmaß der in der sowjetischen Presse zunächst als »Havarie« verniedlichten Tschernobyl-Katastrophe. Ebenso ließ sich ahnen, daß der sowjetische Druck auf Osteuropa aufgrund der inneren Schwäche der Supermacht früher oder später nachlassen mußte. Niemand glaubte jedoch daran, daß Moskau einmal beim

Abbau der Berliner Mauer ohnmächtig zuschauen würde. Natürlich wurden verschiedene Szenarios entworfen. Der Autor dieser Zeilen hat beispielsweise im Frühjahr 1985 folgende Version der radikalen Veränderungen im Warschauer Paktbereich geschildert:

»Stellen wir uns das Unwahrscheinliche vor: ein verjüngtes Zentralkomitee in Moskau entscheidet sich für die Befreiung der Sowjetunion von ihren immer lästiger werdenden Verbündeten. ›Sehen Sie doch ein, Genossen‹, sagt der erst dreiunddreißigjährige Erste Sekretär, ›daß diese kleinen osteuropäischen Staaten mit ihrer chaotischen ökonomischen Situation, mit ihren unbegreiflichen inneren Widersprüchen und schädlichen Ideologien nur unseren kommunistischen Aufbau erschweren. Viel richtiger wäre es meines Erachtens, diese Gesellschaften – unter Garantierung unserer militärischen Interessen – ihrer eigenen Entwicklungsdynamik zu überlassen. Vom propagandistischen Standpunkt aus würde uns das nur Vorteile bringen: einerseits, weil wir dann wieder als Befreier dieser Länder gefeiert werden könnten, andererseits, weil unsere Ideale, wie die Erfahrung zeigt, stets sehr viel erfolgreicher sind in Gesellschaften, in denen nichts oder nur sehr wenig von ihnen verwirklicht worden ist.‹

Phantasieren wir weiter: die Worte des Ersten Sekretärs werden einstimmig zum Gesetz erhoben, der Warschauer Vertrag wird gekündigt, die in der osteuropäischen Region stationierten sowjetischen Truppen werden mit Militärmusik und Blumen verabschiedet... Die Länder des ehemaligen Ostblocks schaffen sich ihre parlamentarischen Institutionen, sie öffnen die Grenzen und garantieren die Freiheitsrechte, einschließlich eines vernünftig geregelten Privatbesitzes. Alles andere: das McDonald-Netz, die Arbeitslosigkeit und die Peep-Shows kommen von selbst.«

Die meisten Übertreibungen dieser ironisch gemeinten Prophezeiung sind inzwischen als Untertreibungen anzusehen. Die geradezu übermäßige Verwirklichung der Träume der siebziger/ achtziger Jahre erscheint manchen Beobachtern wie eine Kette von Absurditäten. Ein ehemaliger Pazifist als Verteidigungsminister der DDR plädiert nun für die Beibehaltung des Militärdienstes. Die freie ungarische Presse wird Blatt für Blatt von Murdoch, Maxwell und Springer aufgekauft. In Polen löst der deutsche Einigungsprozeß Nostalgien nach dem Erzfeind Rußland aus.

Der Standpunkt, von dem aus die osteuropäischen Dissidenten

ihre Kritik am real existierenden Sozialismus ausübten, war notwendigerweise ein moralischer. In diesen Gesellschaften gab es nur eine Politik, nämlich die offizielle, deren einziges Kriterium trotz aller ideologischen Beteuerungen die erfolgreiche Machterhaltung war. Die diesem Ziel dienenden Techniken unterschieden sich je nach Land. Gemeinsam war den meisten Ländern des Warschauer Pakts jedoch die Tendenz, das repressive Element zunehmend um manipulierende Faktoren zu ergänzen: in Ungarn bestanden diese in verbesserten Konsummöglichkeiten sowie in den kleinen Freiheiten für die Intellektuellen; in der DDR spielte das Westfernsehen für die Herstellung der öffentlichen Ruhe, jedenfalls kurzfristig, eine nicht unerhebliche Rolle. In der Tschechoslowakei zeichnete sich die Husák-Ära nicht nur durch Dissidentenverfolgung, sondern auch durch einen regelrechten Kult der Wochenendhäuser aus. Das Zwiedenken der siebziger und achtziger Jahre hieß: einerseits den ideologischen Minimalanforderungen des Staates Genüge zu tun, andererseits den privaten Bereich möglichst bequem zu gestalten. Konsum und Luxus, in Ungarn für relativ breite Schichten der Bevölkerung zumindest grundsätzlich erreichbar, bedeuteten für viele eine Vorwegnahme des westlichen »way of life«. Je mehr das kommunistische Zukunftsbild selbst aus dem offiziellen Vokabular verschwand, desto stärker verwandelte sich der Westen in eine Alltagsutopie. Jeder Trabantreisende träumte sich wenigstens in einen Volkswagen hinein, und am Ende des Kádár-Systems gab es in der Volksrepublik Ungarn 1,2 Millionen Privatautos.

Die Argumentation gegenüber dieser Verflechtung von Machtkalkül und Bedürfnisbefriedigung mußte teilweise moralisch, wenn nicht moralisierend werden. Das System der Ideen, das die intellektuellen Randgruppen über die zweite Öffentlichkeit verbreitet hatten, nannte György Konrád sehr genaue »Antipolitik«. Für Konrád selbst bedeutete dieser Begriff eine fundamentale Infragestellung der Rechtmäßigkeit jener Nachkriegsentscheidungen, die Europas Spaltung zum Ergebnis und insbesondere die osteuropäischen Völker ihrer organisch-demokratischen Entwicklung beraubt hatten. In der alltäglichen Praxis der Dissidenz richtete sich die Antipolitik gegen die Lüge des Systems, und zwar sowohl in ihrer früheren ideologischen als auch in ihrer späteren pragmatisch-konsumorientierten Version.

Zum Vorläufer der demokratischen Opposition Ungarns wurde

der Radikaldemokrat István Bibó erwählt, dessen aktuellpolitische Kritik an den Kommunisten zwischen 1945 und 1948 sich dreißig Jahre später noch als stichhaltig erwies. Sätze wie der folgende wurden zum Credo für die kritischen Intellektuellen des Landes: »Entgegen einer landläufig verbreiteten Auffassung muß festgestellt werden, daß man in der Politik nicht lügen kann. Genauer gesagt: man kann natürlich ab und an Lügengeschichten erzählen, aber man kann keine politischen Konstruktionen, kein politisches Programm auf Lügen errichten.«

Im Vergleich zum SED-Regime, das selbst noch vor seinem Zusammenbruch die gröbsten Formen der Lüge kultivierte, befand sich das Kádársche Ungarn auf dem Weg von der schlichten Unwahrheit zu den beschwichtigenden Halbwahrheiten. Deshalb erwies sich die Arbeit der zweiten Öffentlichkeit in Budapest als relativ kompliziert: infolge der verhältnismäßigen Glaubwürdigkeit des Systems, außer- und innerhalb des Landes, klangen manche Argumente der Opposition wenig überzeugend. Schlauere Propagandisten der Partei hoben immer die unzweifelhaften Vorteile Ungarns gegenüber den Nachbarländern hervor; als Rechtfertigung benutzten sie vor allem die rumänischen Zustände. Sie gaben zu, daß in Ungarn »Schwierigkeiten« bestanden, warfen jedoch der Opposition vor, diese zu eigenen politischen Zwecken mißbrauchen zu wollen – eine Anschuldigung, die Anfang der achtziger Jahre einer eindeutigen Aufwertung des politischen Bewußtseins der Dissidentenszene gleichkam. Ein Verdienst dieser Szene bestand zweifellos darin, daß sie solchen demagogischen Äußerungen nicht nachgab und ihre anfänglich moralisch geprägte Kritik immer mehr politisch-programmatisch zu artikulieren wußte.

Bibós politisches Vermächtnis betrachte ich nach wie vor als aktuell: die Demokratie brauchen wir keineswegs als automatisch lügenfrei anzusehen und die freie Presse ist auch nicht unbedingt ein einziges Wahrheitsorakel. Das kritische Potential der siebziger/achtziger Jahre muß erhalten bleiben, und die Tatsache, daß sein Ausgangspunkt jetzt viel günstiger geworden ist, schließt für die neue Öffentlichkeit nur noch mehr Verpflichtungen ein.

Für die Dissidenten am wenigsten absehbar war ihr eigener Rollenwandel. Früher bedeutete für die meisten von ihnen die Politik einen beinahe aussichtslosen moralischen Widerstand; heute ist sie Herrschaftsausübung, eine Technik zwischen den Zwängen zu leben. Für die Ethik von damals gilt heute, bestenfalls ergänzend und nicht stellvertretend für sie, das parlamentarische Etikett. Diejenigen, die jahrzehntelang mit Institutionen zu kämpfen hatten, erhielten den Auftrag, solche zu führen. Einige von ihnen, die weniger geschickt oder weniger skrupellos sind, können diese Metamorphose gar nicht verkraften; sie sind die unschuldigen Opfer der Demokratie.

Mit der notwendigen Etablierung dieser Institutionen besteht die Gefahr, daß etwas Wichtiges in diesem Prozeß verlorengeht, nämlich das Andersdenken. Wenn Ketzer eine Kirche, Parteigegner eine Partei gründen, verlagern sich dadurch ihre Prioritäten: sie denken ausschließlich im Bereich des praktisch Möglichen. Disziplin und Konformität setzen sich durch, nicht einmal statutenmäßig, sondern einfach aus Mangel an Phantasie. Denkanstöße, die nicht in den jeweiligen Hauptstrom einer Kultur hineinpassen, können selbst bei der größtmöglichen Öffentlichkeit untergehen. Die ganze frühere Tätigkeit der osteuropäischen Opposition bestand ursprünglich aus der Produktion von Ideen, die nicht zum alltäglichen politischen Gebrauch bestimmt worden waren. Ich bin für die Bewahrung dieser Tradition, genauer gesagt, für die Fortsetzung der Dissidenz mit anderen Mitteln.

Protokoll zum Vortrag von G. Dalos

Frage: Sie sprachen von der Fortsetzung der Dissidenz mit anderen Mitteln. Was ist damit gemeint?

G. D.: Also diese Fortsetzung der Dissidenz mit anderen Mitteln, das ist mein Programm. Das ist nicht das Parteiprogramm. Ich versuche nämlich aus dem politischen Taktieren auch meiner Partei, dem Bund der Freien Demokraten (SZDSZ), irgendwie herauszukommen. Das ist natürlich so, daß ich in der ungarischen Konstellation einerseits für diese Partei bin und das mitmache, was ich mitmachen kann beim Wahlkampf oder sonst als kulturelle Arbeit. Aber andererseits habe ich tatsächlich Angst, daß eine Art von Politik beginnt, die irgendwo nicht ganz demokratisch wird. Ich denke jetzt an folgendes: Im Wahlkampf hatten wir als Hauptgegner das Demokratische Forum, und während des Wahlkampfes gab es ziemlich emotionale Kommentare von beiden Seiten; es sah so aus, als würden sich Erzfeinde gegenüberstehen, und plötzlich, eine Woche nach dem zweiten Wahlgang, fand eine Geheimverhandlung zwischen den beiden Parteien statt, nicht einmal zwischen den Vorständen, sondern zwischen zwei Vertretern dieser Parteien. Innerhalb von drei Stunden hatten sie alle Mißverständnisse sozusagen geklärt und eine konstruktive Zusammenarbeit im Parlament durch irgendwelche Kompromisse erreicht, und die Basis weiß nicht, was für Krompromisse das sind. Ein Teil der Kompromisse ist sichtbar und ein anderer nicht. Nun es ist sicher, daß das Land nur dann regierbar wird, wenn diese beiden Parteien irgendwelchen Kompromiß aushandeln. Das stimmt. Denn keine der beiden hat genügend Kraft, allein das Land zu regieren. Aber wie so ein Kompromiß entsteht, das ist für mich die eigentliche Frage, nicht die Tatsache des Kompromisses an sich. Die dissidentische Tradition ist anders. Wir wollten doch immer alles an die Öffentlichkeit bringen und nicht vor der Öffentlichkeit verstecken. Darum geht es. Und wenn ich »mit anderen Mitteln« sage, meine ich – natürlich, in Ungarn gibt es jetzt eine Demokratie, wir haben vielerlei Möglichkeiten, uns öffentlich darzustellen, und ich glaube, wir brauchen keine Konspiration mehr – aber eine bestimmte Autonomie im politischen Denken und Handeln braucht diese Gesellschaft. Um so mehr, als 40 Prozent der Bevölkerung gar nicht an den Wahlen teilgenommen haben. Und das finde ich viel.

Frage: Ich sehe es so, daß dieser Vorgang auch etwas Hoffnungsvolles hat, daß diese Leute einander nicht unversöhnlich gegenübertraten, miteinander reden konnten. Ich habe da keine Probleme, denn die Öffentlichkeit ist ja später hergestellt worden.

G. D.: Im Wahlkampf haben beide Seiten die jeweils andere geschmacklos als kommunistisch hingestellt, was in Ungarn ein Schimpfwort ist. Darüber hinaus aber hat das Demokratische Forum in Flugblättern und in seiner Presse die gesamte Führung des SZDSZ ziemlich offensiv angegriffen und verleumdet. Diese Angriffe enthielten einen ziemlich starken antisemitischen Zug und nach dem zweiten Wahlgang hat János Kis, der Vorsitzende der Freien Demokraten, öffentlich auf einer großen Veranstaltung seiner Partei das Demokratische Forum aufgerufen, sich von allen antisemitischen Erscheinungen im Wahlkampf zu distanzieren. Das geschah nicht. Wenn so eine öffentliche Forderung eine Million Menschen hören und danach wird das Ganze unter den Teppich gekehrt, dann finde ich das langfristig schädlich für die Demokratie, ganz unabhängig davon, ob es gut ist, daß diese zwei Parteien jetzt zusammenfanden. Also ich bin nicht gegen den Kompromiß, aber ich finde, daß hier die Öffentlichkeit umgangen worden ist, und zwar so, daß das Demokratische Forum seine Koalitionspartner nur im nachhinein unterrichtete und die Freien Demokraten es genauso machten. Das ist eine Art Kulissenpolitik, die ich nicht teilen kann, die undemokratisch ist. Ganz egal, ob das im Westen so ist oder nicht. Aber ich habe auch andere Probleme mit dem parteipolitischen Engagement als einer Fortsetzung des Dissidententums. Alle Parteien neigen dazu, eine Linie zu haben und diese Linie neigt dazu, immer richtig zu sein. Das ist natürlich eine Gefahr, die in jeder Partei besteht. Und deswegen ist diese kritische Rolle der Intelligenz der siebziger Jahre dazu da, um immer wieder darauf zu verweisen, daß etwas nicht stimmt. Die Intellektuellen gleichsam als hauptberufliche Zweifler. Ich möchte diese Rolle aufrechterhalten, das ist nützlich für die Gesellschaft.

Frage: Sie sagten, die Rolle der Intelligenz soll kritisch sein und zeigten, daß etwas nicht stimmt. Ich habe das aber gleichzeitig so verstanden, daß Sie sagen, das ist die Aufgabe dieser Partei, der sie selber angehören, des Bundes der Freien Demokraten. Das ist ja eine zwiespältige Sache, wenn die Kritik an der Gesellschaft die

Aufgabe einer Partei ist. Da gibt es verschiedene Gefahren, einerseits, daß die Rolle professionalisiert wird, daß die Partei das Privileg der Kritik beansprucht, andererseits, daß es zur Verengung der Kritik kommt. Mich würde interessieren, ob die gesamte Dissidenz darin aufgeht, in welchem Verhältnis sie zu den Parteien steht. Es gibt ja auch hier bei uns ein ganzes Spektrum von kritischen Intellektuellen – quer durch das politische Spektrum.

G. D.: Also, ich halte unter den jetzigen ungarischen Parteien die Freien Demokraten für diejenigen, die die meisten Gemeinsamkeiten mit meinen Vorstellungen von einer europäischen Demokratie haben. Trotzdem bin ich der Meinung, daß auch diese Partei eine Institution ist und auch sie sozusagen unter Sachzwängen lebt und dazu neigt, alles etwas zu eng zu sehen. Zum Beispiel verstehe ich sehr gut die Forderung nach der Marktwirtschaft, die sie am stärksten vertritt. Wie es nach 40 Jahren Planwirtschaft hier in Ungarn aussah, finde ich, daß der Markt schon einige Sachen in Ordnung bringen kann. Aber ich bin kritischer, was die Folgen dieser Marktwirtschaft anbelangt, als die parteioffiziellen Kreise. Es gibt innerhalb dieser Partei natürlich Leute, die ganz begeistert von einer thatcheristischen Lösung sind, und es gibt andere, die mit mehr sozialen Gesichtspunkten arbeiten. Ich bin mir aus professionellen Gründen ziemlich im klaren darüber, was die Marktwirtschaft in Ungarn Verheerendes speziell für die Kultur bedeuten kann. Das ist mein spezifischer Gesichtspunkt. Wenn ich mit einem ehemaligen Samisdat-Verleger spreche, sagt der mir, daß zwei Jahre Marktwirtschaft seinem Verlag mehr geschadet haben als die ganze Geheimpolizei in den früheren Jahren. Das ist etwas, das nicht parteioffiziell so ist, aber das stimmt. Es gibt eine Reihe von Fragen, wo die Wahrheit gleichsam zwischen den Parteien und zwischen den parteipolitischen Programmen liegt. Ich persönlich kann das Demokratische Forum aus Mentalitätsgründen nicht ausstehen, aber in bestimmten Punkten hat das Forum natürlich recht, die Befürchtungen des Forums gegen eine rapide Verwestlichung dieser Gesellschaft teile ich partiell, nur nicht aus ihrem engen nationalistischen Gesichtspunkt heraus. Ich finde, es ist nicht so irrational zu meinen, daß die westliche Massenkultur in dieser amerikanisierten Form schädlich für diese ganz andere Gesellschaft sein kann; nicht weil das eine sozialistische Gesellschaft war, einfach weil die Tradition anders ist. In bestimmten Fragen stehe ich also irgendwo zwischen den Standpunkten.

Frage: Aber ist es nicht schwierig, wenn man vorher auf der gesellschaftlichen Ebene Politik gemacht hat und nun plötzlich Parteipolitik machen soll?

G. D.: Ja, einerseits ist meine Aktivität bei den Freien Demokraten die Fortsetzung meiner Rolle in der demokratischen Opposition, also solange ich diese Kontinuität wiederfinde, bin ich auch bei den Freien Demokraten. Ich finde es gut, daß diese Partei existiert, ich finde es vielleicht nicht ausreichend. Ebenso wie ich finde, daß es überhaupt gut ist, daß es mehrere Parteien gibt und daß die demokratischen Spielregeln jetzt nach den Wahlen stabiler geworden sind. Das ist alles gut und ich sage nur, daß das nicht ausreicht. Und es gibt echte Probleme, die nicht auf der Parteiebene lösbar sind. Die ganze Aufgabe ist wahnsinnig komplex, die diese Demokratie zu lösen hat, und ich fühle mich nicht einmal befugt, sie in ihrem ganzen Umfang zur Kenntnis zu nehmen. Ich bin eine Person, ich bin ein Schriftsteller und ich habe außerdem meine mir selbst gestellte Aufgabe, zu schreiben. Inwieweit dann dieses Schreiben politisch ist, das ist wieder eine andere Frage, teilweise ist das sicher politisch, was ich schreibe. Es gibt auch soziale Gruppen, die ich nie ansprechen könnte. Es gibt unter diesen 40 Prozent Erwachsenen, die nicht zu den Urnen gegangen sind, etwa ein Drittel Jugendliche. Es gibt in Ungarn eine Jugendpartei, den Bund der Jungen Demokraten. Ich bin sicher, daß sie ihre Generation ansprechen können, und sie müssen diese Generation ansprechen, weil die Passivität der jungen Generation beängstigend ist für die ganze Zukunft. Aber das betrachte ich nicht mehr als meine Aufgabe. Vor zehn oder fünfzehn Jahren, als es etwa 50 oder 80 Oppositionelle im Lande gab, da sah es so aus, daß ich gar nichts anderes tun konnte als mit ganz handwerklichen Mitteln meinen Standpunkt überzeugend zu vertreten, wenn ich mich irgendwo in einer Gesellschaft befand und es zu politischen Diskussionen kam. Die Zeiten sind jetzt vorbei, jetzt hat dieser Standpunkt die Chance, im Rundfunk oder in der Presse oder im Fernsehen vertreten zu werden. Wenn György Konrád heute etwas zu sagen hat, dann bieten sich ihm alle Möglichkeiten. Das ist einerseits ein großer Vorteil, andererseits sieht man auch die Grenzen dieser Öffentlichkeit deutlicher. Man sieht, wie wenig eine solche Öffentlichkeit manchmal erreichen kann. Das ist eine neue Sache, die wir auch noch nicht kennen.

Frage: Gibt es innerhalb oder außerhalb des SZDSZ Kräfte und

Gruppierungen, frühere Dissidenten oder Bürgerbewegungen, die den demokratischen Prozeß über seine parlamentarische und parteipolitische Gestalt hinaus offenhalten und prägen?

G. D.: Eine Schwäche der ungarischen Demokratie ist das Fehlen von Bürgerinitiativen, daß die Demokratie sich fast ausschließlich parteipolitisch organisiert und es keine nennenswerten Gewerkschaftsbewegungen und keine nennenswerten Basisbewegungen am Ort gibt. Daß dieser Parteirahmen stärker ist als jede andere Initiative. Das ist einerseits ungarische Tradition, weil die Demokratie in Ungarn historisch immer exklusiv war, eine Exklusivware. Andererseits wurde jetzt diese Demokratie innerhalb von zwei Jahren geboren und sind deshalb eben nur diese festeren Bestandteile da. Was wir nicht haben ist all das, was zwischen der Partei und der Gesellschaft liegen kann, es gibt nicht diese Transmissionsmöglichkeiten. Man weiß natürlich, was mit und in einer Fabrik los ist, aber die Arbeiter zeigen sich ziemlich passiv auch gegenüber den neuen Oppositionsparteien und noch mehr gegenüber den Gewerkschaften, denn die größte Gewerkschaft ist immer noch die, die 40 Jahre lang die Einparteienherrschaft mitunterstützt hat. Ich finde, daß es sehr viele Probleme gibt, die mit den Mitteln der Parteien nicht lösbar sind. Die Parteien stehen für sich allein da, haben nur innerparteilich Kontaktmöglichkeiten oder können mit den anderen Parteien eine Koalition machen. Der Dissident ist – oder versucht es zumindest zu sein – Kritiker der Gesellschaft in der er lebt, und ich glaube, daß die Möglichkeit bei weitem nicht erschöpft ist, diese Demokratie tatsächlich für breitere Schichten zugänglich zu machen. Ich finde die Tatsache, daß 40 Prozent der Bevölkerung passiv sind und sich nicht an den Wahlen beteiligt haben, ziemlich bedrohlich für die Demokratie. Man kann sich nicht mit einem Wahlsieg zufriedengeben, man kann sich auch nicht mit der Rolle zufriedengeben, die zweitstärkste Partei zu sein. Man muß einfach tiefer graben in der Gesellschaft.

Frage: Besteht nicht ein wesentlicher Unterschied darin, daß der Reformprozeß in Ungarn innerhalb der herrschenden Staatspartei selbst begonnen hat, während in der ČSFR, in der DDR und in anderen osteuropäischen Ländern die alte Macht in viel größerem Maße durch Massendemonstrationen zur Aufgabe gezwungen wurde. Das produziert eben auch andere Strukturen.

G. D.: Ja, der Sieg der Demokratie in Ungarn wurde etwas zu leicht errungen, es gab und gibt keine Volksbewegung in Ungarn, nicht einmal in dem Maße wie in der DDR im vorigen Herbst. Es gab nur politische Bewegungen und natürlich die kommunistische Partei, die sich selber reformieren wollte. Es gab übrigens eine Zeit, so Ende 1988/Anfang 1989, in der die Opposition – ich verstehe darunter die Freien Demokraten – an einem Tag eine Losung ausgegeben hat und diese Losung stand dann am nächsten Tag unverändert in der Népszabadság, dem Zentralorgan der Reformkommunisten, nur als Quelle wurde die MSZMP genannt. Also, es ging ziemlich schnell und dieser Prozeß hatte ein bißchen etwas von einem Gesellschaftsspiel. Man konnte von Anfang an wissen, wie die Partei – die Einpartei – reagieren und welche Stationen dieser Reformprozeß durchlaufen wird. Das heißt, daß dieser Prozeß ziemlich intensiv, aber nicht tiefgehend war.

Frage: Was halten Sie von der Auffassung, daß sich bis weit in das Jahr 1988 hinein der Weg zum demokratischen Umbruch in Ungarn als eine Art Selbstauflösungsprozeß der Monopolpartei verstehen läßt. Die Dissidenz und andere spielten demzufolge erst später eine größere Rolle. Zugespitzt formuliert würde sich die ungarische Entwicklung dadurch auszeichnen, daß der Selbstauflösungsprozeß der MSZMP die Hauptrolle spielte, die Dissidenz und andere Oppositionsgruppen erst an zweiter Stelle von Bedeutung waren.

G. D.: Einerseits hat sich diese Partei nicht aus lauter Aufklärungsgeist aufgelöst. Diese Partei befindet sich latent seit 30 Jahren in einem Auflösungsprozeß. Andererseits war das ökonomische Endergebnis dieser Politik für die aufgeklärten Führer der Partei seit 10 oder 15 Jahren klar. Diese Partei hat 1968 eine ökonomische Reform eingeleitet und vier Jahre später diese Reform einfrieren lassen, und dabei wußte der Parteivorstand, worum es geht. Anders als in manchen osteuropäischen kommunistischen Parteien, wo es einen bestimmten Fanatismus innerhalb der jeweiligen Parteiführung gab, hegte die ungarische Parteiführung nach 1956 kaum noch eine Illusion über die Gesellschaft, die sie zu führen hatte. Und diese Selbstauflösung der Partei war nicht das, was einige Protagonisten des Prozesses dann später erklärten, »wir haben sozusagen im Dienste der Gesellschaft diesen Prozeß beschleunigt«: Es war eine Flucht nach vorne. Und dann gibt es noch etwas: Gorbatschow – den Gorbatschow-Effekt. In den sechziger und siebziger Jahren war es in Ungarn auf allen Ebenen dieser

Partei üblich, sich auf die Sowjetunion zu berufen und zwar etwa auf diese Weise: »Wir sind begeistert von diesem Film, den der Herr Regisseur uns empfiehlt, aber die Sowjets sind sehr empfindlich, wir dürfen diesen Film nicht zeigen.« Oder: »Diese ökonomische Maßnahme wäre zwar vernünftig, aber was sagt Moskau dazu.« Es steckte immer schon eine halbe Lüge in diesen Behauptungen, das war nie ganz wahr und wurde sehr oft nur als Vorwand gebraucht. Nach Beginn der Gorbatschow-Ära fiel es dieser Elite immer schwerer, sich auf die Sowjetunion gegenüber Reformbestrebungen berufen zu können. Diese negative moralische Kraft verschwand. »Wir sind ein kleines Land«, das war überhaupt die Geheimideologie des Kádár-Systems, kein Marxismus, überhaupt keine Ideologie in diesem Sinne, nur »wir sind ein kleines Land: wir können natürlich heute private Schuhgeschäfte zulassen, aber mehr nicht. Das heißt Schuhgeschäfte ja, aber keine Hutgeschäfte.« Oder nehmen wir die Literatur. Schon vor 20 oder 25 Jahren forderten die Schriftsteller vehement eine eigene Zeitschrift, verschiedene Gruppen forderten das. Weil es aber in der Sowjetunion so etwas nicht gab, konnte es das auch in Ungarn nicht geben. Später bekamen die jungen Schriftsteller eine Zeitschrift. Dann kam die Forderung: verschiedene Strömungen brauchen verschiedene Zeitschriften. Wie gesagt, es gab in der Sowjetunion nichts Ähnliches. Damals sagte der Vorsitzende des Schriftstellerverbandes, das geht nicht, das würde die führende Rolle der Partei antasten, die wir zwar selber kritisch sehen, aber das ist international nun mal so. István Eörsi hat dann damals auf dem Schriftstellerkongreß die Frage gestellt: »Wieso ist es möglich, daß selbst die Hundebesitzer in Ungarn eine Zeitung haben, nur die Schriftsteller nicht?« Darauf sagte der Vorsitzende: »Die Hundebesitzer schon, aber nicht extra die Pudelbesitzer und die Schäferhundbesitzer.« Das heißt, die führende Elite wußte genau, worum es geht, das waren keine Fanatiker wie – sagen wir – Honecker. Erich Honecker war in den sechziger und siebziger Jahren mit einem Traum aufgewachsen, er lebte in keiner wirklichen Welt. Ich glaube nicht, daß die Kádársche Elite dieses Problem hatte, sie war zynischer, deshalb aber auch erträglicher als die anderen osteuropäischen Herrscher, weil sie manchmal selbst zugegeben haben, an das Ganze nicht mehr zu glauben.

Frage: Bei den Schlüsselbegriffen, die Sie am Anfang erwähnt haben, ist ein Begriff bei keiner Gruppierung vorgekommen, der bei uns aber ein zentraler Begriff ist, da ist die Gleichberechtigung zwischen Mann und Frau. Ist das kein Thema in Ungarn, gibt es keine Frauenbewegung, die solche und andere Interessen der Frauen artikuliert?

G. D.: In den Programmen jeder Partei – vollständige Programme haben nur vier Parteien – kommt natürlich die Gleichberechtigung von Mann und Frau vor, allerdings als Höflichkeitsfloskel. Und das ist die Fortsetzung der Höflichkeit in der MSZMP, die war auch sehr höflich. Es gibt eine Partei in Ungarn, in der auch frauenpolitische Gesichtspunkte eine Rolle spielen, das waren die Grünen, sonst eine ganz unbedeutend gewordene Partei, obwohl sie am Anfang die erste große Demonstration gegen das Kraftwerk organisierte. Doch bei den Wahlen hat sie nur 0,6 Prozent erreicht. Einzig in dieser Partei gab es im Programm einen ganzen Teil über die Frauen mit vielen vernünftigen Forderungen, teilweise entliehen aus westlichen Frauenbewegungen. Es gab zwar in Ungarn eine feministische Tradition, aber sie liegt zeitlich weit zurück, am Anfang des Jahrhunderts. Zwischen den Suffragetten von damals und den heutigen Frauengruppen gibt es fast keine Kontinuität. Und deshalb stammen die wenigen Frauenprogramme in Ungarn fast alle aus westlichen Quellen, abgesehen von Teilen der programmatischen Erklärung bei den Grünen. Es gibt, für mich absolut erstaunlich, ausgerechnet im konservativen Demokratischen Forum, wo eigentlich diejenigen Schriftsteller eine führende Rolle spielen, die beispielsweise in den siebziger Jahren die Verschärfung des Abtreibungsgesetzes gefordert haben, eine feministische Gruppe. Diese Gruppe hat ein Programm ausgearbeitet. Ihre führende Persönlichkeit ist eine Amerikanistin in Szeged, also in der ungarischen Provinz, wo niemand so etwas vermuten würde, und sie haben auch internationale Kontakte. Natürlich gibt es ein Problembewußtsein darüber in der ungarischen Gesellschaft, einfach weil alle Parteien mit dieser spezifisch ungarischen Frage zu tun haben, dem rapiden Sinken der Geburtenrate. Und deshalb existieren alle möglichen Ideologien, von dem »mein Bauch gehört mir« bis zum »Schutz des ungeborenen Lebens«. Es gibt diesen Konflikt in der Gesellschaft, aber er wird bislang nur feuilletonistisch ausgetragen, und es bewegt sich politisch nichts. In den frühen siebziger Jahren kam es in Ungarn übrigens zu einem öffentlichen Protest gegen die damalige Verschärfung des Abtreibungsparagraphen, der seit 1956 absolut liberal war. Dieser erste Vorstoß seitens der kommunistischen Partei unter dem Druck der Nationalisten führte dazu, daß drei Frauen, drei Studentinnen, im Mai 1973 1500 Unterschriften gesammelt haben, was in der damaligen Atmosphäre etwas Unvorstellbares war. Alle drei Frauen sind inzwischen im Westen gelandet. Sie wurden aus allen Universitäten, aus allen Hochschulen ausgeschlossen, und es ist auch sehr typisch, daß nichts daraus geworden ist. Ich glaube, man muß einfach abwarten. Ich sehe es im Augenblick so, daß die ungarische Gesellschaft alle kulturellen Formen der Autonomie jetzt erst lernen muß, und auch die Frauenautonomie beginnt erst jetzt. Es gibt noch eine Gruppe, eine sehr interessante Gruppe, die sich »Chance« nennt. Das ist eine Gruppe von Frauen, die als Manager arbeiten, eine Interessenvertretung von weiblichen Managern. Ich glaube, das hängt wieder mit dem Westen zusammen, weil sie ständig dorthin reisen und sehen, welche anderen Möglichkeiten Frauen haben. Allerdings sind die Probleme auch teilweise ganz anders als im Westen. Die große soziale und ökonomische Enge der Verhältnisse läßt fast keinen Spielraum für Autonomie und erschwert die Entwicklung in dieser Richtung.

Frage: Die Literatur hat unter den osteuropäischen Regimen häufig eine Art Ersatzfunktion für die gleichgeschaltete politische Öffentlichkeit übernommen und viele Schriftsteller gehörten zur Dissidenz. Inzwischen ist der Dramatiker Havel Staatspräsident der ČSFR geworden, während umgekehrt nach dem Sturz des Honeckerregimes in der DDR Christa Wolf, Stefan Heym oder Christoph Hein ohne jeden politischen Einfluß geblieben sind. Wie stellt sich dieser Rollenwandel in Ungarn dar?

G. D.: In Ungarn sind in den siebziger und achtziger Jahren allmählich auch andere oppositionelle Strömungen und Kräfte entstanden, das heißt der Kampf gegen die Diktatur war eigentlich kein quasi-literarischer Kampf mehr, sondern es entstand im Ansatz etwas wie eine »civil society«. Es sind nicht mehr oder überhaupt nicht nur Schriftsteller und Künstler, die eine politische Rolle spielen, auch nicht bei den Freien Demokraten, die inzwischen 24 000 Mitglieder haben. Und man kann auch nicht sagen, daß die Mehrheit dieser Schriftsteller zu Politikern geworden ist. Anders als Havel hat György Konrád beispielsweise keine direkte politische Funktion in der Partei, er sitzt nicht im Parlament, er wurde kein Staatspräsident (diese Funktion hat inzwischen ein anderer Autor inne, Árpád Göncz). So hindert ihn eigentlich niemand daran weiterzuschreiben, zum Glück der ungarischen Literatur, obwohl ich höre, daß er jetzt internationaler PEN-Präsident geworden ist, was auch kein leichter Job ist. Oder ich sehe zum Beispiel István Eörsi, der von Anfang an auch in der Opposition war, einer der wenigen 56er in der alten Opposition, er schreibt und ist sehr produktiv. Es gibt ein anderes Problem bei den Schriftstellern und Künstlern, daß nämlich das alte Modell der Kunst- und Literaturunterstützung jetzt nicht mehr existiert. Es war zwar vor allem eine Kontrolle, aber nicht nur. Der Staat als offizieller Hauptunterstützer und einziger Unterstützer der Kultur ist in Ungarn schon seit zehn, fünfzehn Jahren zunehmend eine Fiktion. Jetzt aber sind die Künstler den ziemlich kapriziösen Gesetzen des Marktes geradezu ausgeliefert, das ganze Verlagswesen befindet sich in einem chaotischen Zustand. Das ist natürlich ein neues Problem. Das heißt, daß die Schriftsteller langsam weg müssen von ihrer romantischen Rollenauffassung und auch anfangen müssen, ihre Interessen zu vertreten. Es ist seltsam, aber es gibt bis jetzt für Künstler keine echte Interessenvertretung in Ungarn, nicht einmal in dem Maße, wie sie in den siebziger Jahren in der Bundesrepublik zu entstehen begann. Also eine Gewerkschaft gibt es nur ansatzweise, die meisten Schriftsteller sind nicht in dieser Gewerkschaft. Ich glaube, daß dieser Rollenwandel bei vielen ziemlich radikal sein wird. Es ist irgendwie in Ordnung, daß die spezifisch politische Rolle von anderen mitübernommen wird. Ich persönlich fühle mich gut dabei, weil ich ab Mitte der achtziger Jahre immer das Gefühl hatte, daß ich als Politiker zunehmend überflüssig werde. Das heißt, ich habe Lust, an politischen Geschehnissen teilzunehmen, aber ich muß nicht. Es gibt viele Leute, auch jüngere Leute, die das machen, und man muß auch der jüngeren Generation die Möglichkeit lassen, Fehler zu machen. Es ist langweilig, wenn immer dieselben Leute die Fehler machen.

Frage: Welchen Einfluß hatte die Niederschlagung des Volksaufstandes von 1956 auf das Kádárregime und seine schließliche Auflösung?

G. D.: Anfangs gab es den Terror und durch diesen Terror ist es gelungen, den Aufstand zu unterdrücken und eine Art Systemstabilität zu schaffen. Danach bestand eine Art innerer Zwang für die neue Elite, für die alt-neue Elite, zumindest teilweise zu beweisen, daß es auch ohne Terror geht. Anfang der sechziger Jahre begann eine langsame, sehr langsame und vorsichtige Liberalisierung, diese ganze Politik des »wer nicht gegen uns ist, ist mit uns«. Diese Politik hatte auch Erfolg in der ungarischen Gesellschaft. Und dann sollte die Reform kommen, die Wirtschaftsreform, und die Kádársche Elite war davon überzeugt, das wird der beste Sozialismus, den es überhaupt geben kann. Sie dachten in diesem Rahmen, sie meinten, wir werden zeigen, daß es geht. Aber sie hatten zwei Schwächen, die miteinander zusammenhingen: erstens den Terror, den sie am Anfang ausübten, der sie irgendwie unglaubwürdig machte. Das heißt die Leute, die freuten sich natürlich über jede kleine Reform und jede kleine Veränderung, aber irgendwo war die Angst während der ganzen 40 Jahre in der Gesellschaft präsent. Die Angst kreiste anfänglich darum, verhaftet zu werden. Später bestand die Befürchtung, wenn diese Reform nicht gelingt, dann wird es schlimmer werden. Mit dieser Angst operierte das System. Kurzfristig war das seine Stärke, langfristig seine Schwäche. Dazu kam die zweite Schwäche, nämlich die totale Abhängigkeit von der Sowjetunion, die größer war als in anderen Ländern. Allein die Tatsache, daß die Sowjetunion für diese Elite die Macht zurückerobert hatte, hat ihr diese Elite – trotz aller relativen Freiräume – mehr ausgeliefert als in anderen Ländern. Ebenso wie die tschechoslowakische Führung der Sowjetunion nach 1968 viel mehr ausgeliefert war als vor 1968. »Wir haben euch das Leben gerettet«, das war auch mit der Kádárschen Elite so. Das war eine Partei von 800 000 Mitgliedern, das gehört auch dazu. Und jetzt hat diese Partei insgesamt, das heißt haben die beiden Nachfolgeparteien MSZP und MSZMP zusammen etwa 60 000. Das bedeutet, daß die überwiegende Mehrheit der Mitglieder eigentlich keine Anhänger dieser Partei waren, daß sie unter irgendeinem Druck oder aus Karriereerwägungen der Partei beigetreten sind. Das seltsame daran aber ist, daß genau das die Parteiführung wußte. Sie wußten, daß das keine echten Kommunisten sind in ihrem Sinne. Doch die Hauptsache war, daß nichts geschieht, und selbst die damals so fortschrittlich klingende Losung »wer nicht gegen uns ist, ist mit uns«, ist im Grunde eine Erziehung der Gesellschaft in Passivität. Es wurde erwartet, daß niemand etwas unternimmt, dann ist er »mit uns«. Der ganze Hintergrund dafür ist natürlich 1956, weil es damals zum ersten Mal geschah, daß in einem Ostblockland ein System – wenn auch nur für elf Tage – gestürzt wurde. Die Kommunisten sind weder Engel noch Teufel, sie haben daraus teilweise gelernt. Sie wußten zum Beispiel, daß die Schlangen soziale Spannungen mit sich bringen. Es gab nach 1956 teilweise Ausgehverbot und vor allem gab es das Verbot von Gruppierungen auf der Straße. Die Schlangen vor Lebensmittelgeschäften waren die einzige legale Gruppenbildung auf der Straße und sie mußten schnell aufgelöst werden. Ungarn ist das erste sozialistische Land gewesen, wo die Schlangen aufgelöst wurden, weil es in diesen Schlangen regierungsfeindliche Propaganda gab. Sie haben es pragmatisch gelöst, sie haben die Lebensmittelgeschäfte einfach mit Lebensmitteln versorgt; das ist eine absurde Lösung für ein normales Ostblockland, aber sie führte dazu, daß die Schlangen aufhörten. Es stand keine Ideologie dahinter. Die Elite wußte ganz einfach, obwohl das doch eine »blutige faschistische Konterrevolution« gewesen sein sollte, warum die Leute auf die Straße gegangen waren, das war kein Geheimnis für sie.

Oder in der Kultur: ich erwähne immer das alte Beispiel von Franz Kafka. In den fünfziger Jahren war das absolut so, daß jemand, der in einem Verlag die Herausgabe der Werke von Franz Kafka vorgeschlagen hätte, bestenfalls damit rechnen konnte, aus dem Verlag zu fliegen. Es konnte auch viel schlimmere Konsequenzen haben. Nach 1956 stellte sich jedoch heraus – ich sage immer aufgrund der Recherchen der Staatssicherheit –, daß Franz Kafka an der Vorbereitung des Aufstandes nicht beteiligt war und was früher als etwas ganz Absurdes galt, geschah nun: Kafkas Werke durften in Ungarn erscheinen und zwar als Depolitisierungsmittel für die Intelligenz. Die Intelligenz wird keinen Aufstand machen, wenn sie Kafka liest. Die Regale müssen voll sein, die Lebensmittelregale und die Bücherregale der Intelligenz. Das hat etwas Aufgeklärtes, Zynisches und zugleich Pragmatisches. Anders in der Tschechoslowakei. 1963 fand die erste Kafka-Konferenz in Prag statt, die bis heute als Ausgangspunkt für den Prager Frühling betrachtet wird, weil die explosive Kraft des Verbotenen so stark war. Ich erinnere mich, daß ich als 14- oder 15jähriger zum ersten Mal so ein echtes Westbuch in Ungarn lesen konnte. Es war »Bonjour tristesse« von Françoise Sagan. Das waren die Monate, wo die Hinrichtungen und Verhaftungen stattfanden. Imre Nagy und alle führenden Mitglieder seiner Regierung wurden 1958 hingerichtet oder zu lebenslänglich verurteilt – und auf dem Markt gab es »Bonjour tristesse«. Und innerhalb von zwei Jahren hatte die Regierung eine Reihe von internationalen Berühmtheiten in das Land gerufen von Josephine Baker bis Yves Montand, das passierte alles 1957/58. 1959 erscheint dann massenhaft das Fernsehen in Ungarn, es gab allerdings schon früher experimentelle Sender. Der Parteiverlag war völlig pleite nach 1956, sämtliche Werke von Marx, Engels, Lenin und Stalin lagen da und niemand wollte sie kaufen. Daraufhin hat der Verlag 1957 zwei Bücher herausgegeben: die Tarzan-Serie und das erste sexuelle Aufklärungsbuch in ungarischer Sprache. Diese zwei Bücher überholten die ganzen Klassiker, sie haben sich rentiert. Ich glaube, ein Apparat, der über solche Erfahrungen verfügt, der kann an nichts anderes glauben als an die Realität in diesem Lande. Andererseits waren sie natürlich gefangen von ihrer Situation, von ihrer Abhängigkeit, ihrer historischen Abhängigkeit. Denn die Freiheit, die konnten sie natürlich nicht gewähren. Das Maximum, das dieses System geben konnte, waren »die kleinen Freiheiten«. Hinzu kam noch etwas anderes; nämlich daß dieses System – »Sozialismus« genannt – zunehmend aufhörte, sozial zu sein. Die spätstalinistische Phase ist dadurch gekennzeichnet, daß die minimale soziale Stabilität gefährdet wird. Dann kam es zu brutalen Preiserhöhungen und zu einer Armut, die unvorstellbar war. Bei einer 10-Millionen-Bevölkerung wird in Ungarn heute die Zahl derer auf etwa 2 Millionen geschätzt, die an der biologischen Armutsgrenze vegetieren. Kádár wußte schon, was ein aufgeklärter Funktionär wissen mußte, daß nämlich Ruhe und Ordnung diese kleinen Zugeständnisse erfordern, aber er und seine ganze Garnitur hatten zu wenig Spürsinn für soziale Probleme. Sie wollten Ungarn vor allem für den Westen attraktiv machen, westlicher machen. Eine gewisse Lebensqualität wurde tatsächlich geschaffen, aber kein Lebensniveau. In der DDR gab es ein Lebensniveau, aber keine Lebensqualität. In der DDR bestand ein Ausmaß an sozialer Sicherung, das in Ungarn immer unbekannt war. Aber die DDR-Bürger in Budapest, wenn sie ein Lebensmittelgeschäft besuchten, fühlten sich wie im Intershop. Das war ein anderes Modell und das Modell DDR scheiterte an ganz anderen Sachen, nämlich an dieser miesen Lebensqualität und an der Unfähigkeit, eine eigene Kultur zu schaffen beziehungsweise zu tolerieren. In Ungarn gab es diese Buntheit, dieses Europäische, die auch sehr organisch mit der ungarischen Tradition verbundene Vielfarbigkeit des Landes, die es auch für Westbesucher so attraktiv macht. Unterhalb dieser Schicht aber gab es Armut und Mittelalter.

Frage: Sie sagten vorhin, Sie empfänden es als bedrohlich, daß sich 40 Prozent der wahlberechtigten Bevölkerung nicht an den ersten demokratischen Wahlen seit 40 Jahren beteiligt haben. Ist das in Ungarn hauptsächlich wegen der äußerst schwierigen wirtschaftlichen Lage bedrohlich? Es heißt ja, daß eine »schweigende Mehrheit« denkt, es ist gut, daß Kádár weg ist, aber unter Kádár ging es uns besser.

G. D.: Das allein ist nicht die Frage. Es gibt Schichten, denen es unter Kádár tatsächlich besser ging. Das Kádár-System hatte nicht nur eine politische Elite, sondern auch Hunderttausende von Nutznießern. Das war keine Diktatur, die nur auf Gewalt und nur auf Angst beruhte, sondern eine, die bestimmten, sogar relativ breiten sozialen Schichten auch einiges zukommen ließ. Das zweifache Problem ist, daß in Ungarn die Demokratie noch keine Wurzeln hat und das Land sich großen sozialen Schwierigkeiten gegenübersieht, die Emotionen auslösen, welche dann von sehr verschiedenen Seiten mißbraucht werden können. Ich denke vor allem an bestimmte nationale Emotionen. Man kann die soziale Unzufriedenheit ziemlich leicht in eine nationale Bahn umleiten. Das war teilweise schon unter Kádár der Fall. Es bestand ein Staatsmonopol in der Presse, es bestand eine staatliche Zensur, so daß man normalerweise nichts über die Situation der ungarischen Minderheit in Rumänien schreiben durfte. Ich habe allerdings die Beobachtung gemacht, daß in den späten siebziger und frühen achtziger Jahren vor radikalen Preiserhöhungen immer wieder etwas in der Presse darüber erscheinen durfte, weil man wußte, daß diese Frage zu innenpolitischen Zwecken ganz brauchbar ist. In Rumänien stand die Frage der Unterdrückung der ungarischen Minderheit latent oder offen auf der Tagesordnung. Jede politische Kraft hat in Ungarn die Möglichkeit, diese Frage analytisch und auch emotional zu stellen. Das ist ein Gesicht des Nationalbewußtseins. Das andere ist, daß es in Ungarn, ebenso wie in allen ehemaligen Ostblockländern, sehr leicht ist, Haß auf alles Fremde und Ausländische zu erzeugen und das im Fall einer Verschlechterung der sozialen Lage gut möglich ist. Die Passivität der Bevölkerung bedeutet nicht, daß sie zu keinem politischen Zweck mißbraucht werden kann.

Frage: Drückt sich der Nationalismus der Konservativen im Begriff des Magyarentums aus, den diese oft im Munde führen?

G. D.: Das Wort Magyarentum, auf ungarisch »Magyarság«,

hat natürlich verschiedene Interpretationsmöglichkeiten, unter anderem auch ganz harmlose. Es kann einfach die ungarische Sprache bedeuten oder die ungarische Staatsbürgerschaft, aber es kann auch eine etwas mystifizierende Bedeutung haben, die sich insbesondere mit dem Attribut »universelles« Ungarntum verbindet und etwas Exkommunizierendes hat. Das heißt, in der Begriffswelt von vielen Ideologen des Demokratischen Forums und anderer konservativer Parteien ist dieser Begriff »Ungarntum« etwas, aus dem sie beliebig bestimmte Gruppen ausschließen können. Entweder schließen sie jemanden aus, weil er in einer bestimmten Frage mit ihnen nicht einverstanden ist und ein Ungarn nur so und nicht anders denken kann. Oder weil sie meinen, daß es echte ungarische Kräfte gibt und unechte; echte sind alle unsere Brüder und Schwestern im Ausland, die unterdrückt sind, unecht sind, sagen wir, manchmal die Juden, manchmal die Zigeuner oder auch Ungarndeutsche. Das ist eine Ideologie, die nie ganz offen, sondern immer unterschwellig, terminologisch im Wortgebrauch wirkt, aber immer da ist. Im vorigen November fand ein Referendum statt, wo beide großen Parteien eine für mich ziemlich arrogante Losung propagierten und zwar gegen die, die nicht zum Referendum wollten. Das Demokratische Forum wollte die Volksabstimmung boykottieren, und seine Losung hieß: »wer Ungar ist, der bleibt zu Hause«. Die Freien Demokraten wollten die Volksabstimmung unterstützen und ihre Losung hieß, »wer zu Hause bleibt, der stimmt für die Vergangenheit«. Ich finde beide Losungen ganz arrogant. Man kann die Leute nicht bedrohen, das kann ich nicht ertragen den Leuten zu sagen, ihr sollt euch so oder so benehmen, sonst sprechen wir nicht mit euch. Die Grünen haben auch etwas Ähnliches, diese grüne Losung »Farbe bekennen«. Ich fand das ziemlich unsympathisch. Das ist die Parteiarroganz. Die Losung des Demokratischen Forums »wer Ungar ist, der bleibt zu Hause und geht nicht hin«, die ist freilich nicht nur arrogant, sondern das ist der irrationale Ungarntum-Begriff. Also wenn du hingehst, dann bist du kein Ungar. Ich war überglücklich, als sich 60 Prozent der Wähler damals an der Volksabstimmung beteiligten, und ich finde es großartig, daß 60 Prozent der Bevölkerung nicht ungarisch sind. Vielleicht gibt es eine ungarische Identität, es gibt die ungarische Sprache, aber ich kann keinen Ungarntum-Begriff akzeptieren, der nicht integrierend ist, sondern exkommunizierend.

Frage: Was halten Sie von der Diskussion über Mitteleuropa und Ungarns möglichen Platz darin?

G. D.: Es gab diese Mitteleuropadiskussion Anfang der achtziger Jahre: Kundera, Konrád, Schlögel waren diejenigen, die das Mitteleuropabild neu geschaffen haben. Ich war immer ein bißchen auf Distanz, weil ich glaube, daß kein Mitteleuropa existiert und je existiert hat. Ich habe den Eindruck, daß es ein Osteuropa gab und diese Ost-West-Kluft schon früher, noch vor der Oktoberrevolution, bestand. Es gab allerdings eine gemeinsame Tradition der Völker der Monarchie, die aber eher gegen diese Monarchie gerichtet war. Ich glaube, daß diese Diskussion damals sehr große Bedeutung hatte, weil sie die größere Freiheit und die größere Nähe zum Westen betonte. Es ist auch kein Zufall, daß in Polen keine Mitteleuropadiskussion stattfand, weil die Polen sich immer als geheime Franzosen fühlten und immer viel direkter und viel ehrlicher ihre Westbezogenheit betonten als die sogenannten Mitteleuropäer. Jetzt ist indes eine neue Situation entstanden, die Polen haben den Wunsch nach einer mitteleuropäischen Konföderation mit der Tschechoslowakei und Ungarn geäußert. Solche Mitteleuropa-Konföderationspläne gab es immer schon, Ostmitteleuropa würde ich sagen. Im 19. Jahrhundert gab es sie in verschiedenen Varianten in Ungarn, in der Tschechoslowakei gab es sie auch, nur die Polen haben nie solche Pläne gehegt. Die heutige Reaktion ist interessant. Havel hat abgelehnt und die Ungarn sind eher positiv eingestellt. Es ist einfach so, daß die brutalen ökonomischen Tatsachen sprechen. Die Tschechoslowakei ist viel zuversichtlicher, daß sie mit westlicher Hilfe relativ schnell den Ausweg aus der Krise finden kann, während Ungarn und Polen etwa gleichmäßig marode Ökonomien haben. Ungarn ist rohstoffärmer, verfügt aber über eine einigermaßen funktionsfähige Landwirtschaft. Polen ist rohstoffreich, hat aber eine völlig zerstörte Wirtschafts- und Industriestruktur. Also diese alten Träume der ostmitteleuropäischen Konföderation scheitern jetzt an den ökonomischen Tatsachen. Die Tschechoslowakei ist einfach nicht interessiert an dieser Zusammenarbeit, objektiv nicht interessiert. Die Annäherung an Europa, das ist einerseits eine Fiktion, weil diese Länder immer zu Europa gehörten. Wenn ich Ungarn vom »Aufspringen auf den europäischen Zug« oder von Annäherung reden höre, bin ich immer etwas irritiert, denn wir leben ständig im Vorgefühl irgendeiner Aufnahmeprüfung. Doch das ist nicht so, das sind europäische Länder mit europäischen Traditionen, auch mit schlechten: schließlich war das Königtum Ungarn führend an den Kreuzzügen beteiligt, auch Religions- und Glaubensverfolgung kennen wir gut, die Aufklärung auch, also sämtliche europäischen Traditionen sind vertreten. Das Problem ist, daß das Ganze ökonomisch etwas anderes bedeutet als schöngeistig. Schöngeistig bedeutet es, daß wir endlich wieder zusammen sind und es keine Grenzen gibt. Das ist schön. Ökonomisch aber ist die Sache so, daß wir in einen internationalen Wettbewerb einbezogen worden sind, mit dem wir nicht mithalten können. Das ist derselbe Prozeß im kleinen, der mit der Dritten Welt geschieht. Es gibt eine technologisch-technische Entwicklung der westlichen Gesellschaft, ein Wachstum, das große Probleme schafft, auch für diese Gesellschaften. Für die meisten Außenstehenden ist demgegenüber das schier unlösbare Problem: wie kann man mit diesem Wachstum mithalten. Und ich würde dieses Problem trotz all meiner Begeisterung für die Annäherung nicht unterschätzen. Es ist einfach so, daß die Annäherung heute die Form hat, daß wir in allen technischen und industriellen Fragen vom Westen abhängig sind. Deshalb ist diese Annäherung nicht nur ein Traum, sondern auch ein Zwang. Und ich sehe da auch sehr viele kulturelle Probleme, nämlich wie wir alte Strukturen und Mentalitäten, die nicht nur negativ für mich sind, wie wir diese jetzt mit den westlichen Trends, mit den jeweiligen, sich ändernden westlichen Trends in Verbindung bringen können. Außerdem besteht auch keine andere Möglichkeit, weil man mit der Sowjetunion nicht mehr zusammengehen kann; und zwar nicht nur, weil diese 40 Jahre als Last da sind, sondern weil die Sowjetunion heute ein noch größerer Unsicherheitsfaktor geworden ist als je zuvor. Man weiß nicht, was in diesem Land morgen passiert. Die Konstellation ist doch so, daß wir im Osten eine Sowjetunion haben, in der jeden Tag irgendwelche neuen Kriegsherde entstehen können und westlich haben wir ein ökonomisch potentes Deutschland mit 70 oder 75 Millionen Menschen. Und das ist eine uralte Konstellation. Ich möchte jetzt überhaupt nicht vom Dritten Reich und dessen Erbe reden, sondern vom 19. Jahrhundert oder 16. Jahrhundert. Osteuropa ist Osteuropa und nicht Mitteleuropa, in der Mitte zwischen Ost und West ist dieses Europa, und das ist für mich ein Problem, worüber ich nachdenken muß.

Máté Szabó
Soziale Bewegungen, Mobilisierung und Demokratisierung in Ungarn

Die Verschärfung der wirtschaftlichen, politischen und gesellschaftlichen Krise führte in Ungarn – ebenso wie in anderen osteuropäischen sozialistischen Ländern – zur Ausdehnung und Organisation des sozialen Protests.[1] Zu Beginn der achtziger Jahre tauchte eine ganze Palette neuartiger sozialer Selbstorganisationen auf, von der Friedensbewegung bis zur ökologischen Bewegung, die neben der »traditionellen« Intellektuellen-Opposition agierten und teils deren Basis erweiterten. Dazu trugen zu einem späteren Zeitpunkt die Studentenbewegung, die Selbstverwaltungsbewegung der Kollegien, die Klubbewegung innerhalb und außerhalb der Universitäten beziehungsweise die »neue Welle« von Vereinen, Foren und Gruppierungen bei. In der zweiten Hälfte der achtziger Jahre zeichnete sich ein differenziertes und strukturiertes, politisch orientiertes Spektrum sozialer Bewegungen ab, das zwar vorwiegend im Umkreis der jugendlichen Intelligenz angesiedelt war, dessen politisch-soziale Bedeutung aber weit über diese Gesellschaftsschicht hinauswies. Mit Kádárs Entmachtung und dem allmählichen Vormarsch der Reformer in der Staatspartei im Krisenjahr 1988 verstärkte sich der Anspruch nach Kommunikation und Vernetzung zwischen den unterschiedlichen Initiativen, entsprechende Foren und Institutionen entstanden.

Die Krise der überkommenen institutionellen Rahmenbedingungen manifestierte sich in einigen Bereichen darin, daß sich »von unten« kommende Initiativen bildeten wie die autonome Jugendorganisation FIDESZ oder die Demokratische Gewerkschaft der Wissenschaftler. Als Protestformen breiteten sich Demonstrationen, Diskussionsforen oder von der Basis organisierte Treffen und Konferenzen aus. Abweichend von ihrer früheren Praxis tolerierten die politischen Kontrollapparate solche Initiativen teilweise und lockerte sich auf bestimmten Gebieten die administrative Einmischung. In den politischen Reformdiskussionen begann sich eine modifizierte institutionelle Struktur abzuzeichnen, die der Pluralität sozialer Bewegungen mehr Spielraum ließ und institutionelle Garantien nicht gänzlich ausschloß. Die nach Kádár amtierende neue politische Führung versuchte, die in der Mobilisierung der zivilen Gesellschaft verborgenen Kraftquellen für sich auszunutzen. Und ein Teil der zivilen Bewegungen war bei entsprechenden institutionellen Veränderungen und Garantien auch bereit, die Durchführung von Reformen zu unterstützen.

Die in der Kádár-Periode dominante klare Konfrontationslinie zwischen Staat und Gesellschaft schwächte sich ab: die rechtliche Anerkennung der Kriegsdienstverweigerung, der Baustopp am Donaustaudamm und die Umstrukturierung der Hochschulcurriculae waren politische Schritte, die noch vor den ersten freien Wahlen den Forderungen der sozialen Bewegungen nachkamen. Deren Handlungsmöglichkeiten wurden dann durch die Regelung der Versammlungs- und Vereinsfreiheit sowie die Einführung der Pressefreiheit erweitert. Verglichen mit anderen sozialistischen Ländern gab es in Ungarn keine Periode der direkten Mobilisierung, die zum Sturz des Ancien Régime führte. Vielmehr läßt sich von einem Amalgam aus Protesten und Konzessionen sprechen, welches die strukturellen Rahmenbedingungen durch institutionelle Innovationen umformte. Die sozialen Bewegungen hatten – im Gegensatz zur Dissidenz – nicht die Vorstellung, irgendwie »das System« zu verändern, doch haben sie sicherlich indirekt als Krisensignal und Demokratisierungspotential dazu beigetragen. In Ungarn wuchs das alte System in ein neues hinein, standen nicht Massendemonstrationen und -proteste, sondern strukturelle Zwänge und Kompromißbereitschaft im Vordergrund, woran sich bislang wenig geändert hat. Diese Dynamik zeigte sich in der Entwicklung aller Bewegungen.

Struktur und Dynamik der Entwicklung

Was die *Ökobewegung* betrifft, so besteht ein auffallender Unterschied zu westlichen Industriestaaten darin, daß es in Ungarn keinen Atomkonflikt gibt. Das hat zusammen mit den massiven institutionellen Schranken des Regimes bewirkt, daß es zu keiner thematischen und handlungsstrategischen Koordination auf Landesebene zwischen den verschiedenen Initiativen der Ökobewegungen kam. Demgegenüber entwickelten sich durchaus eine Reihe von örtlichen Konflikten um befürchtete und bereits vorhandene Umweltbeeinträchtigungen, die jedoch auf ihre Lokalität und ihr besonderes Protestziel begrenzt blieben. Dazu gehörten unter anderem der Konflikt um die Atommülldeponie bei Ófalu, einem kleinen südlich gelegenen Dörfchen, der Widerstand der Ortschaft Zsámbék gegen eine geplante Deponie für gefährliche Abfälle und die Auseinandersetzung um die Müllverbrennungsanlage in der nordungarischen Industriestadt Dorog.[2] Bei verschiedenen Konfliktvarianten zeigte sich, daß im Kádárismus die Chancen für örtliche Honoratioren, auf Sonderwegen und als Sonderfall etwas zu erreichen, größer waren als im Rahmen politisch akzentuierter Protestbewegungen.

Zur größten und international bekanntesten Bürgerinitiative wurde der »Donau-Kreis«, der seit 1984 unter verschiedenen Namen (»Die Blauen«, »Freunde der Donau«, »Allianz für die Donau«) und zu manchen Zeitpunkten in mehreren Gruppierungen gegen den geplanten Bau des Donaukraftwerks Bös-Nagymaros kämpfte; das heißt gegen den ungarischen Teil eines gemeinsamen Staustufenprojekts mit der ČSSR, den die österreichische Regierung mit Krediten finanzierte, und der von österreichischen Firmen gebaut wurde. Gegenüber der staatlichen Behauptung, das Kraftwerk sei für die ungarische Energieversorgung unverzichtbar und böte wegen der Schiffbarmachung der Donau zusätzliche wirtschaftliche Vorteile, bestritt der »Donau-Kreis« die Rentabilität des Projekts und kritisierte die immense Energievergeudung in der ungarischen Wirtschaft. Das Staustufensystem wurde jedoch in erster Linie aufgrund der befürchteten katastrophalen Umweltschäden abgelehnt. Bedroht waren eine einzigartige Fauna und Flora und die Trinkwasserversorgung.[3]

Die Opposition gegen das Donaukraftwerk ging anfangs auf die Initiative von Fachleuten zurück, die sich an die Öffentlichkeit wandten, nachdem sie das Projekt im fachwissenschaftlichen Rahmen vergeblich kritisiert hatten. Ein »Komitee für die Donau« sammelte 1984 10 000 Unterschriften unter einen Protestbrief an das von der Staatspartei beherrschte Parlament und an die Regierung. Die staatlichen Behörden reagierten darauf mit einem Fächer repressiver Maßnahmen, die von der Behinderung der Unterschriftensammlung über Demonstrations- und Publikationsverbote bis hin zu Berufsverboten für einzelne Exponenten der Anti-Kraftwerksbewegung reichten. Jeder Versuch der zivilen Umweltschützer, eine legale dauerhafte Organisation zu gründen, wurde unterbunden. Die offizielle Presse durfte bestenfalls in versteckten Anspielungen das Kraftwerksproblem berühren. Der »Donau-Kreis« sah sich infolgedessen gezwungen, ungenehmigt eine eigene Zeitschrift herauszugeben und konnte sich ansonsten nur auf die Berichterstattung in den Untergrundzeitschriften der demokratischen Opposition stützen, von der man sich indes politisch deutlich abzugrenzen suchte. 1985 erreichten die Auseinandersetzungen ihren vorläufigen Höhepunkt, als das Kraftwerksprojekt auf vielen Wählerversammlungen im Vorfeld der Parlamentswahlen kritisiert wurde, bei denen erstmals unter schwierigen, manipulierten Bedingungen einige unabhängige Kandidaten auftraten. Unter ihnen waren sowohl Exponenten der Protestbewegung als auch der Dissidenz. Eine konspirative Gruppe unter dem Namen »Die Blauen« verbreitete etwa 10 000 Flugblätter gegen das Projekt, und 3000 Unterzeichner forderten eine Volksabstimmung. Danach aber wurde die Protestbewegung längere Zeit durch eine Mischung aus innerer Repression und durch äußere Faktoren bedingter Resignation (die ungarische Regierung erhielt massive finanzielle Schützenhilfe durch Österreich) bis hin zu ihrer Marginalisierung geschwächt.[4]

Unter veränderten politischen Vorzeichen entfaltete sich im Verlauf des Jahres 1988 eine gänzlich neue Dynamik, die die Protestformen, die Zahl der Beteiligten und nicht zuletzt die Zielsetzung selbst betraf. Der Protest wurde faktisch und im Selbstverständnis seiner Protagonisten zum Bestandteil einer Demokratiebewegung. Begünstigt wurde diese Entwicklung nach Kádárs Sturz durch die liberalere Haltung der erneuerten politischen Führung und die Differenzen zwischen Konservativen und Reformkräften in der Spitze der Staatspartei. Die Befürwortung oder die Ablehnung des Staudammprojekts wurde zu *einer* Scheidelinie zwischen beiden Gruppierungen, die weitgehend deckungsgleich war mit der zwischen Blockierern und Anhängern eines Demokratisierungsprozesses.

Im Mai 1988 demonstrierten 5000 Menschen vor der österreichischen Botschaft in Budapest gegen die österreichische Beteiligung am Bau des Donau-Kraftwerks. Erstmals wurde eine solche Großdemonstration geduldet und im ungarischen Fernsehen ausführlich und kritisch darüber berichtet. Danach begannen auch Teile der offiziellen Presse in ähnlicher Weise über das Staudammprojekt zu informieren. Im Juni stimmten bei der parlamentarischen Initiative eines unabhängigen Abgeordneten 23 Abgeordnete für einen Baustopp an der Donau. Im September demonstrierten in Budapest 35 000 Menschen. Unmittelbarer Anlaß der Demonstration war, daß die österreichischen Baufirmen ihre Arbeit beschleunigt hatten. Darüber hinaus aber markierte die Demonstration einen einschneidenden politischen Wendepunkt, indem die Protestbewegung gegen das Donau-Kraftwerk zur politischen Kundgebung für die Demokratisierung wurde. Der langjährige themenspezifische Protest der Bürgerinitiative und die allgemeine Systemablehnung durch die demokratische Opposition verschmolzen zu einem gemeinsamen Kraftakt, der das Selbstbewußtsein stärkte, wenngleich der konkrete Erfolg vorerst noch ausblieb. Einen Monat später befürwortete das Parlament nämlich noch einmal die Fortführung des Staudammprojekts. Zu der von der Protestbewegung verlangten Volksabstimmung kam es indes nicht mehr. Im Frühjahr 1989 verhängte die Regierung Németh einen Baustopp. Mit dieser Entscheidung wollten sich die Reformer in der Staatspartei sichtbar von den konservativen Kräften um den Parteisekretär Grósz distanzieren. Nicht zuletzt deshalb, weil sie sich einer schnell wachsenden, sich in Parteien organisierenden Opposition gegenüber sahen, die sich anschickte, in Verhandlungen am Runden Tisch die Demokratisierung Ungarns durchzusetzen.

Die Ökobewegung selbst, die sich bis dahin vorwiegend im Vereinsrahmen organisiert hatte, fand vorerst zu keiner starken politischen Integrationsform. Zwar bildete sich eine Grüne Partei, an der auch ehemalige Donau-Aktivisten beteiligt sind, doch ist sie kaum *der* Repräsentant der Ökobewegung und errang sie bei den ersten freien Wahlen keinen Parlamentssitz. Heute besteht demgegenüber eine breite Palette von Ökobewegungen, deren Spektrum von lockeren situativen Zusammenschlüssen und Protestformen bis hin zu organisierten und institutionalisierten Dauerformen reicht.

Im Gegensatz zur Ökobewegung, die es seit fast zehn Jahren gibt und die im Umweltbereich zu gewissen Erfolgen führte, war die Geschichte der zu Beginn der achtziger Jahre entstandenen unabhängigen ungarischen *Friedensbewegung* relativ kurz.[5] Ihre wichtigste Gruppierung bildete die von Studenten gegründete Gruppe Dialog, die insbesondere von der britischen Friedensbewegung beeinflußt war. Zur ihren Forderungen gehörte die Auflösung der Militärblöcke und die Schaffung einer atomwaffenfreien Zone in Mitteleuropa. Es gelang ihr relativ schnell, ein Netzwerk eigener Publikationen aufzubauen, und sie führte eine Reihe phantasievoller symbolischer Aktionen durch. Die Dialog-Gruppe verfolgte indes von Anfang an eine »doppelte Distanzierungstaktik«[6], indem sie sich sowohl vom wiederbelebten offiziellen Friedensrat der Staatspartei als auch von der demokratischen Opposition abgrenzte. Letztere versuchte, die Friedensfrage mit der Menschenrechtsproblematik zu verknüpfen. Der Konflikt bzw. die Differenzen wurden u. a. daran deutlich, daß Angehörige der Opposition öffentlich auf die massive staatliche Repression gegen Kriegsdienstverweigerer aufmerksam machten (viele junge Ungarn wurden deshalb zu harten Gefängnisstrafen verurteilt) und einen zivilen Ersatzdienst forderten, während die Dialog-Gruppe aus taktischen Gründen die öffentliche Ansprache dieses Themas vermied.

Vorübergehend sah es so aus, als sollte die Gruppe Dialog in enger Kooperation mit dem Friedensrat eine Art halboffizieller Anerkennung erhalten, was sie wohl vor allem der westeuropäischen Friedensbewegung und dem Tatbestand verdankte, daß die Frage der »Nachrüstung« noch nicht gänzlich entschieden schien. Nachdem das der Fall war, ging die politische Führung schnell von ihrer bisherigen Umarmungstaktik zu manipulativ-integrativen und administrativ-repressiven Maßnahmen über. Daß sich unter wachsendem Druck die Dialog-Gruppe über die Frage der Autonomie gegenüber dem Friedensrat spaltete, bedeutete in der Konsequenz, daß sich eine Mehrheit dem Friedensrat anschloß, während eine kleine Minderheit in den Privatbereich und die Halblegalität abgedrängt wurde. Zudem überlebten einige kirchliche Initiativen, die sich der Kriegsdienstverweigerung widmeten, sowie das über gute internationale Kontakte verfügende »Ost-West-Dialog«-Netzwerk. Nach Kádárs Sturz kam es zu keiner Wiederbelebung der ungarischen Friedensbewegung, was auch mit der europaweiten Ebbe der Friedensbewegung zu tun hat. Die schließliche rechtliche Regelung der Kriegsdienstverweigerung 1989 war nicht dem Druck einiger Aktivisten geschuldet, sondern wurde von Bürokraten eingeleitet, um Ungarns Ruf durch die »Annäherung an europäische Standards« aufzubessern.

Die neue *Studentenbewegung* in Ungarn hatte drei Wurzeln: das Netzwerk der universitären Klubs, die selbstverwalteten Studentenheime und die eigenständige politische Organisation von Studenten.[7]

Die universitären Klubs in den achtziger Jahren ähnelte den Salons der Französischen Revolution im 18. Jahrhundert, wo die geistige Vorbereitung der Revolution stattfand. Hier entstand eine alternative Öffentlichkeit, die aus der offiziellen Öffentlichkeit verbannte brisante Fragen aufgriff und auch auf den außeruniversitären Bereich ausstrahlte.

Die Studentenheime haben eine interessante Tradition in der politischen Kultur Ungarns. Die in ihnen gemeinsam lebenden und studierenden Jugendlichen aus der Provinz, wurden in den Universitätsstädten des 19. und 20. Jahrhunderts mit »current trends« ihrer Zeit bekannt gemacht. Die Studentenheime waren Keimzellen neuer politischer Bewegungen, vom Nationalismus über den Liberalismus bis hin zum Sozialismus. Es existierte auch eine vom ungarischen Stalinismus unterbrochene Tradition reformkommunistischer Studentenheime. In den achtziger Jahren entstand ein Netzwerk selbstverwalteter Studentenheime, die sich durch Koordinierungsausschüsse, Konferenzen und Publikationen zu geistigen und politischen Zentren studentischer Politik entwickelten.

Die direkte politische Aktivität der Studentenschaft wurde lange Zeit nur im Rahmen des ehemaligen Kommunistischen Jugendverbands KISZ geduldet. Deswegen kristallisierten sich die ersten autonomen Aktivitäten um die Frage der Neugestaltung und Reform dieser Organisation. Erst später, parallel zur offenen Krise des Kádár-Regimes im Frühjahr 1988, entstanden auch organisatorisch autonome politische Jugend- und Studentenorganisationen. Die wichtigste unter ihnen ist die »Allianz der Jungen Demokraten« (FIDESZ), die inzwischen als Oppositionspartei im neuen Parlament vertreten ist und den Ideen der neuen sozialen Bewegungen nahesteht. Die ehemalige offizielle Einheitsorganisation KISZ wurde 1989 aufgelöst.

Der Studentenprotest wurde durch die politischen Aktivitäten der Studenten im Herbst 1988 vorbereitet. Anlaß für diese Unruhe war die Politik des äußerst unpopulären Kultusministers Cibre. Der Protestbewegung gelang es, eine einheitliche Front von Studenten und Hochschullehrern für ein neues Hochschulmodell herzustellen. Daß der Kultusminister gehen mußte, die traditionellen Marxismus-Leninismus-Fächer umgestaltet und reduziert wurden sowie Russisch als Pflichtsprache entfiel, war Resultat verschiedener gemeinsamer Protestaktionen von Studenten und Hochschullehrern wie Demonstrationen, Streiks, Petitionen und Vollversammlungen. Nach diesen spektakulären Erfolgen verlor die Studentenbewegung ihre hochschulpolitische Stoßrichtung und verlagerte sich in den gesellschaftlichen Raum außerhalb der Universität. Sie beteiligte sich am Aufbau eines Mehrparteiensystems und am Wahlkampf. In der Hochschulpolitik trat ein gewisser Stillstand ein, während es in der Gesellschaft gärte.

Teilweise am Rande der Ökobewegung, teilweise in Verbindung mit der Krise und dem Abbau des sozialistischen »Sozialstaates« sind auch in Ungarn – der westlichen Alternativbewegung ähnliche – *Alternativ- und Selbsthilfeprojekte* entstanden.[8] Ihre Thematik reicht von der ökologischen Lebensgestaltung bis zur Selbsthilfe von Drogenabhängigen und Alkoholikern. Hinzu kommen Projekte, welche in Patenschaft zur reformierten Kirche stehen, aber auch Joga- und Hare-Krisna-Kommunen. Früher wurden fast ausschließlich apolitische Lebensformprojekte und soziale Initiativen geduldet. Bei Anzeichen eines nicht-kommunistischen politischen oder ideologischen Engagements oder sich ausweitenden und erfolgreichen Mobilisierungsversuchen, setzten die Behörden repressive administrative Mittel ein, die zur Auflösung führten. Sehr klar zeigte sich dies am Beispiel von Joga-Initiativen: ein Joga-Klub als Sportverein konnte problemlos existieren und wurde sogar unterstützt und gefördert, während eine Joga-Kommune von Gleichgesinnten polizeilich schikaniert und verfolgt wurde.

Nach Kádárs Sturz verschob sich die Schwelle der politischen Toleranz erheblich. So werden heute zum Beispiel die früher verbotenen Krisna-Flugschriften öffentlich verbreitet und religiöse Jugendaktivitäten toleriert. Wegen der früher strengen politischen Kontrolle sind die Netzwerk-Bildung, der Institutionalisierungs-, Mobilisierungs- und Ideologisierungsgrad dieser Projekte und Kommunen eher gering. Zudem verurteilen die eher konventionellen und materiell orientierten Wertmuster die alternativen Lebensreformexperimente in Ungarn zu einem »Nischen-Dasein«.

Dagegen sind Projekte vom Typ »Hilfe zur Selbsthilfe« auch wegen der sie nunmehr unterstützenden staatlichen Haltung im Kommen. In diesem Bereich ist unter anderem die reformierte Kirche aktiv, deren caritative Funktion neuerdings vom Staat begrüßt wird. Erwähnt werden muß der Ende der siebziger Jahre gegründete und später polizeilich verfolgte »Fond für die Unterstützung der Armen« (SZETA), der der demokratischen Opposition nahestand und nach seiner behördlichen Auflösung informell weiterarbeitete. Nach Kádárs Sturz hat diese Organisation ihre Aktivität in Vereinsform öffentlich wieder aufgenommen. Die neue staatliche Politik ist bestrebt, im Umfeld der staatlichen Sozial- und Gesundheitspolitik ein Netzwerk kirchlicher und privater Selbsthilfe-Initiativen zu schaffen, was mit den Reformbedürfnissen in der Sozialarbeiterausbildung und in der Psychiatrie zusammentrifft. Deswegen hat dieser Typ von Projekten mehr Perspektive als die religiösen Psycho- und Alternativgruppen.

Die in den siebziger Jahren sich in fast allen Ostblockländern formierende demokratische Opposition läßt sich meines Erachtens viel besser als eine intellektuelle Subkultur denn als eine soziale Bewegung verstehen.[9] Sie blieb von Mobilisierungsmöglichkeiten systematisch entfernt und ihre politische Aktivität vollzog sich eher symbolisch-deklarativ. Sie übte eine erhebliche intellektuelle Wirkung aus, blieb aber ohne breitere politisch-gesellschaftliche Relevanz. Die Tätigkeit der Opposition beeinflußte indes indirekt die neuen sozialen Bewegungen, indem sie als politische Subkultur gewisse Handlungsformen und soziale Räume etablierte, welche die neuen sozialen Bewegungen übernahmen und ebenfalls nutzen. Dazu gehörten die Formen alternativer Öffentlichkeit (Samisdat), Netzwerke zur Diskussion und Meinungsbildung, Erfahrungen mit Protestformen und der Umgang mit der Staatsmacht, insbesondere die politische Ethik des zivilen Ungehorsams und der Zivilcourage. Es gab auch persönliche Kontakte, doch handelte es sich um verschiedene politische Generationen, verschiedene Milieus und verschiedene Politikverständnisse. Auch die Attitüde der Staatsmacht war durchaus verschieden. Während sie der Opposition repressiv und ablehnend begegnete, versuchte sie, die neuen sozialen Bewegungen selektiv und manipulativ zu handhaben. Nach Kádárs Sturz haben Teile der Opposition im Rahmen eines »Netzwerks« versucht, die Unterschiede aufzuheben und beide Milieus in einer politischen Handlungseinheit zusammenzufassen oder zu koordinieren. Dieser Versuch scheiterte, weil die Mehrheit der oppositionellen Gruppen bald danach eine eigenständige politische Organisation (später Partei) in Gestalt des »Bundes der Freien Demokraten«

(SZDSZ) schuf und das »Netzwerk« ins politische Abseits geriet. Die Grünen haben zwar ihre eigene Partei und ihre eigenen Vereine, doch finden sich sowohl im SZDSZ als auch im FIDESZ ehemalige Bewegungsaktivisten. Die gegenwärtige eher unübersichtliche Lage des neuen Mehrparteiensystems läßt jedoch momentan keine Aussagen über die künftige politische Repräsentation der neuen sozialen Bewegungen zu.

Die Kirchen waren in Ungarn, verglichen mit der DDR und Polen, von eher geringer Bedeutung.[10] Weder beim Entstehen noch bei der Entwicklung der beschriebenen Bewegungen haben sie eine wichtige Rolle gespielt. Abgesehen von einigen katholischen Friedensgruppen, Aktivitäten der reformierten Kirche im Bereich von Selbsthilfegruppen und sozialen Initiativen ist nichts zu berichten. Die Aktivität von religiösen Jugendlichen läßt sich nicht der Alternativbewegung zurechnen, obwohl es einige Ansätze zur Schaffung von Basisgemeinschaften gibt, die als Rückhalt für Kriegsdienstverweigerer dienten.[11] Dieser Mangel erklärt sich aus der ungarischen Kirchengeschichte. In den vergangenen 150 Jahren hat keine der Kirchen jemals eine wesentliche soziale, innovative und mobilisierende Rolle gespielt. Diese Tradition wurde durch die restriktive, antikirchliche Politik der kommunistischen Regierung nach dem Zweiten Weltkrieg noch verstärkt.

Gegenwart, Zukunft und Vergangenheit

Das gesamte Jahr 1988 war eine Zeit intensiver Mobilisierung und vielfältiger Aktivitäten der Studenten- und Ökobewegung. Der hochschulpolitisch gerichtete Studentenprotest erreichte seinen Höhepunkt im Herbst 1988. Nach seinem Erfolg verlagerte sich die politische Aktivität von Studenten in die neuentstehenden politischen Organisationen und Parteien. Dieselbe Dynamik trifft auch für die Ökobewegung zu, nachdem das Staudammprojekt im Frühjahr 1989 gestoppt wurde. Es ist kein Zufall, daß von einem dauerhaften und spektakulären Aufblühen sozialer Bewegungen nach Kádárs Sturz nicht die Rede sein kann. Natürlicherweise trat eine Art Verschiebungseffekt ein. Im alten System gab es für Andersdenkende, neben der Dissidenz, beinahe nur die Chance im Rahmen von sozialen Bewegungen etwas zu tun, da die Institutionen vom Anpassungszwang geprägt waren. Dann hingegen wurde es möglich, sich in den neuen Parteien, Verbänden und Vereinen zugleich politisch und nicht-konventionell zu engagieren. Damit schrumpfte die Zahl der »Bewegungsaktivisten« sehr schnell.

Wenn wir aber die Organisationskultur und die Struktur der neuen politischen Institutionen näher betrachten, finden wir dort einige Elemente der »Bewegungspolitik« wieder: lockere Organisationsformen, offene Kommunikationsstrukturen, radikale Forderungen, Konflikt- und Protestbereitschaft, keine Korruption durch Macht und Geld. Das heißt, die »bewegte Jugend« oder die »Jugendbewegung« von Ungarn kann sich relativ schnell und gut in diesen neuen politischen Organisationen wiederfinden, die die »Atmosphäre« der Bewegungen mit den Zwängen der Machtpolitik zu vereinbaren versuchen. Gerade diese Kombination zieht die ehemalige bzw. potentielle Basis der sozialen Bewegungen zu den neuen Parteien und Verbänden.[12] Diese Tendenz zeigt sich am deutlichsten darin, daß gerade die ehemaligen »sozialen Bewegungen« formelle Organisationen mitgegründet haben: die Staudammprotestler eine grüne Partei, und die Studentenbewegung den »Verband Junger Demokraten« (FIDESZ). Die »Bewegungspolitik« wird heutzutage durch die neuen Institutionen in gewisser Weise organisiert »aufgehoben«. Jedoch lassen sich auch die Anfänge neuer Mobilisierungstendenzen gegenüber den neuen Institutionen durch Gruppen beobachten, die sich von ihnen nicht genügend repräsentiert fühlen, zum Beispiel von sozial Schwachen und Obdachlosen.

Die ungarische Demokratie hat den in den achtziger Jahren entwickelten Protestformen mittelfristig gewiß zu völlig neuen Chancen verholfen. Strukturelle Veränderungen werden die Mobilisierungschancen beeinflussen. Wie gesagt, kann es durchaus sein, daß in einer Übergangsphase die Rolle von Institutionen und Organisationen wichtiger wird. Doch läßt sich vermuten, daß beim Auftauchen neuer Konfliktsituationen auch neue, weniger oder gar nicht institutionalisierte Protestpotentiale und soziale Bewegungen entstehen werden. Die früher eher beschränkten Chancen zur Mobilisierung und Institutionalisierung haben sich in bedeutendem Maße erweitert, ein Übergang von der früheren restriktiven administrativen Kontrolle zur pluralistischen Toleranz zeichnet sich ab. Diese Tendenzen erweitern die Chancen zur Mobilisierung und schaffen zugleich qualitativ neue Rahmenbedingungen dafür. Während in der Vergangenheit der Bewegungssektor ein Ort für die rudimentäre Ausprägung einer »civil society« war, die im Dauerkonflikt mit dem bürokratisch-autoritativen Parteistaat lag, ist jetzt ein demokratisiertes politisches System entstanden, welches auch selbst für die Erneuerung der »civil society« einsteht. Spielräume und Entfaltungsmöglichkeiten von sozialen Bewegungen sind sicherlich verschieden, je nachdem, ob es um einen Freiheitskampf der Gesellschaft gegen den Staat oder aber um Politik im Demokratisierungsprozeß geht. Sowohl die Gegner als auch die positiven Modelle sind andere. Erlernt werden muß zudem eine demokratische Protestkultur, die sich in der Situation der Illegalität oder Halblegalität schwerlich herausbilden konnte. Indem die Demokratisierung einerseits neue Chancen eröffnet, und andererseits vergangene Politikformen überholt, entsteht ein Druck auf die sozialen Bewegungen, sich selbst auch zu verändern.

Die Frage nach ihrer weiteren Entwicklung in Ungarn ist nicht von der nach der Demokratisierung der ungarischen Gesellschaft und des Staates zu trennen. Ungarn befindet sich gegenwärtig am Scheideweg zwischen seiner administrativ-bürokratischen, staatssozialistischen Vergangenheit und der neuen parlamentarischen Demokratie. Die Institutionen sind durch die neue Verfassung und das Mehrparteiensystem umgeformt worden, aber die politische Kultur der ungarischen Gesellschaft wurzelt in der »Welt von gestern«. Die Erbschaft des Kádárismus ist auch als eine »Erblast« für die Demokratisierung zu verstehen. Diese Ambivalenz gilt möglicherweise auch für die sozialen Bewegungen. Nicht nur die staatliche und sonstige institutionelle Beeinflussung und Kontrolle kann antidemokratische Strukturen reproduzieren, sondern auch die Bewegungen selbst können den demokratischen Rahmen einer politischen Kultur von »Konsens und Konflikt« in Frage stellen. Soziale Bewegungen sind in Umbruchperioden nicht immer die Träger von Demokratie und Stabilität. Und das könnte sich auch in Ungarn erweisen, zum Beispiel im Falle einer weiteren Verschlechterung der Lebensbedingungen und damit verknüpften sozialen und nationalen Konflikten. In der Kádár-Periode waren neue soziale Bewegungen systemkritische Demokratisierungspotentiale. Welcher Typus von Bewegung aber könnte in der neuen, instabilen ungarischen Demokratie entstehen und aufblühen? Diese Frage läßt sich heute noch nicht beantworten. Was wir nach den bisherigen Erfahrungen eher beurteilen können, ist das Pro-

blem, wie es nach Jahrzehnten politischer Passivität und mehrheitlich konformistischem politischem Verhalten zu einem plötzlichen Bruch, zu einer Mobilisierungswelle, zu einer »partizipatorischen Revolution« in Osteuropa gekommen ist. Dafür müssen, glaube ich, mehrere Problemkomplexe berücksichtigt werden:
– Demokratische Traditionen der politischen Kultur, die unter Umständen die »Gleichschaltungs«-Periode des Stalinismus und Post-Stalinismus überdauert haben. Dazu gehören in Ungarn die Revolutionen von 1848, 1918 und 1956. Diese Traditionen wirken über Generationen hinweg, wenngleich in einer fast unmerklichen Weise, zum Beispiel durch die Sozialisation der Familie, die eine wirksame Gegenmacht gegen politische Manipulation bilden kann.
– Neu entstehende Milieus, die nicht direkt politisch sind, aber durch die Art ihrer Sozialisationsprozesse auch das spätere politische Verhalten prägen können.[13] Im ungarischen Fall sind u. a. die Subkultur der sechziger Jahre und die spätere Herausbildung der »zweiten Ökonomie« zu nennen, die rudimentäre Elemente einer »civil society« schufen. Berücksichtigt man zudem die sozialen Bewegungen und die intellektuelle demokratische Opposition, dann waren auch in Ungarn die Zeiten der Stabilität staatssozialistischer Gesellschaften trügerischer Schein. Es entwickelten sich Konflikt- und Protestpotentiale, die in der später entstandenen, günstigen politischen Situation sehr schnell sichtbar wurden. Die »neue Politik« kann nur als das Ergebnis einer längeren Entwicklung verstanden werden. Freilich haben die langen Jahre des Anpassungszwangs Mentalitäten geschaffen, die auch in den Mobilisierungsperioden weiterwirken.[14]

Die Demokratisierung in Ungarn – wie in ganz Osteuropa – bringt völlig veränderte Rahmenbedingungen mit sich. Die sozialen Bewegungen sind nicht mehr die einzigen Träger des Protestes, und die Institutionen sind nicht mehr nur Orte der Anpassung. Neue Sozialisationsmuster und -bedingungen entstehen – aber natürlich nicht ohne Bindung an die vorangegangene Periode. Es ist viel Zeit und politisches Lernen nötig, damit eine neue politische Kultur »von Konsens und Konflikt« wächst, die später als Bezugspunkt für die politische Sozialisation und die politische Bildung dienen kann. Toleranz, Kompromißbereitschaft und Gewaltverzicht sind die im Rahmen von pluralistischer Politik gefragten demokratischen Werte, die aber in der Kádár-Zeit schwerlich anzueignen waren. Dem schnellen institutionellen Wandel müssen lange politische Lernprozesse folgen, bis politische Institutionen und Mentalitäten miteinander in ein ausgeglichenes Verhältnis gebracht werden können.

Anmerkungen

1 A. Bozóki, Critical Movements and Ideologies in Hungary, in: Südosteuropa, 7-8/1988, S. 377-388.
2 L. Sólyom, Hungary: Citizens Participation in the Environmental Movement, in: IFDA-Dossier 64/1988, S. 23-35. In Dorog wurden in Betrieben, Geschäften und auf der Straße 2000 Unterschriften unter einen Protestbrief an die reformfreundliche offizielle »Patriotische Volksfront« gesammelt, als der Stadtrat im Spätherbst 1984 eine Müllverbrennungsanlage für Sondermüll mit knapper Stimmenmehrheit genehmigt hatte. Ein Komitee örtlicher Sachverständiger, das die Pläne mehrheitlich verwarf und einen anderen Standort vorschlug, wurde kaltgestellt. Nachdem nachträglich vier alternative Standorte ins Gespräch gebracht und verworfen wurden, erteilte der Stadtrat abermals seine Zustimmung, wobei der Stadt eine Reihe anderer Investitionen zur Luftreinhaltung zugesichert worden waren. Der regionale Parlamentsabgeordnete, der gegen das Projekt gestimmt hatte, wurde nicht wieder aufgestellt; vgl. dazu H. Knabe, Umweltschutz in Ungarn, in: Südosteuropa, 10/1988.
3 J. Vargha, Warum kämpfen wir gegen das geplante Donau-Kraftwerk von Nagymaros, in: Perspektiven des Demokratischen Sozialismus, 3/1986, S. 197-205; L. Sólyom, a. a. O.
4 Dazu auch: H. Knabe, Umweltschutz in Ungarn, in: Südosteuropa, 10/1988, S. 531-558.
5 K. Ehring, Unabhängige Friedensinitiativen in Ungarn, in: Osteuropa, 33/1983, S. 597-612;
K. Ehring/H. Hücking, Die neue Friedensbewegung in Ungarn, in: R. Steinweg (Hg.), Faszination der Gewalt. Friedensanalysen 17, Frankfurt am Main 1983, S. 313-350; M. Balázs, Relations Between the Peace Movements in Eastern and Western Europe: The Special Situation in Hungary, in: END Papers 48/1985, Summer.
6 Gy. Dalos, Die kurze Geschichte der ungarischen Friedensgruppe: Dialog, in: Perspektiven des Demokratischen Sozialismus, 3/1986, S. 187-197.
7 M. Szabó, Political Education in Hungary, in: Südosteuropa, 7-8/1989, S. 433-449.

8 M. Szabó, New Factors in the Political Socialization of Youth in Hungary: the Alternative Social Movements and Subcultures, in: Praxis International, 1/1988, S. 26–34.
9 Gy. Dalos, Archipel Gulasch, Bremen 1986;
H. H. Paetzke, Andersdenkende in Ungarn, Frankfurt am Main 1986.
10 H. Knabe, Der Kádárismus und seine Auswirkungen auf das politisch-soziale System in Ungarn, in: Aus Politik und Zeitgeschichte, 36–37/1987, S. 13–25.
11 Interview mit Pater Gy. Bulány, in: H. H. Paetzke, a. a. O.
12 M. Szabó, Die politische Entwicklung Ungarns nach Kádár 1988–1989, in: Gegenwartskunde, 4/1989, S. 425–436.
13 M. Szabó, Alternativbewegungen und Modernisierung in Ungarn, in: Vorgänge, 94/1988, S. 29–40.
14 Gy. Csepelil, Politische Psychologie in Ungarn, in: Perspektiven des Demokratischen Sozialismus, 3/1988, S. 192–202; L. Bruszt, Political Orientation in Hungary in the Period of Late Paternalism, in: Social Research, Vol. 55, 1–2/1988, S. 43–77.

Krisztina Mänicke-Gyöngyösi
Bürgerbewegungen, Parteien und »zivile« Gesellschaft in Ungarn

Die doppelte Konstitution der »zivilen« Gesellschaft über Politik und Ökonomie

Im Anschluß an die ungarische sozialwissenschaftliche Diskussion möchte ich »zivile Gesellschaft« nicht auf die Sphäre der Politik beschränken.[1] Bürgerbewegungen und Parteien in Ungarn sollen nicht bloß auf ihre Rolle hin untersucht werden, inwiefern sie sich als geeignet erwiesen haben, die Pluralisierung der ungarischen Gesellschaft und die Institutionalisierung rechtsstaatlicher Verfahren voranzutreiben. Im Verständnis von Elemér Hankiss[2] und Attila Agh[3] ist eine »zivile« Gesellschaft nicht nur auf die Konstituierung von individualisierten und autonomen Staatsbürgern angewiesen, die ihre Subjektivität aus der Privatheit der Familie oder aus informellen Netzwerken beziehen, sondern auch auf die Absicherung dieser Autonomie in einer nicht mehr vom sozialistischen Staat dominierten Ökonomie. Während für Agh zunächst – in Anknüpfung an Polányi – die Aspekte einer sich selbst verteidigenden Gesellschaft gegenüber verstaatlichter Politik und Ökonomie im Vordergrund standen, thematisiert sein neueres Buch das Problem einer sich selbst regulierenden Gesellschaft.[4] Es reicht nicht aus, daß sich eine in ihren Artikulationsformen unterdrückte Gesellschaft von unten gegen staatliche Übermacht organisiert. Vielmehr ist es notwendig, über die durchgesetzte Differenzierung von staatlichen Institutionen, politischer Öffentlichkeit und Ökonomie mit ihren verschiedenen Eigentumsformen das Medium der Koordination und Verständigung zu finden, damit die etatistische Überregulierung der Gesellschaft überflüssig wird.

Nun ist Ungarn eines der wenigen sozialistischen Länder, das seit 1968 marktstimulierende Wirtschaftsreformen in Gang gesetzt und stufenweise die Schattenwirtschaft legalisiert hat. Insofern ist es nicht zufällig, daß gerade ungarische Sozialwissenschaftler die doppelte Konstitution einer »bürgerlichen« Gesellschaft über den Markt einerseits und politische Interessenvertretung und Institutionalisierung andererseits hervorheben und zugleich nach der Wechselwirkung beider Dezentralisierungsprozesse fragen. Dies schließt auch das Problem ein, ob die beobachtbaren »Verbürgerlichungstendenzen«[5], die zur Entstehung einer internen Unternehmerschicht führen könnten, zugleich auch die politische Artikulationsfähigkeit zur eigenen Interessenvertretung herbeiführen.

In der Tat läßt sich die rasante politische Entwicklung, die Ungarn insbesondere in den Jahren 1989 und 1990 von der Entmachtung oder Selbstabdankung der herrschenden Ungarischen Sozialistischen Arbeiterpartei (USAP) bis zur Installierung eines Mehrparteiensystems vollzogen hat, auf der Ebene der politischen Kräfteverhältnisse und der ökonomischen Krise allein nicht erklären. Zusätzlich ist die soziostrukturelle Dynamik zu berücksichtigen, die durch die Wirtschaftsreformen in Gang gekommen ist. Die überwiegende Mehrheit der Bevölkerung ist gleichzeitig in der ersten verstaatlichten Wirtschaft und der ihr zugeordneten und sie ergänzenden zweiten Wirtschaft tätig.[6] Infolgedessen ist eine multidimensionale soziale Differenzierung entstanden, die die objektive Zuordnung von Menschen zu sozialen Schichten erschwert. Handelt es sich zum Beispiel um Arbeiter, wenn sie aus einer ländlichen Umgebung in die Städte pendeln und in ihrer »Freizeit« eine private Landwirtschaft betreiben oder aber innerhalb des staatlichen Betriebs und unter Nutzung staatlicher Produktionsmittel einem Nebenverdienst nachgehen? Eine eindeutigere Position haben die Kleinunternehmer im Dienstleistungs- und Zuliefererbereich, die jedoch bislang die Uneffektivität der staatlichen Ökonomie zu korrigieren versuchten und insofern keine selbständige Marktrationalität herausbilden konnten. Schließlich sind noch die zahlreichen Genossenschaftsmitglieder zu erwähnen, die zugleich für den eigenen Bedarf wie für den Markt privates Ackerland bewirtschaften oder mit Hilfe von Verwandten und Nachbarn eigene Häuser bauen und den reduzierten staatlichen Wohnungsbau entlasten.

Die Kombination von staatlicher Plan-, privater Markt- und selbstausbeuterischer Familienwirtschaft macht nicht nur die eindeutige Zuordnung von Menschen zu sozialen Schichten schwierig. Vielmehr sind diese auch überfordert, die unterschiedlichen Rationalitäten in eine einheitliche und vorausschauende Lebensplanung zu integrieren. Es ist also nicht bloß der totalitären oder autoritären Unterdrückung gesellschaftlicher Selbstorganisation zuzuschreiben, wenn sich bislang kaum soziale Gruppen herausbilden konnten, die sich nach objektiven Kriterien oder nach ihrem eigenen Selbstverständnis als solche identifizieren lassen. Insofern stellt sich in Ungarn, möglicherweise aber auch in anderen ost- und ostmitteleuropäischen Gesellschaften die Frage, entlang welcher historischer und kultureller Traditionen sich die politische Fraktionierung der Bevölkerung vollzieht, wenn etwa Wahlen bevorstehen.

Die politische Ohnmacht der neuen »Kleinbürger« und die Teilung der Macht

Interessanterweise waren Sozialwissenschaftler, Ökonomen und Politiker zunächst damit beschäftigt, über die Vereinbarkeit der Organisationsprinzipien der »ersten« und »zweiten« Wirtschaft sowie über die Konsensfindung zwischen alten und neuen Eliten vermittels korporatistischer Mechanismen nachzudenken, ohne sich darüber Rechenschaft abzulegen, wie die »schweigende Mehrheit« der Gesellschaft denkt und empfindet. Von wenigen Ausnahmen abgesehen[7] waren sie nicht in der Lage, den Sieg des Ungarischen Demokratischen Forums und den hohen Anteil von Wahlenthaltungen bei den ersten freien Wahlen im März 1990 vorherzusehen. Die Gründe hierfür sind nicht nur im Desinteresse oder mangelnder Sensibilität der Budapester Intellektuellen zu suchen, aus deren Reihen die meisten Sozialwissenschaftler in Ungarn kommen. Vielmehr war es so, daß die ungarische Sozialwissenschaft mit großem Interesse das Heraufkommen neuer Unternehmer- und Kleinbürgerschichten infolge der Wirtschaftsreformen verfolgt, die Entstehung neuer sozialer Ungleichheiten entlang einer horizontalen marktorientierten Achse in Konkurrenz zur beibehaltenen etatistischen vertikalen Statuszuweisung durchaus registriert hat.[8] Allerdings hat man weder auf der systematischen Ebene der sogenannten »zweiten Wirtschaft«, die als neue Reproduktionsdimension der Sozialstruktur anerkannt wurde, die Fähigkeit zugetraut, die Dominanz der strukturbildenden ersten Wirtschaft, also das Prinzip der rationalen Redistribution, ernsthaft in Frage zu stellen. Hierzu waren die institutionellen und rechtlichen Unsicherheiten einer privaten Marktwirtschaft und die garantierte Überlegenheit des staatlichen Sektors zu offensichtlich. Insofern wurde die zweite Wirtschaft auf kompensatorische Aufgaben gegenüber der ersten uneffektiven beschränkt. Noch haben Sozialwissenschaftler es für möglich gehalten, daß die »Neureichen« politische Artikulationsfähigkeit erlangen könnten, die ernsthaft das Machtmonopol der Partei gefährdet. Denn soziologische Befragungen, die von der Hankiss-Gruppe durchgeführt wurden, haben erbracht, daß die Mitarbeit in der zweiten Wirtschaft insbesondere auf dem Land zur bloßen Existenzsicherung dient, paternalistische Erwartungen gegenüber angestammten Institutionen nicht in Frage stellt und insofern nicht geeignet ist, einen »bürgerlichen« Wertewandel in Richtung größerer Risikobereitschaft und individueller Autonomie zu fördern.[9] Allenfalls ist eine solche Einstellung für die oberen Intellektuellenberufe in Wirtschaft und Politik charakteristisch, die sich nach anderen soziologischen Untersuchungen der achtziger Jahre ohnehin dank familiärer »Vererbung« des kulturellen Kapitals reproduzieren.[10] Für den sozialen Aufstieg sind demnach nicht so sehr die berufliche Position oder gar die Schulbildung ausschlaggebend, sondern die intellektuelle Beweglichkeit, persönliche Umgangsformen, kulturelle Gewohnheiten und – wie vermutet worden ist – auch die tradierte und erlernte Fähigkeit, eigene Interessen durchzusetzen.

Aus dieser soziologisch-politologischen Diagnose, die einen städtischen Bias gehabt haben mag, folgte eine politische Prognose, die bis Frühjahr 1989 die Machtteilung zwischen alten und neuen Elitefraktionen – unter Einschluß der reformfreudigen Teile der Staatspartei – für wahrscheinlich hielt. Für diesen sich anbahnenden Kompromiß wurde das historische Beispiel des »Ausgleichs« zwischen Österreich und Ungarn aus dem Jahre 1867 bemüht, das zwar ohne die – von russischen Truppen niedergeschlagene – ungarische Revolution von 1848/49 nicht zustande gekommen wäre, jedoch eine pragmatisch-nüchterne und entwicklungsbefördernde Alternative für das Land eröffnete.[11] Angesichts der in der zweiten Hälfte des Jahres 1989 bevorstehenden Privatisierung der staatlichen Wirtschaft wurde angenommen, daß ein Teil der alten politischen und ökonomischen Eliten sich in eine günstige Ausgangsposition, das heißt sich rechtzeitig in den Besitz von Betrieben bringen oder in der zweiten Wirtschaft engagieren würde, um die angestammte Macht an eine neue nationale Großbourgeoisie zu »konvertieren«.[12]

Von dieser Konzeption ist noch Mitte 1989 die Aufnahme von Verhandlungen des oppositionellen Runden Tisches mit der USAP geprägt. Das ausgehandelte Ergebnis über eine Verfassungsreform und freie Wahlen wird im September 1989 neben dem Bund Junger Demokraten (FIDESZ) ausgerechnet vom Bund Freier Demokraten (SZDSZ), also von der politischen Kraft nicht unterschrieben, die seit ihrer Entstehungszeit als oppositionelle Bürgerbewegung maßgeblich daran beteiligt war, die Strategie des »Gesellschaftsvertrags« zwischen demokratischer Opposition und kommunistischen Machthabern auszuarbeiten und zu propagieren. Die Kritik betraf insbesondere den verabredeten Wahlmodus des Präsidenten direkt durch das Volk noch vor den Parlamentswahlen nächsten Jahres, der vermutlich den Reformkommunisten Pozsgay begünstigt hätte. Durch eine Unterschriftensammlung gelang es dem SZDSZ, über diese Frage ein Referendum durchzusetzen (Oktober 1989) und eine knappe Mehrheit zu erreichen (November 1989: 50,07 Prozent bei 58,03 Prozent Wahlbeteiligung).

Der »Gesellschaftsvertrag« mit den Herrschenden und die kulturelle Macht der oppositionellen Intelligenz

In diesem Zusammenhang könnte die Wiederaufnahme der Diskussion über den »Gesellschaftsvertrag« aus der Samizdat-Zeitschrift »Beszélö« 1982 bis 1984 Aufschluß bieten, warum ausgerechnet der SZDSZ den Konsensus aufgekündigt hat. In der März- und April-Nummer der linksintellektuellen Zeitschrift »Kritika« – also am Vorabend der Wahl bzw. nach den Wahlen – wird zugleich die provokante These aufgestellt, der SZDSZ wie auch die gesamte demokratische Intelligenz könne erneut in eine Situation geraten, in der die alten Thesen eine neue Aktualität erlangten.[13]

Um die Berechtigung von Parallelen zu prüfen, ist es sinnvoll, die Argumentationslinien und ihren gesellschaftspolitischen Kontext zu rekonstruieren. Die Entstehung der demokratischen Opposition, aus der der SZDSZ hervorgegangen ist, wird auf den Einmarsch der Truppen des Warschauer Paktes 1968 in die Tschechoslowakei zurückgeführt, der – im Verständnis der Oppositionellen – bloß zur militärischen Niederlage des Reformkommunismus geführt habe. Die Loslösung vom Marxismus erfolgt erst in den Jahren 1973 bis 1975, als sich die Konservativen in der Partei auf die Interessen einer vermeintlichen »Arbeiteropposition« berufen, um die Reformen zu stoppen. Parallel dazu werden die »kritischen« Marxisten mit Berufsverbot belegt bzw. in die Emigration gezwungen. Das zweite Schlüsselerlebnis bildet der Militärputsch in Polen am 13. 12. 1981, der deutlich macht, daß die sozialistischen Länder einer organisch begründeten, der Dysfunktionalität des Systems geschuldeten Krise entgegensehen. Ein längerfristiger Wandel wird nur für möglich gehalten, wenn er in ganz Osteuropa mit Unterstützung der Sowjetunion stattfindet und von einer gleichzeitigen Demokratisierung innerhalb und außerhalb der Partei begleitet wird. Die persönliche Entstehungsgeschichte einer aus marginalisierten und ehemaligen Linksintellektuellen bestehenden Opposition, die Besonderheiten Mitteleuropas, aber auch die internationale Lage stehen der Herausbildung einer inhaltlichen Alternative zum System entgegen, die den Schritt von einer menschenrechtlich orientierten Opposition zu einer handlungsfähigen Fundamentalopposition vollziehen würde. Die praktischen Möglichkeiten der Opposition beschränkten sich eher auf symbolische Gesten, ohne echte Chancen, Bündnispartner in den anderen Schichten der Gesellschaft zu finden. Es handle sich vielmehr um eine intellektuelle Subkultur, die ihre informellen Beziehungen anderen vorlebt, die erst recht vom Zugang zu Informationen abgeschnitten sind und durch ihre Tätigkeit in der zweiten Wirtschaft absorbiert und atomisiert sind. Hierin wird der grundlegende Unterschied zu Polen gesehen, wo die Arbeiter sozial geschlossen auf Großbetriebe konzentriert seien und sich auch leichter vom gesellschaftlich isolierten Staatsapparat absetzen könnten. Allenfalls könne die Opposition Verbindungen zum »staatlichen Samizdat« herstellen, das heißt zu kritischen Sozialwissenschaftlern innerhalb wissenschaftlicher Institutionen, die ebenfalls Reformalternativen diskutierten, oder sich auf den Reformflügel der Partei beziehen, der sich selbst intellektualisiert habe.

Das Bündnis der Opposition
mit der sozialwissenschaftlichen Intelligenz

Seit Mitte der achtziger Jahre wird es zunehmend deutlich, daß die Partei – angesichts der wachsenden Auslandsschulden, der sich verschlechternden Austauschbedingungen mit dem Weltmarkt, aber auch der Erschöpfung innerer Reserven der Bevölkerung, die dem sinkenden Lebensstandard durch intensive Selbstausbeutung in der zweiten Wirtschaft zu begegnen versucht – nicht mehr in der Lage ist, mit der halbherzigen ökonomischen Reformstrategie fortzufahren oder Entscheidungen im verstaatlichten Kernbereich der Wirtschaft zu treffen. Als Antwort auf diese politische und fachliche Inkompetenz reagiert die sozialwissenschaftliche Intelligenz mit unterschiedlichen Reformprojekten.[14] Seitens der Ökonomen wurden früh die konsequente Durchführung einer Marktwirtschaft und die Entstaatlichung des wirtschaftlichen Kernbereichs gefordert, um den Bremsmechanismus der Reformen zu beseitigen. Die konsequente Realisierung einer Marktorientierung sollte nach Ansicht der Politologen von der Auflösung des Parteienstaates begleitet sein und in eine pluralistische Demokratie münden. Am umstrittensten war im Diskussionsprozeß zwischen verschiedenen Disziplinen das Konzept der Sozialpolitik. Eine dem kritischen Marxismus am nächsten stehende Richtung insistierte darauf[15], daß Sozialpolitik die zu erwartenden Ungleichheiten des Marktes um so mehr ausgleichen müsse, als bereits die Gesellschaftspolitik der sozialistischen Industrialisierung nicht gelöste Probleme der Armut ausgrenzt und die erste Reformphase sie mangels Ressourcen eines defizitären Staatshaushalts dem Generationenvertrag überantwortet habe. Sie plädierte insofern für die Aufrechterhaltung bzw. Einführung von ausgleichender Sozialpolitik im sozialdemokratischen Sinn und geriet dadurch zunächst in starken Gegensatz zu den Vorstellungen der Reformökonomen, die die Effektivität und Produktivität der Wirtschaft gerade durch Abbau jedweden Staatsinterventionismus befördern wollten. Um die Kluft zwischen marktorientierter Reformökonomie und staatsinterventionistischer Sozialpolitik zu überbrücken, wurde auch der Vorschlag gemacht, der Selbstorganisation und Selbsthilfe einen stärkeren Raum einzuräumen, um die Bevormundung des Bürgers abzubauen.[16] Diese Korrektur ist auch in das reformökonomische Projekt der Gruppe »Wende und Reform« eingegangen.[17] Eine dritte Richtung versuchte den Dualismus einer Gesellschaft theoretisch zu überwinden, die sich im Übergang zwischen Plan- und Marktwirtschaft befindet.[18] Sie stellte die These auf, daß in einer Gesellschaft, in der das Prinzip der rationalen Redistribution vorherrsche, die Einführung des

Marktprinzips – spiegelbildlich zu westlich-kapitalistischen Gesellschaften – zunächst eine korrigierende Wirkung habe. Wenn es in der Folge allerdings der etatistisch-redistributiven Bürokratie gelänge, in den Mechanismen der Marktwirtschaft Fuß zu fassen, sei mit sekundären Ungleichheiten zu rechnen, denen durch eine staatliche Sozialpolitik zu begegnen sei. Um die Erfolge einer marktwirtschaftlichen Reform nicht zu gefährden, müsse allerdings die redistributive Funktion des Staates als Unternehmer von der des Wohlfahrtsstaats getrennt werden, der sich aus den Beiträgen der Beschäftigten finanzieren ließe.

Für die meisten Diskussionsbeiträge ist mehr oder weniger charakteristisch, daß sie sich – trotz ihrer inneren Widersprüche – zugleich an die herrschende Partei wenden, wie der von Ferge u. a. erarbeitete Vorschlag zur Sozialpolitik und das Ökonomie-Projekt »Wende und Reform«. Insofern gehören sie selbst noch der Phase des »Gesellschaftsvertrags« zwischen Intelligenz und Parteienstaat an, wenn sie auch dessen Legitimation, mit Hilfe der rationalen Redistribution für Effektivität, materiale Gerechtigkeit und sinnvollen Ressourceneinsatz zu sorgen, in Zweifel ziehen. Die Erosion der Legitimationsbasis belegen auch die entstehenden sozialen Bewegungen, die die Verschwendung natürlicher Ressourcen bei großangelegten Bau- und Regulierungsprojekten, die Unfähigkeit zur Friedenssicherung, sozialer Versorgung oder die Perspektivlosigkeit für die nachfolgende Generation thematisieren.[19] Da sie aus den Strukturproblemen der rationalen Redistribution erwachsen, sollten sie nicht mit den neuen sozialen Bewegungen des Westens verwechselt werden, die sich an post-materialistischen oder -modernen Werten orientieren. Sozialwissenschaftliche Diskurse wie soziale Bewegungen demonstrieren die professionelle Überlegenheit und die demokratische Diskussionskultur der Intelligenz gegenüber der Partei, aber auch deren Unsicherheit, mit den Belangen und Wünschen der Bevölkerungsgruppen umzugehen, die zu den Verlierern der vorangegangenen und bevorstehenden Modernisierungswellen gehören könnten.

Neuer Gesellschaftsvertrag für die neunziger Jahre: Verwestlichung des Populismus?

Angesichts des knapp gewonnenen Referendums hinsichtlich des Wahlmodus für den Staatspräsidenten Ende letzten Jahres und des angesammelten Fachwissens hat der SZDSZ darauf vertraut, die Wahlen im März 1990 zu gewinnen oder zumindest in eine koalitionsfähige Position zu geraten. Dies ist nun nicht eingetreten. Offensichtlich haben die Budapester Intellektuellen ihr kulturelles Milieu überschätzt. Kompetente Beobachter und Beteiligte gehen davon aus[20], daß das Ungarische Demokratische Forum die ländliche Intelligenz besser ansprechen konnte und eine christlich-populistische Traditionslinie fortsetzt, die unterschwellig seit dem 19. Jahrhundert erhalten geblieben ist. Zugleich schien das UDF ein Transformationsprogramm zu versprechen, das weniger radikal den Übergang zum Markt vollzieht und auf nationale Eigenheiten mehr Rücksicht nimmt. Einerseits hat sich eine soziologische Untersuchung unter Intellektuellen bewahrheitet[21], daß eine liberale und pro-westliche Einstellung nicht mit der Teilnahme an der zweiten Wirtschaft zusammenhängt, sondern sich eher vom kulturellen Kapital ableitet. Erste Auswertungen der Wahlen scheinen auch zu bestätigen, daß der SZDSZ eher in westlichen und urbanisierten Gegenden Wahlerfolge erzielen konnte. Andererseits ist es vermutlich zu früh, die Wahlen als Ergebnis der Politisierung der »schweigenden Mehrheit« oder sei es auch nur der Wortmeldung der agrarischen Kleinunternehmer zu interpretieren.[22] Zum einen hat sich das aus den Nachwahlen des Jahres 1989 bekannte Verhalten der Bevölkerung wiederholt[23], die auf den sinkenden Lebensstandard der letzten Jahre und die abverlangten Kompensationsanstrengungen mit einem hohen Anteil an Wahlenthaltung reagiert (im zweiten Wahlgang bis zu 50 Prozent). Zum anderen läßt sich das ökonomische Programm der Regierungskoalition nicht eindeutig im Sinne der agrarischen Kleinunternehmer als protektionistisch deuten. Vielmehr hat es sich mit der propagierten Öffnung gegenüber dem Westen dem des Bundes Freier Demokraten angenähert. Insofern sind die Wahlergebnisse nur bedingt als Willenskundgebung der bislang schweigenden und sich nur ökonomisch definierenden Kleinbürger zu deuten. Vielmehr weist alles darauf hin, daß die Trennung zwischen dem Bund Freier Demokraten und dem Ungarischen Demokratischen Forum entlang einer kulturellen Traditionslinie erfolgt ist, die Ungarn in einen städtischen und einen ländlichen Strang teilt und unterschiedliche Mentalitäten beinhaltet. Allenfalls kann man sagen, daß die intellektuelle Elite, die den Liberalismus als Lebensauffassung vertritt und den politischen Part des »citoyens« spielt, noch nicht den Weg zum »bourgeois« gefunden hat, der sich in der zweiten Wirtschaft des Landes herangebildet hat. Von daher bleibt abzuwarten, ob sich aus der Politisierung der kulturellen Trennung nicht neue Konfliktpotentiale bilden werden. Weder ist das liberalprowestliche Lager einheitlich, da es unterschiedliche Gesellschaftskonzepte in Form des englischen, radikal marktorientierten Liberalismus oder der sozialpolitisch ausgleichenden Sozialdemokratie vertritt. Noch ist nicht abzusehen, wie die »schweigende Mehrheit« auf die noch zunehmenden ökonomischen Restriktionen reagieren wird und ob die agrarische Unternehmerschicht mit der verkündeten ökonomischen Öffnung gegenüber dem Westen fertig wird, in deren Folge Szelényi eine Lateinamerika vergleichbare Positionsverschiebung Ungarns in die Dépendance vorhersagt. Dies hätte die Untergrabung nationaler Eigenständigkeit und damit auch die Erosion eines ungarischen Populismus zur Folge.

Vorläufig werden die zu erwartenden Konfliktlinien verdeckt. Der Bund Freier Demokraten hat mit dem regierenden Ungarischen Demokratischen Forum ein Abkommen getroffen (vgl. Beszélö vom 5. 5. 1990), in dem die Verfassungsänderung vom 23. 10. 1989 außer Kraft gesetzt wird, wichtige Gesetze nur mit Zweidrittelmehrheit verabschieden zu können. Insofern haben die Freien Demokraten dem mit der Kleinlandwirtepartei und den Christdemokraten koalierenden Forum zur Regierungsfähigkeit verholfen. Zugleich haben sie sich eine überproportionale Beteiligung an den Parlamentsausschüssen gesichert und den Posten des Staatspräsidenten, der vom Parlament zu wählen sei, zugesprochen bekommen. In persönlichen Gesprächen wird diese durchaus aus eigenen Reihen kritisierte Absprache mit dem Argument begründet, durch diese indirekte Beteiligung an der Macht könne verhindert werden, daß die intoleranten und autoritären Züge des Populismus zum Zuge kämen. Gemeint sind unter anderem das bevorstehende Gesetz über den Religionsunterricht, der nach Meinung der Koalition obligatorisch werden soll, die Regelung der Selbstverwaltung – im September stehen Kommunalwahlen bevor – und insgesamt die Absicht, bei der Neuaufteilung der Medien und anderer Gremien eine populistische Mehrheit zu verhindern. Unausgesprochen stellt sich ein Gesellschaftsvertrag her, der davon ausgeht, daß die neuen Machthaber ihrer Sache nicht sicher sind und kompetenter Beratung bedürfen, um ihr Geschäft zu vollbringen. Zugleich läuft eine Diskussion über die zukünftige Rolle einer Sozialdemokratie, die sich bei den Wahlen nicht bemerkbar machen konnte. Die Meinungen sind gespalten. Die einen identifizieren sie mit dem Stalinismus oder zumindest mit einem paternalistischen Staat. Die anderen geben ihr eine Chance als demokratische Interessenvertretung der Verlierer (Schlett). Insgesamt ist noch nicht ausgemacht, ob es dem Bund Freier Demokraten gelingen wird, die Zähmung des Populismus zu vollbringen und in welcher politischen Partei auf lange Sicht die Erwartungen der »schweigenden Mehrheit« aufgehoben werden, nach der langen Zeit der Dürre Gerechtigkeit zu erfahren.[26]

Anmerkungen

1 Vgl. Krisztina Mänicke-Gyöngyösi, Sind Lebensstile politisierbar? Zu den Chancen einer »zivilen Gesellschaft« in Ost- und Ostmitteleuropa, in: Politische Vierteljahresschrift, Sonderheft 20/1990.
2 Siehe Elemér Hankiss, Kelet-európai alternatívák (Osteuropäische Alternativen), Budapest 1989.
3 Siehe Attila Agh, A védekezö társadalom (Die sich selbst verteidigende Gesellschaft), in: Magyar Tudomány, 7/8/1987.
4 Attila Agh, Az önszabályozó társadalom. A civil társadalom Nyugat- és Kelet-Európában (Die sich selbst regulierende Gesellschaft. Die zivile Gesellschaft in West- und Osteuropa), Budapest 1989.
5 Iván Szelényi u. a., Socialist Entrepreneurs: Embourgeoisement in Rural Hungary, Cambridge 1988; ders., Polgárosodás Magyarországon: nemzeti tulajdonos polgárság és polgárosodó értelmiség / Bozóki András interjúja (Verbürgerlichung in Ungarn: Nationalbourgeoisie und bürgerliche Intelligenz / Interview von András Bozóki), in: Valóság, 1/1990.
6 Siehe Péter Galasi / György Sziraczki (Hg.), Labour Market and Second Economy in Hungary, Frankfurt am Main 1985.
7 Vgl. Iván Szelényi, Összeomlástan. Akik nem szavaztak. Tolódás jobbra... (Zusammenbruchstheorie. Wahlenthaltungen. Rechtsrutsch...), in: Magyarország, 24/1990.

8 Siehe Tamás Kolosi, Structural Groups and Reform, in: Acta Oeconomica, 1–2/1986.
9 Vgl. Social Research, 1–2/1988, Teil 1.
10 Vgl. Péter Róbert, Mobilitätsprozesse in Ungarn unter besonderer Berücksichtigung der Kultursphäre, in: K. Mänicke-Gyöngyösi / R. Rytlewski (Hg.), Lebensstile und Kulturmuster in sozialistischen Gesellschaften, Köln 1989.
11 István Schlett, Politikai programtöredékek (Fragmente eines politischen Programms), in: Valóság, 3/1989.
12 Siehe Elemér Hankiss, a. a. O.
13 Siehe Ervin Csizmadia, Milyen ellenzék legyen Magyarországon? (Was für eine Opposition braucht Ungarn?), in: Kritika, 3/1990 und 4/1990.
14 Siehe Elemér Hankiss, a. a. O.
15 Siehe Zsuzsa Ferge, Van-e negyedik út? A társadalom-politika esélyei (Gibt es einen vierten Weg? Chancen der Gesellschaftspolitik), Budapest 1989.
16 Vgl. Júlia Szalai, Társadalmi válság és reformalternatívák (Gesellschaftliche Krise und Reformalternativen), in: dies., u. a. (Hg.), Arat a magyar (Die Ernte des Ungarn), Budapest 1988;
Ottilia Solt, A SZETA történetéröl / Lévai Katalin interjúja (Zur Geschichte des Vereins zur Unterstützung der Armen / Interview von Katalin Lévai), in: Esély, 1/1989.
17 László Antal u. a., Fordulat és reform (Wende und Reform), in: Medvetánc, Sonderheft 2/1988.
18 Róbert Manchin / Iván Szelényi, Szociálpolitika az államszocializmusban (Sozialpolitik im Staatssozialismus), in: Magyar gazdaság és szociológia a 80–as években (Ungarische Wirtschaft und Soziologie in den 80er Jahren), Budapest 1988.
19 Máté Szabó, Neue soziale Bewegungen in Ungarn, in: Forschungsjournal Neue Soziale Bewegungen, 2/1990.
20 Vgl. Iván Szelényi, Összeomlástan. Akik nem szavaztak. Tolódás jobbra... (Zusammenbruchstheorie. Wahlenthaltungen. Rechtsrutsch...), in: Magyarország, 24/1990; Iván Timkó / Mihály Vajda, A »fejlettség« és a választások. Ürügyfakadás (Der »Entwicklungsgrad« und die Wahlen), in: Heti Világgazdaság (HVG), 14/1990; Rudolf Tökés, Barikádok helyett kialkudott forradalom (Statt Barrikaden eine ausgehandelte Revolution), in: Magyar Nemzet v. 1. 6. 1990.
21 György Csepeli / Antal Örkény, Az alkony (Die Dämmerung), Budapest 1990.
22 Iván Szelényi, Összeomlástan. Akik nem szavaztak. Tolódás jobbra... (Zusammenbruchstheorie. Wahlenthaltungen. Rechtsrutsch...), in: Magyarország 24/1990.
23 János Simon, A nem-választók szabadsága (Die Freiheit der Nichtwäh-

ler), in: Magyarország politikai évkönyve 1990 (Politisches Jahrbuch Ungarns 1990), Budapest, S. 199–207.
24 Gáspár Miklós Tamás, Búcsú a baloldaltól (Abschied vom Linkssein), in: Kritika, 12/1989.
25 Uj szociáldemokrata történet kezdödik? Schlett István politológussal és Szamuely László közgazdásszal beszélget Hovanyecz László (Ist mit einer neuen sozialdemokratischen Geschichte zu rechnen? L. Hovanyecz unterhält sich mit I. Schlett und L. Szamuely), in: Társadalmi Szemle, 7/1990; vgl. zur Debatte um die Sozialdemokratie auch Zsolt Papp, Az ideológiai olló kinyilása. Adalékok egy kétpólusú ideológiai hegemónia kialakulásához a nyolcvanas években (Die ideologische Schere öffnet sich. Beiträge zur Entstehung einer zweipoligen ideologischen Hegemonie in den 80er Jahren), in: Kritika, 12/1989; siehe auch: Mi lesz veled, magyar szociáldemokrácia? (Was wird aus Dir, ungarische Sozialdemokratie?), in: Századvég, 1/1990.

Melanie Tatur
Zur Dialektik der »civil society« in Polen

Das Projekt der »civil society« ist in Osteuropa zum ersten Mal durch die polnische Solidarność als politisches Programm entwickelt und zur Strategie der Umstrukturierung der etatistischen Ordnung gemacht worden. Die systemverändernde Reform wurde 1980/81 als Revolution von unten – als Konstitution von Gesellschaft im Rahmen des alten Regimes – gedacht und in Angriff genommen. Fast ein Jahrzehnt später kam es im Frühjahr 1989 am »Runden Tisch« zu einem Kompromiß auf politischer Ebene. Dieser sollte den Weg für eine radikale Reform von Staat und Ökonomie öffnen. Der psychologische Erdrutsch der Wahlen von 1989 führte zur Umformulierung des politischen Handels. Das politische Zentrum wurde nicht als konstitutionelle Parteiherrschaft, mit der Konzentration der Regierungsgewalt und der über Quoten gesicherten Rechtsgebungskompetenz bei der Kommunistischen Partei und den Blockparteien mit einem Gegengewicht in Form einer organisierten politischen Öffentlichkeit, reorganisiert, sondern als Koalition von Regierungsblock und Solidarność, die im Herbst 1989 den Regierungschef stellte.

Diese Umstrukturierung des politischen Systems sollte die politischen Voraussetzungen für eine Revolution von oben schaffen, die nun, mit dem Ziel einer Entstaatlichung der Wirtschaft und Vergesellschaftung des Staates, angegangen wurde. Die Konstitution einer »civil society« sollte von einer demokratischen politischen Führung her initiiert und kontrolliert, mit rechtsstaatlichen Mitteln eingeleitet werden. Nicht nur die Handlungsinitiative war eine neue, auch das Projekt der Vergesellschaftung der etatistischen Ordnung hatte sich gewandelt. Das galt sowohl für Modellvorstellungen und Strategien der Theoretiker und Politiker als auch für Motive, Interessen und Haltungen an der Basis der Bewegung und die Vision der »Gesellschaft«, als die sich die Gemeinschaft der Menschen begriff. Das Projekt der »civil society«, wie es in den siebziger Jahren von den polnischen demokratischen Intellektuellen entwickelt und 1980/81 als politische Strategie der Selbstverteidigung und Selbstorganisation der Gesellschaft gegen den Staat angewandt worden war, wurde in den achtziger Jahren von der Ökonomie eingeholt. Ökonomische Aufgabenstellungen gerieten nun in den Mittelpunkt und der wirtschaftliche Erfolg und Mißerfolg wurden zum Bewertungskriterium der Politik. Die ökonomische Aufgabenstellung definiert heute in sich widersprüchliche Anforderungen an die Art der Verfaßtheit der Gesellschaft. Die Privatisierung der staatlichen Ökonomie verlangt stabile Handlungsbedingungen, das heißt volle Rechtsstaatlichkeit, die Aufgabe der Kapitalbildung dagegen Doppeldeutigkeiten des Rechts, die die Möglichkeit von Interventionen in die Ökonomie offen lassen.

Ich möchte die Dialektik der »civil society« nicht aus dieser Fragestellung entwickeln. Von den sozialstrukturellen Grundlagen ausgehend, die zur Entstehung der Solidarność und ihrer Dynamik geführt haben, will ich vielmehr auf die inneren Widersprüche und die inneren Barrieren, die die Form der Politisierung und der systembedingten Integrations- und Gruppenbildungsprozesse für die Institutionalisierung eines politischen Pluralismus definieren, eingehen.

Gesellschaftliches Vakuum und private Lebensstile

In der etatistischen Gesellschaft fehlen aggregierte soziale Interessenlagen, die zum Ausgangspunkt einer Generalisierung von Interessen in sozialen Werten und Normen und Gruppensolidaritäten werden können.[1] Die Hierarchie der Staatsbediensteten definiert graduelle Unterschiede, was die mit der Position verbundenen Privilegien betrifft, nicht aber polarisierte Interessenlagen. Empirische Erhebungen zu politischen Einstellungen haben in den siebziger Jahren in Polen einen hohen Grad an Homogenität der deklarierten politischen Werte und ein amorphes Meinungsbild aufgedeckt.[2] Eine hohe Akzeptanz wiesen demokratische Werte wie Meinungsfreiheit, Teilnahme an politischen Entscheidungen und Toleranz gegenüber Andersdenkenden auf und auch gewisse sozialistische Axiome wie Chancengleichheit, Existenzsicherung durch den Staat und eine egalitäre Einkommensverteilung. Die deklarierten politischen Werte hatten aber nicht die Gestalt von konsistenten und kristallisierten Syndromen, und sie korrelierten weder mit Merkmalen der sozialen Lage, der Person oder deren Einstellung auf der Ebene der privaten Moral. Nur hier, auf der Ebene privater Moralvorstellungen, konnten in den siebziger Jahren kristallisierte und polarisierte Wertsysteme ausgemacht werden.

Eine Studie elterlicher Erziehungsziele machte dabei zwei voneinander unabhängige Syndrompaare sichtbar. Die Vorstellungen bündelten sich in der Dimension Konformismus/Selbstverantwortung und »artig lernen«/»Verantwortung« und in einer zweiten Dimension um die Ziele »Ehrlichkeit« und »Fähigkeit mit anderen auszukommen«/»Erfolg«.[3] Diese Syndrompaare elterlicher Erziehungsziele sind Indikatoren für unterschiedliche Lebensstile. Das erste Paar verweist auf die Spanne zwischen traditionalen, statusorientierten Familien mit niedrigem Bildungsniveau sowie bäuerlichem und bäuerlich-proletarischem Hintergrund und modernen personenbezogenen Familien mit flexiblen Rollenzuschreibungen, was mit einem hohen Bildungsniveau und einer Herkunft aus dem städtischen Milieu und der städtischen Intelligenz korrelierte. Das zweite Paar verwies auf unterschiedliche Haltungen gegenüber der politischen Ordnung und der vom Staat organisierten gesellschaftlichen Sphäre. Dem »Rückzug« in die als moralisch integer erfahrene private Welt von Familie, Freunden und Kollegen stand die Orientierung auf den Erfolg in der Gesellschaft gegenüber. Diese moralische Option stand in keinerlei Zusammenhang mit sozialen und Persönlichkeitsmerkmalen der befragten Eltern. Quantitativ zeigte sich in der ersten Dimension ein Übergewicht konformistischer Erziehung, in der zweiten eine starke Ausprägung der familienzentristischen Haltungen.

Die Integrations- und Gruppenbildungsprozesse, die wir seit dem Ende der siebziger Jahre in Polen beobachten konnten und die mit der Solidarność zur Herausbildung eines gesellschaftlichen Subjektes geführt haben, können als Politisierungen dieser Lebensstile gedeutet werden.[4] Ich werde – auf der Grundlage der polnischen Entwicklung und der Fragestellungen der polnischen Soziologie – nach Integrations- und Gruppenbildungsprozessen fragen, die auf privaten Lebensstilen, privaten Solidaritäten und privaten Kommunikationsnetzen aufbauen. Von hierher werden die Herausbildung eines kollektiven Subjekts, gesellschaftlicher Institutionen und die Polarisierung kristallisierter politischer Haltungen als Politisierung eines systemspezifischen, um die Primärgruppen von Familie, Freunden und Kollegen zentrierten Lebensstils gedeutet.

Die politischen Gruppenbildungen, die sich gegenwärtig in Polen andeuten, bauen auf dieser Entwicklung auf, bringen nun aber auch die erste Achse einer Differenzierung von Lebensstilen zum Tragen. In ihnen kommen weniger konfligierende Interessen als vielmehr unterschiedliche Mentalitäten – Formen also und nicht Inhalte des politischen Bewußtseins – zum Ausdruck. Die Kristallisationen und Polarisierungen lassen sich nicht mit Kategorien von »rechts« und »links« fassen, Kategorien, die auf funktionierende bürgerliche Gesellschaften und deren ökonomische und soziale Strukturen bezogen und aus ihnen abgeleitet sind – sozialstrukturelle Grundlagen, die in Osteuropa nicht gegeben sind. Die Achse der neuen Kristallisation von politischen Gruppen und die sich andeutende Dynamik der Radikalisierung können als ein Handicap für die Realisierung des allgemein akzeptierten Ziels einer politischen Demokratie und eines politischen Pluralismus verstanden werden. Dieses Handicap ist nicht in erster Linie auf kulturellen Traditionen, sondern in der sozialen Struktur der etatistischen Gesellschaft begründet.

Die Dichotomie von »Menschen« und »Institutionen« und die Integration der »Gesellschaft« gegen den Staat

Die Herausbildung der Solidarność 1980/81 läßt sich als Politisierung des familienzentrierten Lebensstils deuten. Ende der siebziger Jahre zeigte sich die Ablehnung der staatlichen Ordnung – die sich die ganze gesellschaftliche Sphäre unterworfen hatte – in einem »Rückzug« in Familie und Freundeskreise und in einem dichotomischen Gesellschaftsbild, das »wir« und »sie«, Menschen und Institutionen, private und öffentliche Sphäre entgegenstellt. Wichtig ist, daß es sich dabei nicht um die Polarisierung von real differenzierten privaten und öffentlichen Bereichen und privaten und öffentlichen Rollen handelte, sondern um eine Trennung im Bewußtsein. Die Dichotomie von privater und öffentlicher Sphäre faßte dieselben sozialen Beziehungen, einmal aus der Perspektive der Teilnehmer – von innen her –, das andere Mal aus der Perspektive der Klienten – von außen.[5] Die Person wurde so der von ihr ausgefüllten Rolle entgegengestellt.

Die Dichotomie von »Menschen« und »Institutionen« signalisierte Ende der siebziger Jahre nicht nur die Ablehnung der Ordnung, sondern auch eine spezifische Form der Anpassung an die abgelehnte Ordnung. Diese charakterisierte sich einerseits durch ein Verdrängen der sozialen Rolle der Person und andererseits durch eine Privatisierung der Rolle in der staatlichen Organisation. Diese Form der Anpassung stabilisierte die Ordnung und höhlte sie aus: Von oben – durch die Konstrukteure im politischen Entscheidungszentrum wurde die Regulierungsfunktion von Recht durch die Institutionen der Nomenklatur und der Prärogative der Partei auf allen Ebenen der staatlichen Organisation konterkarriert und paralysiert. Von unten entsprach dem eine Ausgestaltung der sozialen Rolle und der Position in der Organisation allein nach den persönlichen Interessen und persönlichen Loyalitäten.

Die Anarchisierung der gesellschaftlichen Beziehungen, die von der Steuerungsschwäche des zentralistischen Systems ausging, wurde so durch einen naturwüchsigen, aus Anpassungsmechanismen resultierenden Prozeß der Entinstitutionalisierung verstärkt. Die Dichotomie von »Menschen« und »Institutionen« war nicht nur Ausdruck der Ablehnung der Ordnung und der Anpassung in der abgelehnten Ordnung, sie verwies damit auch auf den Ausgangspunkt eines revolutionären, moralischen Konfliktpotentials: die Revolte gegen eine regel- und normlose gesellschaftliche Ordnung und die Suche nach einem Ausbruch aus der erzwungenen sozialen Schizophrenie. Der Widerstand gegen die anomische soziale Struktur stützte sich auf moralische Normen und personenbezogene Solidaritäten, die in den privaten interpersonalen Beziehungen entstanden.

Die Sprengung der sozialen Schizophrenie machte es möglich, die Dichotomie von »Menschen« und »Institutionen« in der Sozialstruktur anzusiedeln. Dabei lassen sich zwei Formen kognitiver Befreiung unterscheiden: Das Ethos der demokratischen Opposition, ihr Anspruch »in der Wahrheit zu leben«, Denken und Handeln in Einklang zu bringen, formale Rechte und moralische Werte einzuklagen, führte über das Beispiel der Ethosgruppe zu einer Demonstration von Verhaltensalternativen und zur Kristalisation moralisch-politischer Einstellungen. Für die Integration der Solidarność als Massenbewegung wurde der Streik zum Medium der Kristallisation. An der Haltung zum Streik, und später an der Haltung zum politischen Status der Solidarność und zum Kriegsrecht konnten die Menschen in »wir« und »sie«, in Freund

und Feind geschieden und die Dichotomie von »Menschen« und »Institutionen« abgrenzbaren Gruppen und politischen Institutionen zugeordnet werden. Die Herausbildung der Fronten im Konflikt verlief schon in den Massenstreiks im Sommer 1980 nicht entlang von Positionen, sondern entsprechend der moralischen Option für oder gegen die Streikenden.

Als Motiv der Revolte haben die polnischen Streikstudien die »Sehnsucht nach dem normalen Leben« herausgearbeitet.[6] Gegen Desorganisation und Demoralisierung der gesellschaftlichen Beziehungen und gegen die Willkür der »Macht« wurde ein quasi natürliches Recht auf Ordnung und ordentliche Arbeit, Gerechtigkeit und angemessene Lebensbedingungen, auf ein Leben ohne Angst und Lüge eingeklagt. Die Gruppenidentität, die sich im Streik herausbildete, baute auf der moralischen Identität als »Mensch« auf und wurde über die religiöse Sprache des Papstes – Worte wie Würde des Menschen, Würde der Arbeit, Wahrheit, Wahrhaftigkeit, Brüderlichkeit und Solidarität – in eine moralisch-kulturelle Gruppenidentität überführt, die es den Menschen ermöglichte, ihr Schicksal als gemeinsames zu verstehen und sich über ihre Gemeinschaft vom »bösen« und »fremden« System abzugrenzen.[7]

Die moralische und kulturelle Identität wurde 1980/81 mit dem Projekt der »civil society« verbunden. Oberflächlich geschah dies durch den Rückgriff auf politische Traditionen, auf Symbole, die auf die polnische Adelsdemokratie, die Zugehörigkeit zur westlich-christlichen Zivilisation und der Kontinuität polnischer Freiheitskämpfe von den Aufständen gegen die Teilungsmächte bis zum Widerstand gegen die deutsche Okkupation verwiesen. Die Integration der »Gesellschaft« als Volk auf der Grundlage einer moralisch-kulturellen Identität ermöglichte es – in Reaktion auf die etatistische Ordnung – die Konstitution des Volkes als Gesellschaft – als »civil society« – als das politische Interesse der entrechteten Menschen zu artikulieren und über die Organisation der »Gesellschaft« als gewerkschaftliche Gegenmacht in Angriff zu nehmen.

In Polen dominierte die moralische Perspektive und ein moralischer Fundamentalismus. Für die sich kristallisierenden Gesellschaften der Sowjetunion ist eine Identitätsfindung und Vergemeinschaftung auf der Grundlage ethnisch-nationaler Definition charakteristisch. In beiden Fällen ist die Integration der atomisierten Menschen als Schicksalsgemeinschaft Voraussetzung dafür, daß sich ein kollektives Subjekt herausbilden kann, das in der Lage ist, das Interesse des Volkes, sich als Gesellschaft und als demokratisch verfaßte Gesellschaft zu konstituieren, überhaupt zu artikulieren.[8]

In Polen wurde 1980/81 die Verbindung der moralisch-kulturellen Gemeinschaft der »Menschen« mit dem Projekt der »civil society« auf verschiedenen Ebenen hergestellt:

– Das Projekt der demokratischen Opposition von der Selbstverteidigung der Gesellschaft und Programm und Strategie der Solidarnośćführung, die nach dem Scheitern des Modells des »Gesellschaftsvertrages« das Programm einer »selbstverwalteten Republik« formulierte, zielten auf eine Vergesellschaftung des Staates – einschließlich der staatlichen Ökonomie. Nachdem immer deutlicher wurde, daß die Regierung die von ihr erwartete Initiative zur Reform von oben nicht aufnahm, wurde dieses als Reform von unten über die Selbstverwaltungsbewegung angegangen.[9]

– Mit der Institutionalisierung der Dichotomie von »Menschen« und »Institutionen« als Konflikt zwischen »Gesellschaft« und »Staat« durch die Organisation der Solidarność setzte ein Prozeß der Polarisierung politischer Einstellungen ein, der sich an der Frage der »führenden Rolle« der Partei in der Politik, das heißt an der Frage der Prärogative und der Nomenklatur der Partei, kristallisierte.[10]

– Die Bewegung, die zunächst durch die emotionale Bindung der »Menschen« an Symbole der im Streik gewonnenen Würde und der nationalen Geschichte und Kultur zusammengehalten hatte, wurde im Verlaufe der Jahre 1980/81 durch den Aufbau demokratischer Organisationsstrukturen gestützt und integriert. Die Solidarność als Organisation stellte so bereits eine Brücke von einem nur gemeinschaftlichen Zusammenhalt zu gesellschaftlichen Organisationsformen dar.

Funktionswandel der Solidarność in der Phase der Latenz der Konflikte zwischen »Gesellschaft« und »Staat«

Mit der Verhängung des Kriegsrechts im Dezember 1981 wurde nicht nur die von der Selbstverwaltung getragene Dynamik der Revolution von unten abgeblockt, auch die Verbindung der sozialen Bewegung der Solidarność mit dem Projekt der »civil society« erfuhr eine Veränderung.

Durch die Repressionsmaßnahmen der Regierung wurden die Strukturen der Arbeitersolidarność in den Betrieben so gut wie vollständig zerstört. Eine Untermauerung des politischen »Untergrunds« durch betriebliche Basisstrukturen gelang nicht. Als die Solidarnośćführung Mitte der achtziger Jahre aus der Haft entlassen wurde, fand sie einen abgehobenen und zerstrittenen »Untergrund« und ein integriertes und politisiertes Intellektuellenmilieu vor. Angesichts der veränderten Lage suchte die Gewerkschaftsführung Rückhalt im Milieu der kritischen Intelligenz. Dieser Funktionswandel der Solidarność kommt deutlich bei den organisatorischen Vorbereitungen der Gespräche am »Runden Tisch«, den Verhandlungen selber und der Kandidatenaufstellung für die Wahlen zum Ausdruck.

Zunächst wurde 1987 die wieder offen agierende Landeskommission gebildet und noch im selben Jahr berief Walesa den »Rat der 60«, ein Gremium, in das die wichtigsten Vertreter der politischen und intellektuellen Elite kooptiert wurden und das als Vorläufer des 1988 gebildeten »Bürgerkomitees bei Lech Walesa« zu sehen ist. Aus dem Bürgerkomitee gingen dann die Delegationen für die Verhandlungen am Runden Tisch hervor. Im Zuge der Vorbereitung zu den Wahlen wurde das zentrale Bürgerkomitee durch lokale Strukturen ergänzt. Diese organisatorischen Veränderungen formalisierten den in den achtziger Jahren stattgehabten Funktionswechsel der Solidarność. Während sich die Führung der Opposition Ende 1987 für Verhandlungen mit der Regierung vorbereitete, erste informelle Kontakte aufgenommen wurden, die Solidarnośćführer bereits einen quasi legalen Status genossen, machte der Wiederaufbau der Organisationsstrukturen in den Betrieben kaum Fortschritte. Im Dezember 1987 gab es – sieht man von wenigen Unerschrockenen im Gebiet von Szczecin ab – keine offen agierenden Betriebskomitees. Die Belegschaften waren von den sich anbahnenden politischen Entwicklungen abgekoppelt.

Auch die Solidarnośćführung hatte den Kontakt zu den Betrieben verloren. Zwar erwartete man Proteste gegen die sich verschärfende wirtschaftliche Situation. Dennoch kamen die Streiks im Mai und August 1988 überraschend. Die Konflikte in den Betrieben wurden ohne Zutun und zunächst ohne Wissen der Solidarność aufgenommen. Das dominierende Motiv der zum Protest

entschlossenen Arbeiter war das Gefühl existentieller Bedrohung. Durch die Inflation reduzierte Reallöhne, die Verschlechterung der Versorgung und katastrophale, die Gesundheit in dramatischer Weise bedohende Arbeitsbedingungen, erzeugten einen Druck, der sie zum Äußersten zwang. Dieser Protest ging an der Solidarność vorbei, war aber nicht gegen sie gerichtet. Die Kämpfer der alten Garde wurden als Mitstreiter akzeptiert, Walesa genoß uneingeschränkte Autorität. In gewisser Weise konnte sich die Organisation in der neuen Konfliktsituation auch dadurch legitimieren, daß sie effektive Hilfe leistete. Nicht nur bei der Verhandlungsführung, zum ersten Mal konnten 1988 Streikgelder gezahlt werden. Trotzdem zeigt ein Vergleich der Situation 1980 und 1988 symptomatische Unterschiede:
– Die Forderung nach Legalisierung der Gewerkschaft, die überall erhoben wurde, rückte nun an den zweiten Platz. Sie wurde von den Jungen zwar fraglos akzeptiert, eingebracht aber wurde dieses Postulat von den erfahrenen Gewerkschaftsaktivisten.
– Die von den Streikenden erhoffte Kettenreaktion blieb aus. Die Konflikte wurden nicht zum Signal einer neuen Welle von Massenstreiks. Der Druck der alltäglichen materiellen Probleme und die erneute Atomisierung begründeten eine zunehmende Wut und Verzweiflung, zugleich aber auch Hoffnungslosigkeit und Angst.
– Trotz der Zurückhaltung der Masse der Belegschaften entstanden als Ergebnis der Streiks 1988 nicht nur organisatorisch entwickelte lokale Zentren der Arbeitersolidarność.[11]

Es machte sich aber ein Stimmungswechsel breit. Die Forderung nach Wiederzulassung der Solidarność wurde breit akzeptiert. Die Eröffnung der politischen Arena mit der Aufnahme der Gespräche am Runden Tisch erschien als Ergebnis der Konflikte. Betreten wurde sie von der Opposition ohne sichtbare Repräsentanz und ohne effektive Rückkopplung in den Betrieben. Es ist charakteristisch, daß die Räumlichkeiten der Warschauer Universität der Ort waren, an dem sich die Delegationen der Opposition zu ihren vorbereitenden Gesprächen trafen und daß in einzelnen Delegationen, wie zum Beispiel der für Wirtschaftsreform und Wirtschaftspolitik, die Experten unter sich blieben und Arbeiter überhaupt nicht vertreten waren. Die Abschottung wurde von der Opposition als taktisches Erfordernis gerechtfertigt, sie entsprach aber auch dem Interesse, die politische Kompromißfindung von dem unkundigen Einfluß der fundamentalistischen Basis freizuhalten.

Die organisatorischen Veränderungen, die die Solidarność im Verlauf der achtziger Jahre erfuhr, gingen mit einem Wandel der Identität der Gemeinschaft einher, die sich selbst als »Gesellschaft« begriff.

– Zwar blieben in den achtziger Jahren die Erinnerung an die Solidarność lebendig, die politischen Werte des »August« hoch akzeptiert und die Haltung gegenüber dem Konflikt, gegenüber Solidarność und Kriegsrecht, eine wichtige Achse der Kristallisation politischer Einstellungen.[12] Auch die privaten Beziehungsnetze erfuhren in den achtziger Jahren eine Politisierung.[13] Mit der Delegalisierung der Organisation war aber die öffentliche Artikulation als die für die Masse der Mitglieder der Bewegung charakteristische Form politischen Handelns unmöglich geworden. Mehr noch, die Vermittlung und Einbindung des moralischen Fundamentalismus durch die demokratische Organisation war zerstört. Eine Bindung von Arbeiterbasis und Gewerkschaftsführung bestand nur noch über die emotionale Identifikation mit gemeinsamen Symbolen und der Symbolfigur Walesa.

– Nach dem Verbot der Solidarność nahm die Kirche die verzweifelte »Gesellschaft« unter ihren Schutz. Sie bot organisatorischen Freiraum vor allem für Diskussionen und künstlerische Aktivitäten, konkrete Hilfe in Form der Gefangenenbetreuung und neue Artikulationsformen an. Religiös-patriotische Massenrituale wurden nun zur Form einer demonstrativen symbolischen Negation des »bösen« und »gottlosen« Systems und zur Möglichkeit, eine Gemeinschaft rituell zu erleben, deren organisatorische Grundlagen zerstört worden waren.

Die Anbindung der »Gesellschaft« an die katholische Glaubensgemeinschaft und Moral bedeutete eine metaphysische Überhöhung der national-kulturellen Gemeinschaft[14], eine gewisse Entpolitisierung der Identität der Bewegung und eine Annäherung an politische Positionen der katholischen Soziallehre. Die Annäherung an die Kirche scheint in besonderem Maße die städtische Intelligenz zu betreffen. Die Anstrengungen der Kirche konzentrierten sich auf die Seelsorge für die schöpferische Intelligenz, die Studenten, die Jugendlichen. – Und auch hier war die Resonanz »religiöser Erneuerung« vor allem unter den Gymnasialschülern und den Kindern aus laizistischen Intelligenzfamilien besonders groß.[15]

– Unter dem Druck des ökonomischen Zusammenbruchs und des stetig sinkenden Lebensstandards setzte sich eine ökonomische Perspektive durch. Nicht nur die Streikmotive von 1988 zeigen eine Dominanz der materiellen Überlebensinteressen. Auch auf der Ebene politischer Einstellung zeigte sich eine ökonomische Perspektive. Neben der »führenden Rolle« der Partei in der Politik wurde in den achtziger Jahren der »Markt« zum Symbol der Systemoption.[16] Auf der Ebene der politischen Expertendiskussionen entsprach dem, daß das Modell der Selbstverwaltung als Reformstrategie an Akzeptanz verlor und dem Ziel und unterschiedlichen Konzepten der Privatisierung Platz machte.[17]

– Der moralische und taktische Erfolg der Solidarność bei den Wahlen zu Sejm und Senat verdeckte im Frühsommer 1989 noch einmal die skizzierten Veränderungen. Zwar hatte die Wahlbeteiligung in den Hochburgen der Gewerkschaftsopposition wie Gdańsk und Lódź bei nur 40 Prozent gelegen. Gegenkandidaten radikalerer oppositioneller Gruppierungen aber waren durchgefallen. Insgesamt erschien der Sieg perfekt. Die Solidarność eroberte bis auf einen einzigen alle Sitze, für die sie sich entsprechend der vereinbarten Quotenregelung bewerben konnte. Demgegenüber schafften nur drei Kandidaten des Regierungsblocks beim ersten Wahlgang den Sprung ins Parlament. Mehr noch: die überwiegende Mehrheit der Abgeordneten der Kommunisten und der Blockparteien wurden im zweiten Wahlgang auf Empfehlung der Solidarność gewählt. So wirkte die Solidarność auch hier gewissermaßen als Schiedsrichter und Filter.

Nicht nur Euphorie und Schock über das Ausmaß von Sieg und Niederlage und die personelle Zusammensetzung des neuen Parlaments erleichterten die Einigung auf eine »große Koalition« unter Mazowiecki. Die neue Streikwelle vom Frühsommer 1989 war ein gefährliches Signal. Denn damit stellten die um Lohnausgleich streikenden Beschäftigten der schwachen Betriebe des Dienstleistungssektors ihre unmittelbaren materiellen Interessen auch gegen die Solidarność, die unter Hinweis auf den anstehenden politischen Kompromiß zu Ruhe und Geduld aufgerufen hatte. Den politisch Verantwortlichen aber war klar, daß die ökonomische Lage weitere tiefe Einbrüche in die Lebensbedingungen der Bevölkerung unabwendbar machte.

Revolution von oben und neue Ansätze politischer Gruppenbildung

Die Regierung Mazowieckis unter der Präsidentschaft des Generals Jaruzelski kann nur äußerlich als eine Koalitionsregierung eingeordnet werden. Der am Runden Tisch ausgehandelte Kompromiß, der die Handlungsgrundlage der neuen Regierung bildete, beinhaltete tatsächlich eine korporatistische Lösung, eine Übereinkunft und eine Abgrenzung der Kompetenzbereiche zwischen unterschiedlich strukturierten und legitimierten Organisationen. Wichtig waren nicht nur die Quotenregelung für das Parlament und die weitreichenden Befugnisse des – als Hüter des geo-politischen Status quo konzipierten – Präsidenten, sondern die Ausgrenzung machtstrategisch sensibler Bereiche, wie die Ressorts für Armee, Inneres, Transportwesen und bestimmter Bereiche des Außenhandels und der Außenpolitik. Die Verantwortung der kommunistischen Partei für diese Bereiche war nicht Ergebnis einer parlamentarischen Koalitionsabsprache, sondern brachte die begrenzte Souveränität der demokratisch legitimierten Regierung zum Ausdruck. Der Zerfall der Kommunistischen Partei änderte deshalb auch nichts an dieser Konstellation. Für den Bereich der Wirtschaftspolitik und Wirtschaftsreform erhielt die Regierung weitgehende Zuständigkeit und die volle Verantwortung. Begrenzt wurde der Handlungsspielraum hier aber zusätzlich durch die Abhängigkeit Polens von den westlichen und östlichen Gläubigern und den Auflagen des Weltwährungsfonds. In diesem Rahmen einer doppelten Außenabhängigkeit konnte die Regierung Mazowiecki Ende des Jahres 1989 die Reform von oben beginnen. Unter der Losung der Entstaatlichung der Ökonomie und der Vergesellschaftung des Staates sollten vor allem zwei Aufgaben angegangen werden: Die Sanierung und die Privatisierung der Wirtschaft mit dem Ziel einer »sozialen Marktwirtschaft« und der Aufbau einer demokratischen lokalen Selbstverwaltung.

Auf der Ebene der zentralen politischen Institutionen wurde eine Differenzierung der Solidarność in Richtung einer Herausbildung unterschiedlicher Parteien und funktionaler Träger – etwa des politischen und gewerkschaftlichen Flügels – erwartet. Das Kapital der Regierung war der als Ergebnis der historischen Erfahrungen der Nachkriegszeit und der Konflikte seit 1980 herausgebildete Grundkonsens über die angestrebte Verfaßtheit der Gesellschaft, die mit den Symbolen »Markt« und »Demokratie« bezeichnet wurde und die globale Zielsetzung der Regierungspolitik deckte. Eine Stärke der neuen Regierung war zunächst auch die Integration der Gesellschaft als Gemeinschaft, die eine außerordentliche Opferbereitschaft im Interesse des Erfolgs der Reformen motivierte. Reallohneinbußen von 30 Prozent in den ersten beiden Monaten des Jahres 1990 wurden zunächst ohne Protest hingenommen.

Die neue Regierung stand aber auch vor einem politischen Dilemma. Der Einstieg in die Führungsspitze des alten Systems beseitigte die Symbole der alten Ordnung, an denen sich der moralische Fundamentalismus festgemacht hatte. Mit den Symbolen und den Personen waren aber keineswegs die ökonomischen und sozialen Strukturen verschwunden. Diese sollten nun durch eine konsensgestützte Revolution von oben in Inhalt und Form verändert werden. Es entstand damit ein Widerspruch. Einerseits mußten Formen politischer Gruppenbildung unterhalb des demokratischen Konsenses herausgebildet werden, um das Ziel der Bewegung – den demokratischen Pluralismus – inhaltlich zu füllen. Für einen auf sozialen Interessen beruhenden politischen Pluralismus fehlten aber nach wie vor die sozialstrukturellen Grundlagen. Andererseits war der die Bewegung einigende Gegner nur auf der Ebene der Symbole besiegt. Die alten Strukturen bestanden fort, und sie bestimmten nicht nur die Verteidigungsgefechte der Nomenklatur, die etwa auf lokaler Ebene ihre Pfründe zu sichern suchte, sondern auch das alltägliche Handeln der Masse der Bevölkerung in ihren Rollen als Staatsbedienstete.

So zeigten zum Beispiel die ersten Monate des Jahres 1990, daß die Unternehmen auf die Deflationspolitik des Finanzministers Balcerowicz keineswegs mit den erhofften Rationalisierungsmaßnahmen und Produktionsumstellungen reagierten. Es bildeten sich vielmehr Verteidigungsgemeinschaften von Belegschaft und Direktion, die sich im Interesse der Sicherung des kurzfristigen Überlebens der Beschäftigten daran machten, das Produktionskapital zu verkaufen. Der »Gegner«, der 1980/81 in der Sozialstruktur greifbar erschien, festgemacht an politischen Institutionen und mit diesen verbundenen Personen, hatte sich wieder ins System zurückgezogen. Der moralische Fundamentalismus der achtziger Jahre ließ sich gegen den namen- und gesichtslos gewordenen Feind nicht mehr umstandslos mobilisieren.

Der Prozeß der politischen Gruppenbildung, der sich gegenwärtig in Polen beobachten läßt, knüpft an die erste Achse der Differenzierung von Lebensstilen und die unterschiedlichen sozialen und kognitiven Kompetenzen an, die mit Bildungs- und Qualifikationsniveau sowie dem kulturellen Hintergrund verbunden sind. Es handelt sich hier nicht um Interessengegensätze zwischen Arbeitern und Intelligenz. Zwar zeigt diese Achse insofern einen Interessenbezug, als mit dem symbolischen Kapital unterschiedliche Chancen verbunden sind, in der zu antizipierenden neuen Ordnung einen als angemessen betrachteten Platz zu ergattern. Diese Chance bezieht sich aber nicht auf große soziale Aggregate wie Arbeiter und Intelligenz und auch nicht auf das Niveau von Qualifikation und Bildung, sondern auf die Relation von professionellen und kulturellen Kompetenzen und eingenommener Position. Die »neue Mittelklasse«[18], die qualifizierten und in ihrem Aufstieg blockierten Beschäftigten, die 1980/81 das Reservoir der Solidarnośćaktivisten gebildet hatte, reichte von den qualifizierten Arbeitern über Techniker, Ingenieure bis zu Wissenschaftlern und Künstlern. Umgekehrt setzte sich der konservative Block aus den Beschäftigten zusammen, die ihre Karriere nicht auf professionellen Qualifikationen, sondern auf der politischen Qualifikation der Disponibilität aufgebaut hatten.

Die Spannungen zwischen Basis und politischer Führung der Solidarność, Fundamentalisten und Pragmatikern, in denen sich die unterschiedlichen Mentalitäten innerhalb der Solidarność artikuliert hatten, konnten 1980/81 über die gemeinsamen Symbole der Bewegung, die gemeinsamen Interessen der »neuen Mittelklasse« und die demokratische Organisation der Solidarność immer wieder aufgelöst werden. Erst seit 1990 bahnt sich eine neue Differenzierung politischer Haltungen entlang der Mentalitäten an, die nun nicht nur eine Spannung und Dynamik innerhalb der Solidarnośćbewegung beinhaltet, sondern tendenziell eine neue Achse der Gruppenbildung sichtbar werden läßt.

Diese zweite Achse setzte sich nur langsam durch. Im Konflikt 1980/81 deutete sie sich als Korrelation von Bildungsniveau und dem Grad der Polarisierung und Konsistenz der politischen Einstellungen an.[19] Mitte der achtziger Jahre wurden zwei Achsen der Kristallisation politischer Einstellungen aufgedeckt: die moralisch-politische Systemoption, die sich an der Haltung zu Solidarność, Kriegsrecht und Partei festmachte und die Polarisierung von liberalen und populistischen Haltungen, die sich an der Einstellung zur Kirche und ihrer politischen Rolle, an der Fürsorgefunktion des Staates, an Egalitarismus[20] und einem »Autoritarismus gegen den Staat«[21] beziehungsweise der Fähigkeit zu transformatorischem Denken und an Toleranz und wirtschaftsliberalistischen Einstellungen zeigte.

Diese Achse und die Polarisierung populistischer und liberaler Haltungen scheint für die politische Frontenbildung der Zukunft überall in Osteuropa relevant zu werden. In Polen werden die von ihrer ideologischen Herkunft eher als Sozialdemokraten zu klassifizierenden Intellektuellen um A. Michnik und J. Kuron, aber auch katholische Intellektuelle wie T. Mazowiecki zu radikalen Liberalen. Die populistischen Stimmungen in der Bevölkerung dagegen werden sowohl von den Repräsentanten der alten Ordnung, wie dem Führer der OPZZ-Gewerkschaft Miodowicz als auch von Oppositionsgruppen innerhalb der Solidarność und auch von Walesa angesprochen. Der Hintergrund der Versuche Walesas, an die populistischen Stimmungen anzuknüpfen, ist eine paradoxe Situation. Die funktionale Differenzierung von gewerkschaftlichem und politischem Flügel der Bewegung, deren Notwendigkeit immer wieder unterstrichen wurde, wird immer wieder durch einen politisch begründeten Solidarisierungszwang übersprungen. Dies hat strukturelle Gründe: In der Phase der Transformation läuft gewerkschaftliche Interessenvertretung, die sich an kurzfristigen materiellen Bedürfnissen der Beschäftigten orientiert – ihren Interessen im System also – Gefahr, politisch konservativ zu wirken. Die Solidarność muß so, was die ökonomischen Interessen betrifft, disziplinierend auftreten und übernimmt paradoxerweise die Rolle der Staatsgewerkschaften im alten Regime. Die politisch konservative Gewerkschaft OPZZ dagegen wird nun zum Artikulationsforum kurzfristiger wirtschaftlicher Interessen.

Die politischen Fraktionen innerhalb der Solidarność, das heißt des Bürgerklubs und der Bürgerfraktion im Parlament, tragen ihre Kontroversen als Expertendiskussionen und nicht als emotionalisierende politische Kämpfe aus. Die geringe Ideologisierung, der fehlende Interessenbezug, der Konsens über die Grundlagen der Verfaßtheit der Gesellschaft und über die Verantwortung gegenüber dem Volk bedingt eine Individualisierung politischer Positionen und rückt die Kontroversen gewissermaßen in die Nähe des

Ideals herrschaftsfreier diskursiver Rationalitätssuche. Gerade diese Abgehobenheit blockiert aber emotionale Identifikationen und politische Gruppenbildungen und erweckt den Eindruck einer neuen Alternativlosigkeit. Das zeigt sich etwa daran, daß auch im Frühjahr 1990 die Haltung zu Solidarność die Kristallisationsachse politischer Einstellungen geblieben ist, bei sinkender Popularität aber ohne relevante Gegnerschaft und ohne politische Alternativen. Die neuen politischen Institutionen erfreuen sich einer großen, den alten Kräften fehlenden Akzeptanz. Unterschiede innerhalb des Reformlagers wurden aber kaum wahrgenommen. Der Bürgerklub im Parlament erreicht niedrige, die anderen Klubs extrem niedrige Positiv- und Negativwerte. Selbst Personen wie Michnik und Walesa riefen (sinkende) Sympathien, aber keine kontroversen Haltungen hervor.[22] Der Konflikt Walesas mit der Regierung und den Radikalliberalen um Michnik ist darauf ausgerichtet, die neue Alternativlosigkeit und die damit verbundene Demobilisierung zu durchbrechen. Die Thematisierungen, die Walesa vorschlägt – Parteivermögen, personeller Austausch, baldige Parlamentswahlen, Präsidentenwahl und die rasche Inangriffnahme der Privatisierung – zeigen seine Sensibilität für die Stimmungen im Volk. Sie sind als ein Versuch konzipiert, den realen revolutionären Prozeß der Umstrukturierung der alten Ordnung auf eine symbolische und mobilisierende Ebene zu heben und ihn dadurch zu beschleunigen.

Die Regierung verweist demgegenüber auf den Vorrang der ökonomischen Sanierung und Umstrukturierung gegenüber dem »politischen Kampf«. Diese Argumentation übersieht, daß Walesa sozusagen im Gegenzug zum Führer der OPZZ-Gewerkschaft, die den Populismus gegen die Reformpolitik wenden will, gerade auf die schnelle Umstrukturierung der Ökonomie zielt. Treffender ist der Vorwurf Mazowieckis, er wolle die Tür zu einer modernen europäischen Gesellschaft »mit dem Dietrich« aufmachen. Bewußt weigert sich die neue Regierung, den Transformationsprozeß auf eine moralisch-revolutionäre Legitimität zu gründen und sucht in Demokratie und Rechtsstaatlichkeit eine moderne Legitimitätsgrundlage der neuen Ordnung zu institutionalisieren. Die scheinbar vorsichtigere Haltung der Regierung ist so politisch sehr viel radikaler als Walesas Sensibilität für die populistischen Stimmungen an der Basis. Sie macht aber die politische Elite gewissermaßen zur Avantgarde eines Volkes, das die Axiome und

Verhaltensstandards der alten Ordnung in weit größerem Maße verinnerlicht hat, als dies in den politischen Optionen zum Ausdruck kommt. Eine politische Gruppenbildung und Konfrontation entlang der Achse Populismus – Liberalismus löst dieses Dilemma nicht. Da sie sich auf Mentalitätsunterschiede und nicht auf Interessengegensätze stützt, würde sie nicht zu einem Pluralismus im Sinne der Repräsentation inhaltlicher Alternativen der Politik führen, wohl aber – angesichts der verzweifelten Lage der Bevölkerung – eine autoritäre Wende einleiten.

Schlußbemerkung

Das Projekt der »civil society« ist in Polen als historisches Ergebnis gesellschaftlicher Lernprozesse entstanden. Nach der Enttäuschung der laizistischen Linken und der Hoffnungen des »Oktobers« (1956) und der definitiven Niederlage im »März« (1968) schuf der radikale Bruch mit dem Reformismus die Voraussetzungen für das breite Bündnis einer Demokratischen Opposition gegen das – mit totalitärem Anspruch auftretende – Regime. Die Hilfestellung, die die »Professoren und Schriftsteller« 1976 den gedemütigten Arbeitern gaben, schlug nicht nur durch die Organisation des KOR, sondern vor allem auch als symbolische Geste eine Brücke zur Arbeiterschaft. Analoge Lernprozesse waren mit den großen Arbeiterrevolten verbunden gewesen. Während die Posener Arbeiter im »Juni« (1956) den sozialistischen Anspruch ernst nahmen und ihn gegen die Machthaber wandten, nutzten die Arbeiter der Küstenstädte im »Dezember« (1970) die sozialistische Terminologie nur in taktischer Absicht. Im »August« (1980) stellten sie dem Regime eine eigene moralische Sprache und eigene naturrechtliche Ansprüche entgegen.[23] Über die Symbole von Monatsnamen wurden diese Erfahrungen im gesellschaftlichen Bewußtsein gespeichert. Die Selbstverteidigung und Selbstorganisation der Gesellschaft gegen den Staat baute hierauf ebenso auf wie auf den privaten Beziehungsnetzen und war eher praktische Selbsthilfe als ein utopisches Modell in den Köpfen.

Auch die Radikalisierung, die das Projekt 1981 erfuhr, war Ergebnis der Situation, nämlich der Bewegungslosigkeit der Regierung, die die von ihr erwartete Reforminitiative nicht übernehmen wollte oder konnte. In Reaktion auf den Immobilismus der politischen Führung und begünstigt durch die Absorption gesellschaftlichen Konfliktpotentials auf symbolischer politischer Ebene bildete sich die Selbstverwaltungsbewegung heraus, die die Perspektive einer Revolution von unten eröffnete. Die Radikalisierung des liberalen Projektes der »civil society« ergab sich aus den systemischen Rahmenbedingungen. Über Selbstverwaltungen sollten gesellschaftliche Basisstrukturen aufgebaut und die Vergesellschaftung des Staates von unten her eingeleitet werden. Die Vergesellschaftung des Staates schloß dabei die staatliche Ökonomie mit ein, weil man nur in den Unternehmensselbstverwaltungen ein mögliches Subjekt sah, das die administrativen Abhängigkeiten sprengen und horizontale vertragliche, das heißt marktkonforme Beziehungen aufnehmen konnte. Die Gesellschaft, die sich als »civil society« konstituieren sollte, wurde als Gesellschaft von Privatpersonen gedacht, getragen von Bürgern, die nicht Warenbesitzer, sondern Staatsbedienstete waren, und die sich im Projekt der Vergesellschaftung des Staats von unten nicht nur als politische, sondern auch als ökonomische Subjekte konstituierten. Dadurch wurde der liberale Entwurf radikalisiert und gewissermaßen zur Einlösung des sozialistischen Versprechens gemacht.

Ende der achtziger Jahre fehlten die Ressourcen, die ökonomischen, aber auch die motivationalen und organisatorischen, zur Wiederaufnahme des Vorhabens. Auch die theoretischen Diskussionen lehnten nun den »dritten Weg« als unrealistisch ab. Privatisierung erschien als notwendige Voraussetzung für eine funktionsfähige Marktwirtschaft. Mehr noch: der monistische Charakter der Perspektive der Vergesellschaftung des sozialistischen Staates wurde kritisiert und dem die Forderung nach Differenzierung von Staat, Ökonomie und Gesellschaft entgegengehalten. Die Entstaatlichung der Ökonomie sollte mit der Vergesellschaftung des Staates einhergehen. Letzteres meinte nun den Aufbau demokratischer lokaler Selbstverwaltungsstrukturen und parlamentarische Demokratie auf der oberen Ebene des politischen Systems.

Tatsächlich wurde die Entflechtung initiiert von einem politischen Entscheidungszentrum, das äußerlich die Form einer parlamentarischen Koalitionsregierung aufwies, in Wirklichkeit aber eine korporative Lösung beinhaltete. Die politischen Vorschläge Walesas zielen darauf, bestimmte korporatistischen Elemente – die von den Nachfolgern der Kommunistischen Partei gehaltenen Positionen – zu beseitigen. Unklar bleibt dabei, inwieweit eine Verdrängung der Repräsentanz des Außeneinflusses auf die polnische Politik diesen selber eliminieren oder schwächen kann. Der korporatistische Charakter der politischen Institutionen ist aber auch von innen, von den sozialstrukturellen Grundlagen her, angelegt. Ein tragfähiger politischer Pluralismus, der die sozialen Interessen vermitteln und die politischen Repräsentativorgane mit Leben füllen könnte, fehlt – und muß fehlen, solange die Umstrukturierung der Wirtschaft nicht greift und die Grundlage für eine differenzierte, aus sozialen Aggregaten zusammengesetzte soziale Struktur legt.

Als Korrektiv der sich andeutenden korporatistischen Lösung auf hoher politischer Ebene zeichnet sich eine Aktivierung von Überlebensinteressen an der Basis ab. Hinweis hierauf sind nicht nur die lokalen Bürgerkomitees. Die Kommunalwahlen vom Mai zeigten neben dem hohen Grad der Demobilisierung – die Wahlbeteiligung lag bei knapp 42 Prozent – neue Bewegung: Obwohl die Bürgerkomitees alle Ressourcen und vor allem das Symbol »Solidarność« für sich einsetzen konnten, gingen 38 Prozent der abgegebenen Stimmen an unabhängige Kandidaten. Das – so die ersten Interpretationen – signalisiert eine Wende hin zur Orientierung auf lokale Interessen und weg von der Bindung an Symbole.

Die Silhouette eines durch Wahlen und demokratische Basisstrukturen korrigierten korporatistischen Systems, die sich hinter den politischen Konflikten abzeichnet, schließt eine weitere Neuformulierung des Projektes der »civil society« als Perspektive der Vergesellschaftung mit ein.

Anmerkungen

1 Vgl. ausführlich M. Tatur, Solidarność als Modernisierungsbewegung. Sozialstruktur und Konflikt in Polen, Frankfurt am Main 1989; zur Frage der Barrieren für einen politischen Pluralismus vgl. W. Narojek, Perspektywy pluralizmu w upaństwowionym spoleczenstwie, Manuskript 1984.

2 Vgl. S. Nowak u. a., Ciaglość i zmiana tradycji kulturowej, Warschau 1976 und ders., Polaków portret wlasny, Krakau 1979.

3 Vgl. J. Koralewicz-Zebik, Wartości rodzicielskie a stratyfikacja społeczna, in: Stud. Soc., 3–4/1982, S. 237–262.
4 Die Frage nach der Politisierbarkeit von Lebensstilen ist in die westdeutsche Osteuropa-Diskussion von Krystyna Mänicke-Gyöngyösi eingeführt worden. Sie wird von ihr als Frage nach Individuierungsprozessen auf der Ebene privater Lebensstile und als Frage danach gestellt, inwieweit auf der Ebene der einzelnen Personen Handlungs- und Innovationspotentiale vorfindlich sind, auf die eine Reformpolitik von oben aufbauen kann, oder die eine Rationalisierungspolitik von unten motivieren und tragen können. Die erste Perspektive ist für die russische, die zweite für die ungarische Diskussion charakteristisch. Die ungarischen Soziologen fragen dabei nicht primär nach politisch partizipatorischen Haltungen, sondern – unter Bezugnahme auf die Wirtschaftsreformen – nach Verhaltensstandards und Werten, die durch die Tätigkeit in der zweiten Ökonomie herausgebildet werden und die in ökonomischer Dimension zum Ausgangspunkt systemtranszendierender Aspirationen werden könnten. Vgl. K. Mänicke-Gyöngyösi, Sind Lebensstile politisierbar? Zu den Chancen einer »zivilen Gesellschaft« in Ost- und Ostmitteleuropa, in: Politische Vierteljahresschrift, Sonderheft 20/1990, S. 335–350; dies., Zum Wandel städtischer Lebensstile in der Sowjetunion, in: K. Mänicke-Gyöngyösi/R. Rytlewski (Hg.), Lebensstile und Kulturmuster in sozialistischen Gesellschaften, Köln 1990, S. 169–190. Vgl. E. Hankiss, The »Second Society«: Is there an Alternative Social Model Emerging in Contemporary Hungary?, in: Social Research, 55/1988, S. 13–42.
In der polnischen Diskussion hat A. Rychard die Vermutung angestellt, die »zweite Wirtschaft« könne Motivationen und subjektive Handlungspotentiale hervorbringen, die im neuen System nutzbar werden könnten. Abgelehnt wird aber die Möglichkeit einer Transformationsdynamik, die zu einer Verdrängung der staatlichen durch die private Schattenwirtschaft führen könne. Die privatwirtschaftliche Gegenstruktur ist in die staatliche Ökonomie eingebaut, ergänzt sie und wird von ihr strukturiert. Gespräche mit A. Rychard.
5 Vgl. W. Narojek, Struktura społeczna w doświadczeniu jednostki, Warschau 1982.
6 Vgl. W. Marody u. a., Polacy 80, Warschau 1981. Als ausführliche Auswertung der verschiedenen Streikstudien vgl. M. Tatur, Solidarność als Modernisierungsbewegung. Sozialstruktur und Konflikt in Polen, Frankfurt am Main 1989.
7 Vgl. hierzu G. Bakuniak/K. Nowak, Procesy kszaltowania sie świadomości zbiorowey w latach 1976–1989, in: S. Nowak (Hg.), Spoleczeństwo polskie czasu kryzysu, Warschau 1984, S. 209–241.
8 Die Trennung von »Verfassungspatriotismus« und »Volkspatriotismus«, in der sich die westeuropäische und nordamerikanische Ent-

wicklung niederschlägt und deren Absolutsetzung in der Bundesrepublik Ausdruck der eigenen Geschichte und damit des deutschen Nationalbewußtseins ist, macht in Osteuropa keinen Sinn. Völker, die nicht als Gesellschaften verfaßt sind – und das betrifft alle dem sowjetischen System unterworfenen Länder – können sich nur als Schicksalsgemeinschaften definieren.

9 Die Dynamik der Selbstverwaltungsbewegung war nicht Ergebnis des sozialrevolutionären Willens der Arbeiter, die Kontrolle über die Arbeit zu übernehmen, im Gegenteil: Der politische Konflikt band 1981 den symbolischen Radikalismus der Arbeiter und die politische Loyalitätspflicht der Direktoren. Hierdurch zeichnete sich Ende des Jahres 1981 ein Konsens auf betrieblicher Ebene ab, der eine Wirtschaftsreform von unten als reale Möglichkeit erscheinen ließ. Hierin und nicht in symbolischen Gesten der Solidarnośćführung oder Protesten an der Basis ist die Ursache der Verhängung des Kriegsrechts zu sehen. Vgl. M. Tatur, Solidarność als Modernisierungsbewegung. Sozialstruktur und Konflikt in Polen, Frankfurt am Main 1989.
10 Vgl. W. Adamski u. a., Polacy 81, Warschau 1982.
11 Solche Zentren entstanden zunächst in Jastrzebie, Szczecin, Gdańsk, Stalowa Wola und Belchatów. Vorsichtig wurde nun die Gründung und Reaktivierung weiterer Komitees in Angriff genommen. Dennoch war die zögernde Dynamik der Organisationsansätze nicht mit der Explosion im Herbst 1980 vergleichbar.
12 Vgl. W. Adamski u. a., Polacy 84, Warschau 1986 und dies., Polacy 88, Warschau 1989.
13 Vgl. E. Wnuk-Lipiński (Hg.), Nierówności społeczne – poczucie wiezi – wiara w siebie, Forschungsbericht, Maschinenmanuskript, Warschau 1985.
14 Vgl. I. Krzemiński, Czy Polska po Solidarności? Treści świadomości społecznej i postawy ludzi, Warschau 1989.
15 Vgl. M. Tatur, Von der Volkskirche zur sozialen Bewegung? Die »religiöse Erneuerung« in Polen, in: Osteuropa, 5/1990, S. 441–452.
16 Vgl. W. Adamski u. a., Polacy 84, Warschau 1986.
17 Dahinter stand vor allem ökonomischer Pragmatismus und die Überzeugung, daß die Privatisierung Voraussetzung für funktionierende Marktbeziehungen sei. Wichtig war aber auch die Erfahrung, daß die Selbstverwaltungen – und zwar auch die autonomen und politisch radikalen – in den achtziger Jahren einen Funktionswandel erfuhren. In dem Maße, in dem die politische Perspektive einer Wirtschaftsreform immer unrealistischer wurde, wurden die Selbstverwaltungen zu Organen der Vertretung der Verteilungsinteressen der Arbeiter und gewannen – was die Produktionsbeziehungen betrifft – eine konservative Funktion. Vgl. M. Tatur, Krisenparadigmen in der Sowjetunion und Polen und deren Umsetzung in Reformpolitiken. Modell und Wirk-

lichkeit der Unternehmensselbstverwaltung, in: Politische Vierteljahresschrift, Sonderband 20/1990, S. 449–472.
18 Zum Begriff vgl. J. Kurczewski, The Old System and the Revolution, in: Sisyphus. Sociological Studies, Vol. III, Warschau 1982, S. 21–32; zur Kritik vgl. M. Tatur, Solidarność als Modernisierungsbewegung. Sozialstruktur und Konflikt in Polen, Frankfurt am Main 1989.
19 Vgl. W. Adamski u. a., Polacy 81, Warschau 1982.
20 Vgl. W. Adamski u. a., Polacy 84, Warschau 1986.
21 Vgl. zu diesem Aspekt und zur Frage transformatorischen Denkens: J. Staniszkis, Bunt nietransformacyjny, czyli o kilku paradoksach artykulacji publicznej, in: W. Morawski (Hg.), Gospodarstwo i spoleczenstwo, Warschau 1986, S. 173–204.
22 Ergebnisse der entsprechenden Befragungen des CBOS wurden veröffentlicht in: Gazeta Wyborcza v. 23. 5. 1990. Kontrovers war allerdings die Haltung zum Vorsitzenden der konservativen Gewerkschaft OPZZ, Miodowicz, mit 32 Prozent Ablehnung und 18 Prozent Sympathie.
23 Auf die Bedeutung der Sprache hat zuerst J. Staniszkis aufmerksam gemacht. Vgl. J. Staniszkis, Ewolucja form robotniczego protestu, in: Glos, Nov./Dez. 1980; dies., Poland's Self-limiting Revolution, New York 1984.

Helmut Fehr
Solidarność und die Bürgerkomitees im neuen politischen Kräftefeld Polens[1]

1. Einleitung

Große Erfolge der »Bürgerkomitees« in den Städten bei den Kommunalwahlen vom 27. Mai 1990, geringe Stimmengewinne für die politischen Parteien auf der anderen Seite. Das ist das Bild, das sich auf den ersten Blick im Verhältnis von Parteien und sozialen Bewegungen in Polen heute zeigt. Die Rolle von Solidarność als Gewerkschaft ergänzt dieses Bild noch um eine weitere Variante: Die neue Solidarność besteht zwar seit über einem Jahr, hat aber Probleme mit der Rekrutierung von Mitgliedern und gegenüber der vom Bürgerkomitee geführten Regierung Schwierigkeiten, ihre eigene Rolle politisch zu bestimmen. Es handelt sich dabei nicht nur um Probleme, die während der jüngsten Streiks und Streikversuche in Polen sichtbar wurden (Lohnerhöhungen, Konkurrenz mit den ehemals regimenahen Gewerkschaften OPZZ). Vielmehr geht es um Grundprobleme, die sich bereits kurz nach der erfolgreichen Wahlkampagne im Juni 1989 gezeigt haben: Fragen nach dem veränderten Selbstverständnis von Solidarność als Gewerkschaft und als Bewegung der Bürgerkomitees; der Umgang mit den nun zugänglichen Massenmedien: Bestrebungen, auf Redaktionen von Zeitungen und Massenmedien Einfluß auszuüben oder auch Muster der symbolischen Politik zu wählen, wie neue Feindbilder (Intellektuelle versus »Volk«) oder Elemente der Konfrontationsrhetorik als Voraussetzungen für eine vorgezogene Wahlkampagne zum Präsidentenamt zu nutzen (Walesa). All dies sind Schwierigkeiten, die zuerst Solidarność als Gewerkschaftsleitung beschäftigen, weniger die Bürgerkomitees Solidarność. Genauer gesehen handelt es sich um Probleme, die sich heute mit Fragen nach *Demokratisierung, Pluralismus und Öffentlichkeit* als praktizierbaren Ideen für Solidarność anders stellen als unter Bedingungen der alten monozentrisch geprägten Gesellschaftsordnung.[2]

Im ersten Teil meines Beitrages gehe ich auf die Entstehung und Entwicklung der Bürgerkomitees Solidarność ein: Ihr Beitrag zur Wiederbelebung politischer Meinungsbildungsprozesse/politischer Öffentlichkeit. Im Anschluß daran stelle ich einige der Veränderungen dar, die in der Folge der Wahlkampagne zum Sejm und Senat vom Juni 1989 aufgetreten sind: Welche Auswirkungen hatte die Mobilisierung von früher politisch nicht aktiven Gruppierungen und Protestmilieus während der Wahlkampagne Juni 1989 für Solidarność und für die Bürgerkomitees? Im Hauptteil des vorliegenden Beitrags nehme ich Fragestellungen auf, die genauer auf das neu entstandene politische Kräftefeld Polens zielen: Gibt es einen eigenen Bewegungssektor für die Bürgerkomitees? Worin bestehen die besonderen Kennzeichen der Handlungsweise der Bürgerkomitees als Gruppen? In einem dritten Teil gehe ich auf die Frage ein, ob demokratische Bewegungsimpulse, die auf Ideen der »civil society« beruhen, in der Phase der Transformation von Solidarność und dem politischen System einem Bedeutungswandel unterliegen. Meine *These* lautet: Die Bürgerkomitees tragen zur *Wiederbelebung politischer Öffentlichkeit* in der Phase des evolutionären Systemwandels bei. Öffentliche Meinungsbildungsprozesse über Bürger direkt betreffende Themen, Ideen der Selbstorganisierung und Ansätze für Interessenpolitik im lokalen Raum – das sind einige Elemente der Handlungsweise der Bürgerkomitees in Stadtteilen und Gemeinden, die auf diesem Hintergrund betrachtet werden können. Genauer zu untersuchen wäre, welche Ideen lokaler Demokratie praktiziert werden und ob es Anhaltspunkte dafür gibt, daß die Bürgerkomitees auf Dauer zur politischen Gestaltung des kommunalen Politikfeldes beitragen.

2. Die Entstehung neuer politischer Handlungsbedingungen vor den Wahlen im Juni 1989

Das »Bürgerkomitee bei Lech Walesa« ist 1987 aus einem Gremium von Beratern entstanden, die sich auf Einladung von Walesa trafen: »Das war also ein eher amorphes Gremium mit unpräzisen Zielen. Das erweckte Kontroversen unter ›Solidarność‹-Aktivisten, die der Meinung waren, daß dieser Körper die Autonomie der ›Solidarność‹ einschränkt.« Die Mitgliedschaft war auf der Ebene von Kooptation möglich: Lech Walesa lud ein. Anlaufstellen für die Versammlungen von zunächst ungefähr 60 Wissenschaftlern, Künstlern, Publizisten und Gewerkschafts-Experten waren Versammlungsorte im kirchlichen Binnenraum: Das erste Treffen fand in Danzig in der Brigitten-Kirche statt, ein zweites im Gemeindesaal der »Zygmunt«-Kirche in Warschau.

Die Aufgabe des Komitees war es zunächst, zur »Gestaltung der öffentlichen Meinung« beizutragen; eine Funktionsbestimmung, die auf dem Hintergrund der damaligen Situation in Polen näher zu verstehen ist: 1987 vor dem dritten Papst-Besuch in Polen befanden sich die gesellschaftliche Opposition und die alte Solidarność in einer Übergangssituation, die Staatsmacht kündigte Wege der Krisenlösung an. Die Zeit der direkten Unterdrückungsversuche war vorüber, für die Wiederzulassung der unabhängigen Gewerkschaft bestanden aber noch keine Chancen. Im Gegenteil: Die Regierung versuchte, durch partielle und symbolische Zugeständnisse (Amnestie, Einrichtung eines Konsultativrates beim Staatspräsidenten, Vorschläge für die Berufung eines Ombudsmanns zur Überwachung von Rechtsverstößen, Referendum über die geplanten Reformen in Polen) eine Legitimationsbasis für die eigene Politik zu gewinnen.

Unter diesen Bedingungen bedeutete »Gestaltung der öffentlichen Meinung« zweierlei: Einmal stand die »Idee der Unterstützung von Solidarność, der Unterstützung von Lech (Walesa)« im Mittelpunkt; eine »Art Hilfe bei der Legalisierung von Solidarność, ein Versuch, sie durch die Gruppe von Intellektuellen zu verstärken«. In diesem *appellativen Bezug auf Öffentlichkeit* verbanden sich Handlungsweisen der Beratung von Gegen-Experten mit Bestrebungen, einen Kristallisationspunkt für Meinungs- und Erfahrungsaustausch im Bereich der unabhängigen Öffentlichkeit zu schaffen. Daneben sollten durch öffentliche Stellungnahmen und das Medium des mündlichen Diskurses auch politische Meinungsbildungsprozesse in Polen beeinflußt werden. Als Beispiel hierfür können die Vorschläge für einen »Anti-Krisen-Pakt« angeführt werden, die von Geremek, einem der aktivsten Berater aus dem Bürgerkomitee, im Februar 1988 in einem Interview mit der Zeitschrift der regimenahen Massenorganisation PRON vorgestellt worden sind.[3]

Geremeks Vorschläge für eine wechselseitige Anerkennung von Interessenpositionen und der Begrenzung von Monopolen der Entscheidungshoheit zwischen Staat und Gesellschaft beruhten auf Ideen der korporatistischen Übereinkunft, die er persönlich auch früher in Ansätzen geteilt hatte. Entscheidend war aber zum

Zeitpunkt der Veröffentlichung, daß sich auf diesem Weg nach außen die Chance der »*Themenbildung*« und intern Möglichkeiten der *Konsensus-Mobilisierung* eröffneten. Ein Berater des Bürgerkomitees hebt diese Gesichtspunkte für Veränderungen der politischen Kommunikation im Rückblick hervor: »Als sich die Chance zeigte... zum Gespräch... änderte sich ganz schnell die Sprache von dieser Gruppe, von diesen Leuten, die später das Bürgerkomitee bestimmten. Früher versuchte (man) einerseits die politische Öffnung zu blockieren, aber andererseits auch nicht, um nicht die Stimmung innerhalb der Opposition zu dämpfen, zu verschlechtern. Also, solange (es) keine Signale der Regierung gegeben hat, ist immer eine große Gefahr gegeben, daß so einseitige Signale der Opposition... nicht nur seitens der Regierung, sondern auch innerhalb der Basis der Opposition als Kapitulation verstanden werden.« Daß es sich hierbei um eine qualitativ veränderte Rahmenbedingung politischer Kommunikation handelte, betont derselbe Befragte an anderer Stelle mit den Worten: »Und viele Signale gab es erst (19)88... Es gab natürlich auch früher Kontakte (zwischen Regierung und Opposition, H. F.). Das war immer ganz intim... unter Ausschließung der Information der öffentlichen Meinung. Niemand wußte darüber. Und natürlich das bedeutete auch, daß alles, was bei solchen Gesprächen gesagt wurde, konnte man nach zwei Tagen wieder als ungültig erklären. Das hatte überhaupt keine Bedeutung, solange das nicht publik gemacht wurde.«

Fassen wir die bisherigen Ausführungen über die Handlungsweise des »Bürgerkomitees bei Lech Walesa« in einigen Feststellungen zusammen: Das Bürgerkomitee arbeitete nach dem Vorbild einer informellen Gruppe. Ähnlich wie die zur selben Zeit aufkommenden politischen Klubs in Warschau trug das Komitee zur Wiederbelebung politischer Öffentlichkeit bei, indem es im Verlauf von 1988 an öffentlich zugänglichen Orten im Binnenraum der Kirche Kristallisationspunkte des Erfahrungsaustauschs und der Meinungsbildung für zuvor unverbunden agierende Personenzirkel, Gruppierungen und Milieus bildete. Das Bürgerkomitee verband in seiner Tätigkeit ebenso wie die politischen Klubs das *Medium des mündlichen Diskurses* mit klassischen Mitteln der Öffentlichkeitsarbeit wie Informationsverbreitung, Dokumentation, Kommentierung und öffentliche Stellungnahmen. Im Verlauf des Jahres 1988 veränderten sich die Handlungsweise, die

Organisation und die Ziele. In der Folge der beiden spontanen Streikwellen des Sommers 1988 erweiterte das Bürgerkomitee sein Handlungsrepertoire: Es entwickelte sich zu einem Vorbereitungsgremium der gesellschaftlichen Opposition für die angekündigten »Rund-Tisch-Gespräche«. Nach außen und nach innen erhielt das Bürgerkomitee so den Status eines Expertengremiums, das seine Aufgabenbereiche formal gliederte und am 18. 12. 1988 mit einer Deklaration an die Öffentlichkeit trat, um seinen Anspruch als »Ersatzparlament« der Opposition anzumelden.[4] Obwohl 15 Arbeitsgruppenbereiche für Gebiete wie politische Reform (Geremek), Reform der Gewerkschaften (Mazowiecki) oder Kommunikation und Massenmedien (Wajda) eingerichtet wurden, änderte sich an dem *Stil* der Arbeitsweise wenig: Nach dem Vorbild einer informellen Gruppe traf man sich auf der Grundlage von Einladungen. Es wurde zwar ein Sekretär des Komitees (H. Wujec) mit zwei Stellvertretern benannt (K. Woycicki, J. Moskwa), ansonsten hatte das Komitee eine »absolut egalitäre Struktur«. Gleichwohl gab es einen Personenzirkel, von dem zahlreiche Initiativen ausgingen und zu dem auch die Person gehörte, der in der Zeit der Runden-Tisch-Gespräche und der Wahlkampagne auch die Rolle des Sprechers zufiel: B. Geremek.

Die Erfolge am »Runden Tisch«[5] wurden nach dem Urteil eines Mitglieds des Bürgerkomitees mittels »einfach unbeschreiblich vernünftiger und ruhiger Gespräche«[6] erreicht. Ein Experte von Solidarność stellt rückblickend über den Wandel in den Rahmenbedingungen der politischen Kommunikation am Runden Tisch fest: »Am Runden Tisch war es deutlich zu sehen, dort stießen (zunächst, H. F.) zwei verschiedene Sprachen aufeinander. Es entstanden viele Mißverständnisse, weil einige Begriffe Unterschiedliches in beiden Sprachen bedeuteten ... erst der Verhandlungsprozeß hat zur Verständigung auf der semantischen Ebene geführt.« Derselbe Befragte faßt seine Beobachtungen in dem Urteil zusammen, daß es am Runden Tisch »zur Annäherung von zwei verschiedenen Sprachen, von zwei verschiedenen Welten aus zwei verschiedenen ideologischen Realitäten« gekommen sei. Das heißt, die Suche nach konzeptionellen Bedingungen für eine Übereinkunft mit der »Staatsmacht« wurde begleitet von Bemühungen für eine selbstkritische Bestandsaufnahme der eigenen Rolle als sozialer Sammlungsbewegung. Elemente der symbolischen Politik, die in der Regel polarisierende Feindbilder einschließen, wurden auf seiten der Opposition und der Solidarność-Sprecher durch Orientierungen an evolutionärem Systemwandel abgelöst: Ziele, die zuerst in politischen Meinungsbildungsprozessen von Diskussionsklubs und dem Bürgerkomitee öffentlich vertreten worden sind. Im Mittelpunkt dieser Überlegungen standen korporatistisch geprägte Ideen einer Übereinkunft mit der alten »Staatsmacht«.

Nach den für das Bürgerkomitee Solidarność und die gesellschaftliche Opposition erfolgreichen Wahlen zum Senat und Sejm im Juni 1989 zeigte sich, welchen Veränderungen auch Solidarność mit der schrittweisen Ablösung des monozentrischen politischen Systems in Polen unterlag. Die alten politischen Trennungslinien zwischen »Staatsmacht« und »Gesellschaft« verloren an Bedeutung. In öffentlichen Debatten vertraten Aktivisten der Bürgerkomitees und der Solidarność der Intelligenz die Position, daß in der Gegenwart die Form der Massenbewegung nicht mehr ausreiche und Solidarność selbst noch als Ausdruck des monozentrischen Systems gedeutet werden müsse. In diesem Sinn schreibt K. Woycicki, ein Aktivist der Bürgerkomitees: »Historisches Gebot des Tages ist der Verzicht auf flüssige Verhältnisse namens soziale Bewegung.«[7] Statt Ansprüche auf das Ethos der Solidarność als Repräsentant der »Gesellschaft« – wie früher – zu erheben und um deren Erbschaft zu streiten, solle man neue Organisationsformen anstreben: politische Klubs, Verbände sowie lokale und das ganze Land umfassende Initiativen. In dieser Sichtweise, die auch von anderen Sprechern der Solidarność geteilt wurde (Regulski, Michnik), wird ein Sachverhalt betont, der sich mit der Mobilisierungskampagne für die Wahlen im Juni 1989 als das zentrale Ergebnis des systemevolutionären Wandels erwies: Neben Solidarność als Gewerkschaft entstanden soziale Bewegungen eines neuen Typs – Bürgerkomitees, die auf lokaler Ebene in Städten und Gemeinden von Personen und Gruppierungen spontan gebildet worden waren, die häufig zur alten Solidarność keinen Kontakt hatten.

3. Die Bürgerkomitees Solidarność

Innerhalb von einigen Wochen entstanden im Rahmen der Wahlkampagne für den Senat und den Sejm zahlreiche Bürgerkomitees, in denen sich über zehntausend aktive Mitglieder für die Ziele der

Allianz der Bürgerkomitees engagierten. Ein aktives Mitglied der Bürgerkomitees und Initiator der Klubs für politische Selbstverwaltung im Herbst 1981 umschreibt die veränderte Bewegungsform und den Bewegungssektor, die sich mit den lokalen Bürgerkomitees herausbildeten. In der Wahlkampagne gründeten sich zahlreiche Bürgerkomitees in den Stadtvierteln von Warschau und anderen Städten, die unterschiedliche Milieus vereinigten: »Damit bildet sich schon eine Art Gruppierung politischen, und nicht gewerkschaftlichen Charakters. Für die ganzen Wahlen ist wohl charakteristisch, daß eine ›zivile Solidarität‹ entstand. Es gibt viele Leute, die keine gewerkschaftliche Aktivität aufweisen, die sich vielmehr für die lokalen Aktivitäten interessieren... Im Programm von Solidarność sind deutliche Aussagen hinsichtlich der Bildung der territorialen Selbstverwaltung enthalten. Das alles hatte zwar einen spontanen Charakter, es scheint mir aber, daß die Leute, die daran teilgenommen haben, Anhänger solcher Ideen sind.«

Daß es zwischen Gewerkschaftsleitung (Walesa, Landesleitung in Danzig), Bürgerkomitees und »Land-Solidarität« auch um Abgrenzungen der eigenen Einfluß- und Interessenbereiche und um Machtorientierungen geht, wurde unmittelbar nach den Wahlen zum Sejm und Senat deutlich. Auf diesem Hintergrund sind Bestrebungen zur Einschränkung der eigenständigen Rolle der Bürgerkomitees, alte und neue Konflikte um die Macht in der Solidarność-nahen Presse und frühe Initiativen für eine »Bauernpartei Solidarność« bzw. für eine »Partei der Mitte« zu sehen.

Die Landesleitung der Gewerkschaft in Danzig unter Walesa beschloß am 17. 6. 1989 die Auflösung der lokalen Bürgerkomitees als eigenständiger Gruppen. Die Reaktionen auf diese angekündigte Maßnahme waren unterschiedlich. Alle Solidarność-Aktivisten der Wahlkampagne waren sich jedoch in einer Hinsicht einig: »daß die Wahlaktion menschliche Energien auslöste und eine neue zivile Bewegung kreierte, die sich neben der Gewerkschaft weiter entwickeln soll«.[8] Die Rücknahme dieses Beschlusses durch Walesa war nicht nur Ausdruck pragmatischen Einlenkens, sondern auch der Anerkennung von organisatorischen Ausdifferenzierungen im ehemaligen oppositionellen Lager, die nicht mehr durch Vorstandsbeschlüsse zu steuern waren.

4. Die »Bewegung der Bürgerkomitees«[9]

Ideen der territorialen Selbstverwaltung wurden bereits im Sommer 1989 als *Mobilisierungsthemen* für zukünftige Wahlkampagnen[10] öffentlich vorgeschlagen. Es wurden regelmäßige Informationssendungen in den Massenmedien Fernsehen und Rundfunk über Ziele der lokalen Selbstverwaltung vorbereitet, in Zeitungen erschienen ebenfalls frühzeitig Stellungnahmen und Kommentare über Probleme der lokalen Demokratie. J. Regulski, Vorsitzender der Senatskommission für territoriale Selbstverwaltung hebt die Dynamik der Themenbildung hervor, die sich bereits unmittelbar nach den Wahlen zum Sejm abzeichnete. Probleme der lokalen Selbstverwaltung wurden in politischen Meinungsbildungsprozessen von Gruppen – den Bürgerkomitees – aufgenommen: »Diese Problematik hat eine schnelle und effektvolle Karriere gemacht... Wir handeln jetzt unter dem Druck unserer Wähler, die Bevölkerung ist mit uns. Das sind nicht mehr Ansichten der Fachleute – das ist bereits eine große soziale Bewegung. Die für die Vorbereitung der Wahlen berufenen Bürgerkomitees wandeln sich in regionale Quasi-Vertretungen um... Schon jetzt beteiligen sie sich mit dem Beobachterstatus an den Arbeiten jetziger Räte.«[11]

Der Kommunalwahlkampf im Mai 1990 lieferte Ansatzpunkte zur Konkretisierung von Ideen der »Bürgergesellschaft«. In diesem Sinn führen Mitglieder des lokalen Bürgerkomitees in Warschau-Zoliborz die Schwerpunkte der Gruppenaktionen an. Die Bezugnahme auf öffentliche Angelegenheiten des Stadtviertels war hierbei grundlegend: Die Initiative für eine lokale Zeitung[12], die für den Stadtteil herausgegeben wurde und außer programmatischen Zielen Grundprobleme aus dem Alltagsleben aufgreifen sollte: »Daher auch dieses Programm in der ersten Nummer und die Idee der Selbstverwaltung. Die *Zeitung* sollte die *Idee der Bürgerschaft von Zoliborz* propagieren und *mitgestalten*. Das Gefühl des Bürgerseins von Zoliborz sollte erweckt werden...«

Die *Einlösung von Postulaten der Bürgerschaft* wie Meinungs- und Informationsfreiheit, Teilhabe am politischen Prozeß im kommunalen Raum oder auch Ideen der Selbstorganisierung wird in der Sicht einzelner Akteure mit dem Ethos der Solidarność in Beziehung gesetzt: »Es (das Programm, H. F.) verbindet im allgemeinen zwei Elemente: die Organisierung des gesellschaftlichen Lebens in Zoliborz, die Herausbildung der Selbstverwaltung der

Einwohner und das Ethos von ›Solidarność‹. Alle Aktivitäten gründen sich im ›Solidarność–Ethos‹ – daher heißen wir ›Das Bürgerkomitee Solidarność‹.« In diesem Selbstverständnis werden kulturelle Rahmenbedingungen betont, die für die Mobilisierung von aktiven Mitgliedern in den Bürgerkomitees strukturbildend sind. Für den Prozeß der Konsensus-Mobilisierung in den lokalen Bürgerkomitees erhalten offenbar kollektive Identitäten (auch) eine Bedeutung, die einzelne Akteure in der Phase der alten Solidarność als Gemeinschaftsorientierungen selbst erfahren haben oder die sie als alternative kulturelle Codes der Wirklichkeitsauffassung geteilt haben.[13] Eine Frage, die unter vergleichenden Gesichtspunkten mit Problemstellungen aus der Analyse neuer sozialer Bewegungen[14] genauer untersucht werden sollte, lautet: Welchen Anteil haben kulturelle Orientierungen aus der Phase der alten Solidarność für die Konsensus-Mobilisierung von einzelnen Anhängern und Gruppen in den letzten Jahren?

Während in dem oben angeführten Selbstbild noch Erwartungen der Kontinuität dominieren, wonach die kollektiven Handlungsorientierungen der alten Solidarność in den Bürgerkomitees aufgenommen werden sollen, deuten die folgenden Äußerungen in eine andere Richtung: der Betonung der Eigenständigkeit der Bürgerkomitees als soziale Bewegungen neuen Typs: »Hier gibt es keine Kontinuität, das kann ich nicht sagen... Ich war in der Gewerkschaft aktiv und das ist doch was anderes«. Die Unterschiede in den politischen Orientierungen und in der Handlungsweise zwischen der alten Solidarność als Gewerkschaft und den Bürgerkomitees traten bereits in der Zeit der Sejm-Wahlkampagne auf: Sie lassen sich unter dem Gesichtspunkt der *Ausdifferenzierung von Interessen- und Machtorientierungen* im früheren Oppositions/Solidarność-Lager interpretieren: »Es herrscht aber auch eine andere Meinung – stark vertreten besonders in gewerkschaftlichen Kreisen –, nach der die Existenz dieses zentralen (Bürgerkomitees in Warschau, H. F.) und der regionalen Komitees eine Art Doppelmacht bildet. Man müßte also die Komitees auflösen. Die anderen argumentieren dagegen – genauso heftig –, daß sie bereits einen *Wert als gesellschaftliche Bewegung* darstellen und sehr viel Enthusiasmus für gesellschaftliche Arbeit erweckten; man darf also dieses Kapital nicht verschwenden.«

Damit wird ein *Motiv für politisches Engagement,* für die Teilnahme am öffentlichen Leben in lokalen Räumen angesprochen, das für die Bürgerkomitees kennzeichnend ist: Persönliche Betroffenheit durch Wohnungsprobleme und nachbarschaftliche Bezüge, die so für politische Beteiligung in der alten Solidarność keine zentrale Rolle spielten.[15] Sie lassen sich eher mit Motiven der Beteiligung in Selbsthilfeinitiativen und Bürgerinitiativen vergleichen, die unter »Neue Soziale Bewegungen« in westeuropäischen Ländern gefaßt werden: »Mit der Zeit kamen neue Leute und zeigten sich neue Probleme, die oft einen lokaleren Charakter trugen. Deshalb übernahmen diese Siedlungseinheiten immer mehr Aufgaben. Das hängt von der Initiative der einzelnen Leute ab, diese Strukturen sind oft locker, nicht hierarchisch eingebettet. Wenn sich einige zusammenpfeifen lassen und einiges zusammen tun und wenn sie unser Schild brauchen, dann bekommen sie es.«

Solche Initiativen konnten auch nach dem Muster von informellen Gruppen handeln und zur Herausbildung *intermediärer Strukturen* (»Verständigungskommissionen«) beitragen. Diese Rollenbestimmung wurde bereits im Sommer 1989 nach den Wahlen zum Sejm diskutiert: »Zum ersten könnten sie zwischen der jeweils gewählten parlamentarischen Vertretung und der lokalen Gemeinschaft vermitteln. Zum anderen hegen viele den Ehrgeiz, organisierte und aktive, unabhängige lokale Milieus zu werden, die sich an den künftigen demokratischen Wahlen für lokale Verwaltung beteiligen würden. Außerdem existieren schon viele Initiativen der praktischen lokalen Aktivität, die auf die Wahlen nicht warten.« Die »Verständigungskommission« der lokalen Bürgerkomitees in Warschau übernimmt auch Aufgaben der Vermittlung gegenüber dem »Bürgerkomitee bei Lech Walesa« und dem parlamentarischen Klub der Bürgerkomitees (OKP); eine Funktion, die durch die Aufspaltung des »Bürgerkomitees bei Lech Walesa« und die Herausbildung von Partei-Initiativen aus dem Spektrum der Bürgerkomitees wieder verloren gehen kann.

Aktive Mitglieder der Bürgerkomitees kommen häufig aus den Milieus der Klubs (KIK u. a.), persönlichen und sozialen Netzwerken, die bisher getrennt von der Solidarność als Gewerkschaft gehandelt haben: Die Beispiele von Herkunftsmilieus der Bürgerkomitees in kleineren Städten Süd-Polens (Zywiec und Kazimierza Wielka) belegen diesen Sachverhalt. Es sind Personenzirkel, die im KIK engagiert waren, sich gleichzeitig an der Gründung von Bürgerkomitees beteiligt haben oder auch mit dem lokalen Bürgerkomitee den »Klub der katholischen Intelligenz«

(KIK) aufbauten (Beispiel: Kazimierza Wielka). In Krakau gibt es ebenfalls für die Bedeutung von Herkunftsmilieus im Umkreis des KIK und der Wochenzeitung »Tygodnik Powszechny« Anhaltspunkte.

5. Mobilisierungsbedingungen und Mobilisierungserfolge: Die Wahlen zum Sejm/Senat im Juni 1989 und die Kommunalwahlen im Mai 1990

In beiden Wahlkampagnen fungierte das »Bürgerkomitee Solidarność« als Anlaufstelle für lokale Initiativen (Juni 1989) oder Bürgerkomitees auf Stadtteil- und Gemeindeebene (Mai 1990). Parteien wie KPN, PPS oder die Christlichen Demokraten/»Arbeitsunion« (Stronnictwo Pracy) spielten bei den ersten relativ demokratischen Parlamentswahlen im Juni 1989 keine Rolle. Für die Kommunalwahlen im Mai 1990 bot sich ein ähnliches Bild. Eine gewisse Ausnahme stellt der Anteil der Stimmengewinne der Vereinigten Bauernpartei dar: Sie erzielte im Landesdurchschnitt sechs Prozent. In den meisten Städten Polens lag der Anteil der Stimmen und Sitze der Bürgerkomitees noch über dem bereits im Juni 1989 erreichten hohen Stand. In beiden Wahlkampagnen konnten die Bürgerkomitees als Allianzen unterschiedlicher Strömungen der alten gesellschaftlichen Opposition eine hegemoniale Stellung erreichen. Eine andere Besonderheit des Kommunalwahlergebnisses ist der hohe Anteil von unabhängigen Bürgervereinigungen und Gruppierungen, die sich in kleineren Städten und Gemeinden des Landes zur Wahl stellten und 38 Prozent Wähler gewannen.[16] In beiden Wahlkampagnen wählten die Aktivisten der Bürgerkomitees eine Mischung aus Informations- und Diskussionsveranstaltungen, in deren Mittelpunkt die Vorstellung von Zielen und Kandidaten stand. Unter welchen Rahmenbedingungen erfolgte die Wahlkampagne? Welche Mittel der Ressourcen-Mobilisierung wurden gewählt? Welche Verfahren der Kandidatenaufstellung zugrunde gelegt? Welche Themen spielten in den Wahlkampagnen eine Rolle?

Die Kandidatenaufstellung gründete sich auf eine Mischung aus Absprachen mit der Land-Solidarität, Empfehlungen[17] und öffentlicher Nominierung: 1) Es gab Absprachen unter den Milieus, die die »Allianz« bilden (Bürgerkomitees, Bauern der »Land-Solidarität«). 2) In einigen Fällen gab es Empfehlungen von Parteien, Kandidaten auf der Liste der Bürgerkomitees zu nominieren. 3) Die öffentliche Nominierung erfolgte nach basisdemokratischen Konsensprinzipien: »Auf einer Vollversammlung sagten auch wir etwas zu den Kandidaten, zu ihren Programmen – alle haben vorher diese Informationen vorbereiten müssen. Dann hat man ihnen Fragen gestellt. Daraufhin stimmte man über alle Kandidaten ab, so daß diese 45 Namen durchkommen konnten. Das war am 26./27. April.« Die Kandidatennominierung für die Senats- und Sejm-Wahlen im Juni 1989 erfolgte häufig auf Vorschläge von der Warschauer »Zentrale« des Bürgerkomitees hin. Mit Ausnahmen, wie die Kandidatur des ehemaligen KOR-Aktivisten Lipski verdeutlicht. J. J. Lipski wurde von den Solidarność-Aktivisten aus Radom »angefragt«. Die Mobilisierung von finanziellen Mitteln und der Aufbau einer organisatorischen Infrastruktur erfolgt in der Regel durch ehrenamtliche Tätigkeit, Verkauf von Zeitungen, Auktionen für Bücher und Mitgliederbeiträge. Finanzielle Zuschüsse aus einem zentralen Fonds der Bürgerkomitees Solidarność waren gering. In den *Aktionsformen* der lokalen Bürgerkomitees läßt sich eine Mischung aus *Interventionstätigkeit* gegenüber den Behörden zur Aufdeckung von Mißständen oder zur Durchsetzung von Rechtsansprüchen einzelner Bürger, Unterstützung karitativer Selbsthilfetätigkeiten (»SOS«) und Öffentlichkeitsarbeit feststellen: »Die grundlegendste Handlungsform ist die Arbeit in der Sektion. Das Komitee ist in 12 Sektionen aufgeteilt, die die einzelnen Sphären des gesellschaftlich-wirtschaftlichen Lebens abdecken... Das entspricht etwa der bisherigen Struktur der Aufteilung des Nationalrates, weil wir... zu Sitzungen des Nationalrates systematisch eingeladen werden. Wir sind dort als Beobachter anwesend, die die sozial-politische Opposition vertreten.«

Die Aktionsformen eines lokalen Bürgerkomitees aus Warschau-Zoliborz können als typisch auch für andere Komitees in großstädtischen Regionen gelten, ebenso die gewählte Versammlungstätigkeit im Wahlkampf: Im Gemeindesaal der »Zygmunt«-Kirche in Warschau-Zoliborz fanden sich am 10. 5. 1990 über 100 Zuhörer ein, die an der Kandidatenvorstellung des Bürgerkomitees für die Kommunalwahlen teilnahmen. (Das Bürgerkomitee Zoliborz hat 300 Mitglieder, die Hälfte darunter sind aktiv.) Einen Tag zuvor war an einem anderen Ort in Zoliborz, einer Schule, bereits eine öffentliche Kandidatenvorstellung durchgeführt worden. Jeder Kandidat hatte ungefähr fünf Minuten Zeit, seine eigenen Ziele für die Wahlen zu erläutern. Dabei fiel auf, daß die meisten Kandidaten darauf verzichteten, ihre eigene politische Identität durch Hinweise auf frühere politische Engagements hervorzuheben (wie zum Beispiel in der alten Solidarność). Der Hinweis auf mögliche Internierungszeiten während des Kriegsrechts nach dem 13. 12. 1981 unterbleibt; ein Hinweis, der im letzten Jahr in den Kandidatenvorstellungen des Bürgerkomitees noch regelmäßig enthalten war.[18] So standen auch im Zentrum von mehreren größeren Wahlversammlungen Jacek Kurons, Kandidat für das Bürgerkomitee im Wahlkampf 1989 im Stadtbezirk Zoliborz, noch Anfang Juni 1989 Themen und Symbole aus der Zeit des KOR und der Internierungsphase –, und dies, obwohl Kuron als Kandidat persönlich darauf verzichtete, solche Erinnerungen als Motiv für das politische Engagement überzubetonen. Er wählte eher konkrete Themen, um exemplarische Bedingungen der politischen Reformvereinbarungen vom Runden Tisch vorzustellen. Diese Hervorhebung argumentativer Ebenen der Kampagnenführung stellte im Wahlkampf 1989 häufig eine Herausforderung gegenüber den symbolisch aufgeladenen Erwartungen der Anhänger von Solidarność an eine Abrechnung mit der alten Nomenklatura dar: Es »den Roten zu zeigen« war 1989 eine verbreitete Aufforderung der Besucher in Wahlversammlungen; eine auf politische Verdichtungssymbole gerichtete Kampagne, ein noch von Motiven anti-systemischer Mobilisierung geprägter Stil öffentlicher Entrüstung, dem Kuron zum Beispiel in seinem Wahlbezirk Warschau-Zoliborz nicht entsprach. Ein Aktivist aus dem Bürgerkomitee Solidarność urteilt im Vergleich: »Damals (Juni 1989, H. F.) war alles klar: Solidarność gegen Kommune. Heute hat man schon Wahlmöglichkeiten, auch wenn das keine Wahl zwischen Programmen ist. In vielen lokalen Angelegenheiten haben die Leute schon unterschiedliche Ansichten, das hängt zum Beispiel davon ab, was ihnen letztens widerfuhr, was sie besonders bewegt.« Auch vor den Kommunalwahlen im Mai 1990 erhielten Orientierungen an Mustern des anti-systemischen Mobilisierungsdenkens der alten Solidarność Einfluß. Im angeführten Stadtteil von Warschau-Nord spielte die Wahl aufgeladener Verdichtungssymbole wie die »Roten« aber keine Rolle in öffentlichen Versammlungen, als subjektive Motive für politisches Engagement vielleicht eher. In der Regel wurden Motive für die Kandidatur und das politische Engagement genannt, die auf *interessengeleitete* Begründungen deuten. Die Spannbreite der Begründungen reicht hier von Zielen der lokalen Demokratie, des Machtabbaus über umweltpolitische Forderungen bis zu wirtschaftspolitischen Zielen für den kommunalen Raum: Einige Kandidaten bezeichneten es als ihr Ziel, zum Abbau der Macht der alten Nomenklatura auf lokaler Ebene beizutragen. Ein anderer Kandidat, ein junger Unternehmer, begreift seine Kandidatur als Beitrag zur Förderung wirtschaftlicher Tätigkeit in dem Stadtbezirk. Ein ökologisch orientierter Kandidat forderte eine Geschwindigkeitsbegrenzung auf 30 km/h auf allen innerstädtischen Straßen. Derselbe Kandidat hatte in einer früheren öffentlichen Versammlung des Bürgerkomitees in Zoliborz die Schließung der »Hütte Warschau« gefordert; ein Stahlwerk, das im Norden des Stadtbezirks unmittelbar an ein Wohngebiet anschließt. Die Begründung für diesen Schritt erfolgte in zweifacher Hinsicht: aus Gründen der mangelnden wirtschaftlichen Rentabilität und wegen starker Belastung der Umwelt durch Schadstoffe. An diesem Punkt wurden Trennungslinien gegenüber Solidarność sichtbar, die lange Zeit unter der Oberfläche gehalten worden sind: Vertreter der Betriebskommission von Solidarność plädierten in einer öffentlichen Versammlung für die Weiterführung der Stahlhütte wegen des Erhalts der Arbeitsplätze, der Ökologe vom Bürgerkomitee insistierte auf dem Vorrang von Umweltschutzgründen – eine Ausdifferenzierung von Interessenpositionen im Spektrum des früheren Oppositions-/Solidarność-Lagers, die nicht nur auf dieses Beispiel begrenzt ist. Kennzeichnend für den Stil der politischen Kommunikation in der Gruppe ist jedoch, daß *kontroverse* Auffassungen zugelassen sind und öffentlich vertreten werden können.[19]

Eine andere Ebene der innerorganisatorischen Konfliktaustragung wurde in der Vor-Wahlkampfphase im Rahmen der Programmdebatte ersichtlich. Unter den Siedlungskomitees und Bürgerkomitees der Stadtbezirke gibt es Tendenzen, die Selbständigkeit organisatorisch und programmatisch zu bewahren. Eine Tendenz, die sich auch in der Handlungsweise von informellen Gruppen und Bürgerinitiativen in westeuropäischen Gesellschaften findet: Die Skepsis im Vergleich zu den Vorteilen organisatorischer Vernetzungs- oder Koordinierungsleistungen scheint hierbei zu überwiegen. In Danzig wurde der Aufbau einer Koordinierungskommission zwischen den lokalen Bürgerkomitees erst im April 1990 abgeschlossen. In Warschau gibt es zwar seit Januar 1990 eine »Verständigungskommission« unter Leitung von Z. Bujak, die im Fall von organisationsinternen Problemen entscheiden soll. Ihre Kompetenzen als Koordinierungsgremium für die anderen lokalen Bürgerkomitees sind jedoch nicht groß. Auf einer anderen Ebene gibt es wiederum Bestrebungen von Siedlungskomitees, direkt Mitglied der Warschauer »Verständigungskommission« zu werden, ohne organisatorische Austauschbeziehungen mit dem lokalen Bürgerkomitee im eigenen Stadtbezirk zu wählen. In Krakau entstanden innerorganisatorische Konflikte in der Vorbereitung des Wahl-Programms: Ein Bürgerkomitee hatte ein eigenes Programm diskutiert und vorgeschlagen (KO Krakow-Krowordze[20]), mußte sich aber schließlich den Programmvorstellungen der anderen lokalen Bürgerkomitees in Krakau »unterordnen«.

6. Bürgerkomitees, Solidarność und Parteien: Wiederbelebung traditioneller politischer Profile oder Ausdifferenzierung des politischen Kräftefeldes?

Eine Frage wird durch neuere parteiähnliche Initiativen aus dem Spektrum der Bürgerkomitees aufgeworfen: Stellen die Bürgerkomitees eher temporäre politische Allianzen oder soziale Bewegungen neuen Typs dar? Die erste Annahme wird durch Selbsteinschätzungen von Akteuren und Gruppen-Sprechern gestützt, die im »Bürgerkomitee bei Lech Walesa« seit der Gründung engagiert sind und die Rolle der Bürgerkomitees als Berater-Gremium, als vorübergehendes Ersatz-Parlament, als Koordinierungsstelle für Wahlkampagnen oder als Bündnis im Übergang zu Parteien beurteilen. Für die zweite Annahme spricht, daß die Bürgerkomitees der Bewegungsform von freiwilligen Assoziationen, Initiativen und politischen Netzwerken in Städten und Gemeinden einen Bedeutungszuwachs verleihen. Sie stützen sich zum Teil auf Personenzirkel und Gruppierungen, die in der Vergangenheit keine Verbindung zur Solidarność (im Untergrund) hatten. Insofern tragen die Bürgerkomitees zur Entfaltung von gesellschaftlichen Aktivitätspotentialen (A. Etzioni) bei, die unter einzelnen Gesichtspunkten mit der Entstehung von Handlungspotentialen im

Umkreis neuer sozialer Bewegungen vergleichbar sind: Das Engagement in Selbsthilfeinitiativen, Gruppierungen, die auf Nachbarschaftsbezügen aufbauen und zur Neubildung von Gemeinschaftsbezügen im kommunalen Raum beitragen können. Im Gegensatz zu den bisher eher künstlich forcierten Parteigründungen und der Strategie gewerkschaftlicher Interessenpolitik für Beschäftigte repräsentieren die lokalen Bürgerkomitees – ähnlich wie die politischen Diskussionsklubs der letzten Jahre – »öffentliche Orte« für die Sicherung von »Verständigungsebenen«. Sie liefern einen Beitrag zur »Zivilisierung« (M. Boni) des öffentlichen Lebens in einer Gesellschaft, in der Konflikthaftigkeit und die Austragung von Interessenunterschieden erst noch in den Anfängen stecken. Sie bieten Übungsfelder, auf denen Bürgerrechte und Interessenpositionen erprobt werden können. Konflikthaftigkeit als Merkmal pluralistischer Politik könnte in diesem (kommunalen) Bereich erfahren werden. Auch unter der Voraussetzung der zukünftigen Entwicklung eines Parteienspektrums, das über den Rahmen von marginal erscheinenden Parteien hinausreicht, könnten die lokalen Bürgerkomitees zur Bildung eigener politischer Milieus beitragen: lokalen Bewegungsmilieus, in denen bestimmte Themen (Umwelt, kommunale Wirtschafts- oder Wohnungspolitik) und besondere Formen politischer Beteiligung im Mittelpunkt stehen.

Gegenwärtig gibt es über 60 politische Parteien in Polen. Die meisten bestehen aus kleinen Personenzirkeln, bei vielen sind weder die Programme noch der Aufbau transparent. Die Gründung einer Partei wird dadurch erleichtert, daß nur zehn Personen als Gründungsmitglieder ausreichen, um die Zulassung zu erhalten.

Am Anfang der Parteigründungen in den letzten Jahren stand die Wiederbelebung alter politischer Traditionen aus dem Parteienspektrum der Vorkriegszeit; eine Tendenz, die sich besonders in den zahlreichen Neugründungen und Vereinigungen im »konservativen« oder »nationalen« Spektrum zeigte. Auf dem »nationalen« politischen Pol ist auch die älteste der neu gegründeten Parteien einzuordnen: die bereits 1979 in der Illegalität gegründete Konföderation Unabhängiges Polen (KPN). Diese Partei, die durch regelmäßige Verhaftungen ihres Anführers (Moculzki) Ziel staatlicher Repressionspolitik war, wählte bis in die jüngste Vergangenheit konspirative Handlungsweisen. Die Zahl der Mitglieder beträgt nach eigenen Angaben 40–50 000; eine Zahl, die zu hoch angesetzt erscheint. Die politischen Orientierungen im Umfeld von KPN lassen sich durch zwei Schwerpunkte kennzeichnen: Einmal sollten Wertorientierungen und Ziele der »Nationaldemokraten« aus der Vorkriegszeit (Roman Dmowski) aufgenommen werden. Dem entsprach der andere Schwerpunkt: »Unabhängigkeit« bildete die zentrale Forderung. Im Verlauf des Jahres 1989 zeigte sich, daß die einseitige und elitäre Ausrichtung von KPN modifiziert werden mußte. Mit dem Niedergang der alten monozentrischen Ordnung in Polen und dem Aufstieg der Solidarność zur Regierung verlor die Forderung nach nationaler Unabhängigkeit an Bedeutung. Das Ende des alten Systemgegensatzes verlangte auch von KPN eine Umorientierung: Für die Wahlen zum Sejm und Senat im Juni 1989 hatte KPN noch in einigen Städten Polens gegen das Bürgerkomitee Solidarność eigene Kandidaten aufgestellt, die aber alle erfolglos blieben. (Bei den jüngsten Kommunalwahlen errang KPN in Krakau 2 Sitze, in Lublin 6, in Lódź 12 Mandate, in Warschau und Danzig keines.)

Die *PPS* (Sozialistische Partei Polens) versteht sich nach dem Urteil ihrer Begründer als wiederbelebte Partei, die an die »große Rolle der sozialistischen Partei zwischen den beiden Weltkriegen« anzuknüpfen versucht. Die PPS entstand als Initiative von drei politischen Milieus: 1) einem Personenzirkel, der in Warschau mit der Herausgabe der Untergrundzeitschrift »Robotnik« engagiert war; 2) einer politischen Gruppe, die sich in Stettin gebildet hatte und 3) einer Initiative, die in Breslau um den ehemaligen Solidarność-Aktivisten J. Pinior bestand. Nach einem in drei Phasen unter konspirativen Handlungsbedingungen verlaufenen Gründungskongreß im November 1987, an dem ungefähr 40 Personen teilgenommen hatten, kam es bereits im Februar 1988 zu Abspaltungen. Die Gruppierung, die sich weiterhin PPS nennt und deren Vorsitzender J. J. Lipski ist, stuft sich selbst als sozialdemokratisch ein: »Wir sind Anhänger der Evolution und nicht der Revolution, als Weg zur Demokratie gemeint.«[21] Für die Wahlen zum Sejm und Senat im Juni 1989 kandidierten drei Mitglieder der PPS auf der Liste des »Bürgerkomitees Solidarność«; als Partei nahm die PPS jedoch nicht an den Wahlen teil. Für die Kommunalwahlen am 27. 5. 1990 kandidierte PPS in einigen Bezirken von Städten, ohne aber Erfolge zu haben. Programmatische Leitbilder, die für Wertvorstellungen einer sozialdemokratischen Position stehen sollen, sind eng an Ideen der sozialen Gerechtigkeit geknüpft.

In dieser Hinsicht ergeben sich auf den ersten Blick überraschende Parallelen zum Programm der »Partei der Arbeit« (Stronnictwo Pracy), einer Parteigründung, die an eine andere politische Traditionslinie aus der Vorkriegszeit Polens direkt anzuknüpfen versucht: die Tradition der Christlichen Demokraten, der »Arbeitsunion«. Nach den Worten eines Gründungsmitgliedes soll das Prinzip der sozialen Gerechtigkeit als ein Element für das politische Handeln bestimmend sein. In organisatorischer und programmatischer Hinsicht begreift sich die »Arbeitsunion« als Träger der Reaktivierung christlich-demokratischer Politik: »Christliche Demokratie führt politische Aktivität auf der Grundlage der christlichen und sozialen Lehre der Kirche. Wir wollen eine Partei der Laien, der in ihrer politischen Tätigkeit unabhängigen Menschen sein. Die Partei soll nicht nur für Katholiken oder Christen, sondern für alle Menschen offen sein.« Geprägt war die Partei anfangs 1989 von Milieus, die noch altersmäßig eine Kontinuität mit der früheren »Arbeitsunion« repräsentierten. Während der Wahlen zum Sejm im Juni 1989 kandidierten zwei Mitglieder der Christlichen Demokraten auf der Liste der Bürgerkomitees. Außerdem unternahm der Parteivorsitzende Sila-Nowicki den Versuch, individuell zu kandidieren. In der Phase vor und nach dem Kommunalwahlkampf ist die »Arbeitsunion«/Christlich-demokratische Partei im Bündnis mit anderen christlich-demokratischen Parteien/Gruppierungen weit von Ideen der »civil society«, des politischen Pluralismus *oder* der sozialen Gerechtigkeit abgerückt.

Unter den zahlreichen Parteigründungen des vergangenen Jahres nehmen die Nachfolgerin der Kommunistischen Partei, die »Sozialdemokratische Partei der Republik Polens« (SdRP) und die vereinigte »Bauernpartei« eine besondere Stellung ein. Die unterschiedlichen christlich-nationalen oder christlich-demokratischen Parteien konnten sich hingegen kaum profilieren. Wenn das Solidarność-Lager sich auflöst, könnten sich Parteien herausbilden, die eine andere programmatische und soziale Basis haben.[22] Nach programmatischen Stellungnahmen von Solidarność wird die Bildung von politischen Parteien in Polen zwar als »Ausdruck gesellschaftlicher Differenzierung«[23] anerkannt, die Gewerkschaft selbst werde jedoch keine Partei aufbauen. Die Zusammenarbeit mit Parteien, die ähnliche Ziele vertreten oder das Programm von Solidarność unterstützen, erscheint vorstellbar. Die individuelle

Kandidatur von Mitgliedern der Solidarność für politische Organisationen, die die Verwirklichung von Idealen der Gewerkschaft garantieren, wird ebenfalls unterstützt.

Es gibt Anhaltspunkte dafür, daß sich in den lokalen Bürgerkomitees eine Verbindung von politischen Stilen der persönlichen Betroffenheit und gemeinschaftlichen Handelns entwickelt; ein Stil, der an Erfahrungen informeller Gruppen anknüpft. In den politischen Parteien (mit Ausnahme vielleicht der PPS) wird dagegen häufig eine Orientierung an formalen Organisationsregeln und/oder ideologischen (Ersatz-)Profilen mit einer Distanz gegenüber Pluralismus und basisdemokratischen Prinzipien gewählt. Die Bürgerkomitees können als soziale Bewegungen neuen Typs aufgefaßt werden, die im Unterschied zu der Gewerkschaft Solidarność und den meisten Parteien zentrale Ideen der »civil society« in der veränderten politischen Umwelt Polens konkretisieren. Dazu zählen Annahmen wie Pluralismus, die Einsicht in die Konflikthaftigkeit von Interessenartikulation und die Wiederaneignung des kommunalen Raums für politische Beteiligung. »Öffentlichkeit herzustellen« als ein Element des kollektiven Handelns, scheint hierbei ein zentraler Stellenwert beigemessen zu werden. Für die alte Solidarność bildeten Ideen der »civil society« normative Idealansprüche, deren Einlösung im Programm der Gewerkschaft, in Vorschlägen zur territorialen und regionalen Selbstverwaltung[24] oder in den Klub-Initiativen für Selbstverwaltung 1981 häufig mit moralischen Argumentationen verknüpft wurden. Ein Grund hierfür war die Erfahrung der Konfrontation mit einer Staatsmacht, die demokratische *und* moralische Legitimationsprinzipien für Reformpolitik zu unterlaufen suchte. In der Phase der Untergrundtätigkeit hat Solidarność »hauptsächlich den moralischen Diskurs entwickelt«.[25] Unter Bedingungen konspirativen Handelns spielten Fragen der eindeutigen politischen Selbstdefinition und der persönlichen Berechenbarkeit die zentrale Rolle: »Wer ist mein Freund? Wem kann ich vertrauen?« Ideen der »civil society« erhielten als Wertorientierungen, als Konsensgrundlagen einen Stellenwert vor allem für Gruppierungen der Solidarność der Intelligenz. Für die Wahrnehmungsweise der Aktivisten und Anhänger der Arbeiter-Solidarność war dagegen eine moralische Konzeption der Gesellschaft typisch[26], die auf eindeutigen Unterscheidungen von »gut« – »böse« und personalisierenden Auffassungen des politischen Prozesses im Sinn von

Freund, Gegner oder »Verräter« beruhte. Erst mit der Bildung politischer Diskussions-Klubs gewannen diskursive Begründungsversuche für die politische Identität der Opposition/Solidarność wieder eine größere Bedeutung.

Klub-Mitglieder und Gewerkschaftsaktivisten umschreiben diese Veränderungen mit dem Hinweis auf die Chancen, die sich mit den politischen Klubs eröffneten: Man konnte sich an einem Ort treffen und kontroverse Meinungen austragen. Statt schriftlich geführter Kontroversen in der Untergrundpresse, die nur mit zeitlicher Verzögerung die Austragung von gegensätzlichen Meinungen erlaubte, konnten so Meinungsbildungsprozesse an öffentlich zugänglichen Orten eingeleitet werden. Das Medium des *mündlichen Diskurses* schien hierfür besonders geeignet: »Allerdings wollten wir eine eindeutige politische Selbstdefinition eher vermeiden. Wir haben geplant, daß wir sprechen und denken werden. Es ging uns mehr um die *zivile Gesellschaft und Solidarność in dieser Gesellschaft*, um die *pluralistischen Mechanismen.*« Der politische Diskurs sollte dabei mit verschiedenen Milieus unter Voraussetzungen der Offenheit für unterschiedliche Positionen geführt werden, wie derselbe Befragte anmerkt. Formen der Kompromißbildung und Fragen der Berechenbarkeit, Einüben von Toleranz und Konflikthaftigkeit – das sind Themen und Handlungsmaßstäbe des politischen Diskurses, der an neu gebildeten Kristallisationspunkten außerhalb des Spektrums von Solidarność als Gewerkschaft eingeleitet wurde. Es sind »issues«, die auf das Konzept der »Bürgergesellschaft« hindeuten. In der Übergangsphase, die mit den Rund-Tisch-Gesprächen und Wahlen im Sommer 1989 auch das politische Kräftefeld Polens beeinflußte, rückten auch Fragen der »civil society« in das Zentrum der öffentlichen Meinungsbildung – als Fragen nach den Bedingungen des gewandelten politischen Selbstverständnisses des Oppositions- und Solidarność-»Lagers«. Als ein Beispiel unter zahlreichen kann der folgende Kommentar angeführt werden. Im Leitartikel der ersten Ausgabe der wieder erscheinenden Wochenzeitung »Tygodnik Solidarność« heißt es: »Notwendig und wichtig ist nicht nur die Abschaffung des Schlechten, sondern auch der Aufbau der Zukunft. Bisher genügte der Widerspruch gegen den Totalitarismus. Jetzt muß man gesellschaftliche Strukturen der Demokratie herausbilden. Bisher redeten wir über die Notwendigkeit des Pluralismus. Jetzt muß man diesen Pluralismus praktizieren können.

Bisher richteten wir alles gegen die Gegner, jetzt müssen wir uns selbst an den Werten messen, für die wir uns einsetzen.«[27]

Walesas populistischer Stil und seine Betonung von Verdichtungssymbolen (»Eierköpfe«, »laikale Linke«, »Krypto-Kommunisten« u. a.)[28] in der Beurteilung des politischen Betriebes bedeuten einen Rückfall in Prozessen der öffentlichen Willensbildung in Polen. Sie appellieren an anti-institutionelle Haltungen, die unter den Anhängern der alten Solidarność verbreitet waren. Sie gründeten sich in der Auseinandersetzung mit dem monozentrischen politischen System in der Regel auf moralisch aufgeladene Wahrnehmungsweisen des politischen Geschehens; Sichtweisen, die heute für die Rahmenbedingungen des gesellschaftlichen Wandels in Polen unangemessen sind. Die entdifferenzierenden Auswirkungen der Konfrontationsrhetorik Walesas (»Regierung stürzen!«) und seiner Anhänger (Berater wie St. Kurowski) werden besonders deutlich, wenn man sie mit dem korporatistischen Politikverständnis vergleicht, das in den vergangenen Jahren entwickelt worden ist: einem Politikstil, für den Ideen der Übereinkunft und die Einsicht in die Konflikthaftigkeit des öffentlichen Lebens kennzeichnend waren. In diesem politischen Denken spielten Feindbilder und Mittel der dogmatischen politischen Sprache keine Rolle mehr. Im Gegenteil: Die Anerkennung des politischen Gegners als Repräsentanten einer anderen Position – ein zentrales Element im Konzept der »Bürgergesellschaft« – erlangte den Stellenwert eines normativen Idealanspruchs für die politische Kultur. Eng damit verknüpft waren Überlegungen, die für das neue politische Kräftefeld in Polen seit dem Sommer 1989 aktuell sind: Fragen nach der Wiederaneignung politischer Institutionen und des Staates als »Bürgerstaates«.[29]

7. Schlußbemerkungen

In einem Artikel von M. Boni, Vorsitzender der Solidarność-Region Warschau-Mazowsze, aus der Zeit vor der Regierungsbildung in Polen im August 1989 werden die wichtigsten Fragen bereits genannt, die gegenwärtig im Prozeß der Auflösung des alten Solidarność-»Lagers« sichtbar werden: »Die Kraft von Solidarność lag im Gemeinschaftsgefühl und in der Hoffnung...[30] Heute dagegen stehen über der Hoffnung und dem Gemeinschaftsgefühl »politisches Kalkül, Erfahrung des Kriegsrechts, Rollenteilung auf der Szene des *öffentlichen Lebens* sowie Konflikte und Ansprüche verschiedener Gruppen, die dem Geist von Solidarność erwachsen sind. Die *Ethosdimension* der Gewerkschaft, die einst edle Motive der Verteidigung der anderen nach dem Prinzip ›einer für alle, alle für einen‹ erweckte – diese Dimension ist jetzt kaum zu spüren. Das ist keine Lebensweise mehr, das ist einfach Handlungsinstrument, Mittel im politischen Spiel. Der Schein der Einheit ist noch da, die Zeichen der Zerstreuung sind aber unverkennbar«. In diesem Urteil werden die Pole bezeichnet, zwischen denen Solidarność und die Bürgerkomitees in der veränderten politischen Umwelt agieren: zwischen einem Politikstil, der eher Ausdrucksformen des Milieus betont, und Handlungsweisen, die auf der Ausdifferenzierung von Interessenpositionen und der Anerkennung der Konflikthaftigkeit des öffentlichen Lebens beruhen.

Diese beiden kennzeichnenden Pole treffen auch noch für die meisten politischen Parteien zu, die sich mit dem Niedergang des monozentrischen politischen Systems in Polen herausgebildet haben. Ein offenes Problem ist die zukünftige Entwicklung von neu gegründeten Partei-Initiativen aus dem Solidarność-Spektrum, wie des »Demokratischen Zentrums« (Walesa u. a.) und der »Bürgerbewegung – Demokratische Aktion« (Bujak, Frasyniuk u. a.). Im Umfeld beider Initiativen könnten »ideologische« Profile, politische Wertorientierungen und Interessenpositionen aufgenommen und transformiert werden, die bisher im politischen Kräftefeld Polens unbestimmt geblieben sind: das Spektrum »Mitte – Rechts« und die Pole »linksliberal«, »basisdemokratisch« bzw. »sozialdemokratisch«. Unter diesen Gesichtspunkten könnten die Spaltungen im »Bürgerkomitee bei Lech Walesa« und in der Bewegung der lokalen Bürgerkomitees auch als ein normaler Vorgang aufgefaßt werden: des Übergangs von einem monozentrischen politischen System – dem die alte Solidarność mit der Betonung von kollektiven Symbolen der anti-systemischen Mobilisierung stärker verhaftet war, als viele Akteure annahmen – zu einer polyzentrischen Gesellschaftsordnung in Polen. »Polyzentrismus« würde sich gerade danach bemessen, welcher Raum für Pluralismus und Interessenartikulation offen steht und welchen Einfluß unterschiedliche soziale Gruppen und Interessenverbände auf politische Entscheidungsprozesse erhalten. Polyzentrismus könnte nach dem Urteil von L. Kolarska-Bobinska und A. Rychard auch als Tendenz zur Einschränkung der Kontrollbestrebungen von politischen Autoritäten über die unterschiedlichen Bereiche des öffentlichen Lebens bestimmt werden.[31] Für Polen würde das auch auf eine Einschränkung der Machtorientierungen von neuen politischen Eliten hinauslaufen, die das Mittel von »Dekreten« (Walesa) als Grundlage »effektiver« politischer Entscheidungen gegenüber parlamentarischen Willensbildungsprozessen vorschlagen.

Anmerkungen

1 Mein Beitrag beruht auf einer Auswertung von Dokumenten, Themenschwerpunkten von Zeitschriften, Expertengesprächen und Interviews mit Akteuren aus den Bürgerkomitees Solidarność. Die Expertengespräche wurden im Verlauf des Jahres 1989 im Rahmen von Fallstudien über politische Klubs und Bürgerkomitees in Warschau durchgeführt, die offenen Interviews auf der Grundlage eines Gesprächsleitfadens in mehreren Phasen im Juni 1989, September und Oktober 1989 und im Mai 1990. M. Fedorowicz, B. Lewenstein, P. Swajcer, M. Prawda und ich führten die Interviews im Verlauf des Jahres 1989 durch, M. Prawda im Mai 1990 während des Kommunalwahlkampfes in Polen. Die Auswertung des empirischen Materials liegt in meiner Verantwortung. Alle Zitate im vorliegenden Beitrag sind Auszüge aus Interviews, soweit nicht anders gekennzeichnet. Marek Prawda habe ich für viele Anregungen und kritische Hinweise zu danken. Irek Bialecki hat mir ebenfalls in zahlreichen Gesprächen ein Verständnis von der Vorstellungswelt der neuen Akteure im Umkreis der Solidarność geboten. Seine Hilfe bei der Herstellung von organisatorischen Kontakten hat ebenso wie Marek Prawdas vielfältige Unterstützung zum Gelingen der empirischen Untersuchung beigetragen.
2 Vgl. St. Ossowski, Konzeptionen der sozialen Ordnung und Typen der Vorhersage, in: ders., Die Besonderheiten der Sozialwissenschaften, Frankfurt am Main 1973, S. 64–88; L. Kolarska-Bobinska/A. Rychard, Economy and Polity: Dynamics of Change, 1990 (Manuskript).
3 Interview in: Konfrontacje, 2/1988, S. 7.
4 Vgl. Tygodnik Powszechny v. 29. 12. 1988, S. 1 f.
5 Wiederzulassung der Solidarność, Wahlen zum Sejm und neu gebildeten Senat, Reform des politischen Systems u. a.

6 K. Dziewanowski, Mysliciel z niedzielnego telegrafu, in: Tygodnik Solidarność v. 21. 7. 1989.
7 K. Woycicki, Dysydenci i politcy. Pochwala stowarzyszen, in: Tygodnik Solidarność v. 21. 7. 1989.
8 J. Modlinger/P. Romaniuk, Komitety o swojej przyszlosci, in: Gazeta Wyborca v. 20. 6. 1989.
9 Die organisatorische Bedeutung der lokalen Bürgerkomitees kann durch einige Zahlen über aktive Mitglieder in Polen belegt werden: Für die Kommunalwahlen am 27. 5. 1990 kandidierten über 80 000 Mitglieder der Bürgerkomitees. Die Zahl der Mitglieder im ganzen Land dürfte sich nach Schätzungen auf ungefähr 300 000 belaufen (Angaben aus dem Expertengespräch mit J. Orzel vom 11. 5. 1990).
10 Vgl. auch das Programm des 2. Landeskongresses der Gewerkschaft Solidarność, in dem Forderungen nach territorialer Selbstverwaltung und lokaler Demokratie aufgenommen werden (Uchwala programowa II krajowego zjazdu delegatow NSZZ Solidarność, Gdansk 25. 4. 1990, in: Tygodnik Solidarność v. 11. 5. 1990 (Beilage).
11 Gespräche mit Jerzy Regulski, Wladza lokalna to jedna trzecia ustroju panstwa, in: Tygodnik Solidarność v. 18. 8. 1989.
12 Die Herausgabe einer eigenen Zeitung, die in der Regel nicht als Organ des Bürgerkomitees vorgestellt wird, steht auch im Mittelpunkt der Aktivität von Bürgerkomitees in anderen Stadtbezirken Warschaus, Danzigs und auch in kleineren Städten Polens.
13 Vgl. dazu: Edm. Wnuk-Lipinski, Social Dimorphism and Its Implications, in: J. Koralewicz u. a. (Hg.), Crisis and Transition – Polish Society in the 1980s, Oxford 1987, S. 166–176; S. Kowalski, Solidarność Polska, Warschau 1988.
14 Vgl. B. Klandersman/D. Oegema, Potentials, networks, motivations, and barriers: Steps toward participation in social movements, in: American Sociological Review, 52/1987, S. 519–531.
15 Vgl. die Programmpunkte der Initiative Klubs für eine selbstverwaltete Republik »Freiheit – Gerechtigkeit – Unabhängigkeit« von 1981, in: B. Büscher u. a. (Hg.), Solidarność, Köln 1983, S. 254 ff.
16 Gazeta Wyborca v. 31. 5. 1990.
17 So stellte sich zum Beispiel ein Kandidat des Bürgerkomitees Solidarność in Warschau-Zoliborz als von der Christlich-Nationalen Vereinigung »empfohlen« vor. In: Chomiezowka – gazeta miejska v. 6. 5. 1990, S. 7.
18 Vgl. die schriftliche Vorstellung der Kandidaten des Bürgerkomitees »S« für die Wahlen vom 4. und 18. 6. 1989 in Tygodnik Powszechny. Kandydaci komitetu obywatelskiego »Solidarność« i Lecha Walesa do Senatu i Sejmu, in: Tygodnik Powszechny v. 7. 5. 1989, S. 1–3.
19 Vgl. zur Einschätzung der Rolle der Stahlhütte Warschau auch den kurzen Artikel in der Stadtteilzeitung des Bürgerkomitees Solidarność.

Nadzieja dla Huty (Hoffnung für die Hütte), in: Goniec Zoliborski, Nr. 12 v. 3. 5. 1990, S. 3.

20 Vgl. Tygodnik Solidarność v. 13. 4. 1990, S. 15.

21 Polnische Gratwanderung. Gespräch mit Jan Jozef Lipski, in: Neue Gesellschaft / Frankfurter Hefte, 7/1989, S. 645.

22 Vgl. dazu: J. Holzer, Polens Weg aus dem Kommunismus, in: Aus Politik und Zeitgeschichte, B 12–13/1990 v. 16. 3. 1990, S. 26 ff.

23 Vgl. Uchwala programowa II. krajowego zjazdu delegatow NZSS Solidarność (Gdansk 25. 4. 1990), in: Tygodnik Solidarność v. 11. 5. 1990 (Beilage S. 4).

24 Vgl. das Interview mit J. Olszewski über Bedingungen der Wahlen zu den Gemeinde- und Stadträten, in: Tygodnik Solidarność v. 11. 12. 1989, S. 11.

25 I. Krzeminski, in: Tygodnik Solidarność v. 2. 6. 1989.

26 Siehe hierzu: S. Kowalski, Solidarność Polska, Warschau 1988, S. 50 und 55.

27 T. Mazowiecki, Wierność, in: Tygodnik Solidarność v. 2. 6. 1989, S. 1.

28 Zum Konzept der Verdichtungssymbole siehe M. Edelman, Politik als Ritual. Die symbolische Funktion staatlicher Institutionen und politischen Handelns, Frankfurt am Main 1979, S. 6, 9.

29 Vgl. dazu meinen Forschungsbericht über Fallstudien zur Rolle politischer Klubs in Warschau: H. Fehr, Dziekania – Eine Untersuchung des Beitrags politischer Klubs zur Entwicklung einer demokratischen Infrastruktur in Polen, Berlin, WZB-Mitteilungen (im Erscheinen).

30 M. Boni, Sierpien po sierpniach, in: Tygodnik Solidarność v. 25. 8. 1989.

31 L. Kolarska-Bobinska/A. Rychard, Economy and Polity: Dynamics of Change, 1990 (Manuskript), S. 2.

Vladimír Horský
Die samtene Revolution in der Tschechoslowakei[1]

Die Erhebung der Tschechen und Slowaken gegen das Regime, das ihnen nach der militärischen Intervention von 1968 oktroyiert worden war, vollzog sich unter denkbar günstigen exogenen Bedingungen. Die Gorbatschow-Führung hatte den Ländern Osteuropas freie Wahl des gesellschaftlichen Systems zugestanden. Die Geschehnisse in Polen, Ungarn und der DDR hatten gezeigt, daß die Zeiten militärischer Intervention vorbei waren. Diese Gewißheit war für das Volk, das sich im Prager Frühling weit vorgewagt hatte und dafür hart unterdrückt worden war, von erstrangiger Bedeutung.

Das Entstehen der Revolution in der ČSSR wurde besonders begünstigt durch den unmittelbar vorangegangenen Umbruch in der DDR. Mit der gestürzten SED-Altherrenriege verlor die alte Garde in der KPČ ihren gewichtigsten Gesinnungsgenossen und damit viel an Selbstsicherheit. Die Gesellschaft in der ČSSR schöpfte aus demselben Geschehnis neue Zuversicht. Angesichts des großen Exodus der DDR-Bevölkerung konnten die Prager hautnah erleben, daß ziviler Ungehorsam von Erfolg gekrönt werden kann: das harte SED-Regime gab mit der Bereitstellung zweier Züge in die Bundesrepublik den Forderungen der Ausreisewilligen nach. Noch stärker wirkten sich die Ereignisse nach dem Sturz des alten SED-Politbüros aus. Die vernichtende Kritik, die die neue SED-Führung an ihrer Vorgängerin übte und die in allen tschechoslowakischen Zeitungen nachzulesen war, betraf dieselben Herrschaftspraktiken, die auch in der ČSSR üblich waren und stellte daher eine Art Anklageliste gegen die Jakeš–Führung dar.

Die Deutschen in der DDR erbrachten aber vor allem den Nachweis, daß auch ein scheinbar stabiles kommunistisches Regime gestürzt werden kann. Zudem boten sie einen Anschauungsunterricht für das Procedere: Von unten her friedliche Massendemonstrationen, von oben her ein konzentrierter Druck seitens demokratisch gesinnter Gruppierungen, die – auf den Volkswillen gestützt – in einen Dialog mit den Machthabern treten und diese zum Einlenken bewegen. Diese in der DDR spontan erprobte Strategie wurde für die Tschechoslowaken, wenngleich nicht immer ganz bewußt, zu einer mächtigen Inspiration.

1. Oppositionelle Vorboten der Wende

Endogene Voraussetzungen für eine Wende waren schon seit längerem herangereift. Um das Wiedererwachen des Widerstandsgeistes machte sich vor allem die Charta 77 verdient, die sich im Anschluß an die KSZE-Helsinki-Konferenz als erste Initiative zum Schutz der Menschen- und Bürgerrechte bildete. Zwar erklärte sich die Charta nicht zur politischen Opposition und schlug der Regierung mehrfach einen konstruktiven Dialog vor, doch wurde sie im Zeichen der »Normalisierung« von Beginn an als staatsfeindlich betrachtet und waren ihre Mitglieder und Sympathisanten schweren Repressionen verschiedenster Art ausgesetzt.[2] Neben der Herausgabe einer Szamisdat-Zeitschrift, in der die Charta ihre Stellungnahmen dokumentierte und über ihre Tätigkeit berichtete, verfaßte sie an die 400 Erklärungen zu den gravierendsten Problemen der tschechoslowakischen Gesellschaft. Das von Charta-Unterzeichnern ebenfalls 1977 nach dem Vorbild des polnischen KOR gegründete »Komitee zur Verteidigung zu Unrecht Verfolgter« versuchte mit der Aufdeckung von Fällen, in denen Personen für ihre Meinungsäußerung strafrechtlich geahndet, gefangengehalten oder anderweitig zu Opfern polizeilicher und gerichtlicher Willkür wurden, eine konkrete Gegenöffentlichkeit zur staatlichen Repressions- und Manipulationsmaschinerie zu schaffen. In rund 800 Mitteilungen wies das Komitee auf die ungesetzliche Verfolgung Hunderter von Unschuldigen hin und leistete im Rahmen des Möglichen praktische Hilfe für die Betroffenen.

Mehr als ein Jahrzehnt blieb diese von nur einigen Hundert Personen getragene radikale Bürgeropposition indes von einer Gesellschaft weitgehend isoliert, die einerseits durch die »Wiederherstellung der Ordnung« nach 1968 eingeschüchtert war, deren Mitglieder andererseits verschiedene Überlebensstrategien und Anpassungswege eingeschlagen hatten, die Havel in seiner Vaněk-Trilogie so meisterhaft porträtiert hat. Erst als immer deutlicher wurde, daß die totalitäre Herrschaft einstiger Breschnew-Exponenten die ČSSR an den Rand einer schweren gesellschaftlichen Krise gebracht hatte, setzte ein Stimmungsumschwung ein, der sich zunächst in der Gründung einer Reihe neuer Oppositionsgruppen und Bürgerinitiativen manifestierte. Bemerkenswert war nicht allein deren Zahl, sondern die Vielfalt ihrer Träger sowie die Gleichzeitigkeit von programmatischen Forderungen nach tiefgreifender Demokratisierung der ČSSR und themenspezifischen Forderungen und Organisationsformen in den verschiedensten gesellschaftlichen Bereichen.[3]

Bereits im September 1987 richtete die Gruppe »Demokratische Initiative« einen Aufruf an die tschechoslowakische Bundesversammlung, in dem verlangt wurde, einen Demokratisierungsprozeß einzuleiten. Der Aufruf forderte die Auflösung des Nomenklatura-Systems, die Beseitigung der undemokratischen Gesetzgebung, die Abschaffung politischer und religiöser Diskriminierung sowie Informationsfreiheit. Etwa ein Jahr später wandte sich die »Bewegung für Bürgerfreiheit«, deren Koordinierungsausschuß vom Regime verfolgte Christdemokraten, Sozialdemokraten und ehemalige Reformkommunisten angehörten, mit dem Manifest »Demokratie für alle« an die tschechoslowakische Öffentlichkeit. Das Manifest enthielt ein geschlossenes Programm zur radikalen Umgestaltung der ČSSR, dessen Kernpunkte die Forderung nach politischem Pluralismus, nach Aufhebung des verfassungsrechtlichen Führungsanspruchs der Kommunistischen Partei und nach Einführung einer demokratischen Verfassung mit garantierten Bürgerrechten bildeten. Der von exponierten Reformkommunisten des Prager Frühlings gegründete »Club für sozialistische Umgestaltung« verlangte in einer Deklaration von Februar 1989 eine umfassende Demokratisierung des gesellschaftlichen Lebens sowie ein pluralistisches politisches System und verwarf ebenfalls die Führungsrolle der Kommunistischen Partei. Das im November 1988 konstituierte tschechoslowakische Helsinki-Komitee knüpfte mit aktuellem Bezug an die Tätigkeit der Charta 77 an. Die Zahl der Charta-Signataren selbst stieg von ursprünglich 242 auf 1575 im September 1989.

Bürgerinitiativen bildeten sich wie die meist aus jungen Leuten bestehende »Unabhängige Friedensgemeinschaft« – Initiative zur Entmilitarisierung der Gesellschaft, die die Verkürzung des Wehrdienstes und die Legalisierung eines Ersatzdienstes verlangte und Wehrdienstverweigerer verteidigte. Die »Initiative für soziale Verteidigung« engagierte sich gegen Willkür, Machtmißbrauch und Korruption im Alltag, gegen Berufsverbote aus politischen oder konfessionellen Gründen, gegen Diskriminierungen bei der Vergabe von Wohnungen, Ausbildungsplätzen oder Reisedokumenten. Ansprüche auf kulturelle Autonomie erhob im künstlerischen Bereich eine Gruppe wie das »Artforum« als Nachfolgerin der verbotenen »Jazz-Sektion«, im ethnischen Bereich der »Ausschuß für die Verteidigung von Rechten der ungarischen Minderheit« in der Südslowakei, der gegen die Entnationalisierungs- und Assimilierungsbestrebungen der tschechoslowakischen Behörden auftrat.

Die Erweiterung der Oppositionsbasis ging Hand in Hand mit der wachsenden Zahl derjenigen Bürger, die nach Jahrzehnten des Schweigens bereit waren, ihre Stimme zu erheben. Die jüngste Petition mit der Überschrift »Einige Sätze« wurde am 29. Juni 1989 der Presseagentur ČTK und anderen offiziellen Medien unterbreitet. Darin wurde die Überzeugung geäußert, der einzig mögliche Ausweg aus der bestehenden Sackgasse sei ein echter Dialog. Obwohl die Machthaber sofort ein propagandistisches Trommelfeuer eröffneten und die Initiatoren in die Nähe von Terroristen rückten, schlossen sich der nur im Untergrund kursierenden Petition bis zum 24. August 1989 bereits 20 191 tschechoslowakische Bürger an. Unter den Unterschriften befanden sich Namen hervorragender, meist in offiziellen staatlichen Institutionen tätiger Wissenschaftler, Schauspieler, Künstler usw. Nichts zeigte deutlicher, wie weit die Isolierung des Regimes in Kreisen der Intelligenz des Landes bereits fortgeschritten war.

2. Massenprotest und Sturz des Regimes

Der 17. November wurde zu dem Tag, an dem die Stärkung der Opposition in einen Massenprotest mündete, der von den Prager Studenten ausging und über eine Serie immer mächtigerer Demonstrationen bis hin zum Generalstreik das Ende des Regimes einläutete. Zum Initialzünder der Wende wurde eine vornehmlich von Studenten getragene Gedenkfeier zum 50. Jahrestag der Hinrichtung von neun Prager Studenten und der Schließung der tschechoslowakischen Hochschulen durch die deutsche Besatzungsmacht. Sie weitete sich alsbald zur politischen Kundgebung gegen das Regime aus und wurde mit schließlich 50 000 Teilnehmern zur größten Demonstration seit 1969. Was das weitere Geschehen eskalieren ließ, war die Brutalität der Polizei, die in einem Kesseltreiben gegen etwa 5000 noch verbliebene Demonstranten vorging und viele von ihnen verletzte. Das Gerücht vom Tod eines Studenten, das sich später als falsch herausstellte, entfachte einerseits die Empörung der Regimegegner weiter; andererseits versuchten die Mächtigen es zur Diskreditierung der Opposition auszunutzen, der sie unterstellten, sie schrecke vor der Anwendung perfidester Mittel nicht zurück. Bereits eine Woche später bezeichneten Mitglieder des Zentralkomitees der Kommunistischen Partei den Polizeieinsatz als »Fehler«. Von ihm sollte sich das Regime nicht mehr erholen. Nicht nur wurde das Solidaritätsgefühl gestärkt, sondern auch das Bewußtsein von der Unerträglichkeit der Zustände geschärft.

Als erste handelten Menschen aus der Prager Theaterszene. Studenten der Theaterakademie der musischen Künste riefen einen einwöchigen Proteststreik aus, den prominente Theaterleute unterstützten. Anstelle von Theatervorstellungen sollte mit den Zuschauern über die Zustände im Lande diskutiert werden. Ähnlich wie das Streikkomitee der Prager Hochschulen, riefen auch sie für den 27. November zu einem zweistündigen Generalstreik auf.

In der Nacht vom 19. auf den 20. November konstituierte sich hauptsächlich auf Initiative der Chartisten in einem Prager Theater das Bürgerforum, in dem sich alle namhaften Oppositionsgruppen und anderen Strömungen zusammenschlossen. Das Bürgerforum sollte schnell zum strategischen Kopf der Revolution werden. Es unterstützte die Forderungen nach der Einsetzung einer Untersuchungskommission zur Klärung des Polizeiverhaltens, nach dem Rücktritt der dafür direkt politisch Verantwortlichen und nach einem Generalstreik. Darüber hinaus verlangte das Bürgerforum die unverzügliche Freilassung aller Gewissensgefangenen und rückte die Forderung ins Zentrum, die auf den politischen Nerv des Regimes zielte:

»Augenblicklicher Rücktritt jener Mitglieder des Präsidiums der KPČ, die sich an der Vorbereitung der Intervention der fünf Staaten des Warschauer Pakts 1968 aktiv beteiligten und die für die Jahre der Krise in allen Bereichen des gesellschaftlichen Lebens verantwortlich sind. Dies betrifft Gustáv Husák, Miloš Jakeš, Jan Fojtík, Miloslav Zavadil, Karel Hoffmann und Alois Indra. Die ruinöse Politik dieser Leute, die jedweden demokratischen Dialog mit der Gesellschaft jahrelang verwarfen, führte unweigerlich zu den furchtbaren Ereignissen der jüngsten Tage.«[4]

Die Hauptstoßrichtung gegen die Stützen des Regimes war politisch und psychologisch gut gewählt: Angehörige der alten Garde trugen das Odium nationaler Verräter, genossen selbst bei Parteimitgliedern kaum Sympathien und standen zudem den aufstrebenden Parteiapparatschiki der jüngeren Generation im Wege. Käme dieser eigentliche Machtkern ins Wanken, würde das gesamte Herrschaftssystem seinen Halt verlieren.

A und O des Erfolgs waren indes ein hinreichender Druck von unten, also Fortschritte bei der Massenmobilisierung, um möglichst vielen Bürgern die Zuversicht zu geben, daß die erhoffte Wende tatsächlich und gerade jetzt eingeleitet werden kann, wenn man nur Zivilcourage an den Tag legt und sich gegen das Regime massiv auflehnt. Als wichtigste Zielgruppe galt die Arbeiterschaft, wichtig war jedoch auch der Einsatz in der Provinz, wo die meisten Menschen anfangs von den dramatischen Prager Geschehnissen nur wenig oder gar nichts wußten. Eine entscheidende Rolle bei dieser Mobilisierung spielten einerseits die Künstler, denen ihre Popularität zugute kam, andererseits die Studenten, die durch ihre moralische Integrität und ihren jugendlichen Enthusiasmus überzeugten. Sie verteilten überall in Prag u. a. den folgenden hektographierten Text:

Arbeiter, Kameraden! Wir möchten mit Euch sprechen! Wir brauchen Euch! Wie aber, wenn sie uns nicht zu Euch in die Fabriken reinlassen wollen? Ihr werdet durch die Einheiten der Volksmiliz und der Betriebswache in einer unwürdigen Isolation gehalten. Wir dürfen nicht herein, Ihr dürft nichts wissen. Wir wollen Euch mittels Augenzeugen über die Ereignisse des 17. November informieren, damit Ihr versteht, warum wir den Generalstreik am 27. November von 12–14 Uhr fordern. Wir brauchen Euch bei dem Streik! Wir brauchen gerade Euch am meisten von allen und wie nie zuvor! Wir rufen S.O.S. Es geht um eine gemeinsame Zukunft von uns allen. Wir brauchen nicht nur einzelne, sondern ganze Betriebe, ganze Fabriken! Laßt Euch nicht unter Verschluß halten! Kommt zu uns, um zu diskutieren und um mit uns Vereinbarungen zu treffen. Wohin? An jede beliebige Fakultät, 24 Stunden täglich. Wir vertrauen Euch. – Das Streikkomitee der Prager Hochschulen.

Die Studenten trugen zweifellos dazu bei, daß immer mehr Belegschaften ihre Teilnahme an dem Generalstreik zusicherten. So konnte das Streikkomitee der Prager Hochschulen stolz verkünden: »Zum 24. November 1989 gehen 1642 Staatsbetriebe, Genossenschaften und weitere Institutionen mit uns in den Streik.«

Unter dem Druck der Ereignisse begannen auch die zuvor gegängelten Massenmedien erstmals seit 1969 wieder wahrheitsgetreu zu berichten. Den Anfang machten die Zeitungen, später wurden Rundfunk und Fernsehen zum mächtigen Katalysator der Massenbewegung. Diese schritt mittlerweile unaufhaltsam voran. Am 19. November versammelten sich trotz Angst vor neuerlichen gewalttätigen Polizeieinsätzen am Prager Wenzelsplatz wiederum 50000 Menschen. Am nächsten Tag waren es weit mehr als 150000. Damit war der »point of no return« überschritten, nachdem es so gut wie unmöglich war, willfährige Ordnungskräfte mit Aussicht auf Erfolg zur Niederschlagung des friedlichen Volksaufstandes einzusetzen.

Als die Bevölkerung ihre Macht einmal verspürte, steigerte sie sich in einen wahren Demonstrationsrausch hinein. Es folgten vier weitere Massenkundgebungen mit jeweils weit über 100000 Teilnehmern. Eine neue Qualität nahmen Kundgebungen am darauffolgenden Wochenende an, als die Revolution ihren de facto ausschlaggebenden Erfolg feiern konnte: den Rücktritt der einst so mächtigen alten Parteigarde. An beiden Tagen gab es auf dem größten (Exerzier-)Platz der Hauptstadt Kundgebungen von über je einer halben Million Teilnehmer. So etwas hatte Prag in seiner ganzen Geschichte noch nicht erlebt. Diese Kundgebungen bildeten zugleich den Auftakt zum zweistündigen Generalstreik des 27. November, an dem zwischen fünf und sieben Millionen Menschen teilgenommen haben sollen. Dieser wurde zum Volksentscheid für ein demokratisches System. Danach bedurfte es keiner weiteren Straßenaktionen mehr. Während der vorangegangenen Tage hatte das Bürgerforum, von Bevölkerungsmassen unterstützt, alle ursprünglich gestellten und dann beständig forcierten Forderungen entweder bereits durchsetzen können oder war dabei, ihre Erfüllung ohne nennenswerten Widerstand in die Wege zu leiten. In den Vordergrund rückte jetzt ein Forderungsbündel, das den »Programmatischen Grundsätzen des Bürgerforums« entsprach – einem Dokument, das der Öffentlichkeit noch am Vorabend des Generalstreiks vorgelegt wurde und dessen Zweck es war, den Weg zur rechtsstaatlich gesicherten pluralistischen Demokratie freizumachen:

- Streichung des kommunistischen Machtmonopols in der Verfassung,
- politische Generalamnestie und Strafrechtsrevision,
- neue Gesetze mit Garantien für die Versammlungs-, Vereinigungs- und Pressefreiheit,
- Rücktritt des kompromittierten Staatsoberhauptes und Wahl eines neuen Staatspräsidenten,
- Ernennung einer fachlich qualifizierten Regierung,
- Ausschreibung freier Wahlen und deren Abhaltung bis Mitte 1990.

Auch diese Forderungen wurden noch im Laufe des Dezembers erfüllt beziehungsweise wurde ihre Erfüllung in die Wege geleitet.

3. Hilflose Abwehrversuche des Regimes

Der rasante Siegeszug der Opposition könnte den Eindruck erwecken, das Regime habe ziemlich kampflos kapituliert. Das war nicht so. Doch fehlten den verlogenen Klischees und abgedroschenen Parolen aus der Mottenkiste der Macht nicht nur jede argumentative Überzeugungskraft, sondern auch der längst vergangene Fanatismus früherer Ideologen. Natürlich wurden alle akuten Forderungen nach dem 17. November erst einmal abgelehnt. Der angekündigte Generalstreik wurde als völlig unbegründet und als volkswirtschaftlich verheerende Maßnahme hingestellt. Die Oppositionellen wurden als »antisozialistische Hasardeure« verunglimpft und die vermeintlichen eigenen Anhänger, vor allem die Arbeiter, zum »Schutz des Sozialismus« aufgerufen. Die Ordnungswächter der »Normalisierung« warnten vor »Unordnung und Chaos«. Die Verantwortungslosen an der Macht riefen zur »Bürgerverantwortung« auf. Schon auf dem Rückzug reklamierten sie, daß der »Dialog« sich nicht auf der Straße führen ließe, die Rückkehr der Streikenden an ihre Studien- und Arbeitsplätze die Voraussetzung sei, um alle Probleme zu lösen. Von »Anarchie« und »gesellschaftlicher Zerrüttung« war ebenso abgestanden die Rede wie davon, daß die »Sache des arbeitenden Menschen, der Sozialismus« auf dem Spiel stehe. Hartgesottene beschworen »die Gefahr der Provokation unterschiedlichster Kräfte inklusive kriminalisierter Elemente« und kamen mit dem scheinheiligen Appell: »Wehren wir gemeinsam eine Tragödie ab.«

Zu der eigentlichen Tragödie, nämlich der nochmaligen gewaltsamen Unterdrückung des Volksaufstandes, kam es nicht. Auch wenn neostalinistisch gesinnte Parteikader sich noch eine Zeitlang die Option auf Gewalt offenhielten und die tschechoslowakische Generalität kundtat, die »Bemühungen des ZK zur Wiederherstellung von Ruhe und Ordnung zu unterstützen«, blieb es bei Drohgebärden und Einschüchterungsversuchen.

Binnen kürzester Zeit fielen auch die langjährigen »Verbündeten« von der KPČ ab, was deren rasanten Autoritätsverlust im eigenen Lager und das Ende ihrer »führenden Rolle« selbst hier signalisierte. Die Versuche zur Mobilisierung der »Nationalen Front«, der Dachorganisation aller politischen Parteien und bedeutenden Organisationen, fielen mager aus, bevor ihre einzelnen Bestandteile auf Distanz zur KPČ gingen und sich dem Bürgerforum annäherten. Der Generalsekretär der Sozialistischen Blockpartei scherte als erster aus der Reihe aus und nahm an der konstituierenden Sitzung des Bürgerforums teil. Auch die übrigen »Blockflöten« zeigten anfangs bestenfalls bedingte Regimetreue, um sich dann zunehmend der Opposition zuzuwenden. Der staatliche Jugendverband stellte sich bereits direkt nach dem 17. November auf die Seite der Studenten. Für Überraschung und Empörung sorgte lediglich die Stellungnahme des Komitees des Schriftstellerverbandes, das sich im Prinzip zugunsten des Regimes und dezidiert gegen den Generalstreik aussprach. Dieser beschämende Vorgang hatte in der ganzen Geschichte tschechischer und slowakischer Schriftsteller, die im Prager Frühling eine überragende Rolle gespielt hatten, kaum ein Präzedenz.

Einen parteigetreuen Aufruf gegen den Generalstreik verfaßte nur noch die Gewerkschaftsführung. Tatsächlich fand die Idee eines zweistündigen Generalstreiks in der Industriearbeiterschaft anfangs wenig Zustimmung; in vielen Betriebskollektiven blieb sie bis zuletzt umstritten. Letzten Endes aber sollten es gerade die Arbeiter sein, die das Schicksal der Macht, die sich auf sie berief, besiegeln halfen. Typisch dürfte die Stimmung gewesen sein, die dem Prager Parteichef Štěpán entgegenschlug, als er am 23. November in das größte Prager Maschinenkombinat ČKD eilte, um von ausgewählten Arbeitern Unterstützung für den Parteikurs zu finden. In erster Linie ging es darum, eine Abwehrfront gegen den von den Studenten initiierten Generalstreik aufzubauen. Vor den scheinbar treuesten Gefolgsleuten versuchte er, diese Forderung ins Lächerliche zu ziehen, indem er arrogant verkündete: »Wir lassen uns doch nicht von 15jährigen Kindern vorschreiben, was wir zu machen haben.« Plötzlich erscholl völlig unerwartet ein Arbeitersprechchor: »Wir sind keine Kinder. Wir sind keine Kinder.« Diese Reaktion brachte Štěpán außer Fassung. Für einen Augenblick wandte er sich ratlos vom Mikrophon ab, um dann irritiert fortzusetzen: »Aber Genossen, da haben Sie mich falsch verstanden.« Als Antwort darauf kam ein Pfeifkonzert, das von einem weiteren Sprechchor übertönt wurde: »Demission, Demission, Demission«. Diese bemerkenswerte Szene brach dem Prager Parteichef das Genick. Sie erschien auch in einer Fernsehreportage und somit vor den Augen von Millionen Zuschauern. Und da Štěpán als Vertreter der obersten Parteiführung auftrat, verstand man den Ruf nach seiner Demission als einen Ruf nach dem Rücktritt der Parteispitze schlechthin – ein Ruf, der nun ausgerechnet von Angehörigen der Arbeiterschaft kam, in die das ums Überleben ringende Regime seine letzte Hoffnung gesetzt hatte.

Nun überschlugen sich die Ereignisse. Gleich am darauffolgenden Abend gab Parteichef Jakeš im Laufe einer außerordentlichen ZK-Sitzung bekannt, die gesamte Führungsgruppe stelle ihre Ämter zur Verfügung. Die alte Garde der Neostalinisten wurde also bereits eine Woche nach der auslösenden studentischen Massenkundgebung abgewählt, die übrigen »hardliner« an der Spitze verloren ihre Ämter zwei Tage später. Rasanter und ungeschminkter als anderswo erfolgte auch die Abrechnung mit den Hauptverantwortlichen. Hatte seinerzeit die ungarische Schwesterpartei ihren gestürzten Chef Kádár noch rücksichtsvoll zum Ehrenpräsidenten gekürt, hatte die SED ihren abgehalfterten Honecker mit hohem Lob und viel Anerkennung verabschiedet, und hatte die bulgarische KP ihren Schiwkow für seinen »langen selbstlosen Dienst für Partei und Volk« gedankt, so verschwand Parteichef Jakeš ohne ein einziges Dankeswort in der Versenkung. Die grundlegend erneuerte Führung erklärte ihre feste Absicht, die Ziele der Partei nur noch »im Rahmen der Demokratie« verfolgen zu wollen. Ob der damit demonstrierte Bruch mit der totalitären Vergangenheit ein Wechsel auf die politische Zukunft der KPČ ist, bleibt indes fraglich.

Denkbar schnell ging auch die Veränderung der Staatsorgane vor sich. Nach der Bildung einer »Regierung der nationalen Verständigung« unter Čalfa mit nicht-kommunistischer Mehrheit, wurden noch im Dezember Havel statt Husák zum Staatspräsidenten und Dubček zum Parlamentspräsidenten gewählt.

Durch diesen doppelten Amtswechsel wurde der zuvor bereits faktisch erfolgte Machtübergang auch institutionell vollzogen. Die letzte Domäne der Konservativen, das Parlament, leistete gegen den neuen Kurs keinen nennenswerten Widerstand. Einstimmig strich es die führende Rolle der KP aus der Verfassung, hob jegliche Einschränkungen der Bürgerfreiheiten auf und vollzog die Wahl von Dubček und Havel.

Der letztgenannte Vorgang war paradigmatisch nicht nur für die blitzschnelle Umkehrung der Machtverhältnisse, sondern auch für die ins Gegenteil verkehrte Rolle entscheidender Akteure. Die Menschen, die zuvor an den Rand der Gesellschaft gedrängt, mit Berufsverboten belegt, jahrelang gedemütigt, durch Propaganda verleumdet, von Sicherheitsagenten immer wieder zu Verhören geschleppt, meist strafrechtlich verfolgt oder gar für lange Jahre ins Gefängnis geworfen worden waren, wurden nun zu führenden, mit höchster moralischer Autorität ausgestatteten Repräsentanten der neuen Politik. Diejenigen dagegen, die das Schicksal dieser Menschen und des gesamten Volkes selbstherrlich in dem Glauben bestimmt hatten, sie seien in ihren Machtpositionen unantastbar, verschwanden innerhalb weniger Tage von der Bühne – mit der Aussicht, sich für ihre Untaten eventuell auch vor Gericht verantworten zu müssen.

Diese Umkehrung trägt gelegentlich symbolträchtige Züge. So wurde Alexander Dubček von den Pragern am Wenzelsplatz an demselben Tag mit Ovationen empfangen, an dem im Zuge des an der Stadtperipherie tagenden ZK seine ehemaligen Widersacher und Verfolger sang- und klanglos ihre Ämter verloren. Dubček kam – Husák, Jakeš, Indra, Hoffmann sowie Fojtík gingen. Kurze Zeit danach kehrte Dubček auf denselben Posten zurück – den des Parlamentspräsidenten – von dem er durch die Breschnew-Exponenten im November 1969 vertrieben worden war.

Nicht weniger symbolträchtig waren die Umstände des personellen Wechsels im Amt des Staatspräsidenten. Der Rücktritt Husáks erfolgte am Tag der Menschenrechte, die unter seiner Herrschaft zwei Jahrzehnte lang mit Füßen getreten worden waren. Noch im selben Monat bezog in Gestalt von Václav Havel der Mann die Prager Burg, der sich im Kampf um die Menschenrechte in der Tschechoslowakei wie kein anderer hervorgetan hatte. Die

Revolution machte also den verfemten Dissidenten zum Parlamentspräsidenten und den einstigen Staatsfeind zum Staatsoberhaupt. Indem es die Havel verfolgenden Kommunisten waren, die seinen Weg zum Staatspräsidenten freimachten und vollzogen, spielte sich auf der Prager Bühne eine Art absurdes Theater ab, wie es selbst diesem weltbekannten Meister eines verwandten Genres kaum grotesker hätte einfallen können.

4. Triebkräfte, Werte und Charakter der Revolution

Die erstaunliche Geschwindigkeit und makellose Bilanz der Revolution werfen Fragen nach deren Akteuren, ihrem Wertesystem und dem Charakter der Revolution auf.

Vorkämpferin und treibende Kraft der Revolution war die tschechoslowakische Jugend im allgemeinen und ihr studentisches Segment im besonderen. Václav Havel prägte dafür seinerzeit den Begriff einer »Revolution der Kinder«. Damit waren nicht etwa Minderjährige gemeint, sondern die Nachkommen der Generation, die durch Demütigungen, Erpressungen und Verfolgungen der sogenannten »Normalisierungsperiode« dermaßen eingeschüchtert worden war, daß sie zur Revolte keine Kraft mehr fand. Es waren hauptsächlich Angehörige der jüngeren Generation – Schüler, Studenten und Arbeiter zwischen etwa 15 und 30 Jahren – die das Regime mit ihren Forderungen konfrontierten und die für ihre Ideale bereits vor dem 17. November 1989, anläßlich bedeutender Gedenktage, auf die Straße gingen. Der Aufruhr machte sich selbst innerhalb des offiziellen Jugendverbandes bemerkbar, wo bereits vor dem 17. November bei der Gesamtstaatlichen Konferenz Stimmen nach völliger Unabhängigkeit gegenüber der KPČ laut wurden.

Den aktivsten Teil der jungen Generation bildete die Studentenschaft, die jahrelang genauso wie die Gesamtbevölkerung eher apathisch und unpolitisch wirkte, bevor sie in den Novembertagen in die Rolle einer revolutionären Avantgarde hineinwuchs. Prager Hochschulstudenten machten den Kern der Demonstranten am 17. November aus. Unmittelbar danach traten sie in einen Besetzungsstreik mit dem erklärten Ziel, dadurch eine grundlegende politische Wende einzuleiten. Die Studenten schufen in Windeseile eine ganze Struktur von Streikorganen, von Fakultätskomitees bis zu einem gesamtstaatlichen Koordinierungskomitee. Indem sie sich das Programm des Bürgerforums zu eigen machten, wurden sie zu dessen Bestandteil. Dort vereinte sich ihr Enthusiasmus und ihre politische Spontaneität mit der der moralischen Kraft und politischen Erfahrung der Dissidenz.

Die von den Studenten eingeleitete Initiative zum Generalstreik des 27. November erschien damals wie ein Vabanquespiel: wäre der Streik an einer geringen Teilnahme der Arbeiter gescheitert, so hätte dies dem Regime eine legitimierende Trumpfkarte in die Hand gedrückt, mit unabsehbaren Folgen für die Initiatoren und die gesamte Gesellschaft. Die Studenten beließen es allerdings nicht bei riskanten Proklamationen, sondern waren selbst mit aller Kraft bestrebt, ihre Forderungen durchzusetzen und den Generalstreik zum überragenden Erfolg zu bringen. Dies gelang ihnen in einem Maß, das alle Erwartungen übertraf. Die studentischen Streikkomitees entsandten Aktivisten sowohl in umliegende Betriebe als auch in die jeweiligen Wohn- beziehungsweise Geburtsorte der Studenten. Diese Fahrten aufs Land wurden mit beispielloser Kraft und bemerkenswertem Organisationstalent durchgeführt. Eine ungefähre Vorstellung darüber gibt ein Dokument, das von dem studentischen Streikkomitee der Naturwissenschaftlichen Fakultät der Karls-Universität in Prag zum 30. November erarbeitet wurde. In ihm werden alle besuchten Betriebe aufgeführt und die Haltung der einzelnen Belegschaften notiert. Daraus ergibt sich folgende Statistik: Besucht wurden 137 Betriebe aller Art, darunter etwas über die Hälfte (76) außerhalb Prags. In 34 Betrieben rief die Initiative zum Generalstreik ein negatives oder verlegenes, in 103 Betrieben ein positives Echo hervor.

Die stärkste materielle Waffe der Studenten waren Videokassetten mit authentischen Aufnahmen der Polizeibrutalität am 17. November. Diese teils von Ordnungskräften selbst angefertigten und von Studenten massenhaft kopierten Aufnahmen wurden auch den Kommilitonen außerhalb Prags zugesandt, gelegentlich sogar per Flugzeug übermittelt. Dieselben Bilder liefen auch vor den Augen der Passanten an verschiedenen Orten vieler Städte ab – insbesondere in Schaufenstern von Straßenläden – und sorgten für Empörung und Aufruhr.

Viele der studentischen Aktivitäten verrieten einen vorzüglichen politischen Instinkt. Nach dem Ablauf des ursprünglich auf eine Woche begrenzten Streiks, faßten Studenten den Beschluß, ihn fortzusetzen. In einer entsprechenden Erklärung gingen sie Punkt für Punkt ihren ursprünglichen Forderungskatalog durch und verwiesen auf die noch nicht erfüllten Punkte. In anderen Flugblättern wurden die Bürger über ihre verfassungsmäßigen Rechte aufgeklärt und darüber informiert, wie man bei möglicher Abberufung von Abgeordneten prozediert. Ihre politische Reife zeigte sich unter anderem darin, daß sie sich jeglicher antikommunistischer und antisowjetischer Proklamationen enthielten.

Studenten gehörten schließlich zu denen, die auf unzähligen Plakaten und Transparenten die treffendsten Parolen und die zündendsten Losungen zum Aufruhr beisteuerten[5]:
– »Freiheit!« – »Demokratie!« – »Freie Wahlen!«
– »Wahrheit über unsere Geschichte«
– »Wir wollen die Wahrheit hören«
– »Schafft die Armee ab« – »Ersatzwehrdienst«
– »Schafft die Volksmilizen ab« – »Werft die Knüppel weg«
– »Reine Luft – reine Regierung«

Anspielungen auf die sowjetische Entwicklung unter Gorbatschow fanden sich ebenso unter den Parolen wie Appelle an die Zivilcourage:
– »UdSSR – endlich unser Vorbild«
– »Wer, wenn nicht wir; wann, wenn nicht jetzt« (Zitat Gorbatschows anläßlich seines Treffens mit sowjetischen Schriftstellern im Juni 1986)
– »Sprechen wir die Wahrheit, bricht die Lüge zusammen«
– »Nur dann können wir Demokratie erreichen, wenn wir handeln als ob es sie schon gäbe.«

»Godot ist gekommen« – hieß es auf einem der Anschläge lapidar und staunend. Ist er aber gekommen, dann nur deshalb, weil die Studenten nicht mehr gewillt waren zu warten, sondern sich entschlossen, eigenständig zu handeln. Sie taten es mit Mut und Zivilcourage, mit Kraft und Energie, mit Intelligenz und politischem Instinkt, mit Herz und Humor. Mit diesen Waffen hatten sie die bewaffnete Macht irritiert und Gleichgesinnte ermutigt, ihrem Beispiel zu folgen. Václav Havel stellte daher folgerichtig fest: »Die Gesellschaft dieses Landes hat es den Studenten zu verdanken, daß sie nach 20 Jahren tiefer Krise wieder in die Geschichte zurückgekehrt ist.«[6]

Den Studenten folgten als erste und von Beginn an die Prager Theaterkünstler. Wochenlang und vor meist überfüllten Häusern organisierten sie statt regulärer Vorstellungen Auftritte zur aktuellen Lage, um das Publikum zu politisieren. »Nacht für Nacht wurde bis vier Uhr früh in den Theatern erörtert, wie die Macht der grauen alten Männer zu brechen sei, wurden Aufrufe, Gedichte, Lieder vorgetragen« – so charakterisierte ein Prager Korrespondent diese Darbietungen.[7] Die Schauspieler engagierten sich auch im Rahmen des Bürgerforums, bei den Aufklärungsaktionen unter den Betriebsbelegschaften und bei den Demonstrationen am Wenzelsplatz. Ihre verhältnismäßig kleine Zahl stand in keinem Verhältnis zu ihrer tatsächlichen Wirkung auf die Bevölkerung, die manche »ihrer« Schauspieler über alles mochte und bewunderte. Zu den Theaterleuten gesellten sich bekannte Musiker, populäre Liedermacher und schließlich beinahe die gesamte Kulturgemeinde. Die Revolution wurde damit um eine kulturelle Dimension bereichert, was in der Tradition dieser Völker lag, die über lange Abschnitte ihrer Geschichte hinweg um die Aufrechterhaltung ihrer nationalen Existenz und kulturellen Eigenart hatten ringen müssen.

Über den Ausgang des Kampfes entschied jedoch keine einzelne Schicht oder Gruppe, sondern das Volk schlechthin. Seine Teilnahme äußerte sich in mannigfaltigen Formen und schloß alle Generationen und Interessengruppen ein. Die gesamte zivile Gesellschaft politisierte sich. So las man auf einem Plakat, das im Prager Stadtzentrum hing und von allen Schülern der Klassen a, b und c einer Grundschule in Krakelschrift unterschrieben wurde: »Studenten, auf uns könnt ihr zählen. Wir sind vielleicht klein, aber nicht blöd!«[8] Als am 24. November die Eishockeymannschaften von »Sparta Prag« und »Škoda Pilsen« bei der Begrüßung der Zuschauer bekanntgaben, daß sie sich einmütig dem Streikaufruf der Prager Studenten angeschlossen hätten und das Spiel vertagt werde, quittierte das sporthungrige Prager Publikum diese Entscheidung mit Beifall. Bei dem Treffen mit Freunden und Verwandten derjenigen, die nach vielen Exiljahren ihr Land noch vor dem endgültigen Ausgang der Konfrontation besuchen konnten, drehte sich alles um Politik, blieb wenig Platz für Privates. Millionen verschlangen tagtäglich die neuesten politischen Berichte in Rundfunk und Fernsehen.

Wie ist es zu erklären, daß dieselben Arbeiter- und übrigen Volksschichten, die so apathisch schienen, vielfach demoralisiert waren und vor Neuerungen Angst hatten, sich in Windeseile den

Ideen von Freiheit und Demokratie anschlossen und hierfür ihr ganzes Gewicht in die Waagschale warfen? Die einzig plausible Erklärung dürfte darin liegen, daß diese Ideen, wenn nicht schon der »Natur der Menschen«, so doch den Bedürfnissen der zivilisierten und kulturell entwickelten Völker entsprechen und auf diese eine tiefe Anziehungskraft ausüben. Gilt dies, wie es die heutigen Umwälzungen in Mittel- und Osteuropa überaus deutlich vor Augen führen, fast allgemein, so um so mehr für die Völker der Tschechoslowakei mit ihrer spezifischen Geschichte und ihrem in mancher Hinsicht einzigartigen Wertesystem.

Zdeněk Mlynář, ein ehemaliger Reformkommunist und einer der späteren Unterzeichner der Charta 77, warf schon 1975 in seinem Buch »Nachtfrost« die Frage auf, warum dasselbe Volk, das nach der kommunistischen Machtübernahme 1948 die totalitären Verhältnisse geduldet oder mitgetragen hatte und warum dieselben Kommunisten, die das System unterstützten oder mitgestaltet hatten, sich plötzlich den Ideen des Prager Frühlings massenweise anschlossen und ihre Lebensweise änderten. Seine Antwort lautete:

Die Menschen gaben tief in ihrem Innern den humanistischen und demokratischen Werten, die durch Generationen im Volk herangereift waren und sich nicht nur als politische, sondern vor allem als moralische Werte artikulierten, den Vorzug. Es war dies ein Wertesystem, das bereits der nationalen Wiedergeburt im vorigen Jahrhundert innegewohnt und sich im Kampf um die nationale Selbständigkeit unter Österreich entfaltet hatte, auf dem T. G. Masaryk basierte und das er weiter kultivierte. Dieses humanistische und demokratische Wertesystem hatte sich in der tschechoslowakischen Kultur und Politik in den Jahren der ersten Tschechoslowakischen Republik modernisiert und kritisch weiterentwickelt, war in der Zeit der nationalsozialistischen Okkupation gewaltsam unterdrückt worden, aber 1945 im öffentlichen Leben wieder zu Wort gekommen. Die totalitäre Diktatur der KPČ seit 1948 hatte es abermals unterdrückt und gleichzeitig demagogisch mißbraucht – jedoch erfolglos: Mit neuer Kraft entstand dieses Wertesystem wieder im politischen Geschehen des Frühlings 1968... Die Jahre der stalinistischen Diktatur in der Tschechoslowakei haben im nationalen Bewußtsein paradoxerweise gerade jene Werte und Ideale gestärkt, die die Macht endgültig hatte außer Kraft setzen wollen. Sie hat nämlich ein überzeugendes Bild davon geliefert, wohin die Negation dieser Werte führt. Die Erfahrungen, die sogar manch einen ideologisch gläubigen Stalinisten auf den Weg des Reformkommunismus führten, waren für die Mehrheit des Volkes ein überzeugender Beweis für die Gültigkeit humanistischer und demokratischer Ideale und Werte.[9]

Mlynář's Deutung des Aufbruchs von 1968 kann auch auf die Ereignisse von 1989 übertragen werden. Als eine besondere Komponente dieses Wertsystems, deren Ursprünge bis in die husitische Zeit zurückreichen, kann das Beharren auf der erkannten Wahrheit charakterisiert werden. Das als moralische Widerstandshaltung gepredigte radikale Wahrheitspostulat des den Märtyrertod gestorbenen Reformators Hus kehrte gleichsam in säkularisierter Form in der dezidierten Bedeutung wieder, die die Dissidenten der Charta 77 der moralischen Dimension in der Politik und in ihrer eigenen Widerstandshaltung gaben. Es war nicht zuletzt die Unerträglichkeit des von Havel analysierten »Lebens der Lüge« – in Šimečka's Formulierung der Omnipräsenz der »Staatslüge« – gegen die der Aufstand sich richtete.

Im Einklang mit dem demokratischen und humanistischen Wertesystem standen der Charakter der Revolution und die Handlungsweise ihrer Akteure. Als Havel seinerzeit die Frage stellte, was mit dem Studentenstreik eigentlich begonnen habe und was, wie er meinte, seine endgültige Bezeichnung erst später finden werde, sagte er:

Wir nennen es tentativ friedliche Revolution. Den Studenten verdanken wir alle, daß sie dieser Revolution ihr so schönes friedliebendes, würdiges, friedliches und ich würde direkt sagen liebevolles Gesicht gegeben haben, das heute von der ganzen Welt bewundert wird. Es war der Aufstand der Wahrheit gegen die Lüge, der Sauberkeit gegen den Schmutz, des Menschenherzen gegen die Gewalt.[10]

Man sollte sich hüten, dies als ein idealisiertes Bild der Wirklichkeit oder als eine bloß dichterische Ausdrucksweise eines Schriftstellers abzutun, die mit den Kategorien der Politik nichts oder nur wenig zu tun hat. Sofern diese Begrifflichkeit von der Politikwissenschaft tatsächlich verpönt ist, dann zeugt ihre Applikation durch Havel nicht von der vermeintlichen Unwissenschaftlichkeit eines Dramatikers, sondern von elementaren Perzeptionsmängeln der überlieferten Wissenschaft. Denn die von Havel benutzten Worte beschreiben genau die ideellen Inhalte, die die Revolution auszeichneten. Und eben diese ideellen Inhalte wurden zu jener materiellen Kraft, die ein auf Gewalt gestütztes System innerhalb wenigerTage bezwang – wohl ein politisches Faktum ersten Ranges.

Bemerkenswert ist denn auch die uneingeschränkt gewaltfreie Art der Konfliktaustragung. Eine gewisse Rolle kann das intuitive

Bewußtsein gespielt haben, eine bis auf die Zähne bewaffnete Ordnung könne nicht mit Gewalt gestürzt, wohl aber von zivilem Ungehorsam zersetzt werden. Dieses Bewußtsein dürfte auch von Erfahrungen des August 1968 gespeist worden sein, als es gerade dank gewaltfreier Aktivitäten gelang, geballte militärische Gewalt politisch zu paralysieren und die zuvor errungenen Freiheiten zeitweilig zu behaupten.

Das gewaltfreie Agieren war aber keineswegs nur eine von Verstand und Erfahrungen diktierte, bewußt getroffene Entscheidung. Vielmehr entsprang sie der grundsätzlich humanistischen Wertorientierung der Akteure, vor allem jener Jugendlichen, die sich nach einer gewaltfreien Gesellschaft sehnten und deren Ziel in den angewandten Mitteln vorwegnahmen. Es war ja kaum ein listiger Trick, wenn Mädchen und Jungen den gegen sie drohend auftretenden Polizisten Blumen zusteckten oder sich danach von diesen oft widerstandslos knüppeln ließen. Sie konnten einfach nicht anders als sich im Einklang mit ihren Idealen und Werten zu verhalten. Die Welt der Gewalt lag außerhalb ihres moralischen Horizonts. Daß es sich hauptsächlich um eine verinnerlichte Gewaltfreiheit handelte, läßt sich dem Verhalten derselben Akteure zu den Zeiten entnehmen, als ihre Gegner bereits in die Defensive gedrängt oder besiegt waren, also keine Angst mehr einflößen konnten. Fälle, daß sie von den Demonstranten tätlich angegriffen worden wären, sind nicht bekannt. Bekannt ist dagegen, daß die Gegner mit einer Feinfühligkeit behandelt wurden, die sie eigentlich nicht verdienten und die sich auch dem Verständnis vieler Beobachter weitgehend entzieht. Dies unterstreichen die Losungen, mit denen die revolutionäre Avantgarde auf Transparenten und Plakaten ihre politischen Forderungen zum Ausdruck brachte und in denen sich zugleich ihr geistig-moralisches Profil manifestierte. Man fand unzählige ironische und bissige, nicht aber ausgesprochen aggressive oder gar rachsüchtige Texte. Die allergröbsten Anschläge, die man ausfindig machen konnte, hießen: »Jakeše do koše« (Jakeš in den Abfallkorb) und »Štěpán k lopatě« (Štěpán zum Spaten). Ansonsten richteten sich die Akteure spontan nach der Devise eines der Anschläge (»Vyvarujme se zesměšňujících hesel« (Vermeiden wir spöttische Losungen).

Václav Havel, der den Charakter des Bürgerforums und somit auch der von diesem geführten Revolution wesentlich mitgeprägt hatte, appellierte mehrmals an seine Mitbürger, keine Verfolgungen der besiegten Gegner zuzulassen. Unabhängige Gerichte würden schon die Verantwortung und die Schuld einzelner prüfen und dementsprechend gerecht entscheiden. In der Tat hat der Geist der Rache und der Abrechnung nicht die demokratischen, humanistischen Zukunftsvisionen überwältigen können.

Anmerkungen

1 Der Autor stützt sich auf seine umfangreiche Studie »Die sanfte Revolution in der Tschechoslowakei 1989. Zur Frage der systemimmanenten Instabilität kommunistischer Herrschaft«, Bericht Nr. 14/1990 des Bundesinstituts für ostwissenschaftliche und internationale Studien, Köln.
2 Stellvertretend für die vielen Opfer der Repression sei daran erinnert, daß von den drei ersten Sprechern der Charta 77 der Philosoph Jan Patočka bereits im Frühjahr 1977 nach einer Serie von Polizeiverhören starb und der Dramatiker Václav Havel mehrfach zu längeren Gefängnisstrafen verurteilt wurde. Nur den Dritten im Bunde, den Außenminister aus der Zeit des Prager Frühlings, Jiří Hájek, wagte das Regime nicht auf diese Weise zu behandeln. Der Redaktionsleiter der Szamisdat-Zeitschrift »Informationen über Charta 77« (Infoch), Petr Uhl, mußte insgesamt neun Jahres seines Lebens im Gefängnis verbringen.
3 Einen ausgezeichneten Überblick gibt eine Dokumentation von Karel Vodička, Ohne eigenes Zutun sind die trostlosen Zustände nicht zu ändern, in: Frankfurter Rundschau v. 11. 10. 1989. Die folgende Passage stützt sich auf diese Dokumentation.
4 Wortlaut des offiziellen Berichts über die Gründung und die Forderungen des »Bürgerforums«, in: Listy extra, Nr. 5/1989, englischsprachige Ausgabe, S. 1–2 sowie in der späteren Nr. 6/1989 der tschechischen Originalversion.
5 Die nachfolgend dargestellten Anschläge stammen teils aus Aufzeichnungen, die sich der Verfasser während stundenlanger Besichtigungen in den Straßen von Prag anfertigte, teils aus einer Liste, die ihm Jan Staněk, ein an dem Geschehen stark beteiligter Hochschullehrer aus Liberec, zur Verfügung stellte.
6 In seiner Ansprache auf der Massenkundgebung am 25. November 1989.
7 Vgl. Süddeutsche Zeitung v. 27. 11. 1989.

8 Laut J. Hénard, Ein Aufstand der Nachgeborenen, in: Frankfurter Allgemeine Zeitung v. 2. 12. 1989.
9 Zdeněk Mlynář, Nachtfrost: Das Ende des Prager Frühlings, Frankfurt am Main 1988, S. 148–149.
10 Rudé právo v. 18. 12. 1989.

Jiří Kosta
Ökonomische Aspekte des Systemwandels in der Tschechoslowakei

1. Einführung

Im Jahre 1972 erschien in der Prager wirtschaftswissenschaftlichen Zeitschrift *Politická ekonomie* ein ausführlicher redaktioneller Beitrag, in dem etliche in den Jahren 1964 bis 1970 veröffentlichte Aufsätze der »revisionistischen Konzeption des Marktsozialismus« bezichtigt wurden. Zu den damaligen Autoren zählten die Reformökonomen des Prager Frühling um Ota Šik. Die gegenwärtige Redaktion, deren Zusammensetzung sich von der früheren erheblich unterscheidet, entschuldigt sich in der diesjährigen Januarnummer der Zeitschrift nachträglich bei den Verfassern und bemerkt gleichzeitig, daß sie sich faktisch durch die in den letzten Jahren publizierten Beiträge von der Kritik der frühen siebziger Jahre distanziert habe. Es stimmt, daß in der *Politická ekonomie* – dies gilt allerdings für die wirtschaftswissenschaftliche Literatur generell – in der jüngeren Vergangenheit zunehmend Auffassungen zum Zuge kamen, die in Anknüpfung an die Tradition der sechziger Jahre marktwirtschaftliche Lösungen befürworteten.

Eine Umsetzung marktliberaler Konzeptionen in die volkswirtschaftliche Praxis war jedoch unter den Bedingungen des Husák-Jakeš-Regimes nicht denkbar. Obwohl im Hinblick auf die krisenhafte wirtschaftliche Entwicklung die kritischen Stimmen in den Beratergremien zunahmen, hatten unter den Experten bis zu den politischen Umwälzungen von Ende 1989 die zentralen Planer und konservative Vertreter der Wirtschaftswissenschaften – dafür sorgte die Parteiführung – immer noch das Sagen.

Einige Umstände legen einen Vergleich der Reformbewegungen der sechziger und der achtziger Jahre nahe. Damals wie jüngst hatte eine Wirtschaftskrise die Reformdiskussion und die anfänglichen ökonomischen Reformansätze vorangebracht. Der fallende Wachstumstrend erreichte zunächst 1962/63 und später 1981/82 seinen Tiefpunkt, ohne jedoch diesmal – im Unterschied zu den Jahren nach 1964 – von einem dauerhaften Aufschwung abgelöst worden zu sein. Damals, im Prager Frühling von 1968, und jüngst, im Zuge der »sanften Revolution« der Wintermonate 1989/90, bildete ein politischer Machtwechsel die unumgängliche Voraussetzung für die Realisierung einer marktwirtschaftlichen konzipierten Wirtschaftsreform.

Es wäre jedoch viel zu kurz gegriffen, wollte man aufgrund dieser Ähnlichkeiten auf eine allgemeine Paralleltendenz von einst und jetzt schließen. Wie zu zeigen sein wird, überwiegen vielmehr die Unterschiede der damaligen und der heutigen Entwicklungen in der Tschechoslowakei: sie betreffen die jeweils konkreten Formen der Wechselwirkung von politischer Herrschaft und ökonomischen Leistungserfordernissen sowie die konzeptionellen Ideen und die ersten praktischen Schritte, die den Systemwandel anzeigen. Wir wollen in den beiden folgenden Abschnitten auf diese beiden Fragen ausführlicher eingehen.

2. Politische Herrschaft und ökonomische Leistungsfähigkeit

Erschütterungen der politischen Herrschaft in den Gesellschaften sowjetischen Typs waren bislang immer wieder durch die Ineffizienz des ökonomischen Kommandosystems hervorgerufen worden.[1] Dies galt für das Aufbegehren der DDR-Bevölkerung von 1953, für die wiederholten polnischen Revolten (1956, 1970, 1980), für den Budapester Volksaufstand von 1956 (wenngleich in diesem Fall ökonomische Faktoren weniger ausschlaggebend waren als in den anderen Ländern), und in hohem Maß für die Vorgeschichte des Prager Frühlings, die hier stichwortartig nachvollzogen werden soll.

Die Erosion des neostalinistischen Novotný-Regimes begann um das Jahr 1962 mit der Kritik verschiedener intellektueller Gruppierungen, deren führende Persönlichkeiten Mitglieder der kommunistischen Partei waren. Eine besondere Rolle fiel den Nationalökonomen zu, deren prominentester Vertreter Ota Šik unter dem Druck der sich zuspitzenden Wirtschaftsprobleme von der Parteiführung den Auftrag erhielt, an der Spitze einer Expertenkommission ein neues, wie es hieß »vervollkommnetes System der planmäßigen Lenkung« zu entwerfen. Freilich ahnten die Machthaber um Novotný nicht im geringsten, daß der ökonomische

Reformprozeß unter maßgeblicher Einflußnahme der Reformökonomen und nicht zuletzt von Šik selbst in nur wenigen Jahren in eine politische Demokratiebewegung umschlagen würde, die die alte Führungsriege hinwegfegen sollte. Obwohl in der Spätphase des sich abzeichnenden Systemwandels, im Verlauf des Jahres 1968, große Teile der Bevölkerung und vor allem die Arbeiterschaft die Reformer unterstützten, ja die Dynamik der Reform selbst sogar beschleunigten, bleibt festzuhalten: die systemkritischen Initiativen und die systemverändernden Konzepte waren ursprünglich »von oben« gekommen. Die Anfänge des Reformprozesses wären ohne die Wirtschaftskrise der frühen sechziger Jahre und deren soziale Folgen – die Unterversorgung der Bevölkerung mit existenziellen Bedarfsgütern, den sinkenden Lebensstandard breiter Bevölkerungsschichten – nicht denkbar gewesen. Unter diesen Bedingungen mußte die bisherige politische Führung, um sich selbst behaupten zu können, das Fazit der Reformökonomen akzeptieren, daß die wirtschaftliche Leistungsschwäche der zentralen Planwirtschaft nur mit Hilfe einer weitgehenden Wirtschaftsreform überwunden werden kann. Die ökonomische Ineffizienz bildete somit damals einen grundlegenden Bestimmungsfaktor des Reformprozesses.

Ein anderes Bild zeigen hingegen der Auftakt sowie der Verlauf der »sanften Revolution« von 1989, deren Initiatoren und vorantreibenden Kräfte anderwärts zu suchen sind. Die KPČ hatte sich nach der 1970 vollendeten Wiederherstellung des politischen Herrschaftssystems sowjetischen Typs ihrer ehemaligen Reformkräfte total entledigt. Es war klar, daß die Prager Machthaber, die ihre Positionen der von außen herbeigeführten, gewaltsamen Unterdrückung der Reformbewegung verdanken, auf das Herrschaftsmonopol der Kommunisten nicht verzichten würden. Dies wäre einer Rehabilitierung des Prager Frühlings und der eigenen freiwilligen Abdankung gleichgekommen. Es lag somit in der Logik der Verhältnisse, daß die KP-Führung in Prag Gorbatschows Perestrojka lediglich als Dezentralisierung der Planung und Nutzung monetärer Lenkungsformen in der Wirtschaft deutete, während sie eine Pluralisierung der politischen Entscheidungsstrukturen, also ein Zurückdrängen des kommunistischen Machtmonopols ebensowenig zulassen konnte wie Glasnost, das heißt die Schaffung einer über die Partei hinausgehenden Öffentlichkeit. Wenn unter derartigen Bedingungen ein wirksamer Reformdruck entstehen sollte, dann konnte dieser, anders als zwei Jahrzehnte zuvor, nur »von unten« erzeugt werden.

Es gab zwar bereits in den siebziger Jahren in der Tschechoslowakei oppositionelle Strömungen, in denen Christen und Liberale, demokratische Sozialisten (unter ihnen ehemalige Protagonisten des Prager Frühlings), Ökologen sowie weitere antitotalitär eingestellte Bürger vertreten waren. Zahl und Einfluß dieser vornehmlich intellektuellen Kreisen entstammenden Oppositionellen war jedoch gering. Zwei Ursachen trugen dazu bei, daß sich breitere Bevölkerungsschichten den »Chartisten« und ähnlichen Gruppierungen zunächst öffentlich nicht anschlossen. Erstens wirkte immer noch der Schock nach, den der brutale Eingriff vom August des Jahres 1968 und dessen repressive Konsequenzen hervorgerufen hatten, das Gefühl der eigenen Ohnmacht gegenüber der von außen herbeigeführten Übermacht, das Wissen um die ausgeklügelten Herrschaftsformen, die gleichzeitige Anwendung von Peitsche mit Hilfe des allgegenwärtigen Sicherheitsapparates sowie von Zuckerbrot in Form von angebotenen Karrieren. Zweitens war vor allem in den siebziger Jahren die Versorgungslage relativ günstig, zumal der Aufschwung der Reformperiode noch einige Jahre positiv nachwirkte und auch die außenwirtschaftlichen Bedingungen anfangs günstig waren. Nicht ganz ohne Erfolg blieb die Wirtschaftspolitik des Husák-Regimes, das einen befriedigenden Lebensstandard als Unterpfand für politische Konformität betrachten konnte.

Die verhältnismäßig günstige Wirtschaftsentwicklung der ersten Jahre nach der Niederschlagung der Reform von 1968 war jedoch nicht von langer Dauer. Bereits in der zweiten Hälfte des nachfolgenden Jahrzehnts begannen die offiziell ausgewiesenen Wachstumsraten der entscheidenden volkswirtschaftlichen Indikatoren sich zu verringern. In den frühen achtziger Jahren ist eine Wachstumskrise zu beobachten, die ungeachtet einer vorübergehenden leichten Aufwärtsbewegung nach 1983 praktisch nicht überwunden werden konnte.[2]

Der ungünstige Wachstumstrend allein liefert freilich nur ein äußerst unvollkommenes Bild der erzielten Entwicklungsresultate. Um die bisherige Aussage zu ergänzen, seien die folgenden Umstände aufgeführt:
– In der Tschechoslowakei wird um 50 Prozent mehr an Primärenergie, doppelt soviel Zement und dreimal soviel Stahl, bezogen

auf das jeweilige Nationalprodukt, verbraucht. Die Verschwendung von Produktionsgütern ist systemimmanent.
– Engpässe und Versorgungslücken auf der einen Seite, Ladenhüter im Handel und übermäßige Lagerbestände in den Betrieben auf der anderen Seite, kennzeichnen die chronische Krankheit der zentralen Planwirtschaft: das permanente Vorbeiproduzieren am Bedarf.
– Der auf ein Drittel geschrumpfte Anteil der tschechoslowakischen Ausfuhren am Weltexport von Maschinen in den vier Jahrzehnten des praktizierten Plankommandos, deutet neben etlichen weiteren Indikatoren auf die zunehmende Rückständigkeit auf technologischem Gebiet hin.
– Die Unterentwicklung der Konsumgüterindustrie, der privaten Dienstleistungen, der Infrastruktur und die Zerstörung der Umwelt sind eine Folge der seit den fünfziger Jahren einseitig forcierten Schwerindustrie. Das Land zählt zu den Spitzenreitern Europas hinsichtlich der Schadstoffemissionen und liegt am vorletzten Platz des Kontinents bezüglich der Lebenserwartung.

Angesichts der tristen Wirtschaftsentwicklung, vor der das Husák-Regime ähnlich wie seinerzeit die Novotný-Führung die Augen nicht mehr verschließen konnte, entschied man sich in den oberen Etagen, das Planungssystem zu »vervollkommnen«. Man ließ diesmal jedoch nur in geringem Maß kritische Geister heran, um die Konzipierung einer weitergehenden Reform zu verhüten. Festgefügt blieb die Front von einflußreichen Vertretern der zentralen Planungsbürokratie, der parteitreuen Ökonomen. Nur zu einem geringen Teil waren in den Expertengremien eigenständige Wissenschaftler vertreten, die über die »Vervollkommnungskonzepte« und das heißt halbherzige, oft nur kosmetische Veränderungen hinaus marktwirtschaftliche Lösungen befürworteten.

Dennoch formierte sich allmählich eine anwachsende Gruppe von Analytikern, die das bisherige System in seiner Gesamtheit prinzipiell in Frage stellte. Geschart um das Prognose-Institut der Akademie der Wissenschaften zeigten sie in ihren fundierten Analysen, daß nur ein radikaler Systemwandel den ungünstigen Tendenzen Einhalt gebieten kann. Die kritischen Reformer konnten sich jedoch weder unter Parteichef Husák noch unter dem ihn im Dezember 1987 ablösenden Jakeš durchsetzen. Wir wollen in der gebotenen Kürze zunächst die von 1980 bis 1986 realisierten »Vervollkommnungsmaßnahmen« skizzieren, um dann etwas ausführlicher auf die Reformkonzeption einzugehen, die in der Ära Jakeš (Dezember 1987 bis November 1989) vorbereitet wurde und Anfang 1990 in kraft treten sollte.

In der ersten Phase beschränkte man sich auf die Neuformulierung von Plankennziffern (Nettowert der Produktion anstatt der bisherigen Bruttoproduktion etc.), auf die Verknüpfung von Anreizfonds (Prämien, Investitionen, Sozialausgaben) mit Erfolgskennziffern (»Normative«) und auf eine Reduzierung der vollzugsverbindlichen Plankennziffern. Die Grundpfeiler der zentralen Verwaltungswirtschaft sowjetischen Typs – das Staatseigentum von Industrie- und Dienstleistungsbetrieben, das »Genossenschaftseigentum« (realiter ebenfalls durch Partei- und Staatseingriffe eingeschränkt) und das Plankommando einschließlich der zentralen Ressourcenallokation – blieben bis Ende 1986 völlig unangetastet.

Erst in einigen 1987 und 1988 verabschiedeten Beschlüssen zeichnete sich in einer zweiten Phase ein etwas weiterführendes Konzept ab. Die entsprechenden Dokumente, die wie gesagt zum 1. 1. 1990 zum Tragen kamen, deuteten auf den Typ einer »sozialistischen Marktwirtschaft« hin: sie enthielten neben dem Festhalten an der Dominanz des staatlichen Eigentums immer noch Relikte der zentralen Planung. Einerseits war die Rede vom Rückzug des Staates auf indirekte, das heißt wirtschaftspolitische Lenkungsformen, die Unternehmen sollten eigenverantwortlich entscheiden, die erwirtschafteten Gewinne einbehalten und eventuelle Verluste selbst tragen; im Falle einer mißlungenen Sanierung unrentabler Betriebe sei mit einer Stillegung zu rechnen. Durch Entflechtung der bisherigen Branchenmonopole beabsichtigte man Wettbewerbsverhältnisse herbeizuführen. All das waren Elemente einer Marktwirtschaft. Andererseits war die Beibehaltung strikt festgelegter Normative, die mit einheitlichen, langfristig gültigen Steuersätzen in westlichen Systemen nicht vergleichbar sind, keineswegs als konsequente Abkehr von der Planwirtschaft zu qualifizieren. Schon gar nicht marktkonform waren die verbindlichen »namentlichen« Produktionsauflagen und Mengenlimite. Als inkonsequent muß die bereits 1988 durchgeführte »Entflechtung« der Branchenvereinigungen bewertet werden, denn die Reorganisation der Unternehmensstruktur hatte weder eine Reduzierung deren Anzahl noch eine Einschränkung der Marktmacht der neuen Staatsunternehmen zur Folge. Der guten Absicht wirkten die tief verwurzelten Interessen der Konzern- sowie Ministerialbürokratie entgegen.

Daß weder die unter Husák realisierten noch die unter Jakeš eingeleiteten Maßnahmen zur »Vervollkommnung des Wirtschaftsmechanismus« (nach 1986 bezeichnenderweise umgetauft auf »Umgestaltung des Wirtschaftsmechanismus«) erfolgreich waren, ist in den letzten Jahren in tschechoslowakischen Fachzeitschriften und weiteren Medien nur allzu deutlich herausgestellt und belegt worden. Insbesondere die Effizienzdaten, auf die es ankam, entwickelten sich im Verlauf der achtziger Jahre ähnlich ungünstig wie zwei Jahrzehnte zuvor. Ein am Ökonomischen Institut der Tschechoslowakischen Akademie der Wissenschaften (ČSAV) konstruierter globaler Wirtschaftlichkeitsindikator, der die Produktivität von Arbeit und Kapital (das sowohl in Anlagen als auch in Produktionsgüter investiert worden ist) synthetisch erfaßt, weist die rückläufige Tendenz aus, die seit der Reformperiode der sechziger Jahre fortdauert.[3]

Die bisherigen Ausführungen über die Effizienzschwächen des nur unzureichend reformierten Wirtschaftssystems erinnern auf den ersten Blick an die Wirtschaftskrise der frühen sechziger Jahre. Der *politische Machtwechsel* in der Tschechoslowakei erfolgte jedoch Ende 1989 völlig anders als dies um die Jahreswende 1967/68 der Fall war. Herauszustellen sind die folgenden Unterschiede.

Erstens: Das Vorpreschen der Reformer war im Vorfeld der 1968er Ereignisse sowie danach in einer blockweit ungünstigen, von der konservativen Breschnew-Equipe dominierten Atmosphäre erfolgt. Die im November 1989 eingeleitete politische Revolution in der Tschechoslowakei war hingegen das Glied einer Kette von vorangegangenen Umwälzungen im Osten.[4] Ohne die Gorbatschowsche Perestrojka, die De-facto-Absage an die Breschnew-Doktrin der begrenzten Souveränität; ohne den langjährigen Zickzackverlauf und letztlich erfolgreichen Wandel in Polen; den sich 1989 unerwartet beschleunigenden Veränderungen in Ungarn, deren neue Führung die Grenze nach Österreich öffnete; und nicht zuletzt ohne den Zusammenbruch des (in doppeltem Sinn) benachbarten Honecker-Regimes wäre die späte, jedoch die vorausgehenden Wandlungen in den »Bruderländern« mit Siebenmeilenstiefeln ein- und überholende »sanfte« Revolution der Tschechen und Slowaken nicht denkbar gewesen. Was, bildlich gesprochen, in Polen zehn Jahre, in Ungarn zehn Monate, in der DDR zehn Wochen erfolgreich vorexerziert wurde, gelang in der ehemaligen ČSSR, der heutigen ČSFR, in bloßen zehn Tagen: die Beendigung der kommunistischen Herrschaft.

Zweitens: Waren die ökonomischen sowie politischen Reformen in den sechziger Jahren, wie gezeigt, von einem radikal-kritischen Flügel der KPČ, insbesondere von reformkommunistischen Intellektuellen initiiert, konzipiert und durchgesetzt worden, so sind die Initiatoren, Träger und Kräfte, die die Wende in der Tschechoslowakei der späten Jahre vorantrieben, außerhalb der Kommunistischen Partei zu suchen. Es waren vor allem Studenten, die am 17. November 1989 mit ihrer Demonstration und in den Folgetagen als Antwort auf die blutigen Attacken der Polizei, die Zeichen zu den Massenaufmärschen der tschechischen und slowakischen Bevölkerung setzten und mit ihren Aktivitäten den Wandel vorantrieben. Der studierenden Jugend schlossen sich in Kürze intellektuelle Gruppierungen, zunächst Theaterkünstler und kurz darauf Redakteure in den Massenmedien, ferner Wissenschaftler und weitere Schichten der Bevölkerung an, nach wenigen Tagen auch große Teile der Arbeiterschaft, die den Umwälzungsprozeß am 27. November mit einem erfolgreichen zweistündigen Generalstreik entscheidend beeinflußten.

Drittens: Im Unterschied zur Vorreformperiode der sechziger Jahre war es jetzt nicht die wirtschaftliche Misere und die mit ihr einhergehende Unzufriedenheit der Bevölkerung mit ihrer materiellen Lage, die – obwohl zweifellos auch diesmal vorhanden – den entscheidenden Faktor des sich anbahnenden Machtwechsels herbeiführte. Die Wende war in erster Linie durch den Freiheitsdrang der jungen Generation und der sich danach anschließenden Mehrheit der gesamten tschechoslowakischen Gesellschaft ausgelöst worden. Sie alle hatten die Bevormundung durch die kommunistische Machtelite, die ihnen keinerlei Entscheidungsspielräume beließ, satt. Dennoch sollte der durch die Leistungsschwächen des ökonomischen Systems zunehmende Reformdruck als zusätzliche Triebkraft der Wende nicht völlig außer acht gelassen werden.

Viertens: Die ökonomischen und politischen Reformkonzeptionen, die sich nach dem jüngsten Zusammenbruch des Machtmonopols der Kommunisten abzeichnen, gehen über die Reformideen des Prager Frühlings weit hinaus: im politischen Bereich wird eine parlamentarische Demokratie westlichen Zuschnitts postuliert, während die zugegebenermaßen wegen der Kürze der verfügbaren Zeit noch nicht ganz ausgereiften Vorstellungen der Reformkommunisten der sechziger Jahre auf ein politisches System hinsteuerten, das mit dem Begriff »sozialistischer Pluralismus« umschrieben werden könnte. Auch auf ökonomischem Gebiet schwebte den damaligen Reformern ein dritter Weg zwischen direktiver Planwirtschaft und kapitalistischer Marktwirtschaft vor, eine Wirtschaftsordnung, die in der Literatur als »Plan/Markt-Modell« oder auch als »sozialistische Marktwirtschaft« bezeichnet wurde. Die gegenwärtigen Reformer in Prag und Bratislava streben jedoch eine »soziale Marktwirtschaft« an, einen Systemtyp, der in unterschiedlicher Ausprägung in Westeuropa realisiert worden ist.

Im folgenden Abschnitt wird auf den zuletzt genannten Aspekt, nämlich die sich abzeichnenden ökonomischen Konzeptionen, näher eingegangen.

3. Die Transformation des Wirtschaftssystems: konzeptionelle Ansätze, erste Maßnahmen, bevorstehende Probleme[5]

Halten wir nochmals fest: wichtigste Voraussetzung für eine konsequente Abkehr vom alten Planwirtschaftssystem und für dessen Transformation in eine Marktwirtschaft war der vollzogene politische Machtwechsel. Ferner ließen empirische Erfahrungen und theoretische Analysen unter der Mehrheit der tschechoslowakischen Ökonomen keinen Zweifel mehr darüber aufkommen, daß eine Umgestaltung des Systems in marktwirtschaftlicher Richtung unumgänglich ist. Zur eindeutigen ordnungspolitischen Position des sich neu konstituierenden Bürgerforums mit Václav Havel an der Spitze mögen zwei Umstände beigetragen haben. Zum einen war das Team der Wirtschaftsreformer zur Zeit der Wende mit weit gediehenen Konzepten präsent. Schon im September 1989 war ein marktwirtschaftlich konzipierter umfassender Entwurf von den Mitarbeitern des Prognose-Instituts erarbeitet worden, der der Havelschen Führung unverzüglich zur Verfügung stand. Zum anderen hatten sich prominente Persönlichkeiten dieses Instituts – allen voran dessen Direktor Valtr Komárek sowie einer der kompetentesten Mitarbeiter, Václav Klaus, als Aktivisten dem

Bürgerforum zur Verfügung gestellt – ein Faktum, das von den demonstrierenden Massen mit großer Begeisterung aufgenommen wurde.[6]

Bereits im Dezember 1989 haben die Wissenschaftler des Prognose-Instituts ihr Septemberpapier ergänzt und aktualisiert. Einige der Autoren sind zwecks Verbreitung der wichtigsten Ideen und Entwürfe mit Einzelaufsätzen in der Fachpresse aufgetreten.[7] Weitere interessante Beiträge, die im wesentlichen gleichfalls marktwirtschaftlich ausgerichtete Vorstellungen enthalten, entstammen Wissenschaftlern anderer akademischer Institutionen.[8] Diese Reformkonzeptionen, denen mit der Verabschiedung einer Reihe von Gesetzen im April 1990 bereits konkrete Schritte folgten, und die aller Wahrscheinlichkeit nach den Kern des wirtschaftspolitischen Kurses der neuen, aus freien Wahlen hervorgegangenen Regierung bilden werden, sollen im weiteren ausführlicher dargestellt werden.

Eine völlig neue Gestalt haben die Entscheidungsstrukturen in Wirtschaft und Gesellschaft erfahren. Die politischen Entscheidungsträger sollen sich nunmehr aus der Unternehmenspolitik heraushalten. Es ist damit zu rechnen, daß dem aufgeblähten, zentralen Verwaltungsapparat – einem Erben der Vergangenheit – eine völlig neue Rolle zufallen wird.[9] Die Unternehmen sollen ebenso wie die privaten Haushalte zu autonomen Marktsubjekten werden. Dies bedeutet, daß nach der oben erwähnten mißlungenen Entflechtung der Branchenvereinigungen ein neuer Anlauf in dieser Richtung notwendig ist. Andererseits sollen die erforderlichen Voraussetzungen für einen Anbieterwettbewerb, wie noch zu zeigen sein wird, durch freien Zugang von privaten In- und Ausländern zum Markt geschaffen werden.

Nicht nur vorgesehen, sondern bereits in die Wege geleitet ist ein grundlegender Wandel der Eigentumsverhältnisse. Neben dem bislang dominierenden staatlichen und nunmehr radikal reduzierten öffentlichen Eigentum sollen zwei weitere gleichberechtigte Eigentumssektoren – ein genuin (nicht wie bisher nur dem Namen nach) genossenschaftlicher und vor allem ein privater Sektor entstehen. Neben inländischem wird eine Beteiligung von ausländischem Kapital in allen Bereichen der Dienstleistungen sowie der Industrie bis hin zu reinen Auslandsfirmen anvisiert. Mit der Verabschiedung von etlichen Gesetzen hat das tschechoslowakische Parlament am 18. und 19. April 1990 bereits die Weichen gestellt, die die konkrete Richtung der einzelnen Eigentumsformen angeben.

Wir wollen uns an dieser Stelle auf eine kurze Kommentierung von vier, die Eigentumsordnung betreffende Gesetze beschränken, nämlich das Gesetz über das Staatsunternehmen, über Aktiengesellschaften, über Unternehmen mit ausländischer Kapitalbeteiligung und über private Unternehmertätigkeit der Bürger.

Das Gesetz über das Staatsunternehmen, das bereits zum 1. 5. 1990 in Kraft getreten ist, unterscheidet sich vom Jahre 1988 einerseits dadurch, daß es einfacher und marktkonformer formuliert ist, andererseits durch eine stärkere Akzentuierung der Rolle des Direktors. Letzteres kommt noch deutlicher zum Ausdruck, vergleicht man die verabschiedete Gesetzesfassung mit dem zu Beginn des Jahres 1990 veröffentlichten Entwurf, der neben dem Typ eines öffentlichen Versorgungsunternehmens à la Bahn und Post (mit einer direktorialen Leitung) und dem Typ einer staatlichen Kapitalgesellschaft (mit Aufsichtsrat und Management-Vorstand) auch den Typus eines selbstverwalteten, staatseigenen Betriebs vorsah: mit dieser dritten »basisdemokratischen« Form wird nunmehr nicht gerechnet.[10] Nicht aus dem Gesetz selbst, jedoch aus Hintergrundinformationen geht hervor, daß der zweite Typ des Staatskonzerns längerfristig nur auf den Montanbereich, das heißt auf den Bergbau und die Metallerzeugung begrenzt werden soll, während die gesamte verarbeitende Industrie und die individuell genutzten Dienstleistungen in Form von Privat-, Genossenschafts- und Pachtunternehmen (einschließlich ausländischer Beteiligung) zu betreiben wären.

Als Vorbild des Gesetzes über Aktiengesellschaften, das zum 1. 7. 1990 in Kraft getreten ist, gilt die bundesdeutsche Gesetzgebung (mit Aufsichtsrat und Vorstand, den entsprechenden Regelungen zur Kapitalversorgung und -nutzung, der Dividendenausschüttung etc.). Ohne auf Einzelheiten eingehen zu können sei hier vermerkt, daß die Errichtung der Aktiengesellschaft – sei es durch Neugründung oder durch Umwandlung der bisherigen Staatsunternehmen (eventuell, wie weiter gezeigt wird, als Vorstufe der Privatisierung) – eine Vielfalt von Eigentumsarrangements ermöglicht, nicht zuletzt die Beteiligung von Auslandskapital an unternehmerischen Aktivitäten.

Was nun die ausländische Kapitalbeteiligung (joint ventures, unter Umständen Unternehmen in ausländischem Kapitalbesitz) betrifft, so ist am 19. 4. 1990 das frühere Gesetz vom 8. 11. 1988 novelliert worden. Keine Frage: durch weitgehendes Entgegenkommen gegenüber dem ausländischen Teilhaber ist dessen kommerzielles Interesse und dadurch die Attraktivität von Gemeinschaftsprojekten im Vergleich zur vorherigen Regelung verstärkt worden. Dies zeigt die Abnabelung vom Staatsplan, der Gewinntransfer in harter Währung, die Rückerstattung der Anteile im Falle einer Stillegung etc. Die Novellierung gilt bereits ab 1. 5. 1990 und scheint – obwohl Zahlen noch nicht vorliegen – die ersten Neugründungen und v. a. Projektverhandlungen in die Wege geleitet zu haben.

Von besonderer Bedeutung ist die mit dem Gesetz über die private Unternehmertätigkeit (im Entwurf hieß es ursprünglich bezeichnenderweise »individuelle« Tätigkeit) breit angelegte Privatisierung. Allerdings geht es hier zunächst um den Neuzugang von Marktteilnehmern, die sich in erster Linie in Einzel- bzw. Kleinbetrieben, im kleingewerblichen Bereich des Handwerks, einzelner Dienstleistungen sowie der Kleinindustrie betätigen werden. Der quantitativ bedeutsamere Teil des Privatsektors, der durch Umwandlung der bisherigen Staatsunternehmen entstehen soll, wird – wie noch zu zeigen sein wird – aufgrund eines Sonderprogramms der Regierung entstehen, das durch eine Reihe weiterer Gesetze abzusichern ist. Was nun das verabschiedete Gesetz über das private Kleingewerbe anbelangt, das gleichfalls Anfang Mai in Kraft getreten ist, so soll hier lediglich auf die folgenden Artikel hingewiesen werden, die die Förderung der Privatwirtschaft belegen:

– die Zulassung des Bewerbers zur Eröffnung seines Gewerbes ist außer fachlichen Kriterien keinerlei bürokratischen Schranken unterworfen;
– die Zahl der eingestellten Mitarbeiter unterliegt keinerlei Grenze;
– auch dem erworbenen Vermögen werden keine Limite gesetzt;
– im Rahmen der Gesetzesnormen ist jeder Privatunternehmer berechtigt, Auslandsgeschäfte zu tätigen.

Zur Überführung des staatlichen Unternehmenseigentums in die Hände von privaten Kapitaleignern, unter Umständen von Genossenschaften, gab es zwei in Teilen konvergierende, in einigen Punkten konträre Lösungsvorstellungen. Die eine vom Finanzminister beauftragte Gruppe von Experten erarbeitete eine Vorlage zur zeitweiligen Verwaltung des staatlichen Produktivvermögens und dessen etappenweiser Privatisierung für die föderale Regierung (Regierung der ČSFR), im April 1990.[11] Kurz danach legte ein zweites, die tschechische Regierung (Regierung der ČR) beratendes Team einen über das Privatisierungsproblem hinausgehenden Entwurf vor, der die gesamte »Strategie des Übergangs zur Marktwirtschaft« behandelt.[12] Was nun die Umwandlung der Eigentumsrechte betrifft, so ist in beiden Vorschlagspapieren – wenngleich in unterschiedlicher organisatorischer Form – zunächst eine Übergangsphase der »Entstaatlichung« (im Föderalpapier als »Entnationalisierung« bezeichnet) vorgesehen, in der die Betriebe vom Staatshaushalt abgenabelt und in Aktiengesellschaften umgewandelt werden, deren Eigentumsrechte eine staatliche Instanz wahrnimmt. Der in weiteren Schritten folgende Privatisierungsprozeß, das heißt der Verkauf der Aktien an Private (Einzelpersonen bzw. Gruppierungen, In- bzw. Ausländer), ist von den beiden Gremien unterschiedlich konzipiert worden.

Das Team von Minister Klaus will in einer ersten Runde einen kleineren Teil des gesamten Aktienkapitals allen Bürgern der Republik unentgeltlich anbieten, die Vermögenscoupons erhalten, um einzelne Aktien nach eigener Wahl kaufen zu können (auf technische Einzelheiten dieser riskanten Prozedur kann hier nicht eingegangen werden). Insbesondere bei öffentlichen Kommunalbetrieben kann die Verwaltungsbehörde auch deren Verpachtung in die Wege leiten. Die Aktien, die nach deren Erwerb mittels der verteilten Coupons übrigbleiben, sollen zunächst an Inländer und erst im letzten Schritt an Ausländer verkauft werden. Die tschechische, von Professor Kouba (einem führenden Ökonom des Prager Frühlings) geleitete Expertengruppe erwägt in ihrem etwas kürzer gefaßten Abschnitt zur Entstaatlichung und Umwandlung der Eigentumsrechte keinerlei unentgeltliches Angebot von Aktien und verzichtet auch auf eine strikte Formulierung von Einzeletappen der Privatisierung. Besonders herausgestellt werden hier die als »Selbstverwaltung« bezeichnete Vermögensbeteiligung in Arbeitnehmerhand und kooperative Wirtschaftsformen. Nachdruck wird auch auf die Verzahnung der Eigentumsreform mit anderen Reformbereichen (Preise, Beschäftigung, Soziales und anderes mehr) gelegt.

Mittlerweile ist am 14. Mai 1990 ein Kompromißbeschluß der Föderalregierung zur Entstaatlichung und Privatisierung auf der

Grundlage des vom Finanzminister ausgearbeiteten Entwurfs verabschiedet worden. Es überrascht nicht, daß die in beiden Papieren ähnlich konzipierte erste Phase der Umwandlung der Staatsbetriebe in immer noch staatlich verfaßte, jedoch autonom (durch Aufsichtsräte bzw. die von diesen berufenen Managements) agierende Aktiengesellschaften akzeptiert wird. Bezüglich des Privatisierungsprozesses selbst – des Verkaufs der Aktien an private Kapitaleigner – hat sich die ČSFR-Regierung in ihrem Beschluß nicht genau festgelegt. Im wesentlichen wird jedoch die vermutlich nicht allzu schnell verlaufende Übertragung der Eigentumsrechte von der neuen Regierung noch institutionell genauer abzusichern sein. Dies betrifft nicht zuletzt das Einströmen von Auslandskapital, denn eine gewisse Vorsicht, die in den Prager Diskussionen in diesem Zusammenhang herauszuhören war, ist insofern verständlich, da ein abrupter Ankauf durch Ausländer angesichts des Mangels an privatem Kapital von Inländern und im Hinblick auf die hoffnungslose Obsoleszenz des Produktionsapparates für einen »Pappenstiel« erfolgen könnte.

Auf ihrer Mitte Mai stattgefundenen Sitzung hat die Föderalregierung, über die Ziele der Entstaatlichung und Privatisierung hinaus, eine Reihe weiterer Beschlüsse gefaßt, die in einem umfassenden Dokument »zur Sicherstellung der Wirtschaftsreform« enthalten sind. Wir finden hier etliche, bereits früher öffentlich geäußerte Ideen und Absichten der Minister Klaus und Dlouhý sowie ihrer Berater ebenso wieder wie einzelne Entwürfe des tschechischen Expertenteams um Professor Kouba zu einzelnen Bereichen der Ordnungs-, Stabilitäts- und Strukturpolitik. Beeindruckend sind neben der konsequent marktwirtschaftlichen Orientierung die kurzen Termine, zu denen Einzelschritte eingeschlagen werden sollen (an einigen Stellen wird auf die Zielsetzungen noch hinzuweisen sein).

Weder die konzeptionellen Ideen noch die bereits verabschiedeten Beschlüsse bzw. Gesetze beantworten alle Fragen, die die künftige Entwicklung der Unternehmensformen im einzelnen, ihr wechselseitiges Gewicht sowie weitere Details betreffen. Um einige offene Fragen anzudeuten:

Wie weit soll eine eventuelle Reprivatisierung von Staatsunternehmen gehen? In welchem Tempo und in welchem Ausmaß soll sie erfolgen? Die Experten, insbesondere die Beratergremien der beiden Landesregierungen sowie der Föderalregierung sind sich darin einig, daß der notwendige Abbau der Subventionen sowie die sukzessive Deregulierung der Preise, die entsprechend dem erwähnten Maidokument bis Ende 1990 in nahezu allen Güter- und Dienstleistungsbereichen vollendet werden soll, angesichts der vielfachen Mangelerscheinungen inflationäre Gefahren in sich bergen. In diesem Zusammenhang werden die Risiken unterschiedlich eingeschätzt, die in Betracht zu ziehen sind, wenn mit der Freigabe der Preise eine weitgehende Liberalisierung des Außenhandels und der Devisenwirtschaft einhergehen soll, wie dies offensichtlich den Radikal-Liberalen um Václav Klaus vorschwebt. Umstritten ist auch die Frage, inwieweit die Krone nach der bereits seit Anfang 1990 durchgeführten Devalvation noch weiter abgewertet werden soll. In den Maibeschlüssen der Föderalregierung ist zwar die Rede davon, daß das Niveau des Wechselkurses innerhalb einer Bandbreite von 17–24 Kčs zu 1 US$ gehalten und die Obergrenze prinzipiell nicht überschritten werden soll, doch wird wohl erst die Entwicklung in den nächsten Monaten zeigen, ob dies der Kurs sein wird, der gleichermaßen die Zielsetzungen des binnen- sowie des außenwirtschaftlichen Gleichgewichts gewährleisten kann. Die im Regierungsdokument angestrebte »innere Konvertibilität« der Krone (das heißt beschränkt auf inländische Unternehmen) scheint einvernehmlich beschlossen worden zu sein.

Im Unterschied zur Reform der sechziger Jahre soll die marktwirtschaftliche Lenkung künftig auch auf die Bereiche Geld, Kapital und Devisen ausgedehnt werden. Durch Ausgliederung des kommerziellen Bereichs aus dem Wirkungsfeld der Nationalbank und die dementsprechende Errichtung einiger Geschäftsbanken, die in Zukunft ausländische Beteiligungen haben dürfen, wird der Grundstein für ein marktkonformes Geld- und Kreditwesen geschaffen. Ein bescheidener, jedoch offensichtlich bereits erfolgreicher Schritt ist im Vorjahr dadurch geschaffen worden, daß Betriebe Anteile an erwirtschafteten Devisen einbehalten dürfen (darauf wird eine spürbare Steigerung der Westexporte im Jahre 1989 zurückgeführt). Neuerdings ist »experimentell«, vorläufig im Zuge eines Genehmigungsverfahrens, Unternehmen die Berechtigung erteilt worden, Obligationen auszustellen. Die bereits praktizierten Devisenauktionen für Betriebe, die ins Auge gefaßte Eröffnung einer Börse, die oben skizzierte Vermögenspolitik und nicht zuletzt die für Ende 1990 anvisierte Teilkonvertibilität der Krone markieren Meilensteine des zu errichtenden Kapitalmarktes.

In den Reformentwürfen ist auch die Rede von der Notwendigkeit, einen Arbeitsmarkt zu installieren. Gemeint ist folgendes: Erstens sollen Leistungsanreize marktkonformer gestaltet werden. Zweitens habe der Lohn die Marktbedingungen, das heißt Angebot von und Nachfrage nach bestimmten Berufen, Qualifikationen etc. zu berücksichtigen. Drittens dürfe die Lohnpolitik dem Ziel des Gleichgewichts auf den Güter- und Geldmärkten nicht zuwiderlaufen. Und schließlich soll der chronischen Schwäche des alten Systems, der Überbesetzung der Arbeitsplätze, entgegengewirkt werden. In diese Richtung müßte auch die jüngste Anhebung der Lohnsummensteuer von 20 auf 50 Prozent wirken, deren Hauptziel jedoch fiskalischer Natur ist. Nicht zuletzt sollte der Ruf nach einer qualifikationsgerechten Personalpolitik im neuen politischen Klima – ähnlich wie dies im Prager Frühling geschah – das erforderliche Echo finden.

Ein funktionierender Marktmechanismus ist – so die Reformer – ohne eine Liberalisierung des monopolmäßig verfaßten Außenhandels nicht möglich. Zwar ist in den vergangenen Jahren ähnlich wie zwei Jahrzehnte zuvor die Berechtigung, Export- und Importgeschäfte auszuhandeln, von den Monopolgesellschaften auf etliche Industriebetriebe ausgedehnt worden. Ein freier Zugang weiterer Importeure bzw. Exporteure war jedoch undenkbar. Die angekündigte bloße Registrierung eines Unternehmens anstelle der bisherigen strikten Genehmigung bedeutet einen gewaltigen Einschnitt in die bisherigen Praktiken. Auch die Möglichkeit, die durch die neuen Gesetze – unter anderen das Gesetz über ausländische Kapitalbeteiligung, das über Privatunternehmen sowie das Gesetz über Aktiengesellschaften – auf außenwirtschaftlichem Gebiet geschaffen werden, können bereits als Optionen einer liberalen Handelspolitik eingeschätzt werden.

Die tschechoslowakischen Reformer messen der staatlichen Wirtschaftspolitik eine erhebliche Bedeutung bei. Auch die Ökonomen um Ota Šik waren sich der Rolle der »ökonomischen Regulatoren«, wie es damals hieß, wohl bewußt. Der Vorzug der gegenwärtigen wirtschaftspolitischen Konzepte liegt jedoch darin, daß sie die negativen Erfahrungen anderer sozialistischer Länder, die den Weg marktorientierter Reformen gewählt haben – etwa die konzeptionellen Lücken der Jugoslawen und der Ungarn –, berücksichtigen konnten. Die notwendigen Schlüsse sind in der Tschechoslowakei vor allem auf dem Gebiet der Stabilitätspolitik gezogen worden. In ein schärferes Licht hat das Prognose-Team die Struktur- und Außenhandelsorientierung gerückt, nicht zuletzt angesichts der verheerenden Folgen der seit den fünfziger Jahren aufgezwungenen Präferierung der Schwerindustrie. Gerade in den vergangenen zwei Jahrzehnten hat das ehemals industriell fortgeschrittene Land den Anschluß an die sich technologisch und strukturell rapide wandelnde Wohlstandsgesellschaft des Westens total verloren.

Wenden wir uns zunächst der anvisierten Stabilitätspolitik, in der Redeweise der tschechoslowakischen Reformökonomen der »Gleichgewichtspolitik«, zu. Hier gelte es, so die Argumentation, bestehende makroökonomische Ungleichgewichte, insbesondere im Investitionssektor, zu überwinden. Was nun das binnenwirtschaftliche Gleichgewicht auf dem Konsumgütermarkt anbelangt, das heißt das Verhältnis von Konsumgüterangebot und Geldeinkommen der Bevölkerung, sei die Aufmerksamkeit neben strukturellen Ungleichgewichten einer vorbeugenden Stabilitätspolitik, konkret: einer vorsichtigen Lohn- und sparsamen Fiskalpolitik zu widmen. Ähnlich präventiv müsse in bezug auf mögliche, wenngleich vorläufig nicht bedrohliche außenwirtschaftliche Ungleichgewichte vorgegangen werden: die Verschuldung in konvertibler Währung hält sich trotz Anstieg im Jahre 1989 mit etwa 8 Mrd. $ brutto[13] immer noch in Grenzen, der jüngste Bericht über die Entwicklung der Zahlungsbilanz (nicht dank Gläubigerposition gegenüber dem größten Handelspartner, der Sowjetunion) ist nicht ungünstig, die Exportlieferungen in den Westen, jahrelang das Sorgenkind der Industrie, haben 1989 nicht unerheblich zugenommen.

Es ist einzuräumen, daß die eher vorsichtige Geld-, Fiskal-, Lohn- und Devisenpolitik der vergangenen zwei Jahrzehnte inflationäre Tendenzen und eine höhere Auslandsverschuldung – etwa im Gegensatz zu Polen, Jugoslawien und auch Ungarn – verhindert hat. Der Druck auf eine Ausweitung der Staatsausgaben, vermittelt über die Ministerien, und auf kreditfinanzierte Importe seitens der Betriebe, hat jedoch angesichts des angebotsschwachen Systems zugenommen. Insofern ist das Vorgehen des neuen Finanzministers zu billigen, der gegenüber dem defizitären Staatshaushalt des Vorjahres ein leicht überschüssiges Budget für 1990 durchgesetzt hat.[14] Die Kürzung der Ausgaben für Militär- und Sicherheitszwecke sowie für den zentralen Verwaltungsapparat, die Reduzierung von Subventionen für die Landwirtschaft, den Erzabbau, das Wohnungswesen, den Nahverkehr und durch Abbau der »negativen Umsatzsteuer« – mit anderen Worten der Subventionen – für etliche Konsumgüter und Nahrungsmittel, und nicht zuletzt die völlige Streichung der bisher geübten staatlichen Finanzierung der KPČ (!) – diese insgesamt restriktive Fiskalpolitik also – weist in die richtige Richtung. Ähnliches gilt für die ersten Ansätze zu einer Wechselkurspolitik, die im Zuge der Abschaffung differenzierter Valutakurse und durch das Bemühen um eine flexible, den Kaufkraftparitäten und Marktbedingungen entsprechende Anpassung der Kurse bereits heute gekennzeichnet ist. Ob die bis Ende 1990 vom Finanzminister Klaus anvisierte Teilkonvertierbarkeit der Krone ein realistisches Ziel darstellt, bleibt abzuwarten.

Die Durchsetzung des sektoralen Strukturwandels ist im Hinblick auf die Erblast der Vergangenheit ein weit schwierigeres Unterfangen als die Wahrung des binnen- und außenwirtschaftlichen Gleichgewichts. Die notwendigen Veränderungen müssen in engem Zusammenhang mit der Integration der tschechoslowakischen Wirtschaft in den Ostblock – rund die Hälfte des Handelsumsatzes mit den Ländern des Rates für gegenseitige Wirtschaftshilfe (RgW) machte der Anteil mit der UdSSR aus – gesehen werden. Die Mitarbeiter des Prognose-Instituts haben in den letzten Jahren wiederholt auf die ungünstigen Folgen der außenpolitisch, dadurch auch außenwirtschaftlich bedingten, einseitigen Orientierung der Industrie auf material- und energieintensive Produkte wie Metalle, weitere Halbfabrikate, Erzeugnisse des Schwermaschinenbaus und Rüstungsgüter hingewiesen.[15] Der extrem hohe Anteil der Produktions- und Investitionsgüterindustrien am gesamten Produktionsaufkommen vergrößerte sich zudem infolge der eingangs erwähnten systemeigenen Ressourcenverschwendung. Die Reformökonomen empfahlen einen radikalen Strukturwandel zugunsten derjenigen Zweige, die der Bevölkerung unmittelbar zugute kommen: der Konsumgüter- und Nahrungsmittelindustrie, des Wohnungsbaus, des Umweltschutzes und der privaten Dienstleistungen. Nach ihrer Auffassung sollten ferner moderne Wachstumsindustrien mit hohem Verarbeitungsgrad gefördert werden, da die Tschechoslowakei hier mit gut qualifizierten und im internationalen Vergleich billigen Arbeitskräften komparative Vorteile habe.

Aus diesen Überlegungen resultierte die Empfehlung, die Außenhandelsströme vom östlichen, insbesondere dem sowjetischen Markt zu den westlichen Weltmärkten allmählich umzulenken. Dies bedeute – so die Autoren – keinesfalls eine schlagartige und vollständige Reduzierung der in langen Jahrzehnten gewachsenen Wirtschaftsbeziehungen innerhalb des RgW. Es gehe um eine Veränderung des Anteils der ehemaligen Ostblockländer, die um 1988 erreichten 78,5 Prozent – so die Prognose-Reformer – auf etwa 50 Prozent in den Folgejahren zu reduzieren.[16]

Auf die enge Verzahnung der außenwirtschaftlichen Ostorientierung, insbesondere der Ausrichtung auf die Sowjetwirtschaft mit der unter komparativen Gesichtspunkten nachteiligen Warenstruktur der Ein- und Ausfuhren, ist bereits hingewiesen worden. Eine tendenzielle Umlenkung der Außenhandelsströme in westlicher Richtung wird nur dann verwirklicht werden können, wenn anstelle der in den Westen bislang exportierten Grundmaterialien und Halbfabrikate, Erzeugnisse der verarbeitenden Industrie ausgeführt, und das heißt konkurrenzfähigere Produkte als bislang hergestellt würden. Dies gelang nicht. Selbst wenn die vorliegenden Daten für 1989 eine gewisse Steigerung der Westexportquote anzeigen, so ist dies auf Veränderungen der relativen Preise zurückzuführen (die Preise der aus der UdSSR eingeführten Rohstoffe beginnen zu fallen und bewirken, aus diesen und anderen Gründen, eine Reduzierung der Ausfuhren von Maschinen und anderen Erzeugnissen in die Sowjetunion) sowie auf konjunkturelle Faktoren. Diese Tendenz dauert auch 1990 fort. Eine radikale Umlenkung der Außenhandelsströme von Ost nach West ist erst dann zu erwarten, wenn die Unternehmen aufgrund einer Steigerung ihrer Leistungskraft auf anspruchsvollen Märkten konkurrenzfähig sein werden, wenn mit anderen Worten die Wirtschaftsreform voll greifen wird.

Die Folgen der Strukturpolitik bzw. des marktinduzierten Strukturwandels im Beschäftigungs- und Sozialbereich dürfen nicht geringgeschätzt werden. Besonders das Beraterteam der tschechischen Regierung hat eine ganze Reihe von Maßnahmen vorgeschlagen, die soziale Härten abfedern sollen. Die Palette der Vorkehrungen reicht von abgestuften Subventionen für Betriebe, deren Programme reduziert werden müssen, aber auch für solche, die zwar zukunftsträchtige Produkte herstellen, jedoch (noch) nicht rentabel wirtschaften, von Schutzzöllen gegenüber konkurrierenden Importen, über eine Förderung von neuen Arbeitsplätzen, Umschulungsprogramme, Berufsberatung bis hin zur Einführung einer Art Arbeitslosenversicherung und -unterstützung als Folge des Strukturwandels. Ein guter Teil dieser Ansätze ist in konkreter Form im Beschluß der Föderalregierung vom 14. Mai 1990 wiederzufinden.

4. Schlußbemerkungen

War die von oben oktroyierte Transformation des tschechoslowakischen Wirtschaftssystems vor vier Jahrzehnten – die Umgestaltung einer zwar von Elementen einer zentral geleiteten Wirtschaft durchsetzten, aber weitgehend funktionstüchtigen marktwirtschaftlichen Ordnung in das Kommandosystem sowjetischen Typs – innerhalb einer kurzen Zeit (1949/50) durchgesetzt worden, so stehen die verantwortlichen Politiker und die sie beratenden Ökonomen nun vor einer langwierigen problemreichen Übergangsperiode. Gerade zu Beginn der Überführung des alten in das neue System türmen sich Probleme auf, deren Lösung alles andere als einfach sein wird. An den Schwierigkeiten ändert die Tatsache nur wenig, daß sich die ČSFR-Wirtschaft in einer günstigeren Ausgangslage befindet als die übrigen ehemaligen Ostblockstaaten, vielleicht mit Ausnahme der DDR mit ihrem reichen »Zwillingsbruder«. Einige der offenen Probleme und Fragen, die es heute und morgen zu beantworten gilt, seien abschließend angedeutet.

– Welchen Zeitrhythmus sollen die Wirtschaftspolitiker wählen, wenn sie die Gratwanderung zwischen einer schlagartigen Schocktherapie und einer graduell gestaffelten Reformstrategie – etwa bei der Deregulierung der Preisbildung oder bei der Stillegung bzw. Einschränkung von Produktionsprogrammen (Waffen, Stahl, Braunkohle, Schwermaschinenbau) – ohne größere soziale Spannungen oder gar Unruhen erfolgreich bewältigen wollen?

– Wo und in welcher Reihenfolge sollen unter den Bedingungen knapper Ressourcen Schwerpunkte der Strukturpolitik gesetzt werden – man denke etwa an die katastrophale Zerstörung der Umwelt, an dringende, untereinander konkurrierende Ziele im

Bereich der verwahrlosten Infrastruktur (Verkehrsnetze, Städteplanung, Regionalaufgaben) und an die unumgängliche Modernisierung des veralteten Produktionsapparats.

– In welcher Richtung soll der Energiesektor – Einsparungen vorausgesetzt – weiterentwickelt werden? Soll das, vielleicht reduzierte Kernkraftprogramm fortgeführt werden? Oder soll es durch stärkere Nutzung von Gas oder mit Hilfe von Stromimporten oder durch Vorantreiben alternativer Energieformen ersetzt werden?

– Inwieweit kann unter dem gegebenen Zeitdruck der Strukturwandel mit Hilfe von Marktinstrumenten durchgesetzt werden? Inwieweit könnten ergänzend – mittels staatlicher, regionaler und örtlicher Instanzen – direkte Weisungsformen angewandt werden, ohne daß die Marktreform allzu sehr »verwässert« wird?

Selbst die radikalen Vorstellungen und Entwürfe der marktwirtschaftlich orientierten tschechoslowakischen Reformer, deren Konzeption sich gegenwärtig durchzusetzen scheint, bieten kein Allheilmittel, mit dem in Kürze durchgreifende Erfolge erzielt werden können. Anders als in der DDR und in Ungarn, jedoch ähnlich wie in Polen, haben in der Tschechoslowakei diejenigen Kräfte »das Rennen gemacht«, die an der Spitze des von den Prager Studenten eingeleiteten revolutionären Umbruchs standen. Die Tschechen und Slowaken haben Anfang 1990, in den ersten freien Wahlen nach vier Jahrzehnten, dem Bürgerforum mit seiner slowakischen Schwesterbewegung, der »Öffentlichkeit gegen Gewalt«, in eindrucksvoller Weise ihr Vertrauen geschenkt. Die Bevölkerung hat damit die Legitimation denen in die Hände gegeben, die von Anbeginn – noch vor der »sanften Revolution« – die mutigsten und konsequentesten Vorkämpfer für die Befreiung von der Herrschaft der Parteiapparatschiks gewesen waren. Das könnte sich als ein nicht zu unterschätzender Vorteil erweisen, wenn es darum geht, einen breiten gesellschaftlichen Konsens über die unvermeidlichen sozialen Kosten des wirtschaftlichen Umbruchs herzustellen.

Anmerkungen

1 J. Kosta, Von Kronstadt bis Peking. Das Aufbegehren der Menschen im »realen Sozialismus«, in: Nachdenken über China, hrsg. von U. Menzel, Frankfurt am Main 1990.
2 In der nachfolgenden Tabelle wird der rückläufige Wachstumstrend des »produzierten Nationaleinkommens« (aussagekräftiger dessen international akzeptierte Bezeichnung »Nettomaterialprodukt«) sowie des privaten Verbrauchs deutlich, wobei zu berücksichtigen wäre, daß die offiziellen Daten infolge versteckter Inflationsraten ein überzogenes Wachstumstempo anzeigen:

Jahresdurchschnittliches Wachstum in der ČSSR

	1971–75	1975–80	1981–85	1986–89
Nationalprodukt	5,7	3,7	1,8	2*)
Privater Verbrauch	3,4	0,8	1,0	3*)

*) geschätzt

Quelle: Statistische Jahrbücher der ČSSR

Nach Aussagen etlicher tschechoslowakischer Experten, die in den Fachzeitschriften wiederholt betont worden sind, wird die »versteckte« Inflationsrate bei Konsumgütern mit rund 2 Prozent und bei Investitionsgütern mit ca. 4 Prozent angegeben; diese Daten bleiben in der Wachstumsstatistik, die sich auf »konstante Preise« stützt, unberücksichtigt.

3 Jahresdurchschnittliches Wachstum der globalen Wirtschaftlichkeit in der Tschechoslowakei

1950–60	1961–65	1966–70	1971–75	1976–80	1981–85	1986–87
2,9	0,2	2,0	1,5	0,6	0,0	0,2

Quelle: D. Hanzlová, Spíš břímé než základ (unter Berufung auf M. Hájek, Ökonomisches Institut der ČSAV), Hospodářské noviny 8/1990

(In dieser Tabelle sind die bis Ende 1987 berechneten Daten aufgeführt; etliche Einzelangaben, die 1988 und später in Veröffentlichungen des Föderalen Statistischen Amtes sowie der Fachpresse zu finden sind, legen den Schluß nahe, daß der ungünstige Trend bis Ende 1989 nicht aufgehalten werden konnte.)

4 V. Horský, Die sanfte Revolution in der Tschechoslowakei 1989. Zur Frage der systemimmanenten Instabilität kommunistischer Herrschaft, Berichte des Bundesinstituts für ostwissenschaftliche und internationale Studien, Nr. 14/1990, S. 12f. (vgl. den Beitrag des Autors in diesem Band).
5 In diesem Abschnitt folgt der Autor an etlichen Stellen den Ausführungen seines Aufsatzes »Tschechoslowakei: Beschwerliche Etappen zur Marktwirtschaft«, in: Orientierungen zur Wirtschafts- und Gesellschaftspolitik (Bonn) 43/1990. Ein Großteil der Informationen ist auf intensive Kontakte des Verfassers mit Prager Fachkollegen zurückzuführen.
6 Im Dezember 1989 ist V. Komárek zum stellvertretenden Ministerpräsidenten, V. Klaus zum Finanzminister und V. Dlouhý, ebenfalls ein führender Wissenschaftler des Prognose-Instituts, zum Planungsminister berufen worden. Später – etwa im April 1990 – hat, wie aus Prag verlautet, der angeblich eher »moderate« Komárek (ohne vorerst von seinem Regierungsposten enthoben worden zu sein) seinen Einfluß auf den Verlauf der Reform zugunsten der marktradikalen Ökonomen um Klaus verloren.
7 Dies gilt insbesondere für die Wochenzeitschrift *Hospodářské noviny* kurz nach der Wende und etwas später für die Monatszeitschriften *Politická ekonomie*, *Narodni* (früher *Plánované*) *hospodářství* und *Finance a úvěr*. Die wichtigsten Gedanken der Mitarbeiter des Prognose-Instituts – u. a. von V. Dlouhý, T. Ježek, V. Klaus, V. Komárek, J. Kreuter, K. Kouba, Č. Kožušník, M. Pick, M. Tuček, R. Vintrová – sind auch in Tagungsbeiträgen eines US-CS-Round-Table Kolloquiums Prag (September 1989) und eines Symposiums des Osteuropa-Instituts München (Dezember 1989) veröffentlicht worden.
8 Besonders nennenswert sind Beiträge von M. Hrnčíř, V. Klusoň und L. Mlčoch vom Ökonomischen Institut der Čs. Akademie der Wissenschaften.
9 Es geht dabei einerseits um eine Reduzierung des »Wasserkopfs« durch Zusammenlegung der zahlreichen Zweigministerien in ein einheitliches Ministerium für Wirtschaft, andererseits um die Besetzung neuer, marktkonformer Behörden wie Arbeitsämter, Steuerbehörden, Handelskammern etc.
10 Zum ursprünglichen Entwurf vgl. R. Frensch, Wirtschaftslage, Außenhandelsstruktur und -potential der Tschechoslowakei zu Beginn der neunziger Jahre, Osteuropa-Institut München, Nr. 135, März 1990, S. 7.
11 Die Ausführungen zur »Entnationalisierung« bzw. »Privatisierung« stützen sich auf einen Vortrag des führenden Prager Nationalökonomen Tomáš Ježek, den dieser anläßlich eines Frankfurter Symposiums am 27. 4. 1990 gehalten hat.
12 Dazu vgl. einen Aufsatz des tschechischen Wirtschaftswissenschaftlers

Zdislav Šulc (Hospodářské noviny 18/1990, S. 8/9) sowie die dem Verfasser mündlich übermittelten Einwände von Ota Šik (St. Gallen) und kritische Anmerkungen von Diskussionsteilnehmern des in Anmerkung 11 erwähnten Symposiums.

13 Die Nettoverschuldung war zwar mit 6 Mrd. $ um 2 Mrd. geringer (Daten des Wiener Instituts für Internationale Wirtschaftsvergleiche); es wurde allerdings tschechoslowakischerseits wiederholt (u. a. in einer Regierungserklärung des Premiers Čalfa vom 27. 2. 1990: vgl. Hospodářské noviny 10/1990, S. 8) darauf hingewiesen, daß ein guter Teil der Guthaben gegenüber Entwicklungsländern – vielfach wohl für Waffenlieferungen – »illiquide« sei.

14 In einer Kurztabelle wurden die folgenden Daten zur Zahlungsbilanz veröffentlicht:

	zum 1. 1. 1989	Mrd. Kčs Veränderung 1989	zum 31. 12. 1990
Guthaben...	+105,9	+11,0	+116,9
Schulden...	−105,2	− 8,5	−113,7
Devisenposition	+ 0,7	+ 2,5	+ 3,2

Quelle: Hospodářské noviny 11/1990, S. 7.

15 Die Tschechoslowakei zählt zu den zehn größten Rüstungsproduzenten der Welt, teils als Folge einer bis in die Habsburger Monarchie zurückreichenden Tradition, zum größeren Teil jedoch durch den außenpolitisch forcierten weiteren Ausbau seit den fünfziger Jahren. Die gegenwärtige politische Führung hat die Lieferungen in die Spannungsgebiete bereits völlig eingestellt und ist offensichtlich dabei, auch sonst die militärische Produktion auf ein Minimum einzuschränken (so vielfache öffentliche Aussagen des Außenministers und des Präsidenten).

16 Regionalstruktur des tschechoslowakischen Außenhandels
Anteil in %

	1970	1980	1984	1988
Sozialistische Länder	70,0	69,9	78,3	78,5
(darunter UdSSR)	(32,5)	(35,8)	(45,1)	(41,7)
Kapitalistische Industrieländer	22,4	23,1	15,7	17,4
Entwicklungsländer	7,6	7,0	6,0	4,1

Quelle: Statistisches Jahrbuch der ČSSR 1989, S. 462

(Die in dieser Tabelle aufgeführten Prozentanteile basieren auf Daten der ČSSR-Statistik von 1989. Legt man, wie dies von Frensch (Anm. 10) getan wurde, die 1989 eingeführten kommerziellen Wechselkurse zugrunde, dann beträgt der Anteil der »sozialistischen Länder« am tschechoslowakischen Außenhandel rund 64 Prozent, darunter der des RgW ca. 58 Prozent. Das angepeilte Reformziel würde bei einem Ostblockanteil dann bei 40 Prozent liegen.)

17 Die Informationen, die auf einer Pressekonferenz vom 15. 5. 1990 zu dem verabschiedeten Regierungsprogramm einer »radikalen Wirtschaftsreform« fußen, bestätigen die These, daß sich die marktliberalen Regierungsmitglieder Vales (der nunmehr anstelle Komáreks für die Reform verantwortlich zeichnet), Klaus und Dlouhý im wesentlichen durchgesetzt haben. Diese Aussagen gelten freilich wiederum für die Zeit der Abfassung dieses Beitrags.

Jadwiga Staniszkis
Dilemmata der Demokratie in Osteuropa

Der Begriff »Demokratie« gehört zum Vokabular der Ideologie, aber er hat auch einen analytischen Bedeutungsgehalt. Gegenwärtige westliche Vorstellungen von Demokratie beziehen sich auf die komplexen institutionellen und rechtlichen Rahmenbedingungen, durch die diejenigen, die »herrschen«, von den »Beherrschten« kontrolliert werden können und die in Konflikten zwischen diesen zu vermitteln erlauben. Der Begriff der Massendemokratie, in der ein mystifizierter »allgemeiner Wille« durchgesetzt wird, wird abgelehnt und als abwegig und gefährlich angesehen. Es ist jedoch wichtig, sich in Erinnerung zu rufen, daß diese beiden Modelle auch mit den verschiedenen Organisationsmustern in Verbindung gebracht werden, durch die sich die Gemeinschaft/Gesellschaft selbst als politische Einheit konstituiert oder definiert.

In dem folgenden Beitrag möchte ich fünf solche Muster diskutieren, die während der jüngsten Veränderungen in Osteuropa aufgetreten sind, und zugleich die Hindernisse, die diese Muster mit sich gebracht haben und die der Entwicklung einer repräsentativen Demokratie auf rechtsstaatlicher Grundlage entgegenstehen könnten.

Beginnen wir mit dem ersten Dilemma der Demokratie in Osteuropa. Es entsteht aufgrund der Tatsache, daß die Gesellschaft während der ersten Phase der Transformation, um den ganzen Prozeß in Gang zu setzen, sich selbst zu einem ganz besonderen Typus von politischer Einheit formiert hat. Und nun – während der zweiten Phase der Transformation – *muß genau diese Form der politischen Gliederung* von neuen Eliten, zu denen auch ehemalige Oppositionsführer gehören, *von oben aufgelöst werden*. Das dramatische Paradox in dieser Phase des Durchbruchs im real existierenden Sozialismus besteht darin, daß, solange die ökonomischen Grundlagen für eine echte Zivilgesellschaft nicht existieren, die massive politische Mobilisierung der Bevölkerung nur auf nationalistischem oder fundamentalistischem Wege möglich ist. Ich möchte erwähnen, daß ich den Begriff »Zivilgesellschaft« hier im Hegelschen Sinne verwende[1], der gleichbedeutend ist mit dem spezifischen Muster der Vergesellschaftung, durch das sowohl die inneren Interessenunterschiede in der Gesellschaft als auch die Notwendigkeit von deren staatlicher Vermittlung anerkannt und legitimiert werden. Nur ein solcher Typus von Gesellschaft kann die repräsentative Form der Demokratie, nicht die Massendemokratie, verwirklichen. Die fundamentalistische oder nationalistische politische Formierung ist in dieser Phase der Transformation unvermeidlich, aber im höchsten Maße dysfunktional sowohl für den allmählichen Wandel als auch für das entstehende neue »Politikmuster«.

Das zweite Dilemma der Demokratie in Osteuropa wurzelt im Charakter der Transformation selbst und war vorauszusehen, lange bevor noch der ganze Prozeß in Gang kam.[2] Die »Ontologie« der real existierenden sozialistischen Gesellschaft führt zu der Situation, daß Veränderungen von oben durchgeführt werden müssen – und zwar im Namen von »theoretischen Interessen«. Das gilt besonders für den Prozeß der Privatisierung, der für die gesamte Transformation von zentraler Bedeutung ist. Subjekte, die an einer solchen Veränderung »reale« und nicht nur »theoretische« Interessen (die auf der Kenntnis dessen beruhen, was ökonomisch rational ist, und nicht auf ihren eigenen materiellen Motiven) haben, sind nicht vorhanden und müssen vom Staat erst geschaffen werden. Der ausschlaggebende Punkt für den Durchbruch ist genau dieser Wandel im Geflecht der Interessen, das heißt eine Zunahme der Zahl der Subjekte, die an der Privatisierung in deren Verlauf interessiert sind. Mit anderen Worten, während der ersten Phase der Transformation projizieren die neuen politischen Eliten, die sich aus reformorientierten ehemaligen Mitgliedern des Parteiapparats und ehemaligen Oppositionsführern zusammensetzen, eher ihre Vorstellungen von der gesellschaftlichen Entwicklung auf die Gesellschaft, als daß sie die Interessen konkreter gesellschaftlicher Gruppen repräsentieren. Das legitimierende Argument ist also das Interesse der Gesellschaft als ganzer, dem real existierenden Sozialismus eine Ende zu setzen, und nicht die Vertretung der Interessen einer spezifischen, wohl umschriebenen Wählerschaft. Neue gesellschaftliche Beziehungen, Akteure und Interessen werden überhaupt erst geschaffen. Ein solcher Typus staatlicher Aktivität repräsentiert nicht bereits vorhandene Interessen, vielmehr ist er unverzichtbar für den Transformationsprozeß insgesamt. Dieses zweite Dilemma, so unvermeidlich es sein mag, bringt jedoch die Gefahr mit sich, in gewissem Ausmaß nur eine Fassade von neu geschaffenen demokratischen Institutionen zu errichten. Es kann leicht geschehen, daß diese von der neuen politischen Führung manipuliert werden (und das häufig im Namen echter »Politik« und Machtauseinandersetzungen). Das Fehlen wohl umschriebener Interessen in einer Gesellschaft, die sich im Übergang befindet, gibt der neuen Elite das trügerische Gefühl, »freie Hand zu haben«. Darüber hinaus geschieht das zu derselben Zeit, in der die Interessen des (sowjetischen) Imperiums wohl definiert sind und über sie gewacht wird.[3]

Es ist wichtig, sich in Erinnerung zu rufen, daß »die meisten der herausragenden Theorien des gesellschaftlichen Wandels annehmen, daß die Ursachen von gesellschaftlicher Transformation in internen Prozessen der Gesellschaft zu finden sind«. Es wird unterstellt, daß Wandel sich vermittelt durch Mechanismen vollzieht, »die in die Struktur einer gegebenen Gesellschaft eingebaut sind«.[4] Die Revolutionen von oben in Osteuropa machen offensichtlich ein differenzierteres theoretisches Paradigma erforderlich, das nicht nur systemische Widersprüche und die gesellschaftlichen Kräfte berücksichtigt, die durch jene mobilisiert werden, sondern auch die aktive Rolle des Staates und Zufallsfaktoren.

Darüber hinaus kann selbst in fortgeschrittenen kapitalistischen Gesellschaften die Idee des »öffentlichen Interesses« nicht vollständig aufgegeben und Politik nur auf Gesetzgebungsaktivität oder auf die Verteidigung einer »freien Wettbewerbsstruktur« gegenüber partikularen Interessengruppen reduziert werden. Einige Interessen (wie zum Beispiel Umweltprobleme) müssen von oben als »quasi-objektive Güter« definiert werden, ohne auf die spontanen Vertragsbeziehungen zu warten, über die auf dem Markt entschieden wird. Im Falle Osteuropas, das sich jetzt im Prozeß des Übergangs befindet, ist es offensichtlich nicht möglich, diesen nur dem Wettbewerb individueller Interessen zu überlassen. Eine solche Wettbewerbsstruktur müßte allererst von oben geschaffen werden. Kompliziert wird die Situation noch dadurch, daß bestimmte Interessen, bedingt durch die Erblast des real existierenden Sozialismus und seiner verstaatlichten Wirtschaft, überhaupt nicht existieren. In einer solchen Situation kann die Idee des »allgemeinen Interesses« nicht (nach den Vorstellungen der Liberalen) auf das »Interesse, eine Übereinkunft zu erzielen«, reduziert werden. Einige Entscheidungsalternativen müssen vom Staat selbst, als dem Vertreter nicht-partikularer Interessen, definiert werden. Der Staat muß auch gesellschaftliche Akteure schaffen, die diese Alternativen so behandeln, als würden sie in ihrem wohlverstandenen Eigeninteresse sein (oder die sich als Vertragsparteien irgendwie ihrer annehmen würden). Die Konsequenz ist nicht nur ein mögliches Trugbild von Repräsentation, sondern auch die Gefahr, daß der Staat seine Macht zu definieren, was in der Phase des Übergangs das öffentliche Interesse ist, mißbraucht.

Die Frage der Privatisierung ist hier besonders lehrreich. Sie ist die Schlüsselfrage des Transformationsprozesses, und es werden gewichtige Argumente ins Feld geführt, um sie so weit wie möglich zu entpolitisieren (wobei die Forderung nach dem »Minimal-Staat« als die »anti-politische« Position auftritt). Aber sogar in dem Fall, in dem die Privatisierung schließlich von Handelsgesellschaften durchgeführt würde, die Aktien ausgeben, würde die Rolle des Staates entscheidend bleiben und nicht wesentlich eingeschränkt werden. Denn es ist daran zu erinnern, daß es ja der Staat ist, der während des Privatisierungsverfahrens die ökonomischen Bedingungen bestimmt, unter denen man »Eigentümer wird«. Der Staat definiert nicht nur, welches Kapital »legitimiert« ist und welches nicht (zum Beispiel mit Hilfe der jüngsten Angriffe auf das Kapital von ehemaligen Mitgliedern der Nomenklatur, das diese auf dem Wege eines »politischen Kapitalismus« akkumuliert haben); der Staat trifft auch Entscheidungen über die zukünftige Verteilung der Eigentumsrechte (im Falle Polens fällt diese Entscheidung durch die administrative Begrenzung des Aktienanteils, der an die Beschäftigten verkauft wird und 20 Prozent des Aktienkapitals des privatisierten Unternehmens nicht überschreiten darf), und er schafft die rechtlichen und institutionellen Rahmenbedingungen (zum Beispiel das Kreditwesen), die entscheidend für die Geschwindigkeit und die Art und Weise der zukünftigen Privatisierungen sind.

Ein wichtiges Thema der gegenwärtigen politischen Auseinandersetzungen in Osteuropa ist es daher, wie diese unvermeidliche Rolle des Staates während der Übergangsphase kontrolliert und eingeschränkt werden kann. Ein Vorschlag (der von neokonservativen Gruppen kommt) zielt darauf, ein System von Kontrollkriterien auf der Grundlage »vorbildlicher Gemeinschaften« (wie zum Beispiel »die Soziallehre der katholischen Kirche«) zu schaffen. Aber das führt uns wieder zum ersten Dilemma der Demokratie in

Osteuropa zurück: Ist eine »Re-Traditionalisierung« der einzig mögliche Weg, den real existierenden Sozialismus sicher zu überwinden, solange eine Zivilgesellschaft noch nicht existiert?

Die beiden eben beschriebenen Dilemmata der Demokratie haben ihren Ursprung in einer spezifischen Einstellung, die in gewisser Hinsicht an die *postmoderne Kultur* erinnert. Im Falle der Eliten, die die Privatisierung von oben vorantreiben, handelt es sich um eine besondere *Politik des Pastiche*, mit ihrer teilweise ironisierenden und an sich selbst zweifelnden Nachahmung von einigen Formen des Kapitalismus des 19. Jahrhunderts (»reiner« Markt, persönliches Eigentum). Eine solche Nachahmung der kapitalistischen Vorgeschichte wird als ein notwendiger Schritt zum Eintritt in die moderne kapitalistische Welt angesehen. Dies beruht auf der Annahme (die von *Fukoyama* herausgestellt wird), daß stilistische Neuerungen nicht länger möglich sind. Auf der Ebene des öffentlichen Bewußtseins läßt sich eine solche postmodernistische Einstellung an den Anstrengungen der Gesellschaft beobachten, ihre eigene Atomisierung zu überwinden und sich als politische Einheit herzustellen. Dies wird einerseits mit Hilfe der Aktion versucht (Rebellion als Politik der Identität) und andererseits mit einer spezifischen *Neo-Traditionalisierung*. Beide Merkmale sind charakteristisch für die postmodernistische Kultur.

Paradoxerweise werden solche postmodernistischen Einstellungen auf der Ebene der Eliten und Gesellschaften als Mittel angesehen, mit deren Hilfe man in das Stadium der Moderne eintreten kann (man macht also zwei Schritte vorwärts, um tatsächlich einen Schritt zu machen). Ist eine solche postmoderne Kultur vom Standpunkt der gegenwärtigen osteuropäischen Probleme rational (in der instrumentellen Bedeutung des Wortes), oder stellt sie eine Weigerung dar, die Herausforderung der Gegenwart anzunehmen und geschichtlich zu denken?

Das dritte Dilemma der Demokratie in Osteuropa hängt meiner Meinung nach mit der Tatsache zusammen, daß die jüngsten Transformationen nicht als Auflösung des (sowjetischen) Imperiums interpretiert werden sollten, sondern als das Bemühen des Imperiums, sich besser an das Weltsystem anzupassen. Diese Anpassung vollzieht sich als eine Evolution vom formellen zum informellen Imperium und beruht auf der Logik einer Arbeitsteilung und der »natürlichen« Schwerkräfte der Märkte und nicht länger mehr nur auf Zwang.[5] Diese neue Form eines Kolonialstaats begrenzt und verzerrt jedoch in gewissem Grade die Machtstrukturen, die kürzlich in Osteuropa entstanden sind.[6] Wir können hier den Widerstreit zweier Entwicklungsprozesse beobachten. Einerseits handelt es sich um eine Anstrengung von seiten der sich emanzipierenden osteuropäischen Gesellschaften (und ihrer politischen Eliten), ein »nationales Macht-Potential«[7] zu schaffen, dessen strukturelle Eigenschaften, Autorität und Entscheidungsbefugnisse in Form eines Nationalstaats und einer verfassungsmäßigen Regierung auskristallisiert werden. Andererseits um einen Prozeß, vermittels dessen sich *eine neue Form des Kolonialstaats* herausbildet. Dieser beruht weitgehend auf außer-verfassungsrechtlichen Übereinkommen (zum Beispiel das gemeinsame Verteidigungskomitee oder außerordentliche »Kommissionen«). Weit wichtiger aber ist, daß wirtschaftliche und politische Abhängigkeit immer als eine segmentierende Kraft wirkt, die Handlungsfelder und -möglichkeiten der Kontrolle der lokalen/nationalen Regierungen entzieht und so in einem gewissen Ausmaß den »Systemcharakter« des Nationalstaats zerstört. Dadurch werden schwerwiegende Handlungsbeschränkungen für demokratisch gewählte Körperschaften geschaffen.

Das vierte Dilemma der Demokratie hat seine Ursache in der spezifischen Zweideutigkeit der rechtlichen Beziehungen zwischen den verschiedenen Institutionen des Staates. Die stabilisierende und ausbalancierende Rolle der kommunistischen Partei in ihrem Spätstadium wird nun von der Institution des Präsidenten übernommen, die fast genauso schlecht formalisiert ist wie die »führende Rolle der Partei« zuvor. Das hängt mit der politischen Funktion des Präsidentenamtes zusammen, das sowohl von Moskau als auch vom Westen als Garant des evolutionären Charakters des Wandels angesehen wird. Dies steigert jedoch noch die charakteristische *Zweideutigkeit der formalen Struktur des sich herausbildenden Staates*.

Das fünfte Dilemma der Demokratie hängt mit der Tatsache zusammen, daß der Handlungsspielraum der osteuropäischen Regierungen (die unter Beteiligung ehemaliger Oppositionsführer gebildet wurden) sehr begrenzt ist. Der Grund dafür liegt vor allem in der hohen Auslandsverschuldung, aber auch in den COMECON-Verpflichtungen und der schweren Wirtschaftskrise. Das hat zur Folge, daß die neuen Eliten oft genau die wirtschaftspolitischen Maßnahmen ergreifen, die die alten gerne durchgeführt hätten, wozu sie aber aufgrund des gesellschaftlichen Widerstands und des Mangels an Legitimität nicht in der Lage waren. Diese Tatsache in Verbindung mit dem maßgeblichen Einfluß der neuen Eliten auf den evolutionären Charakter des Wandels[8], der eine sehr gute Anpassung der alten Partei-Nomenklatur zur Folge hat, hat sowohl in der »gut informierten Öffentlichkeit« als auch innerhalb der neuen Eliten selbst den spezifischen Typus eines *neuen Zynismus* hervorgebracht. Diese Tatsache vergrößert aber auch die *Passivität* der Gesellschaft, die zu all den Paradoxa einer repräsentativen Demokratie in einer apathischen Gesellschaft führt. Das trifft besonders zu, wenn die »Mehrheit« nicht absolut, sondern relativ ist. Das war bisweilen während der Wahlen in Polen im Juni 1989 der Fall und ist nun als Folge zunehmender Passivität die Regel. Mit wachsender gesellschaftlicher Apathie ist es aber angebracht zu fragen, mit welchem Recht der Wille der größten Zahl an die Stelle des Willens der Mehrheit gesetzt wird. Das trifft besonders dann zu, wenn die Wahlentscheidungen nicht zwischen gut ausgearbeiteten Alternativen, sondern zwischen Symbolen, Loyalitäten und moralischen Einstellungen (und letzteres ist in Osteuropa oft der Fall) getroffen werden. An dieser Stelle sei auch noch darauf hingewiesen, daß die Attitüde des Zynismus, so heikel sie sich schon in Osteuropa ausnimmt, sehr gut zu dem spezifischen Zynismus westlicher Politiker und Experten paßt, den diese an den Tag legen, wenn sie mit Osteuropa zu tun haben. Diejenigen, die die Spielregeln kennen, werden denen gegenüber ungeduldig, die sie brechen (wie im Falle Litauens).[9] Diejenigen, die dafür verantwortlich sind, die Veränderungen in Osteuropa zu überwachen, sind der Unvorhersagbarkeit des ganzen Prozesses überdrüssig. Die Anhäufung fast unlösbarer wirtschaftlicher Probleme vermindert die Kreditwürdigkeit Osteuropas. Alle diese Einstellungen, die sich im Westen beobachten lassen, werden zur Ursache einer sich selbst bestätigenden Prophetie. Die Zurückhaltung des Westens bei Kapitalanlagen, die aus den genannten Wahrnehmungsmustern westlicher Politiker resultiert, würde den Transformationsprozeß auf halbem Wege zum Stillstand bringen (insbesondere wenn das für die Privatisierung notwendige Kapital fehlt). Dies würde die oben umschriebenen Dilemmata der Demokratie nur verschärfen und zu einer spezifischen »Argentinisierung« der ganzen Region führen. Alle genannten Dilemmata können zu einer »Wahlillusion«[10] führen (nämlich zu der Illusion, daß die neu geschaffenen Regeln für freie Wahlen hinreichend sind, um die Demokratie zu sichern).

Im folgenden will ich mich auf das erste der oben genannten Dilemmata konzentrieren und verschiedene Muster der Selbstorganisation der Gesellschaft zu einer politischen Einheit diskutieren.

Die erste Phase des Transformationsprozesses in Osteuropa sollte als die »Politik der Identität« bezeichnet werden; sie hängt zusammen mit dem Übergang von einer entmächtigten Gesellschaft zu einer Gesellschaft, die selbst Akteur des Wandels ist; mit anderen Worten von einer Gesellschaft, die atomisiert ist und systematisch vom Staat kontrolliert wird (das gilt auch für die Aktionen früherer Rebellen, die bis zu einem gewissen Grad bloße Rituale des Wandels[11] repräsentierten, welche von oben gesteuert wurden)[12], zu einer Gesellschaft, die eigenständig als politische Einheit handelt. Der funktionale Imperativ, der eine solche Veränderung möglich macht, ist eine Verschiebung in der kollektiven Imagination der Gesellschaft und deren neue Wahrnehmung von sich selbst. Dies ist verbunden mit der Suche nach neuen Konzepten, die die Bedingungen der Unabhängigkeit der Gesellschaft vom Staat definieren, und nach neuen Wertvorstellungen, die eine solche Unabhängigkeit rechtfertigen. Hochgradig verstaatlichte gesellschaftliche Beziehungen, die durch den Typus von Eigentumsrechten bedingt sind, bei denen der Staat als notwendiger Zwangsmechanismus auftritt, machen eine solche Verschiebung besonders schwierig. Diese Verschiebung erinnert in gewisser Hinsicht an das »bricolage«-Muster von Begründungen.[13] Die neue existentielle Erfahrung (Solidarität, die »uneigennützigen« Streiks von 1980) aktivierte schlummernde (latente) Wertvorstellungen und verlieh ihnen dadurch den Status kognitiver Kategorien.[14] Dieser Prozeß ermöglichte die »Politik der Identität«, indem die Konfliktfront zwischen Gesellschaft und Staat definiert wurde und die normativen Grundlagen sowohl für den unabhängigen Status der Gesellschaft als auch für die Grenzen staatlicher Intervention klar festgelegt wurden. Die Wertvorstellungen, die dem politischen Fundamentalismus und einem sich schnell entfaltenden Nationalismus zugrunde liegen, können eine solche Aufgabe erfüllen. Sie stellen alternative Muster der anfänglichen Massenmobilisierung dar, die dann später (als eine verallgemeinerte Bedrohung) einer der hauptsächlichen Gründe für die das

Erreichte sichernde Revolution von oben ist. Beide Muster der politischen Artikulation der Massen müssen abgeschwächt werden, wenn solche Revolutionen von oben stattfinden. Darüber hinaus wird eine solche Abschwächung von oben in einer Phase betrieben, in der die ontologische Basis für eine echte Zivilgesellschaft noch nicht geschaffen worden ist und die letztlich notwendige Reform der Eigentumsrechte sich noch im Diskussionsstadium befindet. Das führt (wie gegenwärtig in Polen) zu einem spezifischen gesellschaftlichen Vakuum und zu Passivität (wenn die fundamentalistische politische Organisation sich aufgelöst und die neue Form der politischen Einheit sich noch nicht als ein massenwirksames Phänomen herausgebildet hat). Eine andere Reaktionsweise kann in Rumänien und der Sowjetunion beobachtet werden, und zwar in Form eines gewaltsamen Zusammenpralls zwischen der Vorstellung der Gesellschaft, wie die neu geschaffene Sphäre für autonomes Handeln ausgefüllt werden sollte (in Form nationalistischer Auseinandersetzungen zwischen Minderheiten), und der Vorstellung von »Politik«, wie sie von oben formuliert wird. In allen osteuropäischen Gesellschaften würde die Grundlage für die Form der Vergesellschaftung, die für die Zivilgesellschaft typisch ist, erst nach der Abschaffung des Staatseigentums entstehen. Die Existenz einer politischen Sphäre ist offensichtlich nicht hinreichend. Die verstaatlichte Wirtschaft, selbst wenn sie dereguliert und dezentralisiert wäre, führt immer von neuem zur Atomisierung und Segmentierung von Gesellschaft und Wirtschaft, da es weder allgemein anerkannte Marktregeln noch Konzepte – wie »Kapital« – gibt, die es möglich machen würden, die Wirtschaftstätigkeit als einen Prozeß wahrzunehmen. Die verstaatlichte Wirtschaft ist auch eine der Ursachen für den »natürlichen« Anarchismus, der für Osteuropa so charakteristisch ist, wo der Staat als eine partikulare Körperschaft behandelt wird, die im Namen ihrer eigenen Interessen (an Rationalität und Kontrolle) handelt. Die weitverbreitete Antwort der Gesellschaft auf die Prärogativen der Macht, die sie das Recht als bloßes Instrument der Politik behandeln läßt, hat eine Vorstellung von substantieller – nicht formaler – Gerechtigkeit zur Konsequenz. Die Legitimität der neuen, auf Vertrauen beruhenden Eliten, hat diese Vorstellung abgemildert, aber noch kein neues Muster der Vergesellschaftung hervorgebracht, das schließlich private Eigentumsrechte als Grundlage eines Vergesellschaftungsprozesses ersetzt, der zu einer »civil society« führt. Ich glaube persönlich nicht, daß solch eine alternative Grundlage überhaupt möglich ist. Das Fehlen einer solchen Grundlage ist für die Tatsache verantwortlich, daß die ursprüngliche Form der Selbstdarstellung der Gesellschaft als politische Einheit unabhängig vom Staat entweder die Gestalt des *Nationalismus* oder des *Fundamentalismus* (wie 1980 in Polen) annehmen mußte. Der Nationalismus tritt in der Variante der Forderung nach voller Souveränität auf (wie in den baltischen Republiken) oder, wie in den südlichen Sowjetrepubliken, in der Variante der Aggression sowohl gegen die Russen als auch gegen lokale Minoritäten, die uneinlösbare Gebietsansprüche geltend machen.[15]

Die anderen Formen der politischen Artikulation, die jetzt im Ostblock beobachtet werden können (und die nur in einer Situation entstehen, in der die Gesellschaft relativ passiv ist und nur die Eliten politisch mobilisiert sind), sind:
– eine *abgemilderte Form der nationalen Orientierung* (ohne starke nationalistische Untertöne, die sich gegen Minderheiten richten, oder ohne Forderungen nach sofortiger Unabhängigkeit) verbunden mit einer ausgeprägten Orientierung an institutionellen Reformen. Eine solche Selbstartikulation ist in jüngster Zeit in einigen Sowjetrepubliken aufgetreten (zum Beispiel im Programm von »Ruch« in der Ukraine) und ebenso in der Tschechoslowakei und Ungarn. Eine solche Orientierung kann jedoch sehr leicht in den ersten Typus von Nationalismus umschlagen;
– der Drang nach *technokratischer Autonomie*, die es durch Dezentralisierung ermöglichen würde, zumindest einige lokale Probleme zu lösen. Eine solche Orientierung wird oft von den russischen Eliten im Fernen Osten der Sowjetunion vertreten[16];
– die *Parteipolitik* in der DDR, die die alten politischen Fassaden wieder zum Leben erweckt hat und von den westdeutschen Parteiapparaten und durch das neue Problem der Wiedervereinigung starke Unterstützung erhielt. Die erstaunlich guten Wahlergebnisse der reformierten Kommunistischen Partei (PDS)[17] können nur dadurch erklärt werden, daß die Wähler eine fundamentalistische Einstellung ablehnten. Diese würde aus moralischen Gründen das Ende der Kommunistischen Partei bedeuten, wie bei den polnischen Wahlen im Juni 1989, als sowohl Reformvertreter als auch konservative Parteibürokraten auf den Wahllisten ausgestrichen wurden. Da sich aber die Stimmabgabe an Verdiensten orien-

tierte, hatte die Kommunistische Partei in der DDR einige Erfolgsaussichten, weil ihre gegenwärtige Position zur Wiedervereinigung von einigen Ostdeutschen geteilt wird (dieselben Wähler würden die Kommunisten ablehnen, wenn sie ihre Stimmabgabe an der Vergangenheit der Partei oder an moralischen Kriterien orientieren würden). Diese Wiederbelebung der Parteipolitik in der DDR fand während der anfänglichen Phase einer Volksfront-Orientierung statt, die Elemente eines politischen Fundamentalismus mit einer starken Betonung von revisionistischen Positionen verband, und sie erinnert an die Politik der polnischen Revisionisten innerhalb der Kommunistischen Partei (der Vereinigten Polnischen Arbeiterpartei) im Oktober 1956.

Einige Formen korporatistischer Orientierung, die Ende der siebziger Jahre entstanden, waren nur unter den professionellen Eliten verbreitet, die die »theoretischen Vorschläge für Reformen« formulierten: dabei handelte es sich, mit anderen Worten, um Vorschläge, die auf den Standards und dem Wissen von Experten beruhten, nicht auf den Interessen der professionellen Eliten als gesellschaftlicher Gruppe. In den achtziger Jahren wurden solche stellvertretenden Artikulationen der Gesellschaft bewußt abgelehnt, weil sie nur zu partiellen Konzessionen führen und die Intelligenz vom Rest der Gesellschaft isolieren würden. Die Ablehnung korporativer Körperschaften als politische Einflußkanäle verstärkte jedoch nur die Tendenz, im Rahmen des Paradigmas des »allgemeinen Willens« und der Massendemokratie zu agieren.

Die ersten beiden der oben erwähnten Orientierungsmuster (Nationalismus und Fundamentalismus, in seiner sowohl religiösen als auch säkularisierten Form) müssen nun von oben abgebaut werden. Die Techniken dazu schwanken zwischen einem »exklusiven Korporatismus« und der Drohung mit (oder sogar dem Einsatz von) staatlicher Gewalt (wie in Litauen oder den südlichen Sowjetrepubliken). Die Technik des »exklusiven Korporatismus« ist verbunden mit einem weitgespannten Geflecht selektiver Wählermobilisierung und der Verhinderung von eigenständigen Artikulationen gesellschaftlicher Konflikte. Eine solche Wählermobilisierung geschieht mit Hilfe der Bildung von überparteilichen Wählerblocks, die auf Vertrauen und Loyalität und nicht auf ausgearbeiteten politischen Programmen beruhen.

Die anderen drei erwähnten Orientierungsmuster können bis zu einem bestimmten Grad mit dem Modell der repräsentativen

Demokratie verbunden werden. Es ist aber daran zu erinnern, daß diese Muster nur möglich sind bei relativer Passivität der Gesellschaft und dem Ausbleiben von deren anfänglicher Mobilisierung. Es würde sich also um eine Demokratie ohne eine breite Bereitschaft zur Partizipation handeln, in der nur die Eliten aktiv sind. Mit anderen Worten, wenn die Revolution von Anfang an von oben stattfindet und nicht von unten, dann wird weder die Atomisierung der Gesellschaft aufgehoben noch eine neue Identität der Gesellschaft gegenüber dem Staat geschaffen. Die Apathie der Gesellschaft ist dann aber nicht mehr verursacht durch den Mangel an rechtlichen Möglichkeiten, sich zu organisieren, oder durch die Drohung mit staatlichen Repressionen. Sie beruht vielmehr auf der Tatsache, daß die neuen Eliten (um fundamentalistische Orientierungen oder überhaupt alle politischen Orientierungen wirkungslos zu machen, die für den allmählichen Ablauf des Wandels als schädlich angesehen werden) unter Einsatz ihrer ganzen Autorität Strukturen der politischen Artikulation verstärken, die im Hinblick auf die tatsächlichen Konfliktfronten und gesellschaftlichen Interessen in hohem Maße irrelevant sind.[18] Gleichzeitig sind die politischen Parteien, die sich von unten entwickelt haben, zu schwach und ohne Zugang zu den Massenmedien[19], um wirkungsvoll mit dem überparteilichen Block zu konkurrieren, der die Symbole von Solidarność in Beschlag genommen hat. Das Fehlen der ökonomischen Basis für eine echte Zivilgesellschaft verstärkt noch den enthobenen und abstrakten Charakter der Parteien als Formen der politischen Artikulation. Sie wissen noch nicht einmal, wie sich ihre Wählerschaft zusammensetzt.

Paradoxerweise können wir also die Demokratie in jenen osteuropäischen Ländern erwarten, in denen die Bevölkerung sich nicht genügend darum kümmert, an der Politik teilzunehmen, und nur die Eliten mobilisiert sind, und zwar in dauerhaften Formen als die einmalige Stimmabgabe bei Wahlen. Andererseits ist es angesichts der Widersprüche der Übergangsphase und der neuen Konflikte zwischen Gesellschaft und Staat[20] bis zu einem gewissen Grade irrelevant, ob die Gesellschaft mobilisiert ist, wie das jetzt der Fall ist, oder von den neuen Eliten entpolitisiert wird und nur über die Einflußkanäle verfügt, die von oben geschaffen worden sind.

Das Phänomen der »lokalen Revolutionen« in Polen[21] ist eine gute Illustration des Konflikts zwischen einer nicht völlig abge-

bauten fundamentalistischen Orientierung (mit ihrer spezifischen Gerechtigkeitsvorstellung) und der Orientierung des neuen Establishments. Ein solcher Zusammenprall kann im Falle Polens auf zwei Ebenen beobachtet werden:
– Erstens handelt es sich um einen Zusammenprall von zwei Vorstellungen von »Revolution«. Einerseits geht es um eine »Revolution von oben«, die sich selbst als Evolution darstellt, und zwar weitgehend aus taktischen Gründen und trotz der Tatsache, daß sie grundlegende Veränderungen auf der strukturellen Ebene einführt. Sie versieht sich selbst mit dem Etikett »legale Revolution« und lehnt sowohl eine Vorstellung von substantieller Gerechtigkeit als auch eine schnelle Veränderung des alten staatlichen Machtapparats (besonders auf der mittleren Ebene) ab. Andererseits geht es um eine weitverbreitete Vorstellung von Revolution als einer Aufwertung der bislang »Machtlosen«, die mit starken Elementen von Statuspolitik verbunden ist, um die Zerstörung der alten Hierarchien und um eine dramatische Veränderung im Verhältnis von Staat und Gesellschaft. Die Elemente einer »Kulturrevolution« werden als wesentlicher angesehen als langsame legale Reformen. Letztere sind auf der Ebene des allgemeinen Bewußtseins nicht nur schwer greifbar, sondern vermitteln auch nicht das unmittelbare Gefühl des »Sieges«, weil sich die ehemalige Nomenklatur an diese Reformen angepaßt hat.
– Zweitens handelt es sich um einen Konflikt zwischen zwei Typen ökonomischer Rationalität: auf der Makro- und auf der Mikroebene (mit starken Untertönen einer »moralischen Ökonomie«). Die Eleganz und Logik des »Stabilisierungs-Plans« der Regierung, der vom Internationalen Währungsfonds nachhaltig unterstützt wird, versucht, die Inflation mit Hilfe einer »korrigierenden« Inflation und induzierten Rezession zu bekämpfen. Dieser Zusammenhang wird auf der Ebene des allgemeinen Bewußtseins nicht recht verstanden. Die volkstümliche Vorstellung davon, wie die Inflation bekämpft werden sollte, ist vielmehr »unternehmerorientiert«. Die neuen Maßnahmen, die von der Regierung eingeführt worden sind (Verknappung des Kreditangebots, Steuererhöhungen zur Reduzierung des Haushaltsdefizits), erschweren nicht nur neue Unternehmensgründungen[22], sondern führen zu Bankrotten, die vom Durchschnittsbürger als irrational angesehen werden.[23] Und die Konzeption einer »Nachfrage-Eindämmung«, als Heilmittel gegen die Inflation, wird als »unmora-

lisch« angesehen, wenn Grundbedürfnisse nicht befriedigt werden können und wenn, wie im Januar 1990 geschehen, die Realeinkommen um 25 Prozent fallen. Eine ökonomisch rationale Anpassung in Form von Kostensenkungen ist sowohl auf der Ebene der individuellen Haushalte als auch der Unternehmen nahezu unmöglich.

Solche Konflikte stellen nicht nur eine Bedrohung für die Legitimität der Regierung von Solidarność dar, sondern sie bestätigen auch die Meinung der neuen Elite, daß die Gesellschaft irgendwie stillgestellt werden muß. Dies, zusammen mit der Versuchung der neuen herrschenden Schicht, ihre Macht zu konsolidieren, könnte zu schwerwiegenden Beschränkungen des demokratischen Regierungssystems führen. Das dramatische Paradox in dieser Phase des Transformationsprozesses liegt darin, daß sowohl der Fundamentalismus als auch die Methoden, ihn zu neutralisieren, vom Standpunkt einer echten Demokratie aus unterschiedlichen Gründen gefährlich sind. Das ist besonders dann der Fall, wenn das Argument, »daß der Fundamentalismus eine Gefahr für Reformen darstellt«, als Rechtfertigung dafür benutzt wird, auch andere politische Gegner auszugrenzen.

Der *Nationalismus*, in seiner weichen oder harten Variante, kann bei der Erfüllung der Aufgabe, die anfängliche Atomisierung und Gleichgültigkeit der Gesellschaft zu überwinden, als ein funktionales Äquivalent der fundamentalistischen Orientierung angesehen werden. Die einzigartigen Umstände in Polen – die relative Unabhängigkeit und starke Autoritätsstellung der katholischen Kirche oder der Besuch des Papstes im Jahre 1979 – waren die hauptsächliche Ursache für die Entstehung eines politischen Fundamentalismus, der die Ethik als Instrument der Politik einsetzte. In der Sowjetunion befindet sich die orthodoxe Kirche in einer anderen Situation, und hier dient der Nationalismus anstelle des Fundamentalismus als ursprüngliches Orientierungsmuster der Massenmobilisierung.

»Der Nationalismus anderer Völker ist so unverständlich, ja sogar so absurd wie die Liebe anderer Menschen«, schrieb Albert Hourani.[24] Es ist wichtig zu ergänzen, daß ein solcher Relativismus des Nationalismus, der unvermeidlich zu doppelten Bewertungsstandards führt (die unterschiedlich sind, je nachdem ob es sich um die eigenen oder die nationalistischen Gefühle anderer handelt), zusammen mit seiner »moralischen Neutralität« (die auch in doppelten Bewertungsstandards verankert ist) die Hauptursachen für die Gefahr sind, die jeder Form von Nationalismus innewohnt.

Die Rolle des Nationalismus in der gegenwärtigen Übergangsphase in Osteuropa ist nicht nur aus den eben erwähnten Gründen schwer zu verstehen, sondern auch wegen der instrumentellen Rolle, die er bei der Verfolgung von Zielen spielt, die nicht direkt mit der nationalen Souveränität zusammenhängen. Eine solche *multifunktionale Rolle des Nationalismus* läßt sich auf der Ebene des Elite- und auch des Massenbewußtseins identifizieren. Für die lokalen politischen Eliten in den sowjetischen Republiken ist die Verstärkung nationalistischer Gefühle bei ihren Völkern oft der einzige Weg, um zu überleben (ein Beispiel sind die Abspaltungen lokaler kommunistischer Parteien von Moskau). Diese neue Rhetorik (und auch Praxis) stärkt ihre Legitimität. Diese Rhetorik wurde besonders wichtig in einer Situation, in der Gorbatschows Politik (ab 1986) darauf zielte, populistische Gefühle zu verstärken, die die lokalen Eliten von ihren »Völkern« trennen und so nationalistische Orientierungen verhindern würden, die vom Standpunkt der Interessen des Imperiums zu gefährlich waren. Manchmal ist der Nationalismus auch ein Instrument in den Händen der lokalen Eliten in ihrem Konkurrenzkampf mit den russischen Eliten, die in bestimmten Bereichen dominieren, in der Armee, in den wichtigeren Sektoren der Wirtschaft und oft im KGB. Der Kampf um einen offiziellen Status für die lokale Sprache würde es leichter machen, die »Fremden« loszuwerden und ihre Positionen zu übernehmen. Der Nationalismus ist auch oft ein Argument zur Unterstützung des Kampfes der Eliten für eine echte wirtschaftliche Dezentralisierung: in den entwickelten Republiken würde das bedeuten, daß man eine bessere Kontrolle über die eigenen Ressourcen und Kapitalien ausüben könnte.

Auf der Ebene des allgemeinen Bewußtseins eröffnet das Erwachen nationalistischer Gefühle (darin vergleichbar dem Fundamentalismus der Polen im Jahre 1980) den schnellsten Weg, Schranken für die Durchdringung der Gesellschaft durch den Staat wiederaufzurichten. Solche Gefühle tragen auch dazu bei, die Gleichgültigkeit des Individuums zu überwinden, die ihren Ursprung in der Erblast der totalitären Entstellung ethischer Argumente hat (im Hinblick auf Zwecke und Mittel) und im Zynismus der »repressiven Toleranz« der siebziger Jahre, der bis zu einem gewissen Grade auch Rebellen kooptierte. Auf der Ebene der Theorie kann der Nationalismus (ebenso wie der Fundamentalismus in Polen im Jahre 1980) als Grundlage für die »Außerkraftsetzung der Logik« in der Politik benutzt werden. Die Wiederbekräftigung traditioneller Bindungen kann in beiden Fällen dazu dienen, wieder Grenzlinien für die Durchsetzung ideologischer Projekte sichtbar werden zu lassen, die die Gesellschaft als einen formbaren Körper behandeln, der aus ungezügelten Individuen zusammengesetzt ist. Aber die Auskristallisierung einer öffentlichen Sphäre auf der Grundlage des Nationalismus ist nicht neutral und hat eine eigene Entwicklungsdynamik. Es ist außerordentlich schwierig, ihn auf den Rahmen skeptischer und toleranter Gefühle, verbunden mit der säkularisierten Inbrunst des Christentums, zu beschränken – wovon die neuen, aufgeklärten oppositionellen Eliten in Osteuropa wohl träumen. Es ist sehr riskant, sich des Nationalismus als eines Instruments und Widerstandspotentials im Kampf für eine Begrenzung der totalitären Macht und für die Autonomie der Gesellschaft zu bedienen.

Erstens muß vor allem daran erinnert werden, daß der Nationalismus in gewisser Hinsicht ein Ersatz für institutionelle (demokratische) Beschränkungen staatlicher Willkür ist: der Nationalismus ist für gewöhnlich die Grundlage für eine plebiszitäre, für eine Massendemokratie. Zweitens ist es sehr schwierig, die Mischung aus Überschwang und Brutalität, die für den Nationalismus charakteristisch ist, zu kontrollieren, wenn sie ihre Schubkraft entwickelt – und das allen ursprünglichen Absichten der Eliten zum Trotz. Die Tragödie der Nationen, die dem sowjetischen Imperium einverleibt worden sind, besteht darin, daß der Nationalismus nicht nur unvermeidlich ist, weil die Grundlagen für eine Zivilgesellschaft fehlen, sondern in gewisser Weise auch notwendig ist, als erster Schritt im Kampf der Gesellschaft um ihre Autonomie gegenüber dem Staat. Es muß daran erinnert werden, daß der Kampf um die Zulassung der lokalen Sprache als offizielle Sprache vor allem ein Kampf um die Beendigung einer Situation ist, in der der Staat sowohl unkontrollierbar als auch ein künstliches Gebilde ist. Funktionen des Staates können so lange nicht von einer sich selbst organisierenden Gesellschaft übernommen werden, wie der Staat im Medium einer »unnatürlichen« (nicht angeborenen) Sprache operiert und der Gesellschaft Institutionen (wie zum Beispiel das Erziehungssystem) aufzwingt, die nicht nur

Instrumente der sozialen Kontrolle, sondern auch für das gesellschaftliche Leben notwendig sind (das in einem gewissen Ausmaß in einer fremden Sprache geführt werden muß, die mit Hilfe der Institutionen des Imperiums erlernt wird). Stalins Konzeption eines solchen Dualismus von Staat und Gesellschaft, der auf der Ebene der Kultur bereits besteht, kann als ein (vom Standpunkt des Imperiums) sehr effizientes Instrument der Kontrolle angesehen werden, das es erlaubt, den Staat außerhalb der Reichweite der Gesellschaft zu halten.[25]

Die eben genannten Motive hinter der Wiederbelebung des Nationalismus in Osteuropa reichen jedoch nicht aus, um seine zunehmende Stärke zu erklären. Daneben müssen andere Faktoren erwähnt werden, wie zum Beispiel das Ausagieren der Frustrationen, die der Transformationsprozeß mit sich bringt (und die nicht innerhalb der politischen Strukturen kanalisiert werden können), oder die Schwächung des Staates und die wachsende Anarchie. Das bedeutet das Ende der Kompromisse mit anderen Minoritäten, die in der Vergangenheit von oben aufgezwungen und vom totalitären Staat durchgesetzt wurden. Das ist besonders wichtig im Falle der südlichen Sowjetrepubliken, wo die nationalen Probleme fast unlösbar sind, weil die verschiedenen Gebietsansprüche nicht befriedigt werden können, ohne die Interessen anderer Nationalitätengruppen zu verletzen. Ein wichtiger Teil des demokratischen Prozesses in einem Repräsentativsystem besteht darin zu akzeptieren, daß einige Situationen unlösbar sind und daß ein erträglicher Kompromiß das Maximum ist, das erreicht werden kann. Aber sowohl Fundamentalisten als auch Nationalisten lehnen eine solche Position ab, und das ist einer der Hauptgründe dafür, warum beide irgendwie neutralisiert werden müssen.

Diese Diskussion des Nationalismus im Ostblock unter dem Gesichtspunkt seiner multifunktionalen Wirkungsweise ist alles andere als vollständig. Ich wollte nur in erster Linie daran erinnern, daß eine solche Orientierung fast unvermeidlich ist, wo eine Zivilgesellschaft aus systemischen Gründen sich nicht herausbilden kann. Ich will nur hervorheben, daß alle Diskussionen über den Nationalismus im allgemeinen (ohne Berücksichtigung des historischen/systemischen Kontexts) durch eine auffallende und reichhaltige Sterilität gekennzeichnet sind. Und das »Verstehen«, die Rekonstruktion der subjektiven »Bedeutungen«, die mit einem bestimmten Fall von Nationalismus verbunden sind, scheint der einzige Weg zu sein, dieses Phänomen angemessen zu »erforschen«. Natürlich sind in diesem Fall die Vorwürfe, daß Motive unterstellt werden, sehr ernst zu nehmen.

Ist der Abbau des Nationalismus möglich? Ich glaube, daß das unglücklicherweise wegen seiner oben erwähnten Multifunktionalität nicht absehbar ist. Besteht also die Zukunft des sowjetischen Imperiums in der Balkanisierung? Es ist schwierig, sich damit abzufinden, daß im sowjetischen Kontext der Weg zur Überwindung des universellen totalitären Staates mit seinem Nihilismus in der Rückkehr zu nationalen Kämpfen und Intoleranz bestehen soll. Aber die gewaltsame Aufzwingung der imperialen Strukturen ist auch nicht annehmbar. Beide Möglichkeiten schaffen ernste Dilemmata für die Demokratie in dieser Region. Es ist interessant, daß die gegenwärtige Welle des Nationalismus im Ostblock ihre eigene Ideologie entwickelt hat, die in anderen als nationalistischen Begriffen formuliert ist. Paradoxerweise handelt es sich um eine Art »Europaorientierung«, verbunden mit der spezifischen Vorstellung, daß Osteuropa »auf den wirklichen Pfad der Geschichte zurückkehrt« (worin starke Hegelsche Untertöne mitschwingen). Die allgemein geteilte Auffassung ist, daß eine solche Rückkehr nur möglich ist durch die Nachahmung sowohl des europäischen Kapitalismus des 19. Jahrhunderts als auch von dessen nationalstaatlicher Organisation. Beide werden als »natürliche Stufen der historischen Entwicklung« angesehen. Besonders delikat ist es, daß die Aura des 19. Jahrhunderts, die in Osteuropa allgegenwärtig ist, auch den beiden charakteristischen Merkmalen der Mentalität der neuen Elite innewohnt:
– erstens handelt es sich um die bewußte Erfahrung an *der* »Geschichte« teilzunehmen. Diese Erfahrung verbindet sich mit der (teilweise gerechtfertigten) Vorstellung, daß aufgrund der Erblasten des real existierenden Sozialismus gesellschaftlicher Wandel von oben durchgesetzt werden muß. Der real existierende Sozialismus hat nicht nur die Möglichkeit seines eigenen Fortbestehens zerstört, sondern auch die Möglichkeit eines Wandels von unten, vor allem weil die zentralen ökonomischen Interessen fehlen, die zum Beispiel eine Privatisierung von unten ermöglichen würden;
– zweitens handelt es sich um die starke Staatsfixierung der neuen reformorientierten Eliten Osteuropas (auch jener Teile mit oppositionellem Hintergrund). Die verheerenden Erfahrungen mit der

zunehmenden Anarchie in der Wirtschaft und in den Verwaltungskörperschaften, die für die letzte Phase des real existierenden Sozialismus charakteristisch ist, ist das hauptsächliche Motiv für eine solche Einstellung. Diese beiden Merkmale der neuen osteuropäischen Eliten schaffen zusätzliche Dilemmata für die Demokratie in dieser Region.

Schließlich möchte ich noch darauf hinweisen, daß die »abgemilderte« Form des Nationalismus (die dritte der oben genannten Formen der politischen Selbstartikulation der Gesellschaft) die Tendenz hat, mit der Zeit in eine härtere Form umzuschlagen. Das Beispiel der Entwicklung der Situation in der Ukraine ist hier sehr lehrreich. Während der Vorbereitungen für die Wahlen am 4. März 1990 in der Republik Ukraine war die am meisten verbreitete Einstellung die der »Autonomie zur Reform«, nicht die Forderung nach »sofortiger Unabhängigkeit«. Eine starke anti-fundamentalistische Orientierung ermöglichte Kontakte zwischen der Opposition und Reformern in der Kommunistischen Partei und machte es möglich, die Fassade der bestehenden Institutionen auszunutzen, um technische Schwierigkeiten des Wahlverfahrens zu überwinden, die der kommunistische Parteiapparat geschaffen hatte (zum Beispiel Probleme bei der Registrierung unabhängiger Organisationen, die Voraussetzung dafür ist, eigene Kandidaten aufstellen zu können).[26] Der »Demokratische Block« bildete unabhängige Organisationen, die unabhängige Kandidaten auf Listen plazierten, die formal von Fassaden-Institutionen aufgestellt wurden (wie zum Beispiel kulturelle und Standesorganisationen, die von oben geschaffen worden waren, aber ihre Orientierung verändert hatten). Diese Taktik machte möglich, die Wahlen zu gewinnen. Unmittelbar nach dem Wahlsieg kam es jedoch zu einer tiefgreifenden Spaltung innerhalb des neuen reformorientierten Zentrums und wurden verstärkt nationalistische Parolen verbreitet. Eine solche Radikalisierung ließ sich auch nach dem Wahlsieg in Polen im Juni 1989 beobachten, wobei hier jedoch die nationalistische Rhetorik fehlte.

Abschließend soll auf die an anderer Stelle zu behandelnde Frage verwiesen werden, welcher Typus von Staat in dieser Situation jetzt in Osteuropa entstehen wird. Ich habe bereits ein herausragendes Merkmal genannt: der Staat muß im Rahmen eines »exklusiven Korporatismus« agieren, um eine Gesellschaft zu neutralisieren, die sich selbst auf einer fundamentalistischen (oder nationalistischen) Grundlage zu einer politischen Einheit formiert hat. Die Entwicklung solcher Herrschaftstechniken ist deutlich sichtbar – von Polen bis zu Rumänien und der Sowjetunion. In jedem einzelnen Fall sind die Techniken jedoch verschieden. Andere Strukturelemente der staatlichen Organisation sind auch schon sichtbar geworden: neue Formen des Kolonialstaats, die den neuen Mustern der Segmentierung von Wirtschaft und Staat folgen; die Zweideutigkeiten des Präsidialamtes und schließlich der Widerspruch zwischen den Bemühungen, einen Rechtsstaat zu schaffen, und der gleichzeitigen Notwendigkeit, einige außerverfassungsrechtliche Übereinkommen einzuhalten, die sich aus früheren Absprachen mit den Kommunisten und der imperialen Macht ergeben.

(Aus dem Englischen von Ulrich Rödel)

Anmerkungen

1 Vgl. G. W. F. Hegel, Rechtsphilosophie.
2 Vgl. J. Staniszkis, Ontology of Socialism, 1987 (erscheint 1990 bei Oxford University Press).
3 Ein Beispiel: Die erfolglosen Bemühungen der osteuropäischen Länder während des Treffens der Comecon-Staaten in Sofia im Januar 1990, ihre Verpflichtungen innerhalb dieser Organisation zu verändern.
4 D. Held und J. B. Thomas, Social Theory of Modern Societies. Anthony Giddens and his Critics, Editor's Introduction, Cambridge 1989, S. 14.
5 Vgl. J. Staniszkis, The Dynamics of Breakthrough in Eastern Europe, in: Soviet Studies, Oktober 1989 und J. Staniszkis, Patterns of Change in Eastern Europe, in: Eastern European Politics and Society, Januar 1990.
6 Vgl. die Beschreibung der alten Form des Kolonialstaats in Osteuropa und auch der entstehenden neuen Form, in J. Staniszkis, Dynamics of Dependency, in: The Wilson Center Papers, Washington DC 1987 und dies., Ontology of Socialism, a. a. O., Kapitel 3.
7 Eine Formulierung von A. Giddens, The Nation-State and Violence, Cambridge 1985.
8 Vgl. zum Beispiel A. Michniks Position zur Notwendigkeit einer evolutionären Strategie, in: Gazeta Wyborcza v. 9. 2. 1990.

9 Die Entscheidung der Litauer, ihre Unabhängigkeit von der Sowjetunion zu erklären (im März 1990) rief bei den westlichen Mächten eine ähnliche Reaktion hervor wie die Krise des ottomanischen Reiches im 19. Jahrhundert vom Standpunkt Großbritanniens.
10 Eine Bemerkung J. Buchanans in seinem Vortrag »European Constitutional Opportunity«, The Australian National University, Canberra, 29. 3. 1990.
11 Vgl. die Analyse der Rituale des Wandels, V. Turner, The Ritual Process, Ithaca 1966.
12 Vgl. J. Staniszkis' Analyse des Oktober 1956 in Polen als eines »rituellen Dramas«, dies., Poland's Self-limiting Revolution, Princeton University Press 1986.
13 Ein Begriff von C. Lévi-Strauss in seinem Buch »Das wilde Denken«.
14 Vgl. J. Staniszkis, Form of Reasoning as Ideology, in: Telos, Jg. 1986.
15 Auch eine spezifische Verquickung von Nationalismus und religiösem Fundamentalismus ist möglich. Ein Beispiel liefert der gegenwärtige Konflikt zwischen der orthodoxen Kirche und der Unierten Kirche in der Ukraine. Die letztere wurde 1596 als eine Verbindung von Katholizismus und griechisch-orthodoxer Religion gegründet und 1946 von den sowjetischen Behörden für illegal erklärt. Gorbatschows Regierung lehnte ihre Wiederzulassung ab. Die Unierte Kirche wird von der entstehenden ukrainischen Intelligenz nicht nur als eine Religion angesehen, sondern vor allem als Symbol der Tatsache, daß die Ukrainer zu Zentraleuropa gehören. Die frühere Fähigkeit der Ukraine, Elemente der westlichen und östlichen Kultur zu verbinden, wird heute als eine Perspektive für ihre zukünftige Rolle gesehen. Die politisierte Vorstellung von der Unierten Kirche beruht auf vielen geschichtlichen Entstellungen, aber sie ist gleichzeitig ein notwendiges Element der sich herausbildenden nationalen Identität.
16 Vgl. zum Beispiel A. Mannanikovs Wahlplattform (vor den Wahlen am 4. März 1990); in: Press Bulletin of the Independent Siberian Information Agency, 36/1989 (zitiert in Sibirskaja Gazeta v. 15. 1.1990). V. Tolz berichtet, daß die Volksfront von Khabarovsk die Ausrufung einer fernöstlichen Republik forderte und gleichzeitig höhere Löhne für in Sibirien arbeitende Spezialisten sowie private Genossenschaften verlangte, die Garagen für Privatwagen bauen sollten; V. Tolz, Informal political groups prepare for elections in RSFSR, in: Radio Liberty Bulletin v. 23. 2. 1990.
17 Die reformierte Kommunistische Partei erreichte 16 Prozent der Stimmen, die CDU 40 Prozent, die SPD etwa 21 Prozent.
18 Ein lehrreiches Beispiel ist hier der überparteiliche Block, der in Polen aus dem Netzwerk der sogenannten »Bürger-Komitees« geschaffen

worden ist. Während der Vorbereitungen zu den Kommunalwahlen im Mai 1990 war es die Position der Komitees (die das Ethos von Solidarność als ihr Markenzeichen verwenden) jedem mit irgendwelchen (nicht nur kommunistischen) Parteibindungen das Recht zu verweigern, auf ihren Wahllisten zu kandidieren.

19 Vgl. die Leserbriefe, die den Zugang zu den Massenmedien diskutieren sowie den Artikel von M. Zaleskis über den Konflikt zwischen Basisaktivisten und den Bemühungen, eine Partei »von oben«, aus dem Parlamentarischen Klub von Solidarność heraus, aufzubauen, in: Tygodnik Solidarność, 12/1990.

20 Vgl. J. Staniszkis, Dynamics of Breakthrough, a. a. O.

21 Die Welle solcher lokaler Revolutionen ging zwischen Januar und März 1990 über Polen hinweg. Dabei kam es zur Besetzung von Gebäuden, die ehemals der Kommunistischen Partei gehörten, und zum spontanen Hinauswurf von einigen Managern von Staatsbetrieben, die an Genossenschaften der Nomenklatur beteiligt waren.

22 Einer der Gründe ist das Ende des schwarzen Marktes für harte Währungen, der in der Vergangenheit für diejenigen, die einige Zeit im Westen gearbeitet hatten, Möglichkeiten für relativ leichte Unternehmensgründungen geschaffen hatte.

23 Der Bankrott hängt nicht von der Effizienz der Produktion, sondern von der sogenannten »Nachfrageelastizität« ab: monopolistische Hersteller von Gütern des Grundbedarfs können ohne alle Anstrengungen überleben, ohne ihre ökonomische Effizienz zu steigern.

24 Zitat aus einem mündlichen Beitrag von Albert Hourani auf der Berliner Konferenz über »Progress in Freedom«, in: K. A. Jelenski (ed.), History and Hope, London 1962, S. 136.

25 Vgl. die Analyse von Stalins Nationalitätspolitik, The CPSU's »platform« on nationalities: A strong center and strong republics, in: Prawda v. 17. 8. 1989; vgl. auch die Analyse von D. Smith, The politics of the Russian language, in: Radio Liberty Report on the USSR, Bd. 1, Nr. 35, 1. 9. 1989.

26 Vgl. den Kommentar von K. Michalisko, Can Ruch win the March 4 elections in Ukraine?, in: Radio Liberty Report on the USSR, 23. 2. 1990.

Adam Michnik
Zwei Visionen eines posttotalitären Europas

(...) Im Ernst: momentan, nach einem Jahr, ist die Demokratisierung eine Maskerade. Sie ist unseriös. In Polen beispielsweise, das ein katholisches Land ist, existiert die vor anderthalb Jahren gegründete katholische politische Partei nicht wirklich. Warum? Meiner Ansicht nach liegt es an der Krise der traditionellen politischen Szene. Wenn die französische politische Szene Ergebnis der bürgerlichen Revolution ist, wird meiner Meinung nach unsere politische Szene Ergebnis der antitotalitären Revolution sein. Wenn die Polen einen normalen Weg gehen, ist das ein Wunder. Doch für sie ist der übliche Weg der Weg der Wunder. Der historische Kompromiß ist endlich möglich. Das Wunder ist heute Tatsache. Wir haben den Präsidenten Jaruzelski, den Organisator und Vater des Kriegsrechts, und wir haben den Ministerpräsidenten Mazowiecki, der unter dem Kriegsrecht im Gefängnis gewesen ist. Vor zwei Jahren erklärten kluge Politologen in Paris und London, die Zeit von Solidarność sei vorbei... In Polen sind wir für die Marktwirtschaft, aber für eine Marktwirtschaft mit menschlichem Antlitz.

(...) Welches ist die Hauptspaltung im posttotalitären Europa? Ist es der Konflikt zwischen Konservatismus und Fortschritt, zwischen Kapitalismus und Sozialismus oder vielleicht zwischen Europa und Asien? Oder vielleicht auch zwischen Stalinismus und Antistalinismus, zwischen Religion und Atheismus? Oder überhaupt zwischen rechts und links? Meiner Ansicht nach nicht, das sind Kategorien aus einer anderen Welt, und ich will eine andere Spaltung vorschlagen: Der Konflikt verläuft zwischen den Anhängern der Leader eines demokratischen, pluralistischen und toleranten Europas und den Anhängern der Leader der »Natiozentrismen«. Ein Beispiel aus der Sowjetunion: Sacharow und Schafarewitsch, zwei große antikommunistische Leader. Vor seinem Tod ist Sacharow der moralische Führer des demokratischen Flügels gewesen, während Schafarewitsch zu diesem Zeitpunkt Mitarbeiter der Zeitung *Nach Sovremennik* war, die einen äußerst reaktionären Wiederaufschwung verkörpert.

Dies sind zwei Visionen des posttotalitären Europas. Entweder ist Europa demokratisch und pluralistisch, oder es ist »natiozentristisch« und autoritär. Anders gesagt gibt es vielleicht drei Wege der Veränderung in Mitteleuropa und in der Sowjetunion. Erstens den spanischen Weg, dessen begeisterter Anhänger ich bin: die Vermeidung von Gewalt und Rachedenken im Kontext des Kompromisses zwischen dem früheren Regime und der demokratischen Opposition. Zweitens den iranischen Weg, den gefährlichsten: Beobachten Sie die Dinge in Aserbaidschan; es ist kein Weg, den wir ausschließen können. Drittens den libanesischen Weg, den Bruderkrieg, die Balkanisierung. Jugoslawien ist heute eine mitteleuropäische Miniatur davon.

Der spanische Weg, der für uns in Polen Vorbild ist, hat drei Phasen. Die erste ist diejenige der Organisierung von ersten Institutionen der zivilen Gesellschaft noch unter der Diktatur: die Arbeiterkommissionen, die Existenz eines tatsächlich unabhängigen Schriftstellerverbandes, die Studentenvereinigung... Danach kommen die großen historischen Kompromisse: Bei uns waren es die Runden Tische; in Spanien war es das politische Abkommen für die Demokratie. Drittens der Weg nach diesem Abkommen. Und an dieser Stelle bleibt die Frage bis heute offen. Werden wir eine Zukunft ohne Rache haben? Es gibt zwei Typen von Logik: den demokratischen Weg oder die Logik der Säuberung. Man muß wählen.

Ist eine autoritäre, faschisierende Ordnung in Mitteleuropa möglich? Ja, denn nach der Niederlage der Ideologen, nach der Niederlage der linken Symboliken ist die natürliche Reaktion die Rückkehr zu den Wurzeln der elementaren Identität. Man darf nicht alle nationalen Kämpfe in Mitteleuropa als chauvinistisch definieren. Man muß aber begreifen, daß jeder nationale Kampf sehr ambivalent ist: er führt zur Freiheit, aber auch zum Fremdenhaß.

Ich verurteile alle anti-deutschen, anti-litauischen, anti-ukrainischen Aktionen in meinem Land. Deswegen, weil ich mir absolut sicher bin, daß dieser Fremdenhaß, diese Bewegung des nationalen Hasses für ganz Mitteleuropa die Katastrophe sein wird. Es ist das komplizierteste, das dramatischste Problem im heutigen Europa. Aber in diesem Kontext können wir offen erklären, daß wir schuldig sind. Und wir müssen etwas gegen unser Herz und nicht gegen das Herz unseres Nachbarn sagen.

Zum Schluß will ich eine andere Frage stellen. Ist die pluralistische Demokratie in Mitteleuropa möglich? Ja, aber das hängt von uns ab. In einer Zeit der Vereinigung Deutschlands und des großen Strukturwandels des sowjetischen Staates können wir neue Formen der Verbindung suchen. Ich bin mir beispielsweise absolut sicher, daß es in Polen keine größere Gefahr als den antirussischen Fremdenhaß gibt. Weil wir uns in einer gemeinsamen Lage befinden, können wir gemeinsam eine antitotalitäre Aktion organisieren, wir Polen, die Russen, die Esten, die Letten und natürlich auch die Tschechen, die Ungarn, die Rumänen und die anderen.

Ist das möglich? Ich weiß nicht. Aber die Erfahrung meiner Generation, der 68er Generation, ist die der gemeinsamen Sprache zwischen den Menschen aus Warschau, Budapest, Washington etc. Das ist die Erfahrung des Protestes gegen die Ordnung. In diesem Kontext meine ich, daß, wenn wir über die Gefahren des Faschismus in Mitteleuropa diskutieren, wir uns erinnern müssen, daß die NSDAP anfangs eine kleine Gruppe war. Wenn wir darüber reden, müssen wir uns auch erinnern, daß die KOR, die ungarische Opposition, Sacharow, die russischen Dissidenten und die Charta 77 ebenfalls winzige Gruppen gewesen sind.

Und wie wird die Zukunft sein? Meiner Ansicht nach befinden wir uns in Mitteleuropa vor der Dreyfus-Affäre. Was ist die Dreyfus-Affäre gewesen? Meiner Meinung nach die Spaltung der öffentlichen Meinung in Frankreich. Frankreich teilte sich in zwei gegeneinander gerichtete Lager. Diese Erinnerung soll zeigen, welche unsere Hauptspaltungen und Hauptprobleme sind. Ich denke, wir haben unsere Dreyfus-Affäre und daß es ein sehr tiefer Konflikt werden wird. Wer weiß, wie stark die Mehrheit sein wird. Ich weiß es nicht. Das ist für jeden ein Geheimnis. Aber ich glaube, daß man nochmals für die europäischen Werte kämpfen muß. Krieg ist Krieg. Semprun hat ein unglaubliches Szenario geschrieben »Der Krieg ist vorbei«. Unser Kampf gegen den totalitären Kommunismus ist vorbei. Aber unser Kampf für die Freiheit beginnt.

(Aus dem Französischen von Eva Groepler)

Über die Autoren

Dr. József Bayer ist Sozialwissenschaftler am Institut für Gesellschaftswissenschaften an der Ungarischen Akademie der Wissenschaften in Budapest.

György Dalos ist politischer Essayist und Schriftsteller, er lebt in Budapest und Wien.

Dr. Wolfgang Engler ist Prorektor für Philosophie an der Hochschule für Schauspielkunst in Berlin (Ost).

Dr. Helmut Fehr ist Sozialwissenschaftler am Institut für Soziologie an der Universität Erlangen-Nürnberg.

Dr. Vladimír Horský ist Sozialwissenschaftler am Bundesinstitut für ostwissenschaftliche und internationale Studien in Köln.

Prof. Dr. Jiří Kosta ist Professor für Wirtschaftswissenschaften an der Johann Wolfgang Goethe-Universität in Frankfurt.

Prof. Dr. Hans-Peter Krüger ist Professor am Institut für Wissenschaftsforschung an der Akademie der Wissenschaften in Berlin (Ost).

Dr. Lutz Marz war Produktionsdirektor im VEB Kabelwerk Adlershof in Berlin (Ost).

Dr. Sigrid Meuschel ist wissenschaftliche Mitarbeiterin am Zentralinstitut für sozialwissenschaftliche Forschung, Abteilung DDR-Forschung an der Freien Universität Berlin.

Dr. Krisztina Mänicke-Gyöngyösi ist Sozialwissenschaftlerin am Osteuropa-Institut der Freien Universität Berlin.

Dr. Adam Michnik ist Historiker und Chefredakteur der GAZETA WYBORCZA in Warschau.

Prof. Dr. Jadwiga Staniszkis ist Professorin für Soziologie an der Universität Warschau.

Dr. Máté Szabó ist Dozent für Politikwissenschaft an der Eötvös Loránd Universität in Budapest.

Dr. Melanie Tatur ist wissenschaftliche Mitarbeiterin der Forschungsstelle Osteuropa an der Universität Bremen.

Dr. László Varga ist Historiker am Institut für Geschichte an der Ungarischen Akademie der Wissenschaften in Budapest.

Drucknachweise

Sigrid Meuschel
Wandel durch Auflehnung. Thesen zum Verfall bürokratischer Herrschaft in der DDR: überarbeitete Fassung eines Vortrags, gehalten am 13. Dezember 1989 im Institut für Sozialforschung

Wolfgang Engler
Stellungen, Stellungnahmen, Legenden. Ein ostdeutscher Erinnerungsversuch: überarbeitete Fassung eines Vortrags, gehalten am 13. Februar 1990 im Institut für Sozialforschung

Hans-Peter Krüger
Strategien radikaler Demokratisierung. Ein normativer Entwurf: überarbeitete Fassung eines Vortrags, gehalten am 20. Februar 1990 im Institut für Sozialforschung

Lutz Marz
Der prämoderne Übergangsmanager. Die Ohnmacht des »real sozialistischen« Wirtschaftskaders: überarbeitete Fassung eines Vortrags, gehalten am 13. Februar 1990 im Institut für Sozialforschung

Rainer Deppe
Bilanz der verlorenen Zeit. Industriearbeit, Leistung und Herrschaft in der DDR und Ungarn: Originalbeitrag

József Bayer
Vom latenten Pluralismus zur Demokratie: überarbeitete Fassung eines Vortrags, gehalten am 3. April 1990 im Institut für Sozialforschung

László Varga
Geschichte in der Gegenwart – das Ende der kollektiven Verdrängung und der demokratische Umbruch in Ungarn: überarbeitete Fassung eines Vortrags, gehalten am 6. März 1990 im Institut für Sozialforschung

György Dalos
Über die Verwirklichung der Träume: überarbeitete Fassung eines Vortrags, gehalten am 22. Mai 1990 im Institut für Sozialforschung

Máté Szabó
Soziale Bewegungen, Mobilisierung und Demokratisierung in Ungarn: überarbeitete Fassung eines Vortrags, gehalten am 20. März 1990 im Institut für Sozialforschung

Krisztina Mänicke-Gyöngyösi
Bürgerbewegungen, Parteien und »zivile« Gesellschaft in Ungarn: Originalbeitrag

Melanie Tatur
Zur Dialektik der »civil society« in Polen: Originalbeitrag

Helmut Fehr
Solidarność und die Bürgerkomitees im neuen politischen Kräftefeld Polens: Originalbeitrag

Vladimír Horský
Die samtene Revolution in der Tschechoslowakei: Originalbeitrag

Jiří Kosta
Ökonomische Aspekte des Systemwandels in der Tschechoslowakei: überarbeitete Fassung eines Vortrags, gehalten am 29. Mai 1990 im Institut für Sozialforschung

Jadwiga Staniszkis
Dilemmata der Demokratie in Osteuropa: Originalbeitrag, erscheint zugleich in: Transit. Europäische Revue 1/1990

Adam Michnik
Zwei Visionen eines posttotalitären Europas: Ausschnitte aus dem Text einer Rede, zuerst veröffentlicht in: Libération 24./25. 2. 1990, erschienen in: Die Neue Gesellschaft/Frankfurter Hefte 5/1990

Politische Ökonomie und Wirtschaftsgeschichte
in der edition suhrkamp

Abelshauser, Werner: Wirtschaftsgeschichte der Bundesrepublik Deutschland 1945-1980. NHB. es 1241

Baran, Paul A. / Paul M. Sweezy: Monopolkapital. Ein Essay über die amerikanische Wirtschafts- und Gesellschaftsordnung. Aus dem Amerikanischen übersetzt von Hans-Werner Saß. es 636

Berghahn, Volker: Unternehmer und Politik in der Bundesrepublik. NHB. es 1265

Busch, Klaus: Die multinationalen Konzerne. Zur Analyse der Weltmarktbewegung des Kapitals. es 741

Dobb, Maurice: Wert- und Verteilungstheorien seit Adam Smith. Eine nationalökonomische Dogmengeschichte. Aus dem Englischen von Cora Stephan. es 765

Esser, Josef / Wolfgang Fach / Werner Väth: Krisenregulierung. Zur politischen Durchsetzung ökonomischer Zwänge. es 1176

Eßer, Klaus: Lateinamerika. Industrialisierungsstrategien und Entwicklung. es 942

Heimann, Eduard: Soziale Theorie des Kapitalismus. Theorie der Sozialpolitik. Mit einem Vorwort von Bernhard Badura. es 1052

Held, Karl / Theo Ebel: Krieg und Frieden. Politische Ökonomie des Weltfriedens. es 1149

Huffschmid, Jörg: Die Politik des Kapitals. Konzentration und Wirtschaftspolitik in der Bundesrepublik. es 313

Imperialismus und strukturelle Gewalt. Analysen über abhängige Reproduktion. Herausgegeben von Dieter Senghaas. es 563

Jaeger, Hans: Geschichte der Wirtschaftsordnung in Deutschland. NHB. es 1529

Kiesewetter, Hubert: Industrielle Revolution in Deutschland 1815-1914. NHB. es 1539

Knieper, Rolf: Weltmarkt, Wirtschaftsrecht und Nationalstaat. es 828

Mandel, Ernest: Marxistische Wirtschaftstheorie. 1. Band. Aus dem Französischen von Lothar Boepple. es 595

– Der Spätkapitalismus. Versuch einer marxistischen Erklärung. es 521

Menzel, Ulrich: Auswege aus der Abhängigkeit. Die entwicklungspolitische Aktualität Europas. es 1312

Menzel, Ulrich / Dieter Senghaas: Europas Entwicklung und die Dritte Welt. Eine Bestandsaufnahme. es 1393

Neumann, Franz L.: Wirtschaft, Staat, Demokratie. Aufsätze 1930-1954. Herausgegeben von Alfons Söllner. Die Übersetzung der in diesem Band enthaltenen englisch geschriebenen Aufsätze haben Sabine Gwinner und Alfons Söllner besorgt. es 892

Politische Ökonomie und Wirtschaftsgeschichte
in der edition suhrkamp

Pankoke, Eckart: Arbeitslosigkeit und Wohlfahrtspolitik. NHB. es 1538

Peripherer Kapitalismus. Analysen über Abhängigkeit und Unterentwicklung. Herausgegeben von Dieter Senghaas. es 652

Radkau, Joachim: Technik in Deutschland. Vom 18. Jahrhundert bis zur Gegenwart. NHB. es 1536

Ribeiro, Darcy: Unterentwicklung, Kultur und Zivilisation. Ungewöhnliche Versuche. Aus dem Portugiesischen von Manfred Wöhlcke. es 1018

Ronge, Volker: Bankpolitik im Spätkapitalismus. Politische Selbstverwaltung des Kapitals? Von Volker Ronge unter Mitarbeit von Peter J. Ronge. es 996

Schubert, Alexander: Die internationale Verschuldung. Die Dritte Welt und das transnationale Bankensystem. es 1347

– Die spekulative Weltökonomie. es 1471

Senghaas, Dieter: Von Europa lernen. Entwicklungsgeschichtliche Betrachtungen. es 1134

– Weltwirtschaftsordnung und Entwicklungspolitik. Plädoyer für Dissoziation. es 856

Strukturveränderungen in der kapitalistischen Weltwirtschaft. Margaret Fay, Ernest Feder, Andre Gunder Frank, Folker Fröbel, Jürgen Heinrichs, Otto Kreye, Anne-Marie Münster, Barbara Stuckey. Starnberger Studien. es 982

Sweezy, Paul M.: Theorie der kapitalistischen Entwicklung. Eine analytische Studie über die Prinzipien der Marxschen Sozialökonomie. Aus dem Amerikanischen von Gertrud Rittig-Baumhaus. Herausgegeben von Gisbert Rittig. es 433

Vobruba, Georg: Politik mit dem Wohlfahrtsstaat. Mit einem Vorwort von Claus Offe. es 1181

Wirz, Albert: Sklaverei und kapitalistisches Weltsystem. NHB. es 1256

Ziebura, Gilbert: Weltwirtschaft und Weltpolitik 1922/24–1931. Zwischen Rekonstruktion und Zusammenbruch. NHB. es 1261

Geschichte
in der edition suhrkamp

Abendroth, Wolfgang: Ein Leben in der Arbeiterbewegung. Gespräche, aufgezeichnet und herausgegeben von Barbara Dietrich und Joachim Perels. es 820
- Sozialgeschichte der europäischen Arbeiterbewegung. es 106

Alff, Wilhelm: Materialien zum Kontinuitätsproblem der deutschen Geschichte. es 714

Aron, Jean-Paul / Roger Kempf: Der sittliche Verfall. Bourgeoisie und Sexualität in Frankreich. Aus dem Französischen von Agnes Bucaille-Euler, Birgit Spielmann und Gerhard Mahlberg. es 1116

Aus der Zeit der Verzweiflung. Zur Genese und Aktualität des Hexenbildes. Beiträge von Gabriele Becker, Silvia Bovenschen, Helmut Brackert, Sigrid Brauner, Ines Brenner, Gisela Morgenthal, Klaus Schneller, Angelika Tümmler. es 840

Böhme, Helmut: Prolegomena zu einer Sozial- und Wirtschaftsgeschichte Deutschlands im 19. und 20. Jahrhundert. es 253

Brackert, Helmut: Bauernkrieg und Literatur. es 782

Determinanten der westdeutschen Restauration 1945-1949. Autorenkollektiv: Ernst-Ulrich Huster, Gerhard Kraiker, Burkhard Scherer, Friedrich-Karl Schlotmann, Marianne Welteke. es 575

Deutschland und Frankreich im Zeitalter der Französischen Revolution. Herausgegeben von Helmut Berding, Etienne François und Hans-Peter Ullmann. es 1521

Eisner, Freya: Kurt Eisner: Die Politik des libertären Sozialismus. es 422

Eisner, Kurt: Sozialismus als Aktion. Ausgewählte Aufsätze und Reden. Herausgegeben von Freya Eisner. es 773

Farge, Arlette / Michel Foucault: Familiäre Konflikte: Die »Lettres de cachet«. Aus dem Französischen von Albert Gier und Chris Paschold. es 1520

Folgen der Französischen Revolution. Herausgegeben von Henning Krauß. es 1579

Geburt der bürgerlichen Gesellschaft: 1789. Beiträge von Ernest Labrousse, Georges Lefebvre, Albert Soboul, Maurice Dommanget, Michelle Vovelle. Herausgegeben von Irmgard A. Hartig. Aus dem Französischen übersetzt von Klaus Voigt. es 937

Gerhard, Ute: Verhältnisse und Verhinderungen. Frauenarbeit, Familie und Rechte der Frauen im 19. Jahrhundert. Mit Dokumenten. es 933

Goytisolo, Juan: Dissidenten. Aus dem Spanischen von Joachim A. Frank. es 1224

Guilhaumou, Jacques: Sprache und Politik in der Französischen Revolution. Aus dem Französischen von Kathrina Menke. Mit einem Vorwort von Brigitte Schlieben-Lange und Rolf Reichardt. es 1519

Geschichte
in der edition suhrkamp

Heinsohn, Gunnar / Rolf Knieper / Otto Steiger: Menschenproduktion. Allgemeine Bevölkerungstheorie der Neuzeit. es 914

Hennig, Eike: Bürgerliche Gesellschaft und Faschismus in Deutschland. Ein Forschungsbericht. es 875

– Thesen zur deutschen Sozial- und Wirtschaftsgeschichte 1933 bis 1938. es 662

Die Hexen der Neuzeit. Studien zur Sozialgeschichte eines kulturellen Deutungsmusters. Herausgegeben von Claudia Honegger. es 743

Hobsbawm, Eric J.: Industrie und Empire 1. Britische Wirtschaftsgeschichte seit 1750. Aus dem Englischen übersetzt von Ursula Margetts. es 315

Judentum im deutschen Sprachbereich. Herausgegeben von Karl E. Grözinger. es 1613

Ketzer, Zauberer und Hexen. Die Anfänge der europäischen Hexenverfolgungen. Herausgegeben von Andreas Blauert. es 1577

Kritisches Wörterbuch der Französischen Revolution. 5 Bde. Herausgegeben von François Furet und Mona Ozouf. es 1522

Leroi-Gourhan, André: Die Religionen der Vorgeschichte. Paläolithikum. Aus dem Französischen von Michael Bischoff. es 1073

Meier, Christian: Die Ohnmacht des allmächtigen Diktators Caesar. Drei biographische Skizzen. es 1038

»Mit uns zieht die neue Zeit«. Der Mythos der Jugend. Herausgegeben von Thomas Koebner, Rolf-Peter Janz und Frank Trommler. es 1229

Pruss-Kaddatz, Ulla: Wortergreifung. Zur Entstehung einer Arbeiterkultur in Frankreich. es 1115

Schrift und Materie der Geschichte. Vorschläge zur systematischen Aneignung historischer Prozesse. Herausgegeben von Claudia Honegger. es 814

Soboul, Albert: Französische Revolution und Volksbewegung: die Sansculotten. Die Sektionen von Paris im Jahre II. Bearbeitet und herausgegeben von Walter Markov. Die Übersetzung aus dem Französischen besorgte Claus Werner. es 960

Sozialdemokratische Arbeiterbewegung und Weimarer Republik. Materialien zur gesellschaftlichen Entwicklung 1927-1933. 1. Band. Herausgegeben von Wolfgang Luthardt. es 923

Der spanische Bürgerkrieg. Eine Bestandsaufnahme fünfzig Jahre danach. Manuel Tunñón de Lara, Julio Aróstegui, Ángel Viñas, Gabriel Cardona, Joseph M. Bricall. es 1401

Theorie der modernen Geschichtsschreibung. Herausgegeben von Pietro Rossi. es 1390

Geschichte
in der edition suhrkamp

Thompson, Edward P.: Die Entstehung der englischen Arbeiterklasse. 2 Bde. Aus dem Englischen von Lotte Eidenbenz, Mathias Eidenbenz, Christoph Groffy, Thomas Lindenberger, Gabriele Mischkowski, Ray Mary Rosdale. es 1170

Trotzki, Leo: Denkzettel. Politische Erfahrungen im Zeitalter der permanenten Revolution. Herausgegeben von Isaac Deutscher, George Novack und Helmut Dahmer. Übersetzungen aus dem Englischen von Harry Maòr. es 896

Umwälzung einer Gesellschaft. Zur Sozialgeschichte der chinesischen Revolution (1911-1949). Herausgegeben von Richard Lorenz. es 870

Von deutscher Republik 1775-1795. Texte radikaler Demokraten. Herausgegeben von Jost Hermand. es 793

Vossler, Otto: Die Revolution von 1848 in Deutschland. es 210

Wahrnehmungsformen und Protestverhalten. Studien zur Lage der Unterschichten im 18. und 19. Jahrhundert. Mit Beiträgen von Edward P. Thompson, Rainer Wirtz, Pierre Caspard, Josef Ehmer, Detlev Puls, Patrick Fridenson, Douglas A. Reid, W. R. Lambert, Gareth Stedman Jones. Herausgegeben von Detlev Puls. es 948

Wissenschaft im Dritten Reich. Herausgegeben von Peter Lundgreen. es 1306

Weitere Bände erscheinen in der Reihe Neue Historische Bibliothek

edition suhrkamp
Eine Auswahl

Abelshauser: Wirtschaftsgeschichte der Bundesrepublik Deutschland 1945-1980. NHB. es 1241

Abendroth: Ein Leben in der Arbeiterbewegung. es 820

Achebe: Okonkwo oder Das Alte stürzt. es 1138

Adam / Moodley: Südafrika ohne Apartheid? es 1369

Adorno: Eingriffe. es 10
– Kritik. es 469
– Ohne Leitbild. es 201
– Stichworte. es 347

Das Afrika der Afrikaner. es 1039

Arbeitslosigkeit in der Arbeitsgesellschaft. es 1212

Aus der Zeit der Verzweiflung. es 840

Bachtin: Die Ästhetik des Wortes. es 967

Barthes: Kritik und Wahrheit. es 218
– Leçon/Lektion. es 1030
– Mythen des Alltags. es 92
– Semiologisches Abenteuer. es 1441
– Die Sprache der Mode. es 1318

Beck, U.: Gegengifte. es 1468
– Risikogesellschaft. es 1365

Becker, Jurek: Warnung vor dem Schriftsteller. es 1601

Beckett: Endspiel. Fin de Partie. es 96
– Flötentöne. es 1098
– Mal vu, mal dit. Schlecht gesehen, schlecht gesagt. es 1119

Benjamin: Aufklärung für Kinder. es 1317
– Briefe. es 930
– Das Kunstwerk im Zeitalter seiner technischen Reproduzierbarkeit. es 28
– Moskauer Tagebuch. es 1020
– Das Passagen-Werk. es 1200
– Versuche über Brecht. es 172
– Zur Kritik der Gewalt und andere Aufsätze. es 103

Bernhard: Der deutsche Mittagstisch. es 1480
– Prosa. es 213

Bertaux: Hölderlin und die Französische Revolution. es 344

Biesheuvel: Schrei aus dem Souterrain. es 1179

Bildlichkeit. es 1475

Bloch: Abschied von der Utopie? es 1046
– Kampf, nicht Krieg. es 1167

Boal: Theater der Unterdrückten. es 1361

Böhme, Helmut: Prolegomena zu einer Sozial- und Wirtschaftsgeschichte Deutschlands im 19. und 20. Jahrhundert. es 253

Bohrer: Die Kritik der Romantik. es 1551
– Der romantische Brief. es 1582

Bond: Gesammelte Stücke. es 1340

Botzenhart: Reform, Restauration, Krise. NHB. es 1252

Bovenschen: Die imaginierte Weiblichkeit. es 921

Brandão: Kein Land wie dieses. es 1236

Brasch: Frauen. Krieg. Lustspiel. es 1469
– Lovely Rita. Rotter. Lieber Georg. es 1562

edition suhrkamp
Eine Auswahl

Braun, V.: Verheerende Folgen mangelnden Anscheins innerbetrieblicher Demokratie. es 1473

Brecht: Der aufhaltsame Aufstieg des Arturo Ui. es 144
– Aufstieg und Fall der Stadt Mahagonny. es 21
– Ausgewählte Gedichte. es 86
– Baal. es 170
– Buckower Elegien. es 1397
– Die Dreigroschenoper. es 229
– Furcht und Elend des Dritten Reiches. es 392
– Gesammelte Gedichte. Bd. 1-4. es 835-838
– Die Geschäfte des Herrn Julius Caesar. es 332
– Die Gesichte der Simone Machard. es 369
– Die Gewehre der Frau Carrar. es 219
– Der gute Mensch von Sezuan. es 73
– Die heilige Johanna der Schlachthöfe. es 113
– Herr Puntila und sein Knecht Matti. es 105
– Im Dickicht der Städte. es 246
– Der kaukasische Kreidekreis. es 31
– Leben des Galilei. es 1
– Leben Eduards des Zweiten von England. es 245
– Mann ist Mann. es 259
– Die Mutter. es 200
– Mutter Courage und ihre Kinder. es 49
– Der Ozeanflug. Die Horatier und die Kuratier. Die Maßnahme. es 222

– Prosa. Bd. 1-4. es 182-185
– Schweyk im zweiten Weltkrieg. es 132
– Die Tage der Commune. es 169
– Trommeln in der Nacht. es 490
– Der Tui-Roman. es 603
– Über den Beruf des Schauspielers. es 384
– Über Lyrik. es 70
– Über Politik auf dem Theater. es 465
– Über Politik und Kunst. es 442
– Über Realismus. es 485
– Das Verhör des Lukullus. es 740

Brunkhorst: Der Intellektuelle im Land der Mandarine. es 1403

Bubner: Ästhetische Erfahrung. es 1564

Buch: Der Herbst des großen Kommunikators. es 1344
– Waldspaziergang. es 1412

Bürger, P.: Theorie der Avantgarde. es 727

Celan: Ausgewählte Gedichte. Zwei Reden. es 262

Cortázar: Letzte Runde. es 1140
– Das Observatorium. es 1527
– Reise um den Tag in 80 Welten. es 1045

Denken, das an der Zeit ist. es 1406

Derrida: Die Stimme und das Phänomen. es 945

Determinanten der westdeutschen Restauration 1945-1949. es 575

Dinescu: Exil im Pfefferkorn. es 1589

Ditlevsen: Sucht. es 1009

edition suhrkamp
Eine Auswahl

Ditlevsen: Wilhelms Zimmer. es 1076

Doi: Amae – Freiheit in Geborgenheit. es 1128

Dröge / Krämer-Badoni: Die Kneipe. es 1380

Dubiel: Was ist Neokonservatismus? es 1313

Duerr: Traumzeit. es 1345

Duras: Eden Cinéma. es 1443
– La Musica Zwei. es 1408
– Sommer 1980. es 1205
– Vera Baxter oder Die Atlantikstrände. es 1389

Eco: Zeichen. es 895

Eich: Botschaften des Regens. es 48

Elias: Humana conditio. es 1384

Norbert Elias über sich selbst. es 1590

Enzensberger: Blindenschrift. es 217
– Einzelheiten I. es 63
– Einzelheiten II. es 87
– Die Furie des Verschwindens. es 1066
– Landessprache. es 304
– Palaver. es 696
– Das Verhör von Habana. es 553

Esser: Gewerkschaften in der Krise. es 1131

Faszination der Gewalt. es 1141

Feminismus. Inspektion der Herrenkultur. es 1192

Feyerabend: Erkenntnis für freie Menschen. es 1011
– Wissenschaft als Kunst. es 1231

Fortschritte der Naturzerstörung. es 1489

Foucault: Psychologie und Geisteskrankheit. es 272

Frank: Gott im Exil. es 1506

Frank, M.: Der kommende Gott. es 1142
– Motive der Moderne. es 1456
– Die Unhintergehbarkeit von Individualität. es 1377
– Was ist Neostrukturalismus? es 1203

Frevert: Frauen- Geschichte. NHB. es 1284

Frisch: Biedermann und die Brandstifter. es 41
– Die Chinesische Mauer. es 65
– Don Juan oder Die Liebe zur Geometrie. es 4
– Frühe Stücke. es 154
– Graf Öderland. es 32

Gerhard: Verhältnisse und Verhinderungen. es 933

Geyer: Deutsche Rüstungspolitik 1860-1980. NHB. es 1246

Goetz: Krieg/Hirn. es 1320

Goffman: Asyle. es 678
– Geschlecht und Werbung. es 1085

Gorz: Der Verräter. es 988

Gstrein: Einer. es 1483

Habermas: Eine Art Schadensabwicklung. es 1453
– Legitimationsprobleme im Spätkapitalismus. es 623
– Die nachholende Revolution. es 1663
– Die Neue Unübersichtlichkeit. es 1321
– Technik und Wissenschaft als Ideologie. es 287
– Theorie des kommunikativen Handelns. es 1502

Hänny: Zürich, Anfang September. es 1079

edition suhrkamp
Eine Auswahl

Handke: Die Innenwelt der Außenwelt der Innenwelt. es 307
– Kaspar. es 322
– Langsam im Schatten. es 1600
– Phantasien der Wiederholung. es 1168
– Publikumsbeschimpfung und andere Sprechstücke. es 177
Happel: Grüne Nachmittage. es 1570
Henrich: Konzepte. es 1400
Hentschel: Geschichte der deutschen Sozialpolitik 1880-1980. NHB. es 1247
Hesse: Tractat vom Steppenwolf. es 84
Die Hexen der Neuzeit. es 743
Irigaray: Speculum. es 946
Jahoda / Lazarsfeld / Zeisel: Die Arbeitslosen von Marienthal. es 769
Jakobson: Kindersprache, Aphasie und allgemeine Lautgesetze. es 330
Jasper: Die gescheiterte Zähmung. NHB. es 1270
Jauß: Literaturgeschichte als Provokation. es 418
Johnson: Begleitumstände. es 1019
– Der 5. Kanal. es 1336
– Jahrestage. es 1500
– Porträts und Erinnerungen. es 1499
– Versuch, einen Vater zu finden. Marthas Ferien. es 1416
Jones: Frauen, die töten. es 1350
Joyce: Werkausgabe in sechs Bänden. es 1434-1439
– Finnegans Wake. es 1524
– Penelope. es 1106

Kenner: Ulysses. es 1104
Kiesewetter: Industrielle Revolution in Deutschland 1815-1914. NHB. es 1539
Kindheit in Europa. es 1209
Kipphardt: In der Sache J. Robert Oppenheimer. es 64
Kirchhoff: Body-Building. es 1005
Kluge, A.: Gelegenheitsarbeit einer Sklavin. es 733
– Lernprozesse mit tödlichem Ausgang. es 665
– Neue Geschichten. Hefte 1-18. es 819
– Schlachtbeschreibung. es 1193
Kluge, U.: Die deutsche Revolution 1918/1919. NHB. es 1262
Koeppen: Morgenrot. es 1454
Kolbe: Bornholm II. es 1402
– Hineingeboren. es 1110
Konrád: Antipolitik. es 1293
– Stimmungsbericht. es 1394
Kriegsursachen. es 1238
Krippendorff: Staat und Krieg. es 1305
– »Wie die Großen mit den Menschen spielen.« es 1486
Kristeva: Geschichten von der Liebe. es 1482
– Die Revolution der poetischen Sprache. es 949
Kroetz: Bauern sterben. es 1388
– Furcht und Hoffnung der BRD. es 1291
– Heimarbeit. Hartnäckig. Männersache. es 473
– Mensch Meier. Der stramme Max. Wer durchs Laub geht … es 753

edition suhrkamp
Eine Auswahl

Kroetz: Nicht Fisch nicht Fleisch. Verfassungsfeinde. Jumbo-Track. es 1094
– Oberösterreich. Dolomitenstadt Lienz. Maria Magdalena. Münchner Kindl. es 707
– Stallerhof. Geisterbahn. Lieber Fritz. Wunschkonzert. es 586
Krolow: Ausgewählte Gedichte. es 24
Laederach: Fahles Ende kleiner Begierden. es 1075
– Der zweite Sinn. es 1455
Lehnert: Sozialdemokratie zwischen Protestbewegung und Regierungspartei 1848-1983. NHB. es 1248
Lem: Dialoge. es 1013
Lenz, H.: Leben und Schreiben. es 1425
Leroi-Gourhan: Die Religionen der Vorgeschichte. es 1073
Leutenegger: Lebewohl, Gute Reise. es 1001
– Das verlorene Monument. es 1315
Lévi-Strauss: Das Ende des Totemismus. es 128
– Mythos und Bedeutung. es 1027
Die Listen der Mode. es 1338
Löwenthal: Mitmachen wollte ich nie. es 1014
Lohn: Liebe. es 1225
Lukács: Gelebtes Denken. es 1088
Maeffert: Bruchstellen. es 1387
Marcus: Umkehrung der Moral. es 903
Marcuse: Ideen zu einer kritischen Theorie der Gesellschaft. es 300
– Konterrevolution und Revolte. es 591
– Kultur und Gesellschaft 1. es 101
– Kultur und Gesellschaft 2. es 135
– Versuch über die Befreiung. es 329
Maruyama: Denken in Japan. es 1398
Mattenklott: Blindgänger. es 1343
Mayer: Anmerkungen zu Brecht. es 143
– Gelebte Literatur. es 1427
– Versuche über die Oper. es 1050
Mayröcker: Magische Blätter. es 1202
– Magische Blätter II. es 1421
McKeown: Die Bedeutung der Medizin. es 1109
Meckel: Von den Luftgeschäften der Poesie. es 1578
Medienmacht im Nord-Süd-Konflikt: Die neue Internationale Informationsordnung. Friedensanalysen Bd. 18. es 1166
Meier, Chr.: Die Ohnmacht des allmächtigen Dictators Caesar. es 1038
Menninghaus: Paul Celan. es 1026
Menzel / Senghaas: Europas Entwicklung und die Dritte Welt. es 1393
Miłosz: Zeichen im Dunkel. es 995
Mitscherlich: Freiheit und Unfreiheit in der Krankheit. es 505

edition suhrkamp
Eine Auswahl

Mitscherlich: Krankheit als Konflikt. es 237
- Die Unwirtlichkeit unserer Städte. es 123

Mitterauer: Sozialgeschichte der Jugend. NHB. es 1278

Möller: Vernunft und Kritik. NHB. es 1269

Moser: Eine fast normale Familie. es 1223
- Der Psychoanalytiker als sprechende Attrappe. es 1404
- Romane als Krankengeschichten. es 1304

Muschg: Literatur als Therapie? es 1065

Mythos ohne Illusion. es 1220

Mythos und Moderne. es 1144

Nakane: Die Struktur der japanischen Gesellschaft. es 1204

Die neue Friedensbewegung. es 1143

Ngũgĩ wa Thiong'o: Der gekreuzigte Teufel. es 1199

Nizon: Am Schreiben gehen. es 1328

Oehler: Pariser Bilder I (1830-1848). es 725
- Ein Höllensturz der Alten Welt. es 1422

Oppenheim: Husch, husch, der schönste Vokal entleert sich. es 1232

Paetzke: Andersdenkende in Ungarn. es 1379

Paley: Ungeheure Veränderungen in letzter Minute. es 1208

Paz: Der menschenfreundliche Menschenfresser. es 1064
- Suche nach einer Mitte. es 1008
- Zwiesprache. es 1290

Petri: Schöner und unerbittlicher Mummenschanz. es 1528

Politik der Armut und Die Spaltung des Sozialstaats. es 1233

Populismus und Aufklärung. es 1376

Powell: Edisto. es 1332
- Eine Frau mit Namen Drown. es 1516

Psychoanalyse der weiblichen Sexualität. es 697

Pusch: Alle Menschen werden Schwestern. es 1565
- Das Deutsche als Männersprache. es 1217

Raimbault: Kinder sprechen vom Tod. es 993

Ribeiro, D.: Unterentwicklung, Kultur und Zivilisation. es 1018
- Wildes Utopia. es 1354

Ribeiro, J. U.: Sargento Getúlio. es 1183

Rodinson: Die Araber. es 1051

Roth: Die einzige Geschichte. es 1368
- Das Ganze ein Stück. es 1399
- Krötenbrunnen. es 1319

Rubinstein: Nichts zu verlieren und dennoch Angst. es 1022
- Sterben kann man immer noch. es 1433

Rühmkorf: agar agar – zaurzaurim. es 1307

Russell: Probleme der Philosophie. es 207
- Wege zur Freiheit. es 447

Schedlinski: die rationen des ja und des nein. es 1606

Schindel: Geier sind pünktliche Tiere. es 1429
- Im Herzen die Krätze. es 1511

edition suhrkamp
Eine Auswahl

Schleef: Die Bande. es 1127
Schönhoven: Die deutschen Gewerkschaften. NHB. es 1287
Schrift und Materie der Geschichte. es 814
Schröder: Die Revolutionen Englands im 17. Jahrhundert. NHB. es 1279
Schubert: Die internat ionale Verschuldung. es 1347
Das Schwinden der Sinne. es 1188
Sechehaye: Tagebuch einer Schizophrenen. es 613
Segbers: Der sowjetische Systemwandel. es 1561
Senghaas: Europa 2000. es 1662
– Konfliktformationen im internationalen System. es 1509
– Von Europa lernen. es 1134
– Die Zukunft Europas. es 1339
Sieferle: Die Krise der menschlichen Natur. es 1567
Simmel: Schriften zur Philosophie und Soziologie der Geschlechter. es 1333
Sloterdijk: Der Denker auf der Bühne. es 1353
– Eurotaoismus. es 1450
– Kopernikanische Mobilmachung und ptolemäische Abrüstung. es 1375
– Kritik der zynischen Vernunft. es 1099
Söllner, W.: Kopfland. Passagen. es 1504
Staritz: Geschichte der DDR 1949-1985. NHB. es 1260
Stichworte zur ›Geistigen Situation der Zeit‹. 2 Bde. es 1000
Struck: Kindheits Ende. es 1123
– Klassenliebe. es 629

Szondi: Theorie des modernen Dramas. es 27
Techel: Es kündigt sich an. es 1370
Tendrjakow: Sechzig Kerzen. es 1124
Thiemann: Kinder in den Städten. es 1461
– Schulszenen. es 1331
Thompson: Die Entstehung der englischen Arbeiterklasse. es 1170
Thränhardt: Geschichte der Bundesrepublik Deutschland. NHB. es 1267
Todorov: Die Eroberung Amerikas. es 1213
Treichel: Liebe Not. es 1373
Vargas Llosa: Gegen Wind und Wetter. es 1513
– La Chunga. es 1555
Vernant: Die Entstehung des griechischen Denkens. es 1150
– Mythos und Gesellschaft im alten Griechenland. es 1381
Vom Krieg der Erwachsenen gegen die Kinder. es 1190
Vor der Jahrtausendwende: Berichte zur Lage der Zukunft. es 1550
Walser, M.: Ein fliehendes Pferd. es 1383
– Geständnis auf Raten. es 1374
– Selbstbewußtsein und Ironie. es 1090
– Über Deutschland reden. es 1553
– Wie und wovon handelt Literatur. es 642
Weiss, P.: Abschied von den Eltern. es 85

edition suhrkamp
Eine Auswahl

Weiss, P.: Die Ästhetik des Widerstands. es 1501
- Die Besiegten. es 1324
- Fluchtpunkt. es 125
- Das Gespräch der drei Gehenden. es 7
- Der neue Prozeß. es 1215
- Notizbücher 1960-1971. es 1135
- Notizbücher 1971-1980. es 1067
- Rapporte. es 276
- Rapporte 2. es 444
- Der Schatten des Körpers des Kutschers. es 53
- Stücke I. es 833
- Stücke II. 2 Bde. es 910
- Verfolgung ... Marat/Sade. es 68

Sinclair (P. Weiss): Der Fremde. es 1007

Peter Weiss im Gespräch. es 1303

Die Wiederkehr des Körpers. es 1132

Wippermann: Europäischer Faschismus im Vergleich 1922-1982. NHB. es 1245

Wirz: Sklaverei und kapitalistisches Weltsystem. NHB. es 1256

Wissenschaft im Dritten Reich. es 1306

Wittgenstein: Tractatus logico-philosophicus. es 12

Wünsche: Der Volksschullehrer Ludwig Wittgenstein. es 1299

Ziviler Ungehorsam im Rechtsstaat. es 1214